Zu diesem Buch

«Das Bildungswesen hat der westlichen Zivilisation einmal als heilige Kuh gedient. Der Glorienschein, der es umgab, verblaßte ziemlich plötzlich um 1970 herum. Die Schule verlor ihre Macht, vor ihren Mitgliedern den Widerspruch zu verbergen zwischen dem Mythos von Gleichheit, Leistungsfähigkeit und friedlichem Wetteifer, den sie vorstellte, und der wettbewerbsorientierten, ineffektiven Klassengesellschaft, die sie in Wirklichkeit reproduzierte . . .

Die neue Sicht der alltäglichen Wirklichkeit hätte eine radikale Revolte gegen den inhumanen Charakter kapitalistischer Produktion hervorbringen können. Statt dessen wurde diese Einsicht verkehrt in eine Jagd nach billigeren, verführerischeren und erbarmungsloseren Therapien, die sich unter den Begriffen ‹Lebenslanges Lernen› oder ‹Recurrent Education› eingebürgert haben und dazu bestimmt sind, die Menschen wirksamer in die Klassenstruktur einzupassen, was für eine zentralisierte, effektive industrielle Produktion unvermeidlich ist. In dem Maß, in dem schulische Belehrung ihren Heiligenschein verlor, kam den Industriegesellschaften ein legitimierendes Initiationsritual abhanden, obwohl sie sich der monströsen Utopie einer allumfassenden Erziehung um nichts weniger hingaben. Die letzten fünf Jahre legen Zeugnis ab von einer intensiven Suche nach neuen Ritualen, um den pädagogischen Mythos zu retten, ja unsterblich zu machen.

Dieses Buch geht über derartige Vorschläge einer schlichten Reform der pädagogischen Liturgien hinaus. Es hinterfragt der Industriegesellschaft liebstes Kind: den Glauben, Ausbildung und ‹Bildung› ihrer Mitglieder als Kapital behandeln zu können. Es stellt den ersten entschiedenen Schritt in Richtung auf eine institutionelle Analyse von geplantem, vorgeschriebenem und abfragbarem Lernen dar, der nicht bei einer Kritik pädagogischer Technologie stehenbleibt. Seine Argumente gehen über Entschulung hinaus, weil sie den politischen Wert jeden Lernens angreifen, das aus Verhaltenskonditionierung hervorgeht und sich nach operationalisierbaren Prüfkriterien richten muß . . .

Dieses Buch handelt von den pädagogischen Grenzen industriellen Wachstums und damit von einer der Schwellen, hinter der sich Sozialismus wie Kapitalismus in einen Alptraum verwandeln.»

Ivan Illich

Heinrich Dauber / Etienne Verne (Hg.)

Freiheit zum Lernen

Alternativen zur lebenslänglichen Verschulung
Die Einheit von Leben, Lernen, Arbeiten

rororo

Rowohlt

ERSTAUSGABE

Veröffentlicht im Rowohlt Taschenbuch Verlag GmbH,
Reinbek bei Hamburg, Januar 1976
Umschlagentwurf Jürgen Wulff

Gesamtherstellung Clausen & Bosse, Leck/Schleswig
Printed in Germany
780-ISBN 3 499 16959 2

Inhalt

Ivan Illich

Vorwort 7

Heinrich Dauber, Etienne Verne

Einleitung der Herausgeber 10

Einführung: Die Krise der Schule und des Lernens

Der Preis lebenslanger Erziehung

Das Manifest von Cuernavaca 15

John Ohliger

Erwachsenenbildung: 1984 19

Etienne Verne

Die Kosten lebenslänglicher Erziehung 22

Analysen: Lebenslanges Lernen – eine Falle der Entschulung

Heinrich Dauber, Helmut Fritsch, Ludwig Liegle, Wolfgang Sachs, Christoph Th. Scheilke, Marlies Spiekermann

Lebenslanges Lernen – lebenslängliche Schule?
Analyse und Kritik des OECD-Reports «Recurrent Education» 37

André Gorz

Der heimliche Lehrplan der Erwachsenenbildung 75

Modelle:
Die Befreiung des Lernens in Betrieb, Schule, Hochschule und Alltag

Heinrich Dauber

Entschultes Lernen an der Hochschule?
Ansatzpunkte in der Lehrerbildung 84

Eric Midwinter

Lernen in der Gemeinde 127

Cornelia Füllkrug, Wolfgang Stark, Karl-Werner Weißbeck

Cinisello – Ein Schulprojekt am Rande Mailands 135

Walter Moßmann

Volkshochschule Wyhlerwald 156

Charles Piaget

LIP: Gemeinsame Bildung aus gemeinsamem Kampf 173

S. A. Dabholkar

Prayoga–Parivar oder
Das neue Netzwerk gegenseitigen Lernens 200

Ivan Illich

Vorwort

Das Bildungswesen hat der westlichen Zivilisation einmal als heilige Kuh gedient. Der Glorienschein, der es umgab, verblaßte ziemlich plötzlich um 1970 herum. Die Schule verlor ihre Macht, vor ihren Mitgliedern den Widerspruch zu verbergen zwischen dem Mythos von Gleichheit, Leistungsfähigkeit und friedlichem Wetteifer, den sie vorstellte, und der wettbewerbsorientierten, ineffektiven Klassengesellschaft, die sie in Wirklichkeit reproduzierte. Es wurde offenkundig, daß der heimliche Lehrplan schulischer Belehrung unerbittlich die Klassengesellschaft reproduziert und ausweitet, daß er Menschen säuberlich für mannigfache Stufen hochgradig spezialisierter Untauglichkeit zurichtet, für die sie in hierarchisch gestaffelten, altersspezifisch organisierten, zwangsweise verabreichten Curriculumeinheiten abgerichtet werden. Seitdem ist die ökonomische, soziale und pädagogische Mißwirtschaft des Bildungswesens in den Mittelpunkt politischer Analysen gerückt.

Die neue Sicht der alltäglichen Wirklichkeit hätte eine radikale Revolte gegen den inhumanen Charakter kapitalistischer Produktion hervorbringen können. Statt dessen wurde diese Einsicht verkehrt in eine Jagd nach billigeren, verführerischeren und erbarmungsloseren Therapien, die sich unter den Begriffen «Lebenslanges Lernen» oder «Recurrent Education» eingebürgert haben und dazu bestimmt sind, die Menschen wirksamer in die Klassenstruktur einzupassen, was für eine zentralisierte, effektive industrielle Produktion unvermeidlich ist. In dem Maß, in dem schulische Belehrung ihren Heiligenschein verlor, kam den Industriegesellschaften ein legitimierendes Initiationsritual abhanden, obwohl sie sich der monströsen Utopie einer allumfassenden Erziehung um nichts weniger hingaben. Die letzten fünf Jahre legen Zeugnis ab von einer intensiven Suche nach neuen Ritualen, um den pädagogischen Mythos zu retten, ja unsterblich zu machen. Dieses Buch geht über derartige Vorschläge einer schlichten Reform der pädagogischen Liturgien hinaus. Es hinterfragt der Industriegesellschaft liebstes Kind: den Glauben, Ausbildung und «Bildung» ihrer Mitglieder als Kapital behandeln zu können. Es stellt den ersten entschiedenen Schritt in Richtung auf eine institutionelle Analyse von geplantem, vorgeschriebenem und abfragbarem Lernen dar, der nicht bei einer Kritik pädagogischer Technologie stehenbleibt. Seine Argumente gehen über Entschulung hinaus, weil sie den politischen Wert jeden Lernens angreifen, das aus Verhaltenskonditionierung hervorgeht und sich nach operationalisierbaren Prüfkriterien richten muß.

Diese Aufsatzsammlung ragt deutlich aus der jüngsten Lawine pädagogischer Literatur heraus. Bestenfalls untermauern neuere Arbeiten schulisches Lernen als das am wenigsten schädliche Instrument, um die jeweils für notwendig gehaltene soziale Kontrolle zu erzielen. Häufiger ergeht sich die pädagogische Forschung lediglich in bürokratischen Alternativen zur gegenwärtig modischen Organisation einer altersspezifischen oder im Lernort alternierenden Erziehung – einem Prozeß, in dem Menschen in gleichem Maße, wie sie von Stufe zu Stufe avancieren, Kapitalwert zugeschrieben wird, wobei sie immer größere Rechte erwerben, aus einem eingebildeten «internationalen Aktienkapital an Wissen» ihre Dividende zu ziehen. Die Verfasser dieses Buches stellen das Erziehungskonzept des 19. Jahrhunderts als gedankliche Sackgasse bloß, als Spiegel tiefer Verwirrung darüber, was wirklicher Fortschritt heißt; sie demaskieren die Verwechslung von programmierter Verhaltensmodifikation mit nichttrivialem Lernen, das Raum für Überraschungen läßt.

Diese radikale Bestandsaufnahme überlieferter Illusionen wird den Widerspruch von Gruppen hervorrufen, die ihre Kritik am Bildungssystem anders herleiten. Erst vor zehn Jahren wurde es möglich, lohnend und schließlich gängig, von Beschulung als besonders kostspieliger Form zur Disqualifikation von Arbeitskraft zu reden, als einem Ausleseprozeß, durch den Bürger in immer größere Unmündigkeit und Entfremdung befördert werden, als Trick, die Einwohner jeden Staates auf nationaler Ebene auf sechzehn oder sogar zwanzig verschiedene Klassenstufen einer Leistungspyramide anzusiedeln. Es wurde schick bei der Linken, die Schule herabzusetzen. Eingeweihte übernahmen die Führung. Lehrer verwandelten sich über Nacht in «Lernexperten»; sie rissen die Wände ihrer Klassenzimmer nieder und beanspruchten Sachverstand für alle gesellschaftlichen Bereiche. Solange sie sich selbst als Schulmeister betrachteten, beschränkte sich der Einfluß von Lehrern auf den schulpflichtigen Teil der Bevölkerung, auf Unterrichtsstunden an Schultagen und auf die Angelegenheiten, die von der Schulbehörde vorgeschrieben waren. Sobald Lehrer sich selbst als Experten für Lernen neu definierten und als solche in der Öffentlichkeit angesehen waren, konnte niemand mehr ihren Dienstleistungen entrinnen, zu keiner Zeit, an keinem Ort, unter keinen Umständen. Während die Lehrer gegen den Mief des Klassenzimmers rebellierten, erreichten sie, daß ihre Gehälter erhöht wurden, verwandelten sich in Fernseh-Ratgeber, in pädagogische Programmdirektoren und Handlungsreisende in medizinischer, politischer und psychologischer «Aufklärung» und brachten es fertig, den Glauben der Menschheit in die Notwendigkeit von Erziehung unendlich zu verstärken.

Für eine Gesellschaft, in der Lernen nur etwas gilt, wenn es das Ergebnis von Erziehung ist, ist «Wissen» eine Ware. Es kann produziert, gespeichert, in Umlauf gebracht und vermarktet werden wie jede andere Form von Kapital. Die es erwerben, können sich an ihm aufrichten und ihm mit einem tiefen Gefühl analer Befriedigung die Treue halten und dafür sorgen, daß die technischen Strukturen der Gesellschaft so eingerichtet werden, daß sie voll von ihren Wissensausscheidungen abhängig sind. Die hier zusammengestellten Aufsätze gehen dem Mythos nach, der Wissen und Erziehungsrituale umgibt, die diesen Alptraum für jung und alt ausmalen und ihm ihr Leben einhauchen. Die Verfasser gehen dort weiter, wo eine Reformation stehenbleibt: Sie stellen das Heil in Frage, nicht bloß die Kirche: Sie stellen die Frage, was überhaupt bei operationalisierter und empirisch abfragbarer «Bildung» an Gutem herauskommen kann, statt nur danach zu fragen, ob es mehr bringt, Schulen oder Erwachsenenbildung zu propagieren.

Dieses Buch deckt auf, welche Funktion es hat, die Schule bloß zu verunglimpfen: nämlich den wirkungsvollsten Deckmantel für selbst-ernannte Wissenskapitalisten zu liefern, unter dem sie ihr Monopol über alle denkbaren Lernmöglichkeiten ausdehnen können. Während die Autoren den heimlichen Lehrplan dieser neuen Strategien sogenannter informeller, nichtschulischer Erziehung aufdecken, machen sie einen Vorschlag für die politische Neubewertung von Bildungsanforderungen in unserer Gesellschaft, in der die industrielle Produktionsform schließlich alle anderen Formen sinnvollen Tuns paralysiert hat, einschließlich Lernen.

Dieses Buch handelt von den pädagogischen Grenzen industriellen Wachstums und damit von einer der Schwellen, hinter der sich Sozialismus wie Kapitalismus in einen Alptraum verwandeln.

(Aus dem Englischen übersetzt von Heinrich Dauber und Elisabeth Sachs-Sokačić)

Heinrich Dauber, Etienne Verne

Einleitung der Herausgeber

Die Idee zu diesem in Deutschland, England und Frankreich gleichzeitig erscheinenden Buch wurde vor etwa einem Jahr auf der Terrasse des CIDOC (Centro Intercultural de Documentación) in Cuernavaca/Mexiko geboren. Das CIDOC, vor mehr als fünfzehn Jahren von Ivan ILLICH und anderen gegründet, besteht heute aus einer selbständigen Sprachschule und einem internationalen Forschungs- und Dokumentationszentrum, in dem einerseits über Entwicklungsmöglichkeiten und Tendenzen der Dritten Welt geforscht, diskutiert und gelehrt wird, andererseits die widersprüchlichen Entwicklungsfolgen dokumentiert und analysiert werden, an denen alle hochindustrialisierten westlichen Industrienationen leiden.

Im Rahmen einer Beschreibung des «Endes des industriellen Zeitalters» verfolgt ILLICH zwei Ziele: erstens, die Grundlagen einer Kritik der industriellen Produktionsformen auszuarbeiten, wie sie sich in den kapitalistischen Ländern monopolartig entwickelt haben; zweitens zu zeigen, daß zwei Drittel der Menschheit es noch vermeiden können, dieses «industrielle Zeitalter» durchzumachen, wenn sie sich jetzt für Produktionsformen entscheiden, die auf einem postindustriellen Gleichgewicht gegründet sind.

Die Analyse der Folgekosten industriell produzierter Dienstleistungen führte, insbesondere in verschiedenen Arbeiten von ILLICH, zur Entfaltung einer programmatischen Kritik in zwei Richtungen: Soziale Dienstleistungsinstitutionen versprechen größere Chancengleichheit für alle, führen jedoch zu verstärkter Ungleichheit; die Monopolisierung grundlegender sozialer Funktionen in dafür geschaffenen professionell verwalteten Institutionen führt nicht zu mehr, sondern zu weniger Lebensqualität.

Schulen versprechen gleiche Lernchancen für alle: Die Berechtigungen, die sie erteilen, erlauben den einen, länger zu lernen, um nachher in privilegierteren Positionen zu arbeiten; den anderen sprechen sie sowohl das Recht ab, weiterzulernen, wie auch die Fähigkeit, qualifizierte Berufe zu ergreifen. Die Monopolisierung des Lernens in der Schule zieht Lernmöglichkeiten aus dem alltäglichen Leben ab. Mehr Schule für die Gesellschaft bedeutet weniger Lernen in der Gesellschaft.

Neben dieser Tendenz zur Monopolisierung entwickeln große soziale Dienstleistungsinstitutionen die Tendenz, ihrerseits manipulativ Bedürfnisse zu erzeugen und die Formen ihrer Befriedigung zu kontrollieren. Wer jahrelang zur Schule geht, lernt vor allem, daß Lernen mit Belehrung verbunden ist, daß der Lernende selbst keine Verantwortung für seinen eigenen Lernprozeß übernehmen kann, daß nur der vorankommt, der stets bereit ist, sich immer neu belehren zu lassen.

Die Kritik an den Institutionen verschulten Lernens mündete für Illich in der Forderung nach Entschulung der Gesellschaft: nach Aufhebung des Lernmonopols der Schule mit dem Ziel, Lernen überall für jedermann zugänglich zu machen und nach Aufhebung des manipulativen Charakters von Lerninstitutionen mit dem Ziel, Lernen in die Verantwortung der Lernenden zurückzugeben.

Da Illich sich bis heute weitgehend weigert, selbst alternative Lerninstitutionen zu entwickeln oder vorhandene Modelle autoritativ abzusegnen – auch das CIDOC hat nie selbst den Anspruch erhoben, eine «Modellinstitution» zu sein –, konnten seine Ideen und Vorschläge zwar nicht praktisch vereinnahmt werden, waren jedoch um so weniger gegen ideologische Vereinnahmung geschützt.

Auf die platteste dieser Vereinnahmungen, dieser Kritik zu unterstellen, sie ziele auf eine ersatzlose «Abschaffung der Schule», braucht nicht weiter eingegangen zu werden. Viel gefährlicher ist die Versuchung, die Kritik an den Folgen der unbegrenzten Ausdehnung von Schule einerseits aufzunehmen, andererseits jedoch in neuen Formen «lebenslangen Lernens» auch neue Lerninstitutionen zu schaffen, die in sich den Keim zu einer viel umfassenderen Monopolisierung und Manipulation des Lernens tragen, als dies in den zunehmend kostenaufwendigeren und ineffektiveren Institutionen des herkömmlichen Bildungswesens möglich ist.

Mit dieser «Fallgrube der Entschulung» befaßte sich eine von Etienne Verne einberufene Gruppe von Erziehungswissenschaftlern, Psychologen, Lehrern, Bildungsplanern, Gewerkschaftlern, Erwachsenenbildnern und Journalisten aus Europa (vor allem Deutschland, Schweiz, Frankreich, England), Nordamerika (USA, Kanada), aber auch Australien, Indien und Lateinamerika in einem vierwöchigen Seminar im August 1974 in Cuernavaca. Aus den Beratungen und Diskussionen dieser Gruppe ist das hier abgedruckte «Manifest von Cuernavaca: Der Preis lebenslanger Erziehung» hervorgegangen.

Illich selbst hat in dieser Gruppe nur sporadisch mitgearbeitet und war auch am Entstehen dieses Bandes nur insoweit beteiligt, als er uns Mut gemacht hat, die vor Jahren von ihm ausgelöste Entschulungsdebatte auf neuem Niveau theoretisch und praktisch weiterzuführen.

Dies scheint aus mindestens drei Gründen auch sinnvoll: Erstens hat die Forderung nach «Entschulung der Gesellschaft» zwar in weiten Kreisen ideelle Zustimmung gefunden, vor allem angesichts der wachsenden Schwierigkeiten der Schule; ihre konkrete Umsetzung vermag sich jedoch kaum einer ihrer Befürworter vorzustellen. Wo die Ideen der «Entschulung» aufgenommen wurden, mußten sie – zweitens – immer wieder dazu herhalten, neue umfassendere Strategien der Verschulung des ganzen Lebens zu begründen. Die (partielle) Entschulung gilt als eine der Voraussetzungen der Einführung «lebenslangen Lernens». In diesem Sinne werden die Argumente der Entschulungsdiskussion im UNESCO-Report «Wie wir leben lernen» und im OECD-Report «Recurrent Education» aufgegriffen und zur Begründung der eigenen Vorschläge herangezogen.

Wie wichtig diese Dokumente sind, läßt sich daran ablesen, daß sie inzwischen Grundlage internationaler politischer Gespräche darstellen. Der OECD-Report «Recurrent Education» stellte eine der wichtigsten Vorlagen für das Treffen der europäischen Erziehungsminister vom 9.–12. Juni 1975 in Stockholm dar.

Ob nun bewußt oder nicht, laufen diese und ähnliche Vorschläge auf eine «Mehr-von-demselben»-Strategie hinaus: Die Defizite und schädlichen Folgen der Schule sollen durch noch mehr Schule ausgeglichen werden. Angesichts dieser Programme muß gezeigt werden, daß *mehr Freiheit zum Lernen* nur durch *weniger Schule* erreicht werden kann.

Weiterhin werden die Forderungen der Entschulungsdiskussion mit Vorliebe von (linken) Kritikern kapitalistischer Bildungssysteme aufgegriffen und dazu benutzt, den klassenspezifischen Charakter der Schule anzuprangern. Meist wird dabei jedoch übersehen, daß die Ersetzung kapitalistischer Indoktrination durch Agitation für den Klassenkampf den entfremdeten Charakter schulischer Belehrung nicht aufhebt und keineswegs automatisch mehr Selbstbestimmung der Lernenden über Ziele und Organisationsformen des eigenen Lernens mit sich bringt. In diesem Fall handelt es sich um eine Strategie des «Andere-tun-dasselbe»: Die zwangsweise Verordnung lebenslangen Lernens beruht auch unter sozialistischen Vorzeichen auf der Annahme, daß schulische Belehrung die entscheidende Voraussetzung für selbstbestimmtes Handeln ist, daß Selbstverwaltung erst *begriffen* werden muß, ehe sie *ergriffen* werden kann.

In beiden Fällen, der Strategie des «Mehr-von-demselben» und der des «Andere-tun-dasselbe», handelt es sich um eine Verwechslung von Zielen und Mitteln. Lernen für jedermann und allzeit zugänglich zu machen, Lernprozesse in ihrer inhaltlichen und organisatorischen Dimension in die Verantwortung der Lernenden zu stellen, ist kein pädagogisch-didaktisches Programm: *Weder bürgerliche Chancengleichheit noch revolutionäres Klassenbewußtsein können mit den Mitteln der Schule verwirklicht werden.*

Dies heißt aber drittens, daß die Entschulungsdebatte aus der Sackgasse einer negativen Technokratiethese herausgeführt werden muß: Die Herrschaftsmechanismen schulischer Unterweisung sind nicht nur kritisch zu analysieren und in ihren negativen Grenzwerten zu bestimmen, sondern auch durch die Entwicklung positiv formulierter Kriterien und realisierbarer Modelle «entschulten» Lernens zu überwinden.

Allerdings besteht auch hier die Gefahr – und sie wird in allen hier dokumentierten Modellen gesehen –, daß die Formen «entschulten» Lernens selbst wieder normativ verabsolutiert und damit vereinnahmt werden; dieser «Fallgrube» kann nur dann entgangen werden, wenn *Entschulung als radikale, umfassende politische und kulturelle Auseinandersetzung begriffen wird: als Kampf um mehr Freiheit zum Lernen, mit dem Ziel, sich die eigenen Lebens- und Arbeitsbedingungen selbst anzueignen, sie besser zu verstehen, um sie selbstbestimmt gestalten zu können.*

Damit ist auch das Gliederungsprinzip dieses Bandes begründet. Nach der Einführung wird die Kritik der Folgen verschulten Lernens am Beispiel der Erwachsenenbildung entfaltet. Der gewichtige Schlußteil stellt praktizierte Modelle entschulten Lernens von unterschiedlicher Reichweite vor.

Bei der Auswahl der Modelle ließen wir uns von drei Kriterien leiten:

1. Die dokumentierten Modelle sollten aus verschiedenen Ländern stammen.
2. Die Modelle sollten relevant sein für die gegenwärtige Situation in den westlichen Industrienationen. (Das indische Beispiel zeigt hier eine interessante Umkehrung im Verhältnis «armer» und «reicher», «entwickelter» und «sich entwickelnder» Länder: die hohe Entwicklung unseres Bildungswesens bedeutet offensichtlich auch eine Verarmung an selbstbestimmtem Lernen.)
3. Die Beispiele sollten aus verschiedenen Bereichen stammen: Die Integration von Lernen, Leben und Arbeiten kann im Lebensbereich der Kommune ebenso beginnen wie am Arbeitsplatz oder in den Institutionen des Ausbildungssektors. Die Beispiele sollten deshalb sowohl Ansatzpunkte innerhalb wie außerhalb des formellen Bildungssystems aufzeigen. So wenig beliebig diese Ansatzpunkte sind, so falsch wäre es auch, vorab dogmatisch entscheiden zu wollen, wo die Entschulung zu beginnen hat. Dies scheint uns auch wichtig im Blick darauf, daß wohl die meisten Leser dieses Buches innerhalb oder in engem Kontakt mit den hochverschulten Institutionen westlicher Bildungssysteme arbeiten.

Dies gilt in unterschiedlicher Weise auch für uns selbst.

Heinrich Dauber arbeitet zur Zeit als wissenschaftlicher Assistent an der Universität Tübingen in der pädagogischen Ausbildung von Lehrern und Theologen und ist durch eigene Erfahrungen und verschiedene Projekte mit Eltern, Lehrern und Schülern mit den Folgen verschulten Lernens wohl vertraut.

Etienne Verne konnte die Grenzen pädagogischer Innovation persönlich im Bereich der Berufsschule erleben; nach diesen Erfahrungen war er beteiligt an der Entwicklung außerschulischer pädagogischer Programme in Afrika. Um die Auswirkungen der «Éducation permanente» besser beurteilen zu können, arbeitet er gegenwärtig in der Ausbildung von

Lehrern, Beratern und Erwachsenenerziehern.

Mit der gemeinsamen Herausgabe dieses Sammelbandes wollen die Autoren eine kollektive Reaktion auf die Formen und Folgen der Institutionalisierung lebenslänglicher Erziehung ausdrücken, unterschiedliche Erfahrungen dokumentieren und eine öffentliche Debatte anregen.

September 1975

Heinrich Dauber, Tübingen — Etienne Verne, Paris

Der Preis lebenslanger Erziehung
Das Manifest von Cuernavaca
(CIDOC-Dokument I/V 74/70)

In der Stadt Cuernavaca in Mexiko trafen sich im Centro Intercultural de Documentación (CIDOC) 25 Personen aus 14 Ländern, um Klarheit zu gewinnen über die jüngsten Vorschläge lebenslanger Erziehung. Die folgende Erklärung ist das Ergebnis ihrer Beratungen im August 1974.
Wer dieser Erklärung zustimmen kann, soll sie sich zu eigen machen.

Mit dieser Erklärung wenden wir uns gegen eine Entwicklung, die lebenslanges Lernen zum Zwang macht, erzwungen durch Gesetze oder durch sozialen Druck. Wir brauchen keine weitere Ausdehnung schulischen Lernens. In Gesellschaften, in denen die wenigen, die «mehr wissen», Anweisungen erteilen und die große Masse derer, die «weniger wissen», diese Anweisungen auszuführen haben, kann die Verschulung des Erwachsenenalters nur dazu führen, die Macht der einen über die anderen zu verstärken.

Nach unserer Überzeugung dürfen niemandem die Mittel verwehrt werden, von denen er glaubt, daß er sie braucht, um seine Probleme gemeinsam mit anderen anzugehen und in den Griff zu bekommen.

1. Vierzig Jahre lang hat sich die Pflichtschule in den meisten Ländern ausgebreitet – und noch immer dehnt sie sich aus.
   Unter Pflichtschule verstehen wir,
   – daß niemand sich der Teilnahme entziehen kann,
   – daß nach Altersgruppen eingeteilt wird,
   – daß die Schule bestimmt, was zu lernen ist,
   – daß nur geprüfte Lehrer unterrichten dürfen,
   – daß alles, was in der Schule getan wird, gewertet und zensiert wird,
   – daß Ausbildung getrennt wird vom Leben und von der Arbeit.
   Mit dieser Erklärung wenden wir uns gegen all dies.
2. Mehr und mehr Menschen akzeptieren es oder fordern sogar, länger in die Schule zu gehen; sie glauben damit, den Lebensstil und die Konsummöglichkeiten derer zu gewinnen, die Erfolg und Geld haben.
3. Diese Hoffnung sieht sich zunehmend betrogen.
   Je mehr Leute sich mit einem Diplom schmücken, desto weniger ist es wert. Immer mehr Geld, das in Erziehung investiert wird, bringt immer weniger Ergebnisse. Mehr und mehr Leute mit abgeschlossener Ausbildung finden nur mit Mühe oder keinen entsprechenden Arbeitsplatz, während zur gleichen Zeit für immer mehr Berufe eine längere Ausbildung zur Voraussetzung gemacht wird.
4. In die Schule gegangen zu sein, mag zwar einen gewissen Tauschwert auf dem Arbeitsmarkt haben; was dort gelernt wird, hat jedoch in der Regel keinen Gebrauchswert für das Leben der Menschen. Schule befördert weder Selbstvertrauen noch Kreativität.

5. Dennoch: Menschen zum Lernen in die Schule zu schicken erfüllt bestimmte soziale Aufgaben:
   a) Indem Menschen mit verschiedenem kulturellem Hintergrund gleicher Behandlung zugeführt werden, wird soziale Ungleichheit übersetzbar in Schulerfolg und Schulversagen. Erfolgreiches Lernen bucht die Schule auf ihr Konto, die Verantwortung für das Scheitern weist sie von sich. Unter der Hand werden Klassenunterschiede reproduziert.
   b) Lernen an Schule zu binden
   läßt erst den als vollwertig erscheinen, der eine bestimmte Zahl von Schuljahren abgesessen hat;
   läßt persönliche Interessen nur soweit zu, als sie in den Lehrplan der Schule passen;
   verbreitet den Glauben, daß nur der sich erfolgreich mè seiner Situation auseinandersetzen kann, der darin unterrichtet wurde;
   macht das Recht, Dinge selbst in die Hand zu nehmen, davon abhängig, ob ein Ausbildungsnachweis dafür vorliegt,
   und untergräbt auf diese Weise jedes Selbstvertrauen in eigenständiges Lernen, Leben und Arbeiten.
   c) Lernen an Wettbewerb zu binden heißt Menschen beizubringen, daß der Erfolg des einen nur auf Kosten des anderen möglich ist; dabei geht Schule davon aus, daß Menschen nicht aus eigenem Antrieb lernen wollen, sondern erst zum Lernen gebracht werden müssen, und vermittelt so die Erfahrung, daß es hart ist, lernen zu müssen.
6. Menschen so zu sozialisieren: das ist der heimliche Lehrplan der Schule. Diese Fähigkeit der Schule, wirksam gesellschaftlich zu erziehen, ist in den industrialisierten Gesellschaften im Schwinden begriffen. Junge und Alte beginnen die Schule zu hinterfragen. Schüler und Studenten werden zunehmend rebellisch oder apathisch; die Arbeitgeber beklagen, daß die Schulen sie nicht länger mit tüchtigen und anständigen Arbeitskräften versorgen; Eltern und Kinder beginnen daran zu zweifeln, daß Schulen Wege zur Chancengleichheit eröffnen, Schulbildung zu Erfolg und Vermögen führt.
7. Die Befürworter lebenslanger Erziehung sind der Meinung, daß diese Krise der Schulen aufgefangen werden kann, indem Ausbildung nicht länger auf die Schulzeit beschränkt bleibt, sondern auf das Erwachsenenalter ausgedehnt wird. Sie behaupten auf diesem Wege
   a) Massenarbeitslosigkeit ausgleichen zu können durch «Um-schulung» der Unbeschäftigten;
   b) Erwachsene in Stand zu setzen, mit dem technologischen Wandel Schritt zu halten, der ihre beruflichen Fähigkeiten veralten läßt und sie dabei auf die verschiedensten Arbeiten vorzubereiten;
   c) unterprivilegierten Gruppen (wie alten Leuten, Frauen, Minderhei-

ten, Bevölkerungsgruppen in unterentwickelten Gebieten etc.) dazu zu verhelfen, einen angemessenen Platz in der Gesellschaft zu finden;

d) jedermann davon überzeugen zu können, daß sich durch Lernen immer neue Chancen zum sozialen Aufstieg eröffnen und daß, wer einmal gescheitert ist, einen neuen Anlauf machen kann.

8. Dazu stellen wir fest:

a) Die Hauptursache für Unterbeschäftigung liegt darin, daß es mehr Arbeiter als offene Stellen gibt. «Umschulung» kann keine neuen Arbeitsplätze herbeizaubern.

b) Ständige Umschulung führt selbst dazu, daß berufliche Qualifikationen entwertet, bestehende Arbeitsplätze bedroht und erworbene Rechte außer Kraft gesetzt werden.

c) Erziehungs- und Weiterbildungsprogramme dienen den sowieso schon Privilegierten eher als den Bedürftigen und vergrößern damit den Vorsprung der einen gegenüber den anderen.

d) Weiterführende Ausbildung kann berufliche Positionen nur insoweit verbessern, als unqualifizierte und frustrierende Arbeit abgeschafft wird.
Solange die Bedingungen des Arbeitsprozesses nicht grundlegend geändert werden, stellt weitere Ausbildung nur eine «Fort»-bildung weniger einzelner auf Kosten vieler anderer dar.

9. Die Fürsprecher der neuen Erwachsenenbildung verkündigen einen Wandel in den Programmen, den Institutionen, den Medien und Formen der Finanzierung.
Solange Erwachsenenbildung jedoch von dem gleichen heimlichen Lehrplan geprägt ist wie alle Systeme verschulten Lernens, wird sie allein dazu dienen, die herrschenden sozialen, politischen und ökonomischen Bedingungen fortzuschreiben.

10. Wir sind der tiefen Überzeugung, daß alle Menschen, welchen Alters auch immer, das Recht haben, selbst zu entscheiden, was sie lernen wollen, wie, wann und wo. Wissen muß darum für jedermann und zu jeder Zeit zugänglich sein. Keine Institution darf Wissen monopolisieren oder seine Verteilung von Prüfungen abhängig machen. Lernen, Leben und Arbeiten sollen ständig miteinander verwoben sein.

11. Während wir leben, lernen wir. Lernen ist ein Ausdruck von Leben; Menschen lernen ununterbrochen, ihr ganzes Leben lang. Das Lernen des einen ist nicht mehr wert als das Lernen des anderen; es ist anders.
Dennoch gibt es Leute, die mehr sogenanntes «Wissen» haben als andere, was nur ein Ausdruck dafür ist, daß sie die Macht hatten, einen besseren Zugang zu anderen Menschen, Informationen oder Hilfsmitteln zu gewinnen.
Um diese Macht zu brechen, muß jedermann Zugang haben zu allen

Formen von Wissen, das heißt gleiche Zeit, finanzielle Möglichkeit und Freiheit zum Lernen sowie freien und unmittelbaren Zugang zu all den Personen, Informationen und Hilfsmitteln, deren er zum eigenen Lernen bedarf.

12. Jedermann kann selbst am besten beurteilen, was er gelernt hat. Professionelle Erzieher dazu anzustellen, das Lernen anderer zu beurteilen, ist überflüssig und bringt nur Beziehungen von «oben» und «unten» hervor.

13. Darum schlagen wir vor:
   a) Es ist wichtiger, bestehendes Wissen für jedermann zugänglich zu machen, als weiteres Expertenwissen anzuhäufen.
   b) Experten, wie zum Beispiel Lehrer, Ärzte, Rechtsanwälte, Ingenieure, Wissenschaftler, Architekten u. a., sollen verpflichtet sein, andere an ihren Fähigkeiten, ihrer Fachkenntnis und ihrem Wissen teilhaben zu lassen. Dies bedeutet einen Verzicht auf ihr professionelles Monopol.
   c) Arbeitnehmern muß am Arbeitsplatz selbst Zeit zur Verfügung stehen, dessen Bedingungen zu erforschen und daran zu lernen, um dadurch fähig zu werden, die Arbeitsorganisation und ihren Arbeitsplatz kontinuierlich nach ihren Bedürfnissen neu zu gestalten.
   d) Noten, Zeugnisse und Prüfungen sind abzuschaffen. Es soll gesetzlich verboten sein, schulische Abschlußzeugnisse oder irgendeine Form von Persönlichkeitstests zur Voraussetzung dafür zu machen, einen Beruf ergreifen zu können. Die Fähigkeit einer Person, einen Beruf qualifiziert auszuüben, soll von den Mitarbeitern am Arbeitsplatz oder den Klienten beurteilt werden.
   e) Individuen und Gruppen sollen ermutigt werden, in ihren Gemeinden Werkstattseminare zu entwickeln und Gemeinschaftszentren aufzubauen, die jedermann offenstehen, die durch ihre Benutzer kontrolliert werden, in denen Lernen und Tun verbunden ist, um kritische Analyse und Selbstvertrauen zu fördern.
   f) Der freie Zugang zu Massenmedien und die Kontrolle über sie muß dadurch gesichert werden, daß ihre Komplexität vereinfacht und die Zahl der zur Verfügung stehenden Einrichtungen vermehrt wird.
   g) Jedermann soll, ohne Rücksicht auf Ausbildung oder Berechtigungsnachweis, das Recht haben, seine Erfahrung, sein Wissen oder seine Fähigkeiten mit anderen zu teilen. Darum wenden wir uns gegen jede Professionalisierung der Erwachsenenerzieher.

(Deutsche Fassung: Heinrich Dauber)

John Ohliger

Erwachsenenbildung: 1984

Ein Junge erblickt das Licht der Welt in den Vereinigten Staaten, im Jahr 1984. Er hat keinerlei Hoffnung, aus der Schule herauszukommen. Von der Kleinkinderschule, die er im Alter von sechs Monaten zu besuchen beginnt, bis zum Altenlernzentrum, in dem er stirbt, befindet er sich sein ganzes Leben lang «zum Wohl der Gesellschaft» in der Schule. Von der Kleinkinderschule geht er weiter in die Grundschule, dann in die Sekundarstufe I. Am Übergang zur Sekundarstufe II unterzieht er sich einer Reihe von Tests. Getestet werden seine geistigen Fähigkeiten, sein soziales Anpassungsvermögen und seine Motivation. Diese Tests entscheiden darüber, ob er auf eine Höhere Schule, die ihn für «höhere» Bildung und eine Karriere als Professioneller vorbereiten wird, oder ob er auf eine Berufsschule gehen wird, die ihn auf ein Leben als Arbeiter vorbereitet. Nehmen wir einmal an, er wird auf eine Berufsschule geschickt. Nach erfolgreichem Abschluß wird er in einem Beruf untergebracht, vielleicht wird er aber auch auf eine technische Schule geschickt, um ihn auf die Rolle eines Paraprofessionellen vorzubereiten, möglicherweise wird er aber auch zu einer Berufsbankschule geschickt. In den letzten Jahren des 20. Jahrhunderts existieren viele solcher Berufsbankschulen, weil es seit dem großen Fortschritt der Automatisierung so wenig Arbeitsplätze gibt.

Der «Lebenslang-Schul-Distrikt», in dem der junge Mann wohnt, beschäftigt Experten, die die wichtigen Entscheidungen für ihn treffen. Dieser Distrikt wird «Lebenslang-Schul-Distrikt» genannt, weil man im Jahre 1984 darauf gekommen ist, daß alle Leute ihr ganzes Leben lang zur Schule gehen müssen – ununterbrochen. Der «Lebenslang-Schul-Distrikt» wird geleitet durch einen «Ausschuß für lebenslanges Lernen». Er trägt einige der typischen Merkmale des alten örtlichen Erziehungsausschusses und der alten Wehrbereichsausschüsse (weil inzwischen akzeptiert ist, daß wir unaufhörlich Krieg führen werden, um den «Kommunismus» in der ganzen Welt zu bekämpfen) sowie der ehemaligen Regierungs- und Treuhänder-Ausschüsse, die in früheren Zeiten einmal «Universität» oder «College» genannt wurden. 1984 gibt es keine Universitäten und Colleges, wie wir sie kennen. Ihre Gebäude und übriggebliebenen Stiftungsmittel wurden in die Verfügung des örtlichen «Lebenslang-Schul-Distrikts» überführt, und die Institutionen wurden in «Höhere Schulen» umbenannt. Den privaten Colleges ist schon vor Jahren das Geld ausgegangen, weil nur wenige reiche Leute oder Firmen bereit waren, Geld für solche «zersetzenden» und «nachgiebigen» Institutionen aufzubringen. Aus den gleichen Gründen stellten die öffentlichen Universitäten fest, daß sie nicht länger mit staatlichen Zuweisungen rechnen konnten. Die meisten Mitglieder des Lehrkörpers der alten Universitäten oder Colleges waren schon längst hinausgeworfen worden, in «Umschulungslager» gesteckt worden oder «zum Wohl der Gesellschaft» in Heilanstalten gelandet.

Nehmen wir also an, daß unser junger Mann, geboren 1984, zu einer Berufsbankschule geschickt wird. Neben einigen «lohnenden Hobbies» lernt er dort eine Reihe von Fertigkeiten, von denen Experten annehmen, daß er sie ein paar Jahre später in neuen Berufen, die bis dahin existieren mögen, vielleicht gebrauchen könnte. Nehmen wir an, unser junger Mann hat Glück: Der Job, auf den er sich vorbereitet, entsteht tatsächlich. Er bekommt den Job, und was ist das erste, was er tut? Er kehrt zurück auf die Schulbank. Diesmal befindet sich die Schule in der Fabrik, in der er arbeitet. Obwohl er die Fertigkeiten des Berufs gelernt hat, braucht er doch eine Orientierung für diese spezielle Fabrik, muß er sich doch die einzigartigen Anforderungen dieser seiner speziellen Aufgabe im Verhältnis zu anderen Aufgaben in dieser Fabrik klarmachen, muß er lernen, wie er sich den Männern und Frauen und den computergesteuerten Robotern «anpaßt», die um ihn herum arbeiten.

Unterstellen wir, daß er sich in jenem Beruf bewährt, nachdem er die Fabrikschule besucht hat. Er spart etwas Geld und beschließt zu heiraten. Sein örtlicher «Ausschuß für lebenslange Erziehung» erteilt ihm die Erlaubnis zu heiraten, vorausgesetzt, er und seine Verlobte besuchen eine «Schule für eheliche Anpassung». Nach dem Besuch der Schule wird das Paar getraut, läßt sich in einem Haus nieder, das sie sich erwerben durften – nachdem sie auf eine «Schule für Hauseigentümer-Verantwortlichkeiten» gegangen waren –, und beschließt, Kinder haben zu wollen. Sie ersuchen um die Genehmigung, Babies in die Welt zu setzen und werden auf eine lange Warteliste gesetzt, da es (die notwendigen) Geburtenkontrollen gibt, um die Bevölkerung innerhalb kontrollierbarer Grenzen zu halten.

Eine der Kontrollen besteht darin, daß jedes männliche Kind in frühem Alter in einer wieder rückgängig zu machenden Operation unfruchtbar gemacht wird. Nachdem sie einige Jahre gewartet haben, wird dem Ehepaar schließlich mitgeteilt, daß sie *ein* Baby haben dürfen. Ehe jedoch die Operation an dem Mann durchgeführt wird, die seine Sterilisierung rückgängig macht, muß das Paar eine «Schule für Kinderaufzucht» besuchen. Nach dem Schulbesuch wird dem Paar gestattet, das Kind zu bekommen. Sechs Monate nach der Geburt wird dieses Baby in eine Kleinkinderschule gebracht, und der Kreislauf beginnt von vorn.

In der Zwischenzeit stellt der Vater fest, daß der Beruf, den er ausgeübt hat, nun überflüssig geworden ist. Zurück auf der Berufsbankschule, muß er sich auf eine andere Position vorbereiten, von der die Experten vorhersagen, daß sie in wenigen Jahren existieren wird. Nebenbei bemerkt, war der junge Mann, wie die übrige erwachsene Bevölkerung, die ganze Zeit über angehalten, als Teil seiner beruflichen Beschäftigung ein Staatsbürgerinstitut zu besuchen, das ihn über gegenwärtige politische Fragen auf dem laufenden hält, damit er intelligent wählen kann – was nun vorgeschrieben ist.

Im Alter von 40 Jahren verlangt man von unserem jungen Mann, inzwischen nicht mehr jung, eine «Altersvorbereitungsakademie» zu besuchen. Dort lernt er, wie man sich auf den Ruhestand vorbereitet, was er im Alter von 55 Jahren tun muß. Mit 55 Jahren verläßt er seinen Beruf (den siebten, den er ausgeübt hat und für den er auf die Berufsbankschule gegangen war, um sich darauf vorzubereiten) und tritt in ein Alterslernzentrum ein, wo er in den Kunstfertigkeiten und Geschicklichkeiten unterrichtet wird, von denen man ihm sagt, daß sie sein «Glück» erhalten und ihn vor «Unheil» bewahren werden, bis er stirbt.

Wenn er wirklich stirbt, lobpreist ihn ein Geistlicher an seinem Grab. Übrigens, der Geistliche ist durch eine Höhere Schule gegangen und dazu angehalten worden, alle zwei Jahre wieder zu Auffrischungskursen dorthin zurückzukehren, um auf diese Weise seine Predigterlaubnis zu erhalten. Der Geistliche liefert eine herrliche Lobrede. Er weist darauf hin, daß dieser Mann besonderes Glück hatte, denn er war im Jahr 1984 geboren worden, dem ersten Jahr, in dem das nationale Lebenslangschulgesetz in Kraft war. Er preist die Weisheit des verstorbenen Präsidenten Spiro Agnew, der es im letzten Jahr seiner zweiten Amtsperiode geschafft hatte, ein derart bedeutendes Gesetz durchzubringen. «Und so entbieten wir diesem glücklichen Mann unseren letzten Gruß», ruft der Priester aus, «in der tiefen Überzeugung, daß er in den Himmel kommen wird, wo er eine Schule für Engel besuchen wird. Von nun an bis in Ewigkeit.»

(Aus: Adult Leadership, Januar 1971; aus dem Englischen übersetzt von Heinrich Dauber)

Etienne Verne

Die Kosten lebenslänglicher Erziehung*

Die Analyse der Dysfunktionalitäten schulischer Bildungssysteme regt niemanden mehr auf, weder die Experten, die sie mit Daten belegt haben, noch die Politiker, die daraufhin Entscheidungen gefällt haben, noch die Lehrer, die sich damit abgefunden haben. Die Schlußfolgerungen aus diesen Analysen lagern in den Bibliotheken, und die großen internationalen Bürokratien haben es eigenhändig übernommen, sie zu verbreiten. Diese allgemeine Übereinstimmung in der Beurteilung der zunehmenden Ineffizienz ständig wachsender Ausgaben für das Bildungswesen, deren soziale Folgekosten immer höher werden,[1] ist ebenso gefährlich wie pervers. Diese Übereinstimmung ist gefährlich, da sie die Konzipierung neuer bildungspolitischer Programme rechtfertigt und die Macht der Agenturen und Apparate sichert, die damit beauftragt werden, diese zu planen und darüber zu entscheiden. Sie ist pervers, denn je mehr man die unterschiedlichste Kritik am Schulsystem aufnimmt, desto mehr drängt sich einem die Vorstellung auf, erzieherische Behandlung sei notwendig, müsse obligatorisch und ohne Ende sein. Je mehr man darin übereinstimmt, daß die ungeheuerlichen Ausgaben für Erziehung wertlos sind,[2] daß sie die Misere der Gesellschaft aufrechterhalten und kaschieren,[3] und dazu bedenkt, welche Frustrationen sie hervorbringen,[4] desto eher zerbricht man sich den Kopf darüber, wo man neue Geldmittel loseisen kann, um andere Bildungsetats damit zu finanzieren. Das geht etwa so weit, daß man den Lohn des französischen Arbeiters obligatorisch für eine Bildung heranzieht, die er selbst nicht verlangt hat, die ihm kaum zugute kommt,[5] die aber dazu dient, ihn anzupassen, zu integrieren, zu maßregeln und zu beherrschen.[6] Normalerweise sieht man dabei nicht, daß dies mit Hilfe von Erwachsenenbildnern geschieht, einem neuen Berufsstand, dessen Entwicklung den ganz besonderen Vorteil hat, daß man damit einen Teil der arbeitslosen Intellektuellen resorbieren kann. Wahrhaftig ein institutionelles Komplott, wenn man sieht, daß die Allianz zwischen Intellektuellen und Arbeitern dadurch weiterhin strukturell verhindert bleibt. Durch die lebenslange Erziehung mit ihren Dozentenstellen, ihren Stellen für Planung, Aufsicht und Kontrolle der

* Anmerkung des Übersetzers: Der französische Ausdruck «éducation à vie» wird im deutschen Text mit «lebenslänglicher Erziehung» wiedergegeben. «Education permanente» wird, soweit es sich um das Prinzip handelt, mit «lebenslangem Lernen» wiedergegeben; soweit es sich um die Institutionen und/oder Kosten dieses Prinzips handelt, um seine Realisierung im weitesten Sinne mit «lebenslanger Erziehung» wiedergegeben. «Formation» wird stets mit «Ausbildung» übersetzt. Soweit es sich um die spezifisch französische Akzentuierung dieser Diskussion handelt, wurde auch «éducation permanente» belassen.

Ausbildung, werden mindestens 40000 Intellektuelle beschäftigt, für die es an den französischen Universitäten keine Arbeit gibt. Indem man sie im Bereich der Weiterbildung einsetzt, ihnen Vollzeitstellen als Erwachsenenbildner verschafft, stellt man sicher, daß sich an den Randzonen der industriellen Institutionen kein mobiles, kritisches Potential absondert. Indem man ihnen ihre Professionalisierung zusichert, ihren akademischen Status bestätigt, ihre Rechte und schließlich ihr Monopol verteidigt, werden sie durch die Programme der lebenslangen Erziehung in den Prozeß der Reproduktion der Arbeitskraft einbezogen. Die Trennung zwischen Kopf- und Handarbeit wird verfestigt.

Gleichzeitig werden damit wieder einmal die Arbeiter völlig schutzlos den Händen einer Klasse von Menschen ausgeliefert, die ein technisches Monopol ausüben, einer Klasse von Kollektivtherapeuten, Beziehungs- und Befehlsspezialisten. Die Erwachsenenbildner werden die persönliche Autonomie der Arbeiter einschränken, so wie die Berufspolitiker ihre Kampfbereitschaft. Sie werden das Geschäft der Demobilisierung der Arbeiter weiter betreiben, ein Geschäft, mit dem schon in der bürgerlichen Schule bei den Kindern der Arbeiterklasse begonnen wird, indem man sie auf individuellen Aufstieg einschwört. Indem sie Ausbildung mit sozialem Aufstieg koppeln, vermindern sie auch die gewerkschaftliche Kampfbereitschaft.

Als man die verschiedenen Dimensionen der weltweiten Erziehungskrise analysierte, die wachsenden Kosten schulischer Bildungsprogramme anprangerte und den heimlichen Lehrplan schulischer Institutionen enthüllte, ahnte niemand, daß sich als Haupteffekt dieser zersetzenden Kritik an zehn bis fünfzehn Jahren Schulpflicht und an immer weiter ausgedehnter Vollzeit-Schule die Idee lebenslänglicher Erziehung aufdrängen würde, daß durch diese Kritik die Pädagogisierung aller Lebensalter erleichtert und der Besuch schulischer Veranstaltungen zur lebenslänglichen Pflicht gemacht würde.

Höchstwahrscheinlich kam man auf dem Umweg über die Suche nach Alternativen, mit deren Hilfe man den negativen Effekten der Schule entgegenwirken konnte, dahin, von einer auf das frühe Lebensalter begrenzten schulischen Behandlung überzugehen auf eine lebenslange erzieherische Bevormundung. Weil sie sich nur mit den sichtbaren Auswirkungen befassen und nicht mit den latenten Zielen und der grundlegenden sozialen Norm, die hinter der Schulpflicht steht, können die Politiker immer nur Vorstellungen entwickeln, mit denen die oberflächlichen Dysfunktionalitäten kompensiert, korrigiert oder eingegrenzt werden können. Aber die einzig sichere Wirkung dieser Innovationen besteht darin, die latenten Lernziele erfolgreich zu kaschieren, indem man nur die offensichtlichen Symptome behandelt und damit die Ziele verstärkt. Die Forschungen der Innovationsexperten und die Gesetze und Reglementierungen, die durch die Politiker durchgesetzt werden, implizieren, daß Individuen und Gemeinschaften weder über ausreichende Ressourcen verfügen, um selbst herauszufinden, wo ihre eigenen Bildungsbedürfnisse liegen, noch die Macht haben, selbst zu entscheiden, wie sie diese Bedürfnisse befriedigen können. Sie werden jedesmal ein wenig mehr sich selbst entfremdet und etwas mehr industrialisiert. Und das ist schließlich das einzige Lernziel, das die Schule erfolgreich allen eingetrichtert hat.

Das Einschwenken der Technokraten schulischer Bildungssysteme auf die Idee lebenslangen Lernens[7] ist die beste Illustration dieses Übergangs von einer begrenzten zu einer unbegrenzten und nicht enden wollenden Ausbildung. Sie ist der beste Beweis für die Ausweitung ihrer eigenen Macht. Weil sich die Technokraten des lebenslangen Lernens bemächtigt haben, wird man mit diesem Projekt niemals dem Ziel näher kommen, formelle Beschulung aufzulösen, um sinnvolle soziale Lebensformen zurückzugewinnen.

Vor wenigen Jahren noch wurde die Ausweitung der Bildung auf alle Lebensalter gern als eine radikale Alternative zur weiteren Verschulung vorgestellt, da es möglich schien, dadurch die Ausweitung verschulten Lernens einschränken zu können. Zwei Ziele schienen sich zu ergänzen: Die Entschulung der Ausbildungsbedingungen und die Einführung lebenslangen Lernens. Die beiden Ziele ergänzten sich insofern, als man kaum auf einen Beginn fortwährenden Lernens hoffen konnte, ohne auf der anderen Seite die Entwicklung der Schule zu begrenzen oder sogar zu reduzieren.[8] Diese Begrenzung drängte sich den Bildungspolitikern aus verschiedenen Gründen auf:

Ökonomische Gründe: begrenzte Finanzmittel für Bildungsausgaben und ihre Rentabilität.

Soziale Gründe: die Reproduktion der sozialen Ungleichheit und die ungleiche Verteilung von Bildungschancen.

Politische Gründe: die wachsende Unfähigkeit von Schulen und Hochschulen, Anpassung und Unterwerfung unter die industriellen Bedingungen einer Überflußproduktion sicherzustellen.

Ethische Gründe: der ständig wachsende Einfluß der Schule, über ein Recht zu verfügen, das einzelnen oder Gruppen zusteht, nämlich selbst zu bestimmen, wie sie leben und ihre Produktionsverhältnisse besorgen wollen.

Strategisch und im Rahmen des politisch Machbaren wurde es den politischen Bürokratien erleichtert, die quantitative Begrenzung schulischer Unterweisung zu akzeptieren, indem zugleich eine ständige Zugangsmöglichkeit zur Bildung und ein Recht auf den Konsum von Belehrung proklamiert wurde: Nicht alle Bildungsentscheidungen sollen in den ersten Lebensjahren fallen, und jeder wird eine zweite und dritte Chance bekommen. Die Ideologie der Chancengleichheit gedeiht bestens auf diesem Gebiet. In der Tat war die Entwicklung des Schulwesens ziemlich gefährdet, als man kaum mehr sah, wie man die Bildungsetats erhöhen könne, ohne andere Entwicklungsbereiche noch mehr zu vernachlässigen, und als sich überall Zweifel aufdrängten, ob diese Aufwendungen ökonomisch produktiv und sozial gerecht seien. Gleichzeitig präsentierten die Pädagogen, aber auch die Politiker lebenslanges Lernen nicht als eine neue pädagogische Methode, sondern als ein neues soziales Modell. Dieses gesellschaftspolitische Konzept erhält seine höheren Weihen entweder im Zauber einer Kulturrevolution oder durch eine im Wolkenkuckucksheim angesiedelte «permanente Revolution» oder im reformistischen Dunstkreis einer «Neuen Gesellschaft», schließlich auch in der Perspektive einer voluntaristischen politischen Anstrengung, die auf dem Glauben beruht, heute entscheiden zu können, wie wir unsere Zukunft morgen gestalten wollen.

Man kann nachweisen, daß es sich bei diesen Vorhaben – auch wenn diese es selbst zurückweisen und sich fälschlicherweise meist ausdrücklich dagegen aussprechen – um eine Neuauflage all jener humanistischen und modernen Bildungsillusionen handelt, die annehmen, die Ordnung der Dinge und der Charakter der Institutionen werden sich ändern, wenn man nur die Erziehung des Menschen ändert. Von dem Augenblick an, in dem eine Gesellschaft hierarchisch aufgebaut ist und die soziale Schichtung sich nach dem Maß der Verteilung des Kapitals richtet, muß man es immer wieder von neuem unternehmen, die Umverteilung der Chancen glaubhaft zu machen. Damit stützt man gleichzeitig den grundsätzlichen Charakter der Ungleichheiten, die nachträglich von denen gerechtfertigt werden, deren Macht durch sie legitimiert wird. Von dem Augenblick an, in dem sich eine Trennung zwischen gesellschaftlicher und technischer Arbeit abspielt, braucht man immer einen Apparat, der dazu bestimmt ist, den Erwerb von Qualifikationen fortschreitend sicherzustellen, von Qualifikationen allerdings, die nicht nur differenziert (verschieden), sondern auch voneinander getrennt (unterschieden) sind.

Bis hin zu den Politikern der Linken – zumindest in Europa – vergißt man regelmäßig, wenn es um Erziehung geht, daß diese in Institutionen stattfindet, die eher darauf aus sind, Erziehung als Ware zu fabrizieren, als sie inhaltlich voranzutreiben. Diese Institutionen veranstalten ein Spiel mit formalen Etikettierungen, das ihren Zielen von Gleichheit und Gerechtigkeit, gar Glück, total entgegengesetzt ist. Man muß wohl eines Tages die ganze Tradition des Kampfes der Arbeiter gegen die obligatorische Schulpflicht für Arbeiterkinder in der bürgerlichen Schule wiederentdecken. Die bürgerliche Herkunft der Politiker der Linken macht sie zum Werkzeug dieser Verschleierung. So wie man in der öffentlichen Pflichtschule das Heilmittel für die Arbeiterklasse finden wollte, wird man fürderhin zu hören bekommen, daß lebenslanges Lernen zu einer neuen Lebensform führen wird, in der es möglich sein wird, die durch die

Schule hervorgebrachten Spaltungen zu überwinden: zwischen jung und alt, zwischen Ausbildung und Produktion, Arbeit und Freizeit, aktivem Berufsleben und Ruhestand, Kopf-und Handarbeit. Selbst François Mitterand, der Kandidat der Linken bei den französischen Präsidentschaftswahlen im Jahre 1974, betont (und er setzt damit wieder die gleichen Akzente wie der Sozialist Jaurès, als dieser nach der Verabschiedung der Gesetze über die Schulpflicht von 1882 vom öffentlichen Schulwesen sprach): «Zwischen dem Prinzip lebenslangen Lernens und dem Weg zu einer selbstverwalteten sozialistischen Gesellschaft gibt es eine enge Beziehung: Die Selbstverwaltung findet eine wesentliche Stütze in der éducation permanente. Die Befreiung der Arbeiter durch die Selbstverwaltung kann nicht einfach verordnet werden; sie bedarf notwendig einer voraufgehenden vertieften ökonomischen und kulturellen Bildung. Für die Republikaner von gestern war keine politische Demokratie ohne öffentliche Schule denkbar. Für die Sozialisten von heute ist klar, daß es keine ökonomische und kulturelle Demokratie geben wird, ohne daß die Arbeiter für die schwere Verantwortung der Selbstverwaltung ausgebildet sind» (Vorwort zu: Éducation permanente et socialisme, éditions Tema, Paris 1973, S. 9f.). Es gibt keine bessere Definition erzieherischer Illusion: Zu glauben, daß Selbstverwaltung nicht ergriffen, sondern zuerst begriffen werden müsse.

Es ist François Mitterand nicht vorzuwerfen, daß er mit seinem Eintreten für die éducation permanente eine falsche Richtung unterstützt, genausowenig wie Jaurès, der mit seinem Lob der öffentlichen Schule die bürgerliche Schule unterstützte: Wer hat entschieden, daß die bürgerliche Schule ein guter Umgang für die Arbeiterklasse und der beste Aufenthaltsort sei, den man sich für seine Kinder denken konnte? Zumindest kann man darauf verweisen, daß die Arbeiterklasse noch immer genauso weit von der politischen Macht entfernt ist, seit man sie immer länger in die Schule schickt. Die Arbeiter von LIP[9] haben nicht beschlossen, ihr kollektives Handeln mit einem Seminar über Selbstverwaltung zu beginnen, ehe sie den Produktionsapparat übernahmen, ihre Arbeit organisierten und über den Zweck der Produktion entschieden. Es war eher so, daß die Fortbildungsseminare, die nach mehreren Monaten des Kampfes auf die Vereinbarungen folgten, genau die Rückkehr zur Ordnung anzeigten. Wer weiterhin glaubt, daß Bildung eine Vorbedingung für jede kollektive Aktion und für jede Machtübernahme sei, verlängert damit das Überleben einer Ideologie, die sich der Fortentwicklung industrieller Produktionsformen und der Machtkonzentration in den Händen von wenigen verschrieben hat.

Der soziale Nutzwert der Schule, möglichst vielen Leuten ihren heimlichen Lehrplan einzutrichtern, wird immer lebensnotwendiger: für das Überleben industrieller Produktionsformen, für die Reproduktion der Arbeitskraft und die Rentabilität der Produktion. Weil Schulen und

Universitäten die Erreichung dieses Ziels zunehmend weniger sicherstellen, überträgt man heute die Funktionen, die früher der Schule anvertraut waren, den Programmen fortgesetzter Ausbildung. Ohne diese Funktionsverlagerung und damit die Garantie, daß der jeder Verschulung zugrunde liegende heimliche Lehrplan auch künftig wohl verbreitet wird, könnte man nicht verstehen, warum öffentliche Stellen der Herabsetzung des öffentlichen Schulwesens[10] und den zunehmenden Übertretungen der Gesetze über Schulpflicht und Kinderarbeit mit so wenig Nachdruck entgegentreten. Dies gilt zumindest für Frankreich, wo die Gesetze über die Rückverlagerung der beruflichen Grundbildung in den Betrieb und über die berufliche Fortbildung am selben Tag verkündet wurden. Lebenslange Erziehung stellt sich dar als eine Alternative zum Konzept der Verschulung, als Reaktion darauf, daß die Schule ihre ökonomischen Funktionen nicht mehr erfüllt, als eine neue Möglichkeit für kompensatorische soziale Funktionen, die die Schule nie erfüllt hat, als eine neue Rationalität des pädagogischen Bezugs und seiner Verwaltung. Tatsächlich hat sie eine rein ideologische Funktion, nämlich die ökonomischen Grundlagen besser zu verschleiern, auf denen sie gründet. Das Programm des lebenslangen Lernens ist zweifellos die gewaltigste, aber auch die am wenigsten offensichtliche Falle, in die man mit der Entschulung tappen kann. Die Entschulung der Gesellschaft ist kein totalitäres und entfremdendes Vorhaben, wie es lebenslange Erziehung am Ende des industriellen Zeitalters sein wird. Es gilt zu beweisen, und diesen Beweis wollen wir hier führen, daß die éducation permanente nichts anderes ist als eine Verschulung in neuem Gewand.

Aus Gründen, die mit der Konjunktur und dem Entwicklungsstand der industriellen Produktionsweise zusammenhängen, ist es einfach wichtig geworden, der éducation permanente Funktionen zu übertragen, welche die Schule nicht mehr hinreichend erfüllt. Von der industriellen Ideologie in Beschlag genommen, unterstützt die «Entschulung» diese Funktionsübertragung, so wie conscientização (Bewußtwerdung) heute dem Faschismus dient.* So wie die Idee der Entschulung eine Bildung ohne Schulen und Schulen ohne Mauern vorantreibt, so wie sie auch die Entwicklung von Satelliten für Bildungsprogramme befördert und neuen Wissensindustrien dient, so wie sie die Entwicklung von Lehrmaschinen und Multimediasystemen unterstützt, so stellt sie sich auch in den Dienst der éducation permanente. Und dies ist zweifelsohne die gewaltigste, aber auch die am wenigsten offensichtliche Falle, in die die Entschulung nach dem Willen derer geht, die ihre Ideen aufgreifen, um die erzieherische Mega-Maschine des Jahres 2000 zu rechtfertigen.

* Anmerkung des Übersetzers: Verne bezieht sich hier auf die Verwendung der politischen Alphabetisierungsmethoden Paulo Freires, die «conscientização» zum Ziel haben, durch die faschistischen Regimes in Lateinamerika.

Wenn die éducation permanente nur eine neue Inkarnation von Bildungsillusionen ist, müßte weiter gezeigt werden, daß sie tatsächlich zu den gleichen Dimensionen zurückführt und die gleichen Effekte festschreibt, die sich als historische Gestalt dieser Illusionen in der Industriegesellschaft zeigen, das heißt als Verschulung. Wenn die éducation permanente nur eine Metamorphose der Verschulung darstellt, kann eine Politik der éducation permanente nur eine Falle sein für jedes Projekt, das auf eine Entschulung der Gesellschaft zielt.

Die Argumente sind zahlreich und klar. Sie reichen von der Beschreibung der unvermeidlichen Verschulung der Bedingungen lebenslangen Lernens, von der Erneuerung der materiellen Basis der Institution Schule bis zu dem folgenden: Das Programm lebenslangen Lernens erhält und nährt die pädagogische Ideologie, wonach Erziehung als notwendiges Medium zwischen den Wunsch des Individuums tritt zu lernen und dem, was es lernen will. Außerdem wiederholen sich dieselben Effekte, wie sie die Schule produziert; ihre soziale Funktion verschärft sich. Mit der Ausweitung der Industrialisierung der Bildung und der Merkantilisierung des Wissens hat man überdies eine völlige Neuauflage des heimlichen Lehrplans der Verschulung, die endgültige Besiegelung ihrer manifesten Effekte.

Von diesen Effekten greife ich einen besonders heraus: Fortwährende Ausbildung ist kein Ausdruck unserer Unfertigkeit, sondern garantiert unsere permanente Unzulänglichkeit.[11] Schon die merkantilen Gesellschaften hatten die Idee der Erziehung ein erstes Mal verunstaltet, indem sie ihr die Bedeutung der Manipulation eines Individuums durch ein anderes gaben oder darunter die nicht-reziproke Beeinflussung eines Individuums durch das andere verstanden. Die Alchimisten haben dieses Geschäft plastisch vorgestellt und erfolgreich die darauf folgenden Phasen programmiert. Die industriellen Gesellschaften haben die Idee der Erziehung ein weiteres Mal verformt: Sie verstanden darunter die Manipulation der Kinder durch die Erwachsenen, vor allem mit Hilfe des programmierten Werkzeugs Schule. Mit dem Prinzip lebenslangen Lernens erleben wir zweifellos eine erneute Verkürzung der Erziehungsidee, an der diesmal allein die Kapitalisten des Wissens verdienen und die den professionalisierten Lehrern zugute kommt, die berechtigt sind, dieses Wissen zu verteilen. Es geht nicht mehr darum zu fragen, ob es sich bei der Ausweitung der Erziehung auf alle Lebensalter und der Verbreitung pädagogischer Ausrüstungen in den verschiedenen menschlichen Bereichen einfach um eine Art Ansteckung jeglicher Ausbildung durch schulische Belehrung handelt. Da die Pädagogisierung der Kindheit dank der Schule vollendet ist, bleibt nur noch, die Pädagogisierung der frühen Kindheit, mit der schon begonnen wurde, zu vollenden, vor allem aber die Pädagogisierung des Erwachsenenalters zu sichern. Aufs Ganze gesehen – und unter historischem Blickwinkel – verläuft alles so, als ob es darum ginge, Kindheit als Institution auch auf das Erwachsenenalter auszudehnen. Durch die Pädagogisierung des Erwachsenenalters wird die Erfindung der Kindheit, das heißt die Geschichte der Infantilisierung, ausgedehnt.[12] Das geht so weit, daß die Kinder sich halb totlachen über Trainingsaufgaben, pädagogische Spiele, Simulationsübungen und Unterrichtsfilme, die ihre Eltern notgedrungenermaßen ernst nehmen müssen, weil ihr berufliches Fortkommen davon abhängt.

Die Verschulung der Erwachsenen wird so zum Werkzeug eines Prozesses der veränderten sozialen Definition des Erwachsenenalters. Die Schule könnte sich den Zugang zum Erwachsensein als Ziel setzen. Nachdem man den meisten Leuten klargemacht hat, daß sie keinen Anspruch auf Reife haben, drängt sich das lebenslange Lernen als ein endloser und folglich obligatorischer Prozeß auf. Die Medizin hatte den umgekehrten Entwicklungsprozeß eingeschlagen: Nachdem der Tod medikalisiert war, hat sie erfolgreich das Leben medikalisiert und schließlich den Eintritt ins Leben.

Die Schule hat zuerst den Eintritt ins Erwachsenen- und Berufsleben pädagogischer Behandlung unterzogen. Sie strebt jetzt danach, den Arbeiter während seines ganzen Berufslebens zu begleiten, geht sogar so weit, jetzt den Ruheständlern (Rentnern und Pensionären) beibringen zu müssen, zu akzeptieren, daß sie nicht mehr arbeiten müssen und wie sie ihre Freizeit gestalten sollen. Die Medizin hat aus dem Leben ein Objekt der Pflege gemacht, die Erziehung macht aus der menschlichen Existenz ein Objekt der Ausbildung. So wie man die Angst medikalisiert hat, verschult man die menschliche Existenz, bis man aus dem Sein ein Objekt der Schulung gemacht hat (vgl. E. FAURE u. a.: Wie wir leben lernen, Reinbek bei Hamburg 1973). Was bisher nur die professionalisierten Ärzte geschafft haben, indem sie die Menschen zwangen, im Krankenhaus geboren zu werden und zu sterben, um ihnen besser eintrichtern zu können, daß das Leben eine Krankheit sei, erreichen die professionalisierten Erzieher augenblicklich auf dem Umweg der permanenten Verschulung, indem sie die Menschen ihrer dauernden Inkompetenz versichern. Der letztgültige Erfolg der Schule besteht in der Ausdehnung ihres Monopols, zuerst auf die ganze Jugendzeit, dann auf alle Lebensalter und schließlich auf alle Lebensräume. Man müßte hier die sozialen, politischen und ökonomischen Bedingungen der «Entdeckung» des Erwachsenenalters als Objekt der Pädagogik aufzeigen können: Als besonderes Lebenalter, das eine bestimmte Stellung einnimmt innerhalb und gegenüber von Schullaufbahnen, aber auch als Objekt einer speziellen pädagogischen Intervention, die aus dem «Schülerberuf» die einzige gesicherte Beschäftigung der Individuen während ihres ganzen Lebens machen wird, insbesondere dann, wenn sie keine andere Beschäftigung haben. Die Rede vom «Beruf des permanenten Schülers deutet schon die verschiedenen Prämien an, die man den industriellen Mythologien wird zahlen müssen, um die Entwicklung der nicht endenden Erziehung zu sichern.

Wir sind in der Geschichte des Erziehungswesens an dem entscheidenden Punkt angelangt, wo die großen internationalen Agenturen ihre Pläne zur Verschulung des ganzen Lebens und aller Menschen bereits verabschiedet haben, und das in den meisten Fällen, weil «die Entschulung, egal auf welchem Weg, eine Notwendigkeit geworden ist»[13]. Es ist auch der Augenblick, in dem verschiedene Länder anfangen, lebenslange Erziehung gesetzlich vorzuschreiben, vom unterindustrialisierten Peru (1971) bis zum überindustrialisierten Frankreich (1971). Die Institutionalisierung lebenslanger Erziehung hat die Prozesse, die in der Erstausbildung programmiert wurden, zu wiederholen und besser zu verbreiten und ihren heimlichen Lehrplan unter Garantie einzutrichtern. Der «cholo» aus Chimbote und der ungelernte Fließbandarbeiter aus Boulogne-Billancourt können nicht länger daran zweifeln, daß sie immer und zu jedem Augenblick die Möglichkeit haben, dank der Ausbildung und der pädagogischen Ressourcen, die man ihnen verordnet hat, auf der sozialen Leiter aufzusteigen. Sie «wissen» ständig, daß sie jederzeit eine Chance haben, dahin zu gelangen, und «wissen» gleichzeitig, daß es nur an ihren mangelnden Fähigkeiten liegt, wenn sie es nicht schaffen, diese Chance zu ergreifen. Die Erziehungsexperten haben glückliche Tage vor sich: Sie können sich erlauben, angesichts der Erwachsenenbildung die gleichen Kapitel über Ziele, Mechanismen und Effekte, die sie schon für die Schule geschrieben haben, nochmals zu Papier zu bringen; es gibt nichts, was einer «Internationalen Konferenz über die Erziehung der Kinder» ähnlicher wäre als eine «Internationale Konferenz über Erwachsenenbildung». Die Inhalte sind hier wie dort die gleichen: Erwachsenenbildung als Beitrag zur Demokratisierung, Erwachsenenbildung als Faktor der Entwicklung, Gleichheit des Zugangs und Chancengleichheit, Erwachsenenbildung für die Unterprivilegierten usw. . .[14]

Die wahre Entschulung ist die, die nicht geplant wird, sondern in Schulen und Universitäten *wirklich* passiert durch Ausreißen, Wegbleiben, durch zunehmend größere Irrelevanz dessen, was dort passiert, auch durch «Leistungsverweigerung». Liegt es vielleicht daran, weil die Schulen und Hochschulen immer weniger die erhofften Effekte zeitigen, weil sie immer weniger den sozialen Funktionen, die ihnen übertragen wurden, gerecht werden, weil ihr Verfall immer sichtbarer, ihre Bedeutungslosigkeit immer größer wird, weil sie weniger «effizient» sind und immer schlechter die Bedingungen der industriellen Produktion sichern, daß es für die gleichen sozialen Kräfte, die zur Schulpflicht geführt haben, notwendig, ja dringlich wird, *die* Funktionen auf die Erwachsenenbildung zu übertragen, die in der Erstausbildung immer schlechter erfüllt werden? Dies gilt besonders für die Rückholung von Aktivitäten ins

Zentrum des Produktionsprozesses, welche vorher die Tendenz hatten, sich davon zu lösen, oder die sich – wie in den Bewegungen der Arbeiterbildung – an seiner Peripherie entwickelten. Eine der sichtbarsten Auswirkungen der französischen Gesetze vom Juli 1971 über die «Formation professionelle continue dans le cadre de l'éducation permanente» (berufliche Fort- und Weiterbildung im Rahmen der éducation permanente) ist, den Ort für pädagogische Übermittlung in die Betriebe zurückverlagert zu haben, indem die Finanzierung der Ausbildung obligatorisch gemacht wurde; damit knüpft man an die Tradition der «Fabrikschulen» an, welche die glücklichen Tage des aufblühenden Kapitalismus sicherten. Hier liegt auch der Grund für die Restauration der betrieblichen Berufsbildung in Frankreich im Jahre 1971. Auf der gleichen Linie liegen die Zielvorstellungen des Expertengesprächs über Jugendfragen, abgehalten im Rahmen des «Presidents Science Advisory Comittee», das Anfang 1974 empfahl, die schulpflichtigen Jugendlichen rascher in die Arbeitswelt zu integrieren. All das läuft so ab, als ob sich die Anforderungen der industriellen Demokratie immer dringender, immer fieberhafter auf Ausbildung richteten, als dasjenige Werkzeug, mit dem das Überleben des industriellen Zeitalters sichergestellt werden könnte.[15]

Die Institutionalisierung lebenslanger Erziehung hat damit zur Folge, daß ein ganzer Komplex informeller Aktivitäten und spontaner Verhaltensweisen zusammengefaßt, formalisiert und mit Bildungsetiketten ausgezeichnet wird. Sie könnte zum Beispiel den Effekt haben, daß die Gründung eines «Bildungs- und Forschungszentrums für permanente Sexualerziehung» als evident und moralisch gesund erschiene; eines Zentrums, das eine Mischung aus neuer Sexualmoral und neuer Bildungsplanung darstellt, wo man, so sagt die Reklame für diese neue Ware, «auf Grund eigener Erfahrungen die verschiedenen Aspekte des affektiven und sexuellen Lebens erforscht, indem man sie erlebt», Aktivitäten und Verhaltensweisen, die bislang abliefen, ohne durch Juristen legalisiert, ohne von den Politikern geplant, den Analytikern erforscht worden zu sein, ohne in den Lehrplänen der Erzieher gestanden zu haben, nicht medikalisiert durch die Mediziner und nicht evaluiert durch die sozialen Kontrolleure. Im Büro mußte der technische Zeichner nur mit seinen Arbeitskollegen an den Zeichenbrettern ringsherum reden, um die Probleme zu lösen, die er hatte. Heute muß er in seinem Unternehmen schweigen, seinen Arbeitsplatz verlassen, sich zu einem vorgeplanten Zeitpunkt in einen besonderen Saal begeben, um einem Spezialisten zuzuhören, der ihn über Fragen informiert, die er nie hatte, und der ihm beibringt, Probleme zu lösen, die nicht die seinen sind. Nicht umsonst steigt die Zahl der Fortbildungsveranstaltungen, die direkt vom Unternehmen organisiert werden (56 Prozent im Jahre 1973) schneller an als die außerbetrieblichen Veranstaltungen. Und ebenfalls nicht ohne Grund handelt es sich bei den Veranstaltungen, die für Arbeiter und

Vorarbeiter geplant werden, in der Mehrzahl um Veranstaltungen, die dem «Kennenlernen und Entdecken des Unternehmens» dienen. Genau diesen Typus von Veranstaltungen hatte man für die Lip-Arbeiter geplant, als ihr Streik schließlich beendet war und sie zehn Monate lang das Funktionieren dieses Unternehmens selbst gesichert hatten.[16] Sobald es einmal zur Institutionalisierung kommt, können sich der Personalchef, der Betriebsrat, die Finanzbuchhaltung und der Erwachsenenbildner wohl dieses Stumpfsinns bewußt sein. Sie können jedoch nichts anderes tun, als ihn zu planen, zu finanzieren und durchzuführen.

Dem Fischer aus Callao geht es nicht anders. Er ist jetzt gefangen im Netz eines «núcleo educativo» (Schuldistrikt), wo man für ihn darüber entscheidet, was er als Quellen zur Bildung anerkennen soll. Ebenso ergeht es auch den Arbeiterbildungsbewegungen, die es akzeptieren, sich den Regeln der Finanzbeamten, den Kriterien der juristischen Kontrolleure und der Auswahl der Wissensverkäufer zu unterwerfen, weil sie fasziniert sind von den Geldmitteln, die ihnen die Gesetzgeber der éducation permanente versprechen.

Wenn es darum ginge, Punkte des Widerstandes zu definieren, Empfehlungen zu formulieren und Anzeige zu erstatten, wäre folgendes zu sagen:

1. Der hinter der Verpflichtung der Unternehmen zur Finanzierung von Bildungsaktivitäten steckende Zwangscharakter von Erwachsenenbildung muß entschleiert werden. Dahinter steckt nämlich, daß Definitionen von Kompetenz festgeschrieben werden, daß allein *die* Qualifikationen anerkannt werden, die durch Positionen in einer Schullaufbahn erreicht wurden, und daß diese Positionen durch Examina sanktioniert werden.
2. Die Dominanz industrieller Ausbildungsinteressen muß denunziert werden als einseitige Bestimmung der Ausbildung, die dadurch zustande kommt, daß man den Unternehmen und Verwaltungsapparaten unmittelbar die Entscheidung über Organisation, Verwaltung und Bestätigung der Ausbildung in die Hand gibt, die für Arbeiter bestimmt ist. Es ist kein Fortschritt, die Bildungsetats vom Staatsapparat auf die Unternehmen umzuwälzen. Einzelpersonen, Arbeiter und Kollektive bleiben dadurch gleichermaßen von den Entscheidungen über Erziehungsfragen ausgeschlossen.
3. Von einem Bewerber für einen Arbeitsplatz zu verlangen, Schul-, Universitätsdiplome oder Zertifikate über Fortbildungsveranstaltungen vorzuweisen oder sich psychologischen Tests zu unterziehen, muß als illegal deklariert werden.
4. Zurückzuweisen ist ein Recht auf Ausbildung, das nur im Zusammenhang mit der im industriellen Produktionsapparat eingenommenen oder einzunehmenden Position existiert. Man muß gegen die Immoralität protestieren, die darin liegt, daß ein Teil des Geldes der Arbeiter

obligatorisch ausgegeben wird für ihre eigene Domestizierung, indem man Aufstieg und Ausbildung aneinanderkoppelt und indem man sie glauben macht, das Industrieunternehmen wirke durch die Einführung einer formalen Ausbildung auch erzieherisch.

5. Abzulehnen sind zusätzliche Bildungsinvestitionen, die dazu dienen, Qualifikationen, Macht und Prestige derer zu konservieren, deren Ausbildung für die öffentlichen Haushalte sowieso schon am teuersten zu stehen kam. Arbeiter und Führungskräfte müssen gleiche Ausbildungsgänge zu gleichen Kosten durchlaufen können. Nachdem die Industrialisierung die Arbeiter erst gezwungen hat, ihre Arbeitskraft zu verkaufen, wird nun versucht, sie durch den Trick mit den Bildungsinvestitionen davon zu überzeugen, daß mit dem «Humankapital» ebenso verfahren werden könne wie mit dem physischen Kapital und daß man Bildung quantifizieren könne, um dann besser behaupten zu können, sie sei eine Ware.
6. Kampf gegen die Professionalisierung von Vollzeit-Erwachsenenbildnern.
7. Verbot von Lehrmitteln, die nicht von den Individuen selbst entwickelt wurden.
8. Jede Bildungspolitik, die sich als Instrument der Beschäftigungspolitik versteht, sei es mit dem Ziel der Reproduktion der Arbeitskraft und ihrer Anpassung an unterschiedliche Tätigkeiten, sei es mit dem Ziel der Steuerung des Arbeitsmarktes, ist abzulehnen. Mehr Ausbildung ist keine Antwort auf die derzeitigen Schwierigkeiten des Arbeitsmarktes. Es ist wichtiger, die Frustration aufzufangen, die die Ausbildung selbst bei den Arbeitern erzeugt, als ihre Produktivität zu fördern und ihre Mobilität zu erhöhen. Bei der heutigen konjunkturellen Lage wird es immer schwieriger, die Leute glauben zu machen, die Engpässe des Arbeitsmarktes seien darauf zurückzuführen, daß die Arbeiter nicht über die erforderlichen Qualifikationen verfügten.
9. Man muß auch klarstellen, daß Gewerkschaften und politische Apparate stranguliert sind, den Kampf für die oben genannten Punkte zu führen, da sie sich durch ihre Kollaboration mit der Industrie selbst entfremdeten, eine Kollaboration, die dazu dient, den Status des Arbeiters zu verfestigen und den Mythos zu entwickeln, das Heil bestehe darin, daß das Wissen an die Macht komme. Damit wird der Imperialismus der Kapitalisten des Wissens über die industrialisierten Massen verstärkt.

Und wenn es ein Recht gäbe, das man zur Geltung bringen sollte, dann wäre es dieses: nicht an Ausbildungsveranstaltungen teilzunehmen, das heißt das Recht, seine eigenen Ausbildungsbedürfnisse außerhalb der Ausbildungsapparate selbst befriedigen zu können.[17]

Die Kontrolle der wachsenden Budgets wie die Macht und das Prestige, die mit dem Unterrichten verbunden sind, gehen langsam von den

Lehrern und ihren Schulen über auf die Erwachsenenbildner und ihre multimedialen Systeme – und das alles mit dem Ziel einer noch subtileren und umfassenderen Kontrolle der Individuen. Die Institutionalisierung des lebenslangen Lernens wird die Gesellschaft unter den Augen einiger Satelliten in ein riesiges Klassenzimmer von planetarischem Ausmaß verwandeln. Nur die Türschilder werden ermöglichen, es von einem riesigen Krankensaal, einer weltweiten Irrenanstalt, einem Gefängnisuniversum zu unterscheiden, in dem Erziehung, Strafe, Pflege und Eingesperrtsein Synonyme sind. Die industrielle Art der Erziehung wird durch eine noch zerstörerische nachindustrielle Konditionierung ersetzt sein. Es ist dringend notwendig, eine öffentliche Diskussion zu entfachen, über die politischen, kulturellen und ethischen Kosten einer entschulten Erziehung. Die armen Länder haben noch eher als die reichen die Chance, sich für die Mannigfaltigkeit von Lernen zu entscheiden, die darin besteht, im Rahmen einer «konvivialen», lebensgerechten Gesellschaft persönlich bedeutsame Erfahrungen zu vervielfachen. Den reichen Ländern bleibt kaum noch eine andere Wahl als die, die ihnen von der industriellen Mega-Maschine an Erziehung aufgezwungen wird, einer Erziehung, die immer weiter wächst, um die bürokratische Kontrolle über Menschen besser zu sichern.

(Aus dem Französischen übersetzt von Klaus D. Eubel)

Anmerkungen

1 In den OECD-Ländern stiegen die Bildungskosten zwischen 1960 und 1970 um jährlich durchschnittlich 15 Prozent. In der gleichen Zeit wuchs das Sozialprodukt um ungefähr 9 bis 10 Prozent. Zur annäherungsweisen Verteilung des durchschnittlichen Wachstums dieser Kosten vgl. La situation de l'enseignement dans les pays de l'O.C.D.E., Paris 1974.

2 Vgl. L. Levy-Garboua. Recherche sur les rendements de l'éducation en France, C.N.R.S., 1973; insbesondere: Education, Sector Working Paper, World Bank, September 1971.

3 Ch. Jencks: Chancengleichheit, Reinbek bei Hamburg 1973.

4 I. Illich: Entschulung der Gesellschaft, München 1972, als Taschenbuch Reinbek bei Hamburg 1973.

5 In Frankreich haben die Lohnempfänger seit dem Gesetz vom 16. Juli 1971 über die «lebenslange berufliche Ausbildung im Rahmen der éducation permanente» ein Recht auf lebenslange Ausbildung. Laut Gesetz dürfen sie, wenn sie Lohnempfänger sind, von ihrem Arbeitgeber einen Bildungsurlaub fordern oder, wenn sie selbständig Arbeitende sind, sich im Rahmen ihres Berufes so organisieren, daß es ihnen möglich wird, ihrem Arbeitsplatz fernzubleiben. In sehr vielen Fällen erhalten sie während der Dauer ihrer Ausbildung neben der Erstattung der Ausbildungskosten eine Bezahlung, die der entspricht, die sie beziehen, wenn sie arbeiten. Etwas mehr als die Hälfte der Kosten für diese Ausbildung stammt aus öffentlichen Mitteln, insbesondere bei der Ausbildung von Jugendlichen, arbeitlosen Frauen, entlassenen Arbeitern usw. Die andere Hälfte (35 Millionen Francs im Jahre 1973)

ist der Pflichtbeitrag der Unternehmen, der über eine Ausbildungssteuer erhoben wird, die mindestens 1 Prozent der Summe der Lohn- und Gehaltszahlungen im Jahre 1973 ausmacht. Diese Steuer soll auf 2 Prozent erhöht werden.
Erhebungen für das Jahr 1972, die 8600000 Lohn- und Gehaltsempfänger erfaßten, zeigen, daß 850000 von ihnen (10 Prozent) eine Ausbildung erhielten. Aber das sind nur 6 Prozent aller Arbeiter und Angestellten gegenüber 24 Prozent aller leitenden Angestellten.

6 In vielen Unternehmen wurden die Steuermittel für Ausbildungszwecke, die ja aus dem Topf für Lohn- und Gehaltszahlungen stammen, zur Ausbildung der leitenden Angestellten verwendet. Als Anekdote am Rande: In einem Unternehmen der Region um Paris wurde ein Teil dieser Steuermittel dazu verwendet, den leitenden Angestellten ein Training in Verhandlungsführung zu bezahlen.

7 Als kritischen Überblick über das europäische Konzept «lebenslanger Erziehung» und die entsprechende amerikanische Form der «career education»: David C. WILLIAMS: The Spectre of Permanent Schooling. In: Teachers College Record, Columbia University, New York City, September 1974.

8 OECD: Recurrent Education: A Strategy for Lifelong Learning. Paris 1973.

9 Adam SMITH: An Inquiry Into the Nature and Causes of the Wealth of Nations, Cannan edition New York 1937. Vgl. Buch V: Of the Expense of Public Works and Public Institutions, Art. 3: Of the Expense of the Institution for the Instruction of People of All Ages.

10 Vgl. zum Beispiel für die USA die Konferenz über Jugendfragen des President's Science Advisory Committee von Anfang 1974 und seinen Bericht: Youth: Transition to Adulthood. Die wichtigste Empfehlung des Berichts ist die Betonung der Notwendigkeit, schulische Erfahrungen durch mehr Arbeitserfahrungen zu ersetzen. Dieser Wandel soll erreicht werden durch die Änderung der restriktiven Gesetze über Kinderarbeit und durch den Wechsel von Arbeits- und Ausbildungsphasen (vgl.: W. H. BEHN, M. CARNOY, M. A. CARTER, J. C. CRAIN, H. M. LEVIN: The Transformation of Adulthood: its implication for youth. In: School Review, November 1974). In Frankreich sehen Gesetze über die Rückverlagerung der beruflichen Bildung in den Betrieb vom Juli 1974 (das Gesetz über lebenslange berufliche Ausbildung wurde zur gleichen Zeit verabschiedet) und über Handel und Handwerk, genannt «Loi Royer», vor, daß die Jugendlichen wieder ab vierzehn Jahren mit der Lehrlingsausbildung in den Betrieben beginnen, obwohl die Schulpflicht bis zum sechzehnten Lebensjahr reicht. Die Rückkehr zur Eingliederung der Jugendlichen in den Arbeitsprozeß ist kein typisch französisches Phänomen, ähnliche Entwicklungen gibt es in mehreren europäischen Ländern.

11 J. OHLIGER: Is lifelong education a guarantee of permanent inadequacy? CIDOC, Cuernavaca 1974.

12 Ph. ARIES: L'enfant et la vie familiale sous l'Ancien Régime. Paris 1960.

13 J. R. GASS: L'Education récurrente: une stratégie pour une formation continue, O.C.D.E., Paris 1973, S. 5.

14 UNESCO: Troisième conférence internationale sur l'éducation des adultes, UNESCO, Paris 1972.

15 Vgl.: La formation permanente. Idée neuve? Idée fausse?. In: Esprit, Oktober 1974, Artikel von Guy ROUSTANG, Daniel MOTHE, Renaud SAINSAULIEU, Théo BERNHEIM, Didier PIVETEAU, Gérard ADAM . . .

16 Von März 1973 bis Januar 1974 hatten die 1000 Arbeiter von Lip, einer in Schwierigkeit geratenen Uhrenfabrik in Besançon, die von der Unternehmungslei-

tung aufgegeben worden war, beschlossen, das Unternehmen zu übernehmen und weiterzuführen. Zuerst hielten diese neuartigen Streikenden den Betrieb besetzt und führten die Produktion fort. Nachdem sie von der Polizei aus der Fabrik vertrieben worden waren, produzierten und verkauften sie – unter Arbeiterkontrolle – weiterhin Uhren.

17 Wenn man die versäumten Gewinne in Rechnung stellt und die daraus zu erzielenden Zinsen auf die Kosten der Ausbildung anrechnet, dann entsprechen die Ausgaben eines Landes wie Frankreich für die lebenslange berufliche Ausbildung, das heißt für die Industrialisierung der Erwachsenen, für Reproduktion und Anpassung der Arbeitskraft, für das Wachstum des Humankapitals, fast einem Drittel des Budgets für die Erstausbildung. Im Jahre 1973 wurde mehr als die Hälfte dieser Summe aus den Budgets verschiedener Ministerien aufgebracht, die andere Hälfte direkt von den Unternehmen. Mehr als zwei Millionen Arbeiter haben im gleichen Jahr an beruflichen Ausbildungsveranstaltungen teilgenommen, das sind 14 Prozent der Lohnempfänger, gegenüber 10 Prozent im Jahre 1972. Diese Schätzung beinhaltet weder die Bildungsaktivitäten im öffentlichen Bereich noch die der nicht-lohnabhängigen Arbeiter (Quelle: Projet de loi de finances pour 1975. Formation professionnelle et promotion sociale, Paris 1974). Wenn man von der Hypothese ausgeht, daß die Budgets konstant bleiben, konnte man 1973 voraussehen, daß alle Arbeiter alle zehn Jahre einer Ausbildungsveranstaltung folgen würden; Im Jahre 1974 ist ihnen diese Möglichkeit alle sieben Jahre sicher. Das ist nicht die Welt, aber schon zuviel. Insbesondere, wenn man in Betracht zieht, daß fast 50 Prozent unter ihnen nie eine Ausbildung erhalten werden und daß somit die am besten Versorgten mehrmals «rückfällig» werden. Wenn es schon nicht gelungen ist, den direkten Einfluß der Ausbildung auf die Produktivität nachzuweisen (die Auswirkung der Ausbildung auf die Produktivität wurde seltsamerweise auf Grund von Einkommensteigerungen gemessen, vgl. I. Berg: Education and Jobs: The Great Training Robber, Boston 1971), müssen steigende Ausgaben eben anders gerechtfertigt werden und dienen anderen Zwecken. Zum Beispiel der ideologischen Prägung, auch der Anstachelung des Wunsches nach individuellem Aufstieg, schließlich der Unterwerfung der Arbeiterklasse unter das industrielle *Ethos*. Es ist noch Zeit zu protestieren, da die Operation «lebenslanges Lernen» noch nicht die gesamte erwachsene Bevölkerung erfaßt hat. Aber in den Vereinigten Staaten sind die Teilnehmerzahlen an Teilzeit-Erwachsenenbildungsprogrammen schon höher als die Zahl derer in Vollzeit-Institutionen (Les indicaterus de résultats des systèmes d'enseignement. O.C.D.E., Paris 1973, S. 74; vgl. S. Moses: The learning Force. An Approach to the Politics of Education, Educational Policy Research Center, University of Syracuse, New York 1971). In Schweden nehmen ungefähr zwei Millionen Menschen an post-formalem Teilzeitunterricht teil, gegenüber 1 500 000 Schülern im System der formalen Erziehung. Selbst wenn dabei vergleichsweise nicht mehr als 10 Prozent der Zeit aufgewendet werden als in der formalen Vollzeitausbildung, so ist doch eine erste Schwelle überschritten. Und man muß sich Rechnung ablegen über den Preis, den das kostet.

Heinrich Dauber, Helmut Fritsch, Ludwig Liegle, Wolfgang Sachs, Christoph Th. Scheilke, Marlies Spiekermann

Lebenslanges Lernen – lebenslängliche Schule?

Analyse und Kritik des OECD-Reports «Recurrent Education»*

1. Einleitung

Der OECD-Report «Recurrent Education» ist ein Beispiel. Er dokumentiert eine neue Phase bildungspolitischer Analysen und Planungen.

Auf nationaler Ebene und durch internationale Organisationen wurde vor allem während der letzten Jahre die Reform des Schulsystems – insbesondere im Sekundarschulbereich – gefordert, geplant und gefördert. Von besseren Schulen hat man wirtschaftlichen und sozialen Fortschritt, eine bessere Verteilung materieller Ressourcen und höhere Lebensqualität erwartet.

Wir stellen nicht in Abrede, daß Schulsysteme reformiert und der Zusammenhang von schulischem Lernen und gesellschaftlichem Bedarf stärker in den Blick gerückt werden müssen.

Die neueren Tendenzen nationaler und internationaler Bildungsforschung und Bildungspolitik bestätigen jedoch unsere Vermutung, daß die Schulsysteme gegenüber den vorgeschlagenen und durchgeführten Reformen und deren verbalen Zielsetzungen in hohem Maße widerständig geblieben sind, und zwar insbesondere im Blick auf ihre Verteilungswirkung und im Blick auf ihren Beitrag zur Verbesserung der Lebensqualität. Die in den letzten Jahren ernsthaft geführte Diskussion über die «Illusion der Chancengleichheit» hat darauf hingewiesen, daß es offensichtlich eine Illusion ist anzunehmen, man könne durch die vorgeschlagenen und durchgeführten Schulreformen sozial-ökonomische Systeme verändern und die Selbstverwirklichung der Menschen fördern.

Es ist, als ob diese Phase der Resignation in einem neuen Aufschwung zurückgelassen werden soll: Seit einigen Jahren gehen nationale Verwaltungen und internationale Organisationen (Europarat, OECD, UNESCO) daran, sich zwei Bereichen des Lernens zu widmen, die nicht mehr die Schule selbst, sondern ihr vorgelagerte und nachfolgende Lernfelder betreffen: Vorschulerziehung und Weiterbildung. Der OECD-Report «Recurrent Education» ist dafür ein Beispiel.

Mit der Wahl dieses Vorschlags als Gegenstand der Analyse und Kritik

* OECD (CERI): Recurrent Education: A Strategy for Lifelong Learning, Paris 1973. Deutsche Übersetzung hg. vom Sekretariat des KMK unter dem Titel: Ausbildung und Praxis im periodischen Wechsel. Die Ziffern im Anschluß an die Zitate sind Verweise auf die Paragraphen des Berichts.

haben wir uns keine Strohpuppe aufgebaut, um mit leichter Hand eine Desillusionierung der neuen Phase bildungspolitischer Programmatik zu leisten. Prämissen und Zielsetzungen des OECD-Reports haben wir ernst genommen.

Wir identifizieren uns mit den Prämissen,

- daß eine weitere Expansion des derzeitigen Bildungswesens «die Lage nicht verbessern, sondern womöglich noch verschlimmern würde» (42 b),
- daß Arbeitswelt und Lernfelder in ein neues Verhältnis zueinander gebracht werden müssen und
- daß dementsprechend neue Lernfelder erschlossen und neue Lernformen entwickelt werden müssen.

Wir stimmen mit den Zielsetzungen überein,

- dem einzelnen das Grundrecht zu garantieren, «seine Zukunft selbst zu bestimmen», und einen Rahmen zu entwickeln, «innerhalb dessen der einzelne an den Entscheidungen über sämtliche Aspekte des Systems beteiligt ist» (42 a);
- bessere Chancen für die Entwicklung des Individuums in Selbstbestimmung zu schaffen, «mehr Bildungsgleichheit und damit auch soziale Gleichheit herbeizuführen, sowie ein besseres Wechselspiel zwischen dem Bildungssektor und anderen sozialen Bereichen zu gewährleisten» (77);
- bei einer stärkeren Verschränkung von produktiver Arbeit und Lernarbeit die «Emanzipation des Individuums von sozio-ökonomischen Zwängen» zu fördern (75);
- loszukommen von einem «starren, institutionalisierten System, das Schülern und Studenten seine Wertvorstellungen und Zielsetzungen aufdrängt» (42 a).

Gerade wenn man solche Prämissen und Zielsetzungen beim Wort nimmt, wie

- individuelle Entwicklung in Selbstbestimmung,
- mehr Chancengleichheit,
- bessere Vermittlung zwischen Ausbildung und Arbeitswelt,
- periodischer Wechsel zwischen Beschäftigungssystem und Ausbildungssystem,

wird aber deutlich, wo der OECD-Report zu kurz greift und Widersprüche verdeckt. Von den vielfältigen denkbaren Möglichkeiten einer Auseinandersetzung haben wir uns auf *zwei Ansätze* konzentriert:

- *auf die Analyse und Kritik der Folgen institutionalisierten Lernens* und
- *auf die Analyse und Kritik der Ursachen für die Expansion institutionalisierter Lernprozesse.*

Diese Ansätze arbeiten mit einem unterschiedlichen Bezugssystem von Kriterien und stehen daher in einem Spannungsverhältnis zueinander. Eine Systematisierung dieser Ansätze haben wir in der konkreten Auseinandersetzung mit dem OECD-Report nicht geleistet.

Der erste Ansatz («Folgen») scheint uns in seiner kritischen Funktion notwendig, weil der OECD-Report die Nebenwirkungen institutionalisierter Lernprozesse ungenügend berücksichtigt und dadurch in Gefahr ist, in Widersprüche zu den selbst aufgestellten Prämissen und Zielsetzungen zu geraten. Ergebnisse der Schul- und Bürokratieforschung und Ivan Illichs Analysen der Wirkungen monopolisierter Dienstleistungen haben kritische Grenzwerte von Institutionen aufgezeigt, deren Überschreitung den ursprünglichen Zielen entgegengesetzte Wirkungen hervorbringt:

- Die Expansion von Bildungsinstitutionen bzw. institutionalisierten Lernprozessen führt tendenziell zur Vermehrung sozialer Kontrolle;
- sie führt tendenziell zu einer weiteren Hierarchisierung von Kompetenzen und damit zur Fortschreibung von Ungleichheit und Konkurrenzorientierung;
- sie verstärkt tendenziell die Auflösung von Lebens- und Handlungszusammenhängen, die Entfremdung von eigenen Bedürfnissen und Interessen, die Instrumentalisierung von Kenntnissen und Fähigkeiten, die Produktion von Wissen als Tauschwert.
- Insgesamt sind die langfristigen materiellen und nichtmateriellen Folgekosten einer weiteren Expansion des staatlichen Dienstleistungssektors, insbesondere aber institutionalisierten und professionalisierten Lernens und Lehrens, wesentlich höher einzuschätzen als der Nutzen für die Entwicklung der Volkswirtschaften und für die Entwicklung humaner Gesellschaftsordnungen und glücklicher Individuen.

Der zweite Ansatz («Ursachen») scheint uns in seiner kritischen Funktion notwendig, weil die zentralen Zielsetzungen des OECD-Reports – die auf Selbstbestimmung und Partizipation gerichtete Verbindung von Bildung und Praxis, Lernen und Arbeit – eine ähnlich illusionäre Programmatik zu werden droht wie frühere bildungspolitische Vorschläge: Die Produktion von Wissen und Werten, die Expansion von Bildungsinstitutionen und die Organisation von Lernprozessen wird tendenziell unabhängig analysiert und geplant von der Produktion von Waren, vom Anwachsen des internationalen Konkurrenzdrucks, von den Verkehrsformen und wachsenden Legitimationsbedürfnissen in den gegenwärtigen Gesellschaftsformationen.

Demgegenüber gehen wir im Anschluß an Ergebnisse der Bildungsökonomie, der Arbeitswissenschaft und Sozialisationsforschung und im Anschluß an politisch-ökonomische Gesellschaftsanalysen davon aus,

- daß in den Strukturen und Bedürfnissen des ökonomischen und sozialen Produktions- und Reproduktionssystems entscheidende Ursachen nicht nur für die gegenwärtigen «Bildungsdefizite», sondern auch für

die gegenwärtig diskutierten Bildungsreformprogramme liegen und
- daß ohne eine Rekonstruktion der ökonomischen Produktions- und Verwertungsprozesse eine Rekonstruktion von Bildungsprozessen unter den Zielsetzungen des OECD-Reports nicht zu realisieren ist oder aber hauptsächlich Legitimationsfunktion übernimmt.
- Wir gehen außerdem davon aus, daß neben den Produktionsverhältnissen auch die Produktivkräfte selbst gründlich analysiert werden müssen: ohne eine analytische Bestimmung und politische Festlegung der «Grenzen des Wachstums» im ökonomischen Bereich wird eine Bestimmung der «Grenzen des Lernens» nicht gelingen.

Wir haben nicht übersehen, daß dieser Ansatz von den Ursachen her den ersten Ansatz («Folgen») relativiert. Er stellt nicht nur die Aussagen über Wirkungen und Nebenwirkungen von bürokratischen (Lern-)Organisationen, sondern auch das ILLICHsche Programm der Entmonopolisierung von (Lern-)Institutionen in einen größeren Zusammenhang (vgl. Der Preis lebenslanger Erziehung, in diesem Band, S. 15 ff.).

Ob unser Versuch, den OECD-Report mit beiden Ansätzen zu konfrontieren, ergiebig ist, muß sich an einzelnen Aspekten der Analyse und Kritik entscheiden.

2. Ziele und Begründungen des OECD-Berichts «Recurrent Education»

Der OECD-Bericht greift die verschiedensten Argumente – auch gegeneinander gerichteter Kreise – einfach auf und addiert sie, ohne deren vielfältige Hintergründe abzuwägen und sich bei Alternativen zu entscheiden. Die verschiedensten Motive und Begründungen gruppieren sich um eine schlichte formale Struktur, nämlich um den Vorschlag eines periodischen Wechsels von Ausbildung und Praxis. Es ist daher im folgenden notwendig, die Ziele, Motive und Begründungen näher zu untersuchen. Nur an wenigen Stellen des Berichts wird ausdrücklich von «Zielen» gesprochen. Die Begründungen jedoch für das vorgeschlagene System finden sich an vielen Stellen.

Wir haben Ziele, Motive und Begründungen nach folgenden Bereichen geordnet:
1. Defizite und Dysfunktionalitäten;
2. Entwicklungstrends;
3. Alternativstrategie.

1. *Defizite und Dysfunktionalitäten*

Als wichtigstes Motiv für die Empfehlung der OECD, ein umfassendes System des periodischen Wechsels von Ausbildung und Praxis zu etablieren, ist die Feststellung von Defiziten und Dysfunktionalitäten des bestehenden Bildungssystems im individuellen, institutionellen und gesamtgesellschaftlichen Rahmen anzusehen sowie der Wunsch, diese zu überwinden:

«Von alternierender Ausbildung erwartet man eine wirksamere Strategie – wirksamer im Hinblick auf das Erreichen wesentlicher Bildungsziele –, als sie dem traditionellen Bildungswesen bestätigt werden kann. Die stärkste Motivation für den Vorschlag eines alternierenden Systems erwächst aus der Unzufriedenheit mit dem Leistungsvermögen des derzeitigen Erziehungs- und Bildungswesens und aus der Überzeugung, daß dessen weitere Expansion die Lage nicht verbessern, sondern womöglich noch verschlimmern würde» (42 b).

Diese Feststellung von Defiziten und Dysfunktionalitäten ist an Zielen zu messen, die auf der individuellen, institutionellen und gesamtgesellschaftlichen Ebene angesiedelt werden können, unter anderem den folgenden:

a) Auf der individuellen Ebene:
- Motivationen und Interessen des einzelnen haben unzureichende Entwicklungschancen (43);
- die Fähigkeit, eigene Zielvorstellungen zu entwickeln und politische Entscheidungen zu fällen, wird ungenügend entwickelt (42 a);
- die Entfremdung des einzelnen im Bereich institutionalisierten Lernens, in der Arbeitswelt, in der Politik, im Konsum und in den zwischenmenschlichen Beziehungen wird durch das gegenwärtige System eher verstärkt als abgebaut (71, 72);
- die berufliche Flexibilität des einzelnen und seine Unabhängigkeit von den wechselnden Bedürfnissen des Arbeitsmarktes wird im bestehenden System ungenügend entwickelt (66, 75);
- die Gestaltungsform des persönlichen Lebensplanes wird determiniert von sozio-ökonomischen Zwängen (75).

b) Auf der institutionellen Ebene:
Die Systemkrise des Bildungswesens äußert sich in verschiedenen «Symptomen des Unbehagens und des mangelnden Gleichgewichts» (4), unter anderen den folgenden:
- Isolierung von Lebensanforderungen (3 b);
- das starre, institutionalisierte System drängt den Schülern und Studenten seine Wertvorstellungen und Zielsetzungen auf (42 a) und lähmt ihre Lernmotivation;
- es besteht ein starkes Bildungsgefälle zwischen den Generationen (50);
- innerhalb einer Generation besteht eine bildungsmäßige Ungleichheit (51);
- es besteht nach wie vor die Tendenz, Leistung nur an Hand einer eindimensionalen Skala zu messen (48);
- Bildungsinstitutionen sind zu stark strukturiert, institutionalisiert und getrennt von Arbeit und Freizeit (109);

- Defizite in den Lehrerqualifikationen verlangen nach weiterer Professionalisierung (111).

c) Auf der gesamtgesellschaftlichen Ebene:

- Die Reaktion des Bildungssystems auf die gewandelten gesellschaftlichen Anforderungen – Expansion innerhalb bestehender Strukturen – hat nicht zufriedengestellt (59);
- das bestehende Qualifikationssystem konnte keine angemessene Arbeitskräfte- (und Arbeitslosen-) Politik ermöglichen (67); da Vorausplanung der Qualifikationsstruktur nur beschränkt möglich ist, bedarf es einer geplanten Erneuerung und Ergänzung von Wissen und Können;
- die Kontrolle der Produktion und die Anwendung von Wissen durch eine Minderheit schränkt die Chance ein, «eine Gesellschaft der Partnerschaft und Mitbestimmung zu verwirklichen, während das Risiko der Entfremdung des Menschen . . . zunimmt» (68);
- das Risiko eines wachsenden Zwiespalts zwischen dem Wertsystem des Bildungswesens und dem der Gesellschaft und die «Entfremdung des Menschen in einer von Technik bestimmten, bürokratisierten Welt» (70) nimmt zu.

Kritisch anzufragen ist hier, ob dieser Ansatz, Ursachen der Defizite und Dysfunktionalitäten fast ausschließlich an bestimmten Merkmalen der Institutionen des Bildungswesens festzumachen, nicht insofern zu kurz greift, als die politisch-ökonomische Abhängigkeit nur behauptet wird (77), inhaltlich aber nicht zum Tragen kommt.

Darüber hinaus kommen die «Systemkrisen» des spätkapitalistischen Wirtschafts- und Gesellschaftssystems nicht in den Blick. Dies ist auch der Grund, warum einerseits die Emanzipation des Individuums von sozio-ökonomischen Zwängen (75) gefordert werden kann und andererseits größere Konformität zwischen Bildungsinhalten und Bedürfnissen des Marktes (75) sowie besseres Angebot an Arbeitskräften (163) als Ziele nebeneinander zu stehen kommen.

2. *Entwicklungstrends*

Ein weiteres Motiv für die Empfehlung eines Systems des periodischen Wechsels von Ausbildung und Praxis ergibt sich aus der Diagnose bestimmter Trends der gesellschaftlichen Entwicklung; «Recurrent Education» wird damit begründet, daß sie diesen Trends besser (als das bestehende Bildungssystem) in bezug auf individuelle und gesamtgesellschaftliche Zielsetzungen gerecht werden kann.

a) Auf der individuellen Ebene:

Gleichrangig nebeneinandergestellt werden persönliche Lebensziele mit beruflichen Aufstiegswünschen.

- Die Forderung nach mehr beruflicher Flexibilität (66) tritt gleichrangig neben den Erwerb beruflicher Kenntnisse und Fertigkeiten im engeren

Sinne;
- größere Möglichkeiten der Persönlichkeitsentfaltung (27 c) stehen neben dem Wunsch nach beruflichem Aufstieg;
- gezielt wird auf einen Wechselbezug zwischen den verschiedenen Lebensabschnitten (165) ebenso wie
- auf die Realisierung von Begleitmaßnahmen bei Arbeitskraftbeschaffung, bei der Herstellung geeigneter Arbeitsbedingungen und bei sozialen Absicherungen (168).

b) Auf der institutionellen Ebene:

Die konstatierten Entwicklungstrends auf der institutionellen Ebene reichen von der Neuorientierung der Leistungsbewertung bis zur Vereinheitlichung eines komplexen, koordinierten Bildungsapparates:
- Verlagerung der Leistungsbewertung auf am Konkreten orientiertes Verhalten (47);
- Revision der Leistungskriterien (48);
- Berücksichtigung der Bedürfnisse der Klientel bei der Dezentralisierung von Bildungseinrichtungen (101);
- bessere Integration von Bildungswesen mit der Wirtschaft (103);
- Schaffung besserer Voraussetzungen für Mitbestimmung in allen Bereichen (132);
- Forderung nach Vereinheitlichung und Koordinierung der Bildungseinrichtungen, die auf der Pflichtschule aufbauen (175).

c) Auf der gesamtgesellschaftlichen Ebene:

Auf gesamtgesellschaftlicher Ebene werden folgende Trends konstatiert:
- Entwicklung einer «Gesellschaft des Wissens», in der – Ende der siebziger Jahre – die «Wissensindustrie» die Hälfte des Sozialprodukts ausmachen wird (68);
- Beschleunigung sozialer und technischer Fortschritte; enormer Wissenszuwachs, rasches Veralten von Wissen (65);
- gesteigerte Erfordernisse an disponible Arbeitskräfte, Flexibilität (66);
- gesteigerte Gefahren der Arbeitslosigkeit, Ungleichgewicht zwischen Angebot und Nachfrage im Falle hochqualifizierter Kräfte, Gefahr der Entstehung eines akademischen Proletariats (67, 3 c);
- Entwicklung von auf Ausgleich abzielenden Strategien (53);
- Vermehrung der Ausweichmöglichkeiten auf Hilfskräfte und Ersatzkräfte (164);
- Schaffung eines neuen Wechselbezugs zwischen Bildung und Gesellschaft (165);
- faktische Ausweitung des Sektors «Erwachsenenbildung» (3 d).

Kritisch anzumerken ist, daß die Berücksichtigung diagnostizierter Entwicklungstrends die Ursachen und voraussehbaren Resultate solcher Entwicklungen berücksichtigen müßte; im OECD-Report jedoch werden diese Trends hingestellt, als ob unsere Gesellschaft ihnen hilflos ausgeliefert wäre: Die Frage nach einer Beschränkung von Produktivität auch im

Wissensbereich, nach den unausweichlichen Nebenwirkungen ständiger Weiterqualifizierungen und nach dem Legitimationsdefizit gesellschaftlicher Systeme wird nicht gestellt. Aber auch innerhalb des Argumentationshorizonts von «Recurrent Education» vermißt man die ausführlichere Erörterung der Wechselbeziehungen zwischen Lernlaufbahn und beruflicher Laufbahn.

3. *Alternativstrategien*

Ein drittes, prospektives Motiv für die Empfehlung eines Systems des periodischen Wechsels von Ausbildung und Praxis liegt in dem Bestreben, mit Hilfe einer Alternativstrategie emanzipatorische Zielsetzungen bewußt zu machen und durchzusetzen:

«Periodisches Alternieren zwischen Ausbildung, Praxis und anderen Tätigkeiten ist ein Konzept einer bildungspolitischen Alternativstrategie, deren Leitprinzip das Grundrecht des einzelnen ist, seine Zukunft selbst zu bestimmen.»

Resultat einer solchen Strategie ist «die Fähigkeit, eigene Zielvorstellungen zu entwickeln und politische Entscheidungen zu fällen» mit dem Ziel, «der einzelnen Persönlichkeit vollen Entwicklungsspielraum zu geben und wirkliche Gleichheit der Bildungschancen zu schaffen».

Im Bewußtsein der Ambivalenz zwischen dem Wertsystem des Bildungswesens und dem der Gesellschaft und dem Bewußtsein der zunehmenden Entfremdung des Menschen in der heutigen Welt, wird «Recurrent Education» als Alternativstrategie angeboten, die «von Vorteil sowohl für den einzelnen als auch für die Gesellschaft selbst» sei (76). Den Verfassern des Berichts geht es darum, ein neues Verhältnis zwischen Individuum und Gesellschaft, zwischen Individuum und Bildungsinstitutionen und zwischen Bildungsinstitutionen und Gesellschaft zu begründen. Die Begründungen, die in diesem Zusammenhang für «Recurrent Education» angeführt werden, lassen sich nach vier Bereichen einteilen:

a) Förderung der individuellen Selbstbestimmung

- «Recurrent Education» kann dem einzelnen besser helfen, «sich den Anforderungen anzupassen, die in der Gesellschaft an ihn herangetragen werden, andererseits soll er die Fähigkeit und das Instrumentarium erhalten, die Gesellschaft zu verändern» (75);
- «Recurrent Education» ist eher als das überkommene Bildungssystem geeignet, dem einzelnen das Grundrecht zu garantieren, «seine Zukunft selbst zu bestimmen» (42 a);

b) Förderung der Chancengleichheit

- Als eine emanzipatorische Strategie (76) hat «Recurrent Education» die Kraft in sich, einen Umschwung in Richtung auf folgende Zielsetzungen zu bewirken: «bessere Chancen für die Entwicklung des Individuums zu schaffen, mehr Bildungsgleichheit und damit auch soziale

Gleichheit herbeizuführen sowie ein besseres Wechselspiel zwischen dem Bildungssektor und anderen sozialen Bereichen zu gewährleisten» (77).

c) Bessere Vermittlung zwischen Ausbildung und Arbeitswelt

- «Von einer Ausbildung im periodischen Wechsel mit Praxis erwartet man eine größere Konformität zwischen den Bildungsinhalten und den Bedürfnissen des Arbeitsmarktes, andererseits aber ebenso die Emanzipation des Individuums von «sozio-ökonomischen Zwängen» (75);
- «Recurrent Education» kann zu einem Regulationsinstrument in Zeiten der Arbeitslosigkeit werden (67);
- gesamtgesellschaftliche Kosten und gesamtgesellschaftlicher Nutzen stehen bei «Recurrent Education» in einer günstigeren Relation als im traditionellen System (157).

d) Berücksichtigung der Ziele durch entsprechende Lernorganisation

- «Recurrent Education» wünscht ein «Loskommen von einem starren, institutionalisierten System, das Schülern und Studenten seine Wertvorstellungen und Zielsetzungen aufdrängt» (42 a);
- «Recurrent Education» schlägt einen Rahmen vor, «innerhalb dessen der einzelne an den Entscheidungen über sämtliche Aspekte des Systems beteiligt ist» (42 a);
- «Recurrent Education» macht es leichter, die «Kluft zwischen den Zielen, den Lebensauffassungen und den Haltungen, für die die Schule steht, und denen, die das Kind zu Hause antrifft, in seinem Freundeskreis, in seiner Nachbarschaft, zu verringern» (71).

In dieser Reihenfolge (a–d) soll im folgenden das Konzept von «Recurrent Education» kritisiert werden.

3. Erste Begründung für «Recurrent Education»: Individuelle Entwicklung in Selbstbestimmung

3.1. Darstellung

3.1.1. Ziele laut «Recurrent Education»

Eines der erziehungspolitischen Hauptziele von «Recurrent Education» ist individuelle Entwicklung. Ausgehend vom «Grundrecht des einzelnen, seine Zukunft selbst zu gestalten» (42 a), werden – weitgehend implizit – folgende Ziele formuliert:

- Selbstbestimmung, insbesondere volle Entwicklung der Fähigkeiten, der Motivationen und Interessen (43 a u. b);
- ein in Eigenverantwortung aktivierter und selbstkontrollierter Lern- und Entfaltungsprozeß (44);
- berufliche Flexibilität (66), beruflicher Aufstieg (131);
- einerseits Emanzipation des Individuums von sozio-ökonomischen

Zwängen (75), andererseits Befähigung, den unterschiedlichen Rollen in Familie, am Arbeitsplatz sowie in sozialer, kultureller und politischer Hinsicht gerecht zu werden.

3.1.2. Festgestellte Defizite laut «Recurrent Education»

Die Studie geht davon aus, daß die derzeitige Expansion des Bildungswesens Defizite in der optimalen individuellen Entwicklung bewirkt. Die Kontinuität eines viele Jahre dauernden Beschulungsprozesses in Abtrennung von realer Erfahrung zeigt Auswirkungen wie: fehlende Motivation, Verhinderung von kreativer Entwicklung der eigenen Fähigkeiten, mangelnde experimentelle Erfahrung individueller und kollektiver Entscheidungskompetenz, Identitätsschwierigkeiten durch Werte- und Normendiskrepanz zwischen dem schulischen und außerschulischen Bereich, insbesondere für sozio-kulturell benachteiligte Bevölkerungsgruppen.

Laut «Recurrent Education» bieten die bisherigen Angebote der außerschulischen Erwachsenenbildung keine Alternative, da auch sie den Lebensfeldbezug vernachlässigen und in ihrem Charakter durch die jeweiligen Träger der Erwachsenenbildung definiert sind. Darüber hinaus sprechen diese Angebote vornehmlich bereits Bildungsmotivierte an oder bieten Berufsgruppen mit der gründlichsten Ausbildung die günstigsten Weiterbildungsbedingungen.

3.1.3. Alternativstrategien laut «Recurrent Education»

In der Alternativstrategie von «Ausbildung und Praxis im periodischen Wechsel» sieht «Recurrent Education» eine Chance zu selbstbestimmt-emanzipatorischem Lernen und zur optimalen individuellen Entwicklung.

a) Die durch das jugendorientierte Bildungssystem bedingte «Einmal-Beziehung» mit dem Charakter einmaliger und unwiderruflicher Chance soll ersetzt werden durch «Mehrfach-Beziehungen», durch Flexibilität von Studiengängen, Kombination der betreffenden Aktivitäten nach eigenem Ermessen, Garantie zur lebenslang möglichen Studienaufnahme.

b) Im Sinne «Partizipatorischer Planung» (136) soll ein Rahmen entwickelt werden, innerhalb dessen der einzelne an den Entscheidungen über die anzustrebenden Ziele, Mittel und Wege beteiligt ist.

c) «Recurrent Education» will Bedingungen schaffen für ständige aktive Wechselbeziehung zwischen Ausbildung in formalisierten, strukturierten Lernsituationen und anderen sozialen Aktivitäten, bei denen Lernen beiläufig stattfindet (4, 25, 149). Damit die Lernsituationen als relevant für die Interessen der Lernenden und als potentieller Beitrag zu ihrer persönlichen Entwicklung erkannt werden können, soll bei deren Erfahrungen angesetzt werden.

3.2. Kritik I

Der Anspruch von «Recurrent Education», optimale individuelle Entwicklung und Aufhebung der Entfremdung zu befördern, wird mit widersprüchlichen Zielen begründet. Die vorgeschlagenen Strategien sind vermutlich eher ein Beitrag zur sozialen Anpassung.

3.2.1.

«Recurrent Education» will selbstbestimmte Entfaltung des einzelnen, befördert jedoch fremdbestimmte Entwicklung.

Das Programm negiert bereits im Ansatz das Ziel der optimalen individuellen Entwicklung. Denn an die Stelle einer Analyse der gesellschaftlichen Bedingungen, die individuelle Entwicklung behindern, und daraus abgeleiteter Konsequenzen tritt ein Konzept lebenslangen Lernens als kompensatorische Rechtfertigungsstrategie. Optimale individuelle Entwicklung wird reduziert auf Sozialisation im Sinne einer durch institutionelle Programme definierten Entwicklung von Fähigkeiten und Fertigkeiten. «Man ist nicht Mensch, sondern wird es durch Erziehung.»[1]

Dementsprechend wird im Konzept von «Recurrent Education» die gesellschaftliche Entwicklung als unabhängige Variable, der Erwachsene als abhängige Variable gesehen, dessen «Rohmaterial . . . um sinnvoll einsetzbar zu sein . . . der Formung durch Erziehung und Bildung bedarf» (43), um den unterschiedlichen gesellschaftlichen Rollen gerecht zu werden (44).

3.2.2.

Bereits im Report wird die leitende Grundvorstellung der Mündigkeit Erwachsener durch wiederholten Verweis auf sogenannte objektive Zwänge (34, 49) eingeschränkt.

Die Autoren selbst sind sich dieser Widersprüche bewußt. Ihrer Ansicht nach sind Bildungsprozesse immer ambivalent; sie können Triebkraft für Veränderung und Emanzipation sein oder der Anpassung dienen (41). Selbst Grundsätzliches für ambivalent zu erklären entbindet die Autoren von einer Analyse.

Die im Report vorgeschlagene zentrale Planung und Koordination von Weiterbildung ist ein Instrument sozialer Kontrolle und widerspricht dem Leitprinzip «eines in Eigenverantwortung aktivierten und vom einzelnen selbst kontrollierten Lern- und Entfaltungsprozesses . . .» (44). Selbst sogenannte «Partizipatorische Planung» entlarvt sich als lediglich verbale Forderung, da ein «integrierter Grundsatzkatalog mit Angaben für Ziele, Verfahrensplanung, Verteilung der Mittel und Lasten . . .» (18) vorausgesetzt wird. Annahmen, nach denen die Verantwortung für Lernen an das Individuum zurückgegeben und ihm die Chance der eigenen Bestimmung in möglichst vielen Lebensbereichen zugestanden wird, müssen daneben als utopisch erscheinen.

Die Autoren von «Recurrent Education» erwarten, «daß periodisch mit Praxis abwechselnde Ausbildung für die volle Entwicklung der Fähigkeiten des einzelnen bessere Chancen bietet als das gegenwärtige System» (43). Um diesem Anspruch gerecht zu werden, wäre Voraussetzung, die Totalität gesellschaftlicher Erfahrungen zu akzeptieren. Systematische Vernachlässigung außerberuflicher Lebensfelder verengt aber die angestrebte Bindung von Lerninhalten und Lebenserfahrung auf die formale Qualifizierung im beruflichen Bereich.

3.2.3.

Die genannten Ziele im Bereich der individuellen Entwicklung sind nicht aus Zufall widersprüchlich formuliert, sondern spiegeln die widersprüchlichen Anforderungen an das Bildungssystem, die sich aus der Technologisierung der Gesellschaft ergeben.

Moderne technologische Systeme erfordern aus Kosten- und Funktionsgründen die Rationalisierung weiterer Lebensbereiche und die Kontrolle über mehr soziale Gruppen, um «irrationale» und «ineffektive» Einflüsse auf ihre Funktionsfähigkeit auszuschließen. Nicht mehr nur die Effizienz physisch-technischer Prozesse, sondern vor allem die Effizienz sozialer Prozesse ist von entscheidender Bedeutung; entsprechend müssen beide den Imperativen technischer Logik unterworfen werden.[2]

Indem «Recurrent Education» diese Tendenzen aufnimmt, stellt es den Versuch dar, die mit der Schule verbundene soziale Kontrolle auf das ganze Erwachsenenalter auszudehnen. Diese Kontrolle ist langfristig um so wirksamer, je mehr sie auf einer freiwilligen Zustimmung zu dieser technologischen Entwicklung beruht, denn die Steuerung der technologischen Systeme ist auf eine funktionsgerechte Mitwirkung breiter Bevölkerungsschichten angewiesen. Daher ist es notwendig, ständig Motivationen und Fähigkeiten zu Veränderung und persönlicher Umstellung als Mitwirkung ohne Mitbestimmung, als Kontrolle ohne Zwang sicherzustellen.

Auch in der Organisation der Arbeit nehmen hierarchische Struktur und rigide Arbeitskontrolle ab zugunsten von Organisationsformen, die stärker auf Kooperation, Eigeninitiative und dezentralisierter Entscheidung aufgebaut sind. Von Ausbildung wird nicht mehr erwartet, fraglose Loyalität zu fördern, sondern selbstbewußte Disziplin und fremdbestimmte Spontaneität. An die Stelle individueller Entwicklung tritt Planung und Freiwilligkeit.[3]

3.3. Kritik II

Wenn «Recurrent Education» im vorgeschlagenen Rahmen realisiert wird, sind Folgen absehbar, die dem Ziel optimaler individueller Entwicklung entgegengesetzt sind.

3.3.1.

«Recurrent Education» ist ein Konzept zur Internalisierung des Zwangs zur Mobilität.

Im Report wird Mobilität im Sinne von freier Wahl und Flexibilität als Möglichkeit zur Selbstrealisierung dargestellt. Solange jedoch individuelle berufliche Existenz an die Notwendigkeit permanenter Weiterbildung und Arbeitsplatzmobilität geknüpft ist, wird der inhumane Zwang, durch wetteifernde Mobilität der Dequalifizierung und dem Verlust des Arbeitsplatzes vorzubeugen, verschleiert. Somit wird Lernen aus Neugierverhalten zum Lernen aus Angstmotivation.

3.3.2.

Lebenslanges Lernen im «Recurrent Education»-System wird zu lebenslänglichem Belehrtwerden.

Der Vorschlag von «Recurrent Education» will persönliche Befriedigung durch lebenslanges Lernen erreichen. Da der Report aber die Rückgabe der Verantwortung für das eigene Lernen an die Lernenden organisatorisch ausschließt, wird das Ziel zur Illusion, und es sind Folgen absehbar, die dem Ziel emanzipatorischer Entwicklung entgegenstehen.

Zum einen wird der Zwang des Konsums von Lernpaketen von der Schule auf das ganze Erwachsenenalter ausgedehnt. Zum anderen wird individuelles Wohlleben mit der institutionellen Vordefinition von Lernbedürfnissen zunehmend abhängig von Lehrgängen unter der Anleitung von Experten.

3.3.3.

«Recurrent Education» verhindert die Entwicklung der Fähigkeit politischer Selbstbestimmung.

Indem «Recurrent Education» starkes Gewicht auf beruflich-instrumentelle Fertigkeiten legt, vernachlässigt es systematisch politisch-praktisches Wissen. Indem es zu präventiver Reaktion auf unsichere Arbeitsmarktverhältnisse zwingt und soziale Belohnungen wie Macht, Vorsprung, Aufstieg verheißt, erhöht es Karriere- und Konkurrenzdenken und verhindert Solidarität.

Besonders gravierende Folge dieser Entwicklung ist die Individualisierung von Versagen. «Recurrent Education» schreibt Leistungskriterien als derzeit legitimen Maßstab für die Verteilung von Lebenschancen fest. Auf dem Hintergrund dieser Ideologie des freien Aufstiegs müssen

Statuszuweisungen als gerecht empfunden und Defizite, Mängel, Statusunterschiede als persönliches Versagen und persönliche Schuld erlebt werden. Während im bisherigen Bildungssystem Versagen nur einmal, nämlich in der Schule möglich war, gibt es im System periodischen Wechsels von Ausbildung und Praxis zugleich mit der Chance ständiger Korrekturmöglichkeiten die Gefahr wiederholten Versagens.

4. Zweite Begründung für «Recurrent Education»: Mehr Chancengleichheit

Während die Expansion des traditionellen Bildungssystems die Hoffnungen auf größere Chancengleichheit nicht einlösen konnte, soll die vorgeschlagene Neuordnung des Bildungswesens als «Lifelong Learning» diesem Ziel wirksamer gerecht werden.

4.1.1.
«Recurrent Education» schlägt eine neue Implementation des alten Ziels vor; das Versagen einer Politik der Chancengleichheit, die sich auf eine Ausweitung der Beschulung besonders der weniger privilegierten Jugend richtet, liefert die Begründung für die empfohlene Neuorganisation. Nach der Diagnose des Reports vermag die traditionelle Strategie sowohl die Ungleichheit der Chancen innerhalb einer Generation wie die Ungleichheit der Chancen zwischen den Generationen nicht zu überwinden. Zur strukturellen Benachteiligung bestimmter Sozialgruppen innerhalb einer Schülergeneration führt der Bericht drei Tatbestände an:

- Die Leistungskriterien der Schule benachteiligen bestimmte Sozialgruppen, da sie verbal-abstrakte Fähigkeiten gegenüber praktisch-konkreten favorisieren und Schüler nach diesem einseitigen Bezugssystem plazieren (47, 48).
- Die Teilnahme an den Bildungsveranstaltungen bleibt trotz der Bildungsexpansion der Vergangenheit nach Schichten ungleich. Während im Sekundarbereich sich die Tendenz zeigt, über die Kurswahl oder vorzeitigen Schulabgang zu selegieren, läßt sich im postsekundaren Bereich eine weitere Polarisierung der ungleichen Teilnahme beobachten (51, 52).
- Die durch die Politik der Chancengleichheit hervorgerufene Bildungsnachfrage kann durch das Bildungssystem vor allem in den höheren Stufen nicht befriedigt werden. In dem Maße, wie «gegenwärtig . . . die Zunahme der Einschreibungen im postsekundaren Ausbildungsbereich das bildungspolitische Schlüsselproblem vieler OECD-Mitgliedstaaten (darstellt)» (78), wird die Selektion durch kapazitätsbedingte Barrieren verschärft.

Ebensowenig kann das Bildungsgefälle *zwischen* den Generationen durch eine Expansion der Jugendschule abgebaut werden, da es durch eben diese Expansion verschärft wird. Die zunehmend längere Schulbildung für mehr Jugendliche tendiert dazu, die Qualifikationen der älteren Generationen fortschreitend zu entwerten und vor allem ihre beruflichen Chancen zu mindern. Die Bildungsmobilisierung zugunsten größerer Chancengleichheit innerhalb einer Generation hat zu mehr Ungleichheit zwischen den Generationen geführt – für unterprivilegierte Gruppen treffen sogar beide Formen der Ungleichheit zusammen und wirken sich bis hin zur effektiven Verschlechterung ihrer Chancen aus. Nur eine Bildungsstrategie lebenslangen Lernens soll beide Formen der Ungleichheit zugleich zu attackieren vermögen.

4.1.2.

Während die strukturbedingte Auslese zusammen mit der zeitlichen Beschränkung der Jugendschule keine Chancengleichheit erreichen kann, beansprucht «Recurrent Education», durch erweiterten und vielfältigeren Zugang zu Bildung eher für gleiche Lebenschancen zu sorgen: In der zeitlichen Dimension wird prinzipiell der Zugang zu Bildung für das ganze Leben eröffnet. Die Verteilung der Lebenschancen ist so nicht nach Abschluß des Jugendalters festgefroren, da Ungleichheiten aus der früheren Bildungsgeschichte später kompensiert werden können und auch später aufkommende Motivationen und Interessen in neue Lebenschancen durch Bildung umgeformt werden. Strukturell bietet «Recurrent Education» mit größerer Flexibilität im curricularen Angebot, in den Leistungskriterien und in der Kapazitätsanpassung größere Offenheit und Relevanz für Menschen in unterschiedlichen Lebenssituationen und Sozialgruppen.

Allerdings hängt für die Autoren des Berichts der Erfolg dieser Strategie von zwei Randbedingungen ab: Zum einen müssen die angedeuteten bildungspolitischen Maßnahmen von wirtschaftlichen und sozialpolitischen Unterstützungsmaßnahmen flankiert werden (54), und zum anderen muß durch Bildungswerbung und -beratung der Gefahr entgegengewirkt werden, daß die Privilegierten die ersten Nutznießer sind (58).

Wir wollen die Versprechungen des Berichts in zwei Ansätzen in Zweifel ziehen: Hier werden wir die Realisierbarkeit und Wünschbarkeit des Programms «Chancengleichheit» in Frage stellen und im nächsten Abschnitt darlegen, daß die angezielte Politik zu gegenteiligen Folgen – der Vergrößerung sozialer Ungleichheit – führt.

4.2. Kritik I: Chancengleichheit – ein Antigleichheitsprogramm

Eine Politik der Chancengleichheit zielt nicht auf den Abbau sozialer Ungleichheit (4.2.1.), ist – gemessen an ihren eigenen Voraussetzungen – nicht erfolgreich realisierbar (4.2.2.) und darüber hinaus – falls sie realisierbar wäre – politisch wie ethisch nicht wünschenswert (4.2.3.). Vielmehr darf eine Politik für mehr soziale Gleichheit keinesfalls eine Politik der Chancengleichheit sein (4.2.4.).

4.2.1.

Gleichheit der Chancen bedeutet nicht Gleichheit der Ergebnisse. Wenn man Chancengleichheit herstellen will, müssen familien- und schichtbedingte Unterschiede in relevanten Einstellungen und Fähigkeiten ausgeglichen werden, um die soziale Vererbung von Ungleichheit von Generation zu Generation zu verhindern. Die Gleichheit der Ausgangschancen zum Wettbewerb um privilegierte Positionen soll sichergestellt werden, nicht privilegierte Positionen selbst beseitigt werden. Ungleichheit wird für ebenso notwendig wie unabänderlich gehalten, nur das Zustandekommen von Ungleichheit, der Prozeß der Allokation von ungleichen Belastungen und Entschädigungen wird verändert. Aufstieg bzw. Privileg soll nicht mehr von Geburt, Stand oder Geschlecht abhängen, sondern die Belohnung für individuelle Leistung darstellen.

Eine Politik der Chancengleichheit wird nur im Rahmen einer meritokratischen Konzeption von gesellschaftlicher Ungleichheit verständlich.[4] Während die Konservativen glauben, daß Armut von Dummheit kommt, nehmen die Meritokraten an, daß Dummheit von Armut herrührt. Entsprechend gilt es, die benachteiligende Wirkung von Familienverhältnissen so durch politisch arrangierte Lernumwelten auszugleichen, daß Talent und Leistung des einzelnen über seinen gesellschaftlichen Rang bestimmen. Damit werden ungleiche Positionen durch den ungleichen Beitrag ihrer Inhaber an Produktivität und technischer Kompetenz zum gesellschaftlichen Leben legitimiert. Entschädigungen in Form von Lohn und Prestige müssen ungleich verteilt werden, um Anreiz für gesellschaftlich nützliche Leistung zu bieten. Chancengleichheit heißt: gleiche Chance zur Ungleichheit.

4.2.2.

Die meritokratische Absicht, durch Schule soziale Unterschiede zu kompensieren und Plazierung an individuelle Leistung allein zu binden, ist gescheitert. Die Wirksamkeit der Schule gegenüber außerschulisch verursachten und stabilisierten Unterschieden wurde weit überschätzt.[5] Weder scheint die Schule einen ausgleichenden Einfluß auf die kognitiven Leistungen auszuüben, noch scheint Schulerfolg hauptsächlich auf unterschiedlicher kognitiver Leistung zu beruhen. Vielmehr bedingen die Ungleichheit vor der Schule (in der Familie) und die Ungleichheit nach der Schule (in der hierarchisch organisierten Arbeitswelt) die Ungleichheit in der Schule. Jenseits einer gewissen Grenze sind Unterschiede in den Sozialerfahrungen nicht revidierbar. Beide Bereiche der Ungleichheit – vor und nach der Schule – sind verbunden mit der auf die

Erzeugung von Ungleichheit abzielenden Organisationsweise des Schulsystems. Hierarchisch geordnete Schularten, Kurse, Abschlüsse etc. sind daraufhin angelegt, Schüler in Privilegierte und Versager zu sortieren.

Da die Schule die Chancen der Schüler nicht neu verteilt, sondern festschreibt, reproduziert sie die familiäre und berufliche Ungleichheit. Und die besondere Leistung der Schule als Agentur der Reproduktion von Ungleichheit besteht darin, sozio-ökonomisch begründete Ungleichheit als Unterschiede der Begabung und Leistung erscheinen zu lassen.[6] Die Rede von der Meritokratie dient zur Legitimation des Klassensystems.

4.2.3.

Die meritokratische Konzeption beansprucht moralische Überlegenheit für ihr Prinzip; ungleiche Belohnung für ungleiche Fähigkeit. Was historisch gegenüber Standesprivilegien der Fall gewesen sein mag, kann jedoch sachlich problematisch sein. Denn die Verteilung von Privilegien nach Leistung auf Grund naturgegebener Fähigkeit ist ebenso willkürlich wie deren Verteilung nach Herkunft.[7] Da das Wohlleben jedes einzelnen eher von dem Nutzen, den er aus der sozialen Kooperation aller zieht, herrührt als aus seiner individuellen Leistungsfähigkeit, können individuelle Fähigkeit und Leistung nicht die Legitimation für sozialen Status abgeben.

4.2.4.

Aus alldem ergibt sich: eine Politik der Chancengleichheit, die sich am meritokratischen Modell des Aufstiegs durch individuelle Leistung orientiert, widerspricht dem Ziel größerer sozialer Gleichheit. Solange lediglich die Chancen zur Ungleichheit egalisiert werden und nicht die Distanz von strukturell vorgesehenem Erfolg und Mißerfolg verkürzt wird, ist Ungleichheit die programmierte Folge.

Belohnungen und Belastungen gleicher zu verteilen erfordert, übermäßigen Erfolg und übermäßigen Mißerfolg einzuebnen, Ranghierarchien abzubauen, Prestige- und Lohnunterschiede gering zu halten, Arbeitserfahrungen aneinander anzugleichen. Eine Politik der Gleichheit im Schulbereich muß demnach versuchen, die institutionellen und subjektiven Strukturen der Ungleichheit abzubauen: institutionell die Hierarchisierung von Schulen, Lehrgängen, Abschlüssen schrittweise zu beseitigen, subjektiv die Normen und Selbstbilder, die Aufstieg durch Leistungswettbewerb favorisieren, zu entwerten.

4.3. Kritik II: Wachstum im Namen der Chancengleichheit bringt mehr soziale Polarisierung

Wenn Weiterbildung organisatorisch zu selektiver Hierarchie und inhaltlich zu Stufung von Lehrgängen unter dem Programm «Chancengleichheit» führt, werden soziale Prozesse in Gang gesetzt, die in beiden Dimensionen der Chancenungleichheit zur weiteren sozialen Polarisierung bei erhöhter Konkurrenz führen.

4.3.1.
Bei unveränderter Positionshierarchie verschlechtert sich mit jedem Aufstieg die relative Position der anderen. Deklassierung ist die Kehrseite von Aufstieg. Aufstiegsbewegungen lösen aus Angst entweder vor Privilegienverlust oder vor relativem Abstieg Mobilitätsdruck aus. Obwohl Aufstiegsstreben subjektiv rational ist, erweist es sich doch in seinen unbeabsichtigten Folgen gesellschaftlich als irrational, da – sobald ein individueller Vorsprung durch neue Aufstiegsbewegungen verallgemeinert ist – die gleiche Ungleichheit sich lediglich auf neuem Niveau wieder einspielt. Fazit: für das strukturell gleiche Ergebnis müssen alle mehr bezahlen.

4.3.2.
Dieser Kreislauf des Zwangs zu weiterem Aufstieg durch mehr Bildungskonsum polarisiert jedoch die Verteilung von Ungleichheit noch mehr. Da die Kapazität, im Aufstiegskarussell mitzuhalten, an Bildungsmotivation und zunehmenden Bildungserfolg gebunden ist, bleiben unterprivilegierte Sozialgruppen, die ohne die finanzielle Ausstattung, ohne die Aufstiegsmotivation, ohne den erfolgversprechenden Sozialhabitus sind, am ehesten auf der Strecke. Aufstiegsdruck schafft Monopolisierung der Privilegien auf der einen Seite auf Kosten der Verknappung von Chancen auf der anderen Seite. Aus denselben Gründen kommen neue Bildungsangebote zuvörderst den Privilegierten zugute; die Ausschöpfung der Begabungsreserven setzt sich von oben nach unten durch.[8] Mobilität macht die an Schuljahren Reichen noch reicher, jedoch die Armen noch ärmer.

4.3.3.
Aufstieg im Bildungssystem hat noch lange nicht Aufstieg im Beruf im Gefolge. Vielmehr tendiert das Beschäftigungssystem je nach eigenem Bedarf in ähnlicher Weise zu reagieren: Erhöhung des geforderten Bildungsniveaus bei gleicher Hierarchie der Positionen.[9] Die Anhebung der Bildungsanforderungen schirmt auf der einen Seite die Positionsinhaber im Berufssystem gegen Aufsteiger ab, während auf der anderen Seite die Bildungsexpansion mehr höhere Qualifikationen hervorbringt. Die grö-

ßere Nachfrage nach bevorzugten Positionen treibt die Zulassungsvoraussetzungen für solche Positionen in die Höhe; das Beschäftigungssystem schöpft die Bildungshierarchie von oben nach unten ab. Die Abwertung von Bildungsqualifikationen ist damit programmiert; nach langen Schuljahren ist ein erreichter Abschluß nicht mehr wert, was er zu Beginn versprach.

4.3.4.
Die Expansion des Bildungssystems im Namen der Chancengleichheit und der beschriebene Prozeß des erzwungenen Bildungskonsums bürdet der Gesellschaft zunehmende Kosten auf. Sowohl die Kosten des Ausbaus und Unterhalts als auch die Kosten des Ausfalls derer, die im Bildungssystem nichtproduktiv beschäftigt sind, müssen von der Allgemeinheit, das heißt besonders von den bildungsmäßig Nichtprivilegierten getragen werden. So bezahlen die schwächeren Sozialgruppen den hohen Bildungskonsum der Privilegierten, die daraus wieder finanziellen Gewinn im späteren Beruf ziehen. Die Armen zahlen den Reichen Bildungshilfe, die ungleiche finanzielle Belastung vertieft die gesellschaftliche Ungleichheit.

4.3.5.
Der Ausbau eines hierarchischen Bildungswesens stabilisiert Ungleichheit durch die in ihm eingelagerten Lebensinteressen der Beteiligten. Wer Privilegien gesammelt hat – besonders die Professionellen, aber auch die Schüler –, hat das positionsgebundene Interesse, den Zugang zu höheren Positionen knapp zu halten und die Notwendigkeit von mehr Aufstieg durch mehr Bildung zu behaupten. Besonders heften sich hierarchische Selbstbilder an die Schichtung der Schultypen im Bildungssystem, die ja ihre stärkste Unterstützung aus den eigenen Reihen erhält. Wo im Namen der Chancengleichheit mehr Menschen ihr soziales Interesse in der Aufrechterhaltung von Ungleichheit finden, hat die Hoffnung auf Gleichheit zunehmend das Nachsehen.

5. Dritte Begründung für «Recurrent Education»: Bessere Vermittlung zwischen Ausbildung und Arbeitswelt

5.1. Zielsetzungen

Der Vorschlag «Recurrent Education» wird auch mit Hinweisen auf Veränderungen in der Arbeitswelt begründet:

«Zunehmend raschere technische Veränderungen und die beständige Wandlung der Organisationsmuster im Arbeitsbereich haben unmittelbaren Einfluß auf die Bedingungen, die der einzelne in seiner Arbeitssituation antrifft und mitgestaltet. Auf der Ebene des Arbeitsmarktes ist das Bedürfnis nach Fachkräften sowohl in quantitativer als auch qualitativer Hinsicht von immer komplexeren nationalen und internationalen Entwicklungen abhängig» (59).

Nach Meinung der Verfasser von «Recurrent Education» wird die bisherige Organisation des Bildungswesens diesen Anforderungen und komplexen Prozessen nicht mehr gerecht.

Erstens: Einerseits gelten Zeugnisse von Bildungsanstalten als Eintrittskarten zum Arbeitsmarkt, obwohl nicht gewährleistet ist, «daß der schulische Lernstoff in irgendeiner Hinsicht späteren beruflichen Ansprüchen entspricht» (59), andererseits erweisen sich Prognosen über berufliche Strukturen und deren Veränderungen sowie weitere Arbeitskräfteplanungen als wenig hilfreich für die Bildungsplanung. Letzteres liegt unter anderem an der Unzulänglichkeit der Prognoseinstrumente.[10]

Zweitens: Die Trennung von Allgemein- und Berufsbildung sowie die Verlängerung der Allgemeinbildung zeigen sich zunehmend als falsche Antworten auf die Veränderungen in der Arbeitswelt. Deshalb wurde bisher schon auf die Forderung nach einer schnelleren Anpassung von Kenntnissen und Fähigkeiten des einzelnen an die gewandelten beruflichen Anforderungen mit der Vermehrung berufsbegleitender Ausbildungsgänge reagiert. Nach Meinung der Autoren von «Recurrent Education» zeigt aber auch diese Organisation erhebliche Mängel. Darüber hinaus hat sie zur Folge, daß beispielsweise Diplome und Grade, die im öffentlichen Bildungswesen erworben wurden, nicht nur ihre dauerhafte, sondern häufig auch ihre aktuelle Gültigkeit verlieren.

Drittens: Ein generelles Ungenügen liegt «in einer gewissen Kurzsichtigkeit hinsichtlich der Qualitäten, die man braucht, um in einer anonymen, technisch orientierten Gesellschaft zu überleben» (63). Dies gilt – nach Meinung der Autoren von «Recurrent Education» – ganz besonders für die Arbeitswelt.

Demgegenüber werden Bildung und Ausbildung zwei Zielaspekte zugeschrieben:

- Der «Entfremdung» unserer an Produktion und Konsum orientierten Gesellschaft (63) muß begegnet werden.
- Der einzelne muß die Fähigkeit erwerben, «die eigene Rolle zu erkennen und zu definieren und die für das Leben in seiner Gesamtheit zweckdienlichen Entschlüsse zu fassen» (63). Der Vorschlag eines Wechsels zwischen Ausbildung und Berufspraxis versucht diesen Defiziten zu begegnen und den genannten – ziemlich weiten und wenig präzisen – Zielangaben zu entsprechen.

Unsere Kritik richtet sich auf diesen Anspruch. In einer ersten Argumentationskette versuchen wir, plausible Überlegungen für die These beizubringen, daß der Vorschlag nicht geeignet ist, eine bessere Vermittlung zwischen der Ausbildung von Qualifikationen und der Nachfrage nach qualifizierten Arbeitskräften zu leisten. Eine zweite Reihe von Überlegungen versucht zu zeigen, daß der erhobene emanzipatorische Anspruch dieses Vorschlags mit den vorgeschlagenen Mitteln nicht eingelöst werden kann.

5.2. Kritik I

Der Vorschlag «Recurrent Education» verhilft zu keiner besseren Vermittlung zwischen Ausbildungsangeboten und Qualifikationsnachfragen auf der Planungsebene (5.2.1.) wie im Bereich der Realisierung (5.2.2.). Dies liegt an der mangelhaften Analyse der Ursachen und vor allem auch daran, daß Probleme, die in der Arbeitswelt produziert werden, nicht durch Maßnahmen im Bereich des Bildungswesens behoben werden können.

5.2.1.

Die Anpassung von Ausbildungsbedingungen und -ergebnissen an Qualifikationserfordernisse des Produktionssektors wie auch des Dienstleistungsbereichs stößt auf Schwierigkeiten, wenn nicht gar Grenzen, die mit den Widersprüchen kapitalistischer (auch staatskapitalistischer) Produktionssysteme zusammenhängen.

Zwei dieser Schwierigkeiten sollen im folgenden benannt werden. Ihre analytische Herleitung wäre freilich nur im Rahmen einer Entwicklung historisch-materialistischer Überlegungen der Veränderung des Verhältnisses von Qualifikationsstruktur und Maschinerie möglich, die allerdings hier nicht geleistet werden kann.

Erstens: Die benötigten Berufsqualifikationen lassen sich – generell – nicht in vollem Umfang vorherbestimmen, da ihr Erfordernis von der Produktion von technischen und organisatorischen Neuerungen in der Arbeitswelt abhängt, die ihrerseits nicht gänzlich geplant werden können und eben nur bedingt vorhersagbar sind. Allerdings ist diese – unvermeidlich beschränkte – Vorhersehbarkeit unter kapitalistischen Bedingungen noch weiter als generell notwendig eingeschränkt. Kapitalistische Produktionsverhältnisse sind gekennzeichnet durch ein vorrangiges Interesse an einer möglichst optimalen Verwertung von Kapital. Dem ist die Verwertung von Arbeit in Form der Ware Arbeitskraft untergeordnet und angepaßt. Die Entwicklung von Arbeitsvermögen reagiert also im Rahmen der Entwicklung der Produktivkräfte auf Veränderungen im Kapitalverwertungsprozeß. Diese verlaufen aber weder linear noch widerspruchsfrei. Daraus resultiert der verstärkte Mangel an Vorhersagbarkeit und Stabilität von Qualifikationserfordernissen. Erst wenn die Dominanz von Kapitalverwertungsinteressen über Arbeitsvermögen und damit Qualifikationserfordernisse in eine gleichgewichtige Beziehung zwischen beiden umgewandelt ist, könnte ein Vorschlag wie «Recurrent Education» auf dieser Ebene von Planung eine bessere Beziehung zwischen Produktionsprozeß und Arbeitsqualifikationen herstellen. Solange dies aber nicht geleistet wurde, verfällt er der eigenen Kritik (vgl. 3.1.1.).

Zweitens: Neuere Untersuchungen machen die Hypothese plausibel, daß sich Veränderungen im Produktionsprozeß in einem Wandel der Berufsstruktur niederschlagen. Dabei lassen sich allerdings widersprüchliche, zumindest einander entgegengesetzte Wirkungen aufzeigen. Wie B. LUTZ ausführt, gehen diese unterschiedlichen Auswirkungen auf die entgegengesetzte Tendenz von Organisierung und Technisierung im Rahmen des technischen Fortschritts zurück. So ist beispielsweise zu erwarten, «daß Organisierung als Tendenz zu wachsender Standardisierung und Transparenz der Produktionsprozesse (einerseits) und Technisierung als Tendenz zu zunehmend technologischer Autonomie der Produktionsprozesse» (andererseits) grundlegend verschiedene Auswirkungen auf die menschliche Arbeit, das heißt letztendlich auch auf die Berufsstruktur haben. Denn die Tendenz der Technisierung bewirkt eine «Loslösung menschlichen Arbeitshandelns vom Produktionsprozeß». Damit unterliegt «menschliches Arbeitshandeln . . . immer weniger unmittelbar technologischen Notwendigkeiten». Wachsende Organisierung – als zunehmende Standardisierung – aber bedeutet, daß «das Ziel des Produktionsprozesses [. . .], die Art der einzusetzenden Mittel und das Vorgehen tendenziell strenger vorgegeben werden, d. h. spezifischer determiniert sind und Konformität mit dieser spezifischen Definition verlangen»[11]. Diese widersprüchlichen Tendenzen, die hier nur an einem Beispiel aus dem Produktionssektor vorgeführt wurden, schlagen sich aber auch als Divergenzen der Entwicklung der Qualifikationserfordernisse zwischen verschiedenen Einzelkapitalen und in unterschiedlichen Entwicklungen der Arbeitsplatzstrukturen in verschiedenen Qualifikationsniveaus nieder. Auch dies hängt eng mit der Entwicklung der Produktionsverhältnisse in kapitalistischen Gesellschaften zusammen und erschwert die Planbarkeit von Qualifikationen erheblich, wenn sie sie nicht sogar unmöglich macht.[12]

5.2.2.

Kapitalistische Produktionsverhältnisse schränken nicht nur *Planbarkeit* und *Vorhersagbarkeit*, sondern auch die *Realisierung* einer gleichwertigen Vermittlung von Arbeitswelt und Ausbildung ein.

Die Bestimmung von Qualifikationserfordernissen auf Grund von Veränderungen in Arbeitsplatz- und Berufsstrukturen ergibt sich nicht – soweit überhaupt – aus dem Fortschreiten der technologischen Entwicklung an sich.

«Ob in der Architektur, Medizin, Biologie, Chemie, Physik oder Technik etc.: es ist unmöglich, eine erfolgreiche Karriere zu machen, wenn man nicht das Interesse des Kapitals (der Firma, der Aktiengesellschaft oder des Staates) vor die Interessen der Menschen stellt und sich nicht allzuviel Gedanken über den Zweck, dem die ‹Entwicklung› der Naturwissenschaft dienen soll, macht. Das Interesse an der Naturwissenschaft und Technologie per se – der Glaube, daß sie wertfrei und politisch neutral seien und daß ihre Entwicklung gut und wünschenswert ist, da Wissen immer für einen guten Zweck verwandt werden kann, selbst wenn das im Augenblick nicht geschieht – ist nur eine Rechtfertigungsideologie, die versucht, die Abhängigkeit der Naturwissenschaft und Technologie – in ihren Prioritäten, ihrer Sprache und ihrem Gebrauch – von den Forderungen der kapitalistischen Institutionen zu verbergen.»[13]

Technische Entwicklung in kapitalistischen Gesellschaftssystemen ist darauf aus, die Produktivität der Ware Arbeitskraft durch kapitalintensive Produktionsverfahren zu erhöhen. Daraus resultieren unter anderem Probleme der Vollbeschäftigung. «Recurrent Education» schlägt vor, die Ausbildungsbedingungen an diese Prozesse anzupassen, und empfiehlt sich als ein Mittel direkter (Lernplätze, wo Arbeitspätze fehlen) und indirekter (Umschulung) Arbeitsmarktpolitik. Wir behaupten indessen: Die Folge dieser Anpassung wird sogar eine Verschärfung der Lage auf dem Arbeitsmarkt sein. Denn entgegen dem eigenen Anspruch, die Lücke zwischen Qualifikationserfordernissen und -angebot zu verringern, wird sie tendenziell vergrößert, da kapitalintensive Arbeitsprozesse immer weniger Arbeitskräfte benötigen. Planmäßige Umschulung erleichtert aber die Einführung immer kapitalintensiverer Produktionsverfahren.

«Recurrent Education» versucht mit dem Mittel periodisch alternierender Aus- und Weiterbildung auch die vertikale Mobilität zu erhöhen.

Diese theoretische Möglichkeit einer Höherqualifizierung, die sich aus der vorgeschlagenen Kombination von Weiterbildung mit Berufslaufbahnen ergibt, ist nun faktisch keineswegs vorhanden, solange es nicht genug Arbeitsplätze für dementsprechend höherqualifiziertes Personal gibt. Dazu ein Beispiel: Obwohl es in der BRD an Kräften in den verschiedenen Bereichen der Sozialarbeit fehlt, werden auf Grund einer Kombination von beamtenrechtlichen Vorschriften (Subsidiaritätsprinzip) und finanzpolitischen, grundsätzlich gesamtpolitischen Entscheidungen (Stellenplan)[14] höherqualifizierte Sozialarbeiter (z. B. Sozialpädagogen) mit Universitätsabschluß nur in Ausnahmefällen eingestellt, obwohl ein reichliches Angebot besteht. Sozialarbeiter mit Fachhochschulausbildung werden einerseits in unzureichender Anzahl ausgebildet, andererseits streben viele von ihnen auf Grund von Inkompetenz- oder anderen Mangelerlebnissen an ihren Arbeitsplätzen Weiterbildungsqualifikationen – wenn möglich – mit Universitätsabschluß an. Dem sich darin zeigenden Widerspruch ist mit einer «progressiven» Arbeitsmarktpolitik im Sinne von «Recurrent Education» eben nicht beizukommen. Dies zeigt sich deutlich schon im Bereich staatlicher Personalentscheidungen, die auf Grund haushaltsrechtlicher Verfahren immerhin noch eher und besser geplant werden können als Entscheidungen in anderen Bereichen der Wirtschaft.

Die Realisierung der von den Verfassern von «Recurrent Education» vorgeschlagenen Prinzipien und Ziele wird also durch die dargestellten Maßnahmen in zweifacher Weise eingeschränkt:

Zum einen erfolgt eine höhere Freisetzung von Arbeitskräften durch die Unterstützung kapitalintensiverer Produktionsverfahren. Zum anderen scheitert eine Verknüpfung von «Recurrent Education» mit auf Laufbahnen abzielenden Qualifikationsmöglichkeiten an den faktisch nicht vorhandenen Arbeitsplätzen.

5.2.3.
Lösungen im Bereich des Bildungswesens für Probleme, die durch die Organisation der Arbeitswelt geschaffen werden, sind tendenziell inadäquat.

Wenn man die Annahme der Verfasser des Vorschlags teilt, daß «Bildung (ihrem Wesen nach) ebenso Triebkraft für Veränderungen, wie . . . für Konservativismus und Traditionsbindung ist» (41), insgesamt also ambivalent eingeschätzt werden muß, gerade dann erscheint es inkonsequent, allein durch eine Neuorganisation des Ausbildungssektors eine begründete Veränderung des Verhältnisses zwischen Ausbildung und Arbeitswelt zu erwarten.

Wir teilen diese Prämisse nicht. Vielmehr gehen wir davon aus, daß die sozialen Verhältnisse der Produktion die gesellschaftliche Entwicklung prägen. Deshalb erscheint es uns ein ganz unzureichendes Mittel zu sein, ökonomisch verursachte Probleme mit Hilfe der Bildungspolitik angemessen, das heißt radikal, angehen und lösen zu wollen. Widersprüche innerhalb der Entwicklung der Produktivkräfte sowie zwischen Produktivkraftentwicklung und Vollbeschäftigung sind im ökonomischen Bereich entstanden. Unter dem Titel «neue Qualifikationserfordernisse» werden sie zu Problemen des Bildungssektors gemacht. Beleg dafür, daß diese Widersprüche mit Maßnahmen der Bildungspolitik nicht adäquat angegangen bzw. gelöst werden können, sind die letzten Jahre bundesdeutscher Politik in diesem Bereich. G. Picht hat sie unter Hinweis auf eingeleitete und vor allem auf nicht eingeleitete Reformen wohl zu Recht charakterisiert als einen Marsch «vom Bildungsnotstand zum Notstand der Bildungspolitik»[15].

5.3. Kritik II

Die vorgeschlagene Strategie von Ausbildung und Praxis im periodischen Wechsel hindert daran, das angestrebte Ziel einer Aufhebung menschlicher Entfremdung zu erreichen.

5.3.1.
Durch eine beschleunigte Anpassung der Tätigkeiten an vorgegebene Arbeitsplatzstrukturen und durch die Effektivierung sozialer Kontrolle befördert «Recurrent Education» die Entfremdung der Menschen von ihrer Arbeit.

Auch wenn man grundsätzlich eine wirksame Vermittlung zwischen Ausbildung und Arbeitsprozessen für wünschenswert hält, so ergeben sich doch bei der hier vorgeschlagenen Institutionalisierung unerwünschte Folgen. «Derartige Programme periodischer Weiterbildung hätten aber ihren Zweck verfehlt, wenn ihre Planung ausschließlich an unmittelbaren Bedürfnissen des Arbeitsmarktes orientiert wäre und nicht in erster Linie von den Betroffenen selbst entschieden würde» (67, 165). Gerade dies aber ist der Fall, wenn Weiterbildung zum Instrument einer modernen Arbeitslosenpolitik degradiert wird.

Im Hinblick auf die politische Durchsetzbarkeit des Vorschlags ist das durchschlagende Argument für «Recurrent Education» die Erwartung eines marktgerecht(er)en Angebots an Arbeitskräften (163). Die Kriterien dafür liegen weniger im Ermessen des einzelnen Lohnabhängigen als in der technologischen Entwicklung und ihrer sozialen Organisation. Die mit «Recurrent Education» angestrebten Lernprozesse sind damit verstärkt den Anforderungen der Arbeitsorganisation unterworfen. Daß diese nicht einlinig, sondern widersprüchlich sind (vgl. 5.2.1.), vermindert nicht, sondern verstärkt den Grad der Fremdbestimmung. Eine Möglichkeit, dieser Tendenz zu entgehen, besteht darin, die Zulassung zu Ausbildungsveranstaltungen gemäß dem Vorschlag von «Recurrent Education» und die Verwertung dort erworbener Qualifikationen stärker zu reglementieren und zu kontrollieren.

In beiden Fällen aber werden Nebeneffekte und Folgen auftreten, die zu einer stärkeren Standardisierung von Arbeitsvermögen führen und dadurch die Selbstbestimmung des Arbeiters nicht erhöhen, sondern verringern, seine Entfremdung von seiner Arbeit – Prozeß wie Produkt – beschleunigen.

Effekte in dieser Richtung sind auch dadurch zu erwarten, daß durch den Vorschlag von «Recurrent Education» bisher in der Verantwortung privater Interessenten liegende Ausbildungsprozesse nun staatlicherseits verwaltet und vor allem finanziert werden. Dadurch ist die Praxis kapitalistischer Produktionsplanung das Problem los, für die Bereitstellung eines angemessenen Arbeitskräftepotentials zum Beispiel durch werksinterne oder firmeneigene Fortbildung zu sorgen. Dadurch können Produktionsbedingungen und -verfahren schneller und effektiver weiterentwickelt werden, die die Entfremdung des arbeitenden Menschen von seinem Arbeitsprodukt verschärfen, wie A. Gorz im folgenden beschreibt: «In Nordamerika und tendenziell in Westeuropa beruht das Wachstum [des Bruttosozialprodukts; die Verf.] nicht mehr auf der anwachsenden Menge verfügbarer Güter, vielmehr werden einfache Güter durch kostspielige ersetzt, deren Gebrauchswert jedoch nicht notwendig größer ist; er kann auch geringer sein. Dieses Wachstum ist offensichtlich unfähig, Armut zu beseitigen und soziale und kulturelle Bedürfnisse zu befriedigen. Statt dessen produziert es neue Arten von Armut, die mit der Verschlechterung der psychischen Lebensbedingungen in Stadt und Umwelt sowie Mängeln im Bereich des Gesundheitswesens, der Hygiene etc. zusammenhängen.»[16]

Der Arbeiter oder der Angestellte, der auf solche Bedingungen des Verkaufs seiner Ware Arbeitskraft trifft, hat kaum andere Möglichkeiten, als sich den ihm so auferlegten Arbeitsbedingungen und Qualifikationserfordernissen anzupassen. Auf diese Weise bringt lebenslanges Lernen eine Ausdehnung der Mechanismen sozialer Kontrolle unter dem Mantel technischen Fortschritts.

5.3.2.
Die vorgeschlagenen Mittel von «Recurrent Education» befördern privilegierende Spezialisierung und Konkurrenzorientierung. Damit verhindern sie Solidarität unter Arbeitern und verstärken somit die Entfremdung von Menschen untereinander.

Bisher wurde – bis auf einige indirekte Bemerkungen – unterstellt, daß «Recurrent Education» für alle in gleicher Weise zutrifft. Dies wird auch von den Verfassern betont. Unter der Hand setzen sich allerdings auch hier schon eingeleitete Differenzierungsprozesse fort, die von den Verfassern bewußt vermieden werden wollen (67). Denn auf Grund von Entwicklungen in der Arbeitswelt lassen sich – wie schon skizziert – unterschiedliche bis widersprüchliche Tendenzen feststellen, indem sich die Qualifikationsanforderungen auf Grund von Arbeitsplatz und Aufgabe – grob gesehen – in zwei Richtungen verändern. Einerseits steigt mit zunehmender Technisierung der Anteil spezialisierter Arbeitsplätze und Aufgaben. Diese Tendenz setzt der horizontalen Mobilität insofern Grenzen, als nach Anpassung der Berufsstrukturen an diese neue Arbeitsplatz- und Aufgabenstrukturen diese nunmehr neuen Berufsstruktur auf Grund ihrer höheren Resistenz gegenüber Strukturveränderungen «zur Schranke für die Veränderung der Arbeitsplatzstruktur wird»[17]. An dieser Stelle könnte der Vorschlag von «Recurrent Education» entspannende Auswirkungen haben, freilich ohne das Problem grundsätzlich und die schon beschriebenen Folgen zu beheben.[18] Denn hier äußert sich die wachsende Technisierung in der Nachfrage nach menschlicher Arbeitskraft, die notwendig ist, «um die zeitlich oder sachlich punktuellen Schwachstellen der Determiniertheit [des Produktionsablaufs; die Verf.] aufzufangen und/oder die Unvollkommenheiten in der technischen Autonomie zu überbrücken»[19].

Dort aber, wo sich die wachsende Determiniertheit des Produktionsablaufs eben auch in einer (qualitativ und quantitativ) wachsenden Fremdbestimmtheit menschlicher Arbeitsvollzüge ausdrückt und dementsprechende Qualifikationsanforderungen (z. B. im Bereich der Intensitätsqualifikationen[20]) bestehen, bedarf es keiner zusätzlich zum Anlernen durch Vorarbeiter oder Kollegen erworbenen Qualifizierung. Wer sie dennoch besitzt, ist aus Kostengründen für diese Positionen nicht tragbar. Der Kreis dieser Personen ist also, vor allem in Zeiten, in denen die Anzahl potentieller Arbeitskräfte ansteigt, strukturell von einem Programm nach Vorschlag von «Recurrent Education» ausgeschlossen. Die Folge ist, daß die theoretische Möglichkeit häufigerer Fort- bzw. Weiterbildung faktisch nur von wenigen genutzt werden kann, und dies auch noch indirekt – materiell und ideologisch – auf Kosten der Ausgeschlossenen.[21]

Dadurch aber bilden sich unter Arbeitern und Angestellten unterschiedliche Gruppierungen heraus. Menschen, die bisher durch vielfältige Ähnlichkeiten verbunden waren, werden einander dadurch fremd, daß sie in unterschiedlicher Weise an «Recurrent Education» partizipieren können mit all den damit verbundenen Folgen im Alltagsleben. Aber selbst dann, wenn sich die Unterschiede beruflicher Positionen nicht in einer Benachteiligung an «Recurrent Education»-Programmen niederschlagen, ergeben sich Unterschiede. Zwar können dann alle gleich oft an solchen Programmen teilhaben, nur haben sie auf Grund der beruflichen Positionen ganz unterschiedliche Nutzungsmöglichkeiten bzw. Verwertungsmöglichkeiten ihrer Teilnahme an «Recurrent Education».

Im Hinblick auf diese Sachverhalte bleiben die Überlegungen hinsichtlich einer angemessenen Werbung für «Recurrent Education»-Veranstaltungen bei den bisher unterprivilegierten Bevölkerungsschichten voluntaristisch und verschleiern die Ursachen der bisherigen Benachteiligung (67).

Solange auf Grund der Form kapitalistischer Arbeitsteilung eine Spezialisierung der Qualifikation mit einer allgemeinen Privilegierung Hand in Hand geht,[22] wird auch «Recurrent Education» in diesem Rahmen nicht nur zur Erhöhung der Konkurrenzmöglichkeiten, sondern auch zu Prozessen zusätzlicher Privilegierung beitragen. Beides aber führt zu einer Entsolidarisierung.

5.3.3.

Die in 5.3.1. und 5.3.2. angesprochenen Entfremdungsprozesse werden bisher durch die Leistungsideologie legitimiert. «Recurrent Education» baut diese Ideologie nicht ab, sondern stützt sie.

Entfremdung des Produzenten von seinem Produkt und Entfremdung zwischen Individuen sind Folgen kapitalistischer Organisation von Ökonomie und Politik. In einem insgesamt komplexen Zusammenhang werden diese Verhältnisse auch durch die Institutionalisierung des Leistungsprinzips legitimiert. Leistung gilt demnach als ein anerkanntes Kriterium der gesellschaftlichen Verteilung von Lebenschancen. «Dieser Anspruch trifft [allerdings; die Verf.] auf technologisch und organisatorisch determinierte Arbeitsbedingungen, unter denen die fortgeschrittenen Formen der Arbeit nicht mehr die Voraussetzungen erfüllen, derer es bedarf, um das Leistungsprinzip zur Geltung zu bringen.»[23]

Damit verändert sich auch die Funktion des Leistungsprinzips: «Die rationale Allokation individueller Produktivkraft, die wenigstens den kritischen Sinn, wenn auch niemals die gesellschaftliche Wirklichkeit des Leistungsprinzips in früheren Phasen der industriellen Arbeit begründete, pervertiert sich in ein disziplinierendes System der Statusverteilung.»[24]

Diese Funktionsverschiebung beruht auch darauf, daß eben funktionale Leistungskriterien nicht mehr den Ausschlag in der Vermittlung zwischen Qualifikationsanforderungen und dem Arbeitskräfteangebot abgeben. Die Verfasser des Vorschlags «Recurrent Education» aber tun so, als würde dieser Zustand (wieder)hergestellt, indem durch ein Alternieren zwischen Ausbildung und Berufspraxis den funktionalen Erfordernissen nachgekommen werden kann. Der Effekt einer solchen Absicht besteht aber in nichts anderem als einer Stabilisierung des Ordnungs- und Legitimationsmodells gesellschaftlicher Ungleichheit, das auf dem Leistungsprinzip basiert.

6. Das vorgeschlagene Organisationsprinzip: Der periodische Wechsel zwischen Beschäftigungssystem und Ausbildungssystem

6.1. Zielsetzungen

Ebensowenig wie die drei generellen Zielvorstellungen des Reports
- individuelle Entwicklung,
- Chancengleichheit,
- Vermittlung zwischen Ausbildung und Arbeitswelt

stringent miteinander vermittelt sind, lassen sich die verschiedenen Vorschläge zur Lernorganisation auf ein einheitliches und klares Organisationsprinzip zurückführen. «Recurrent Education» erhebt den Anspruch, eine umfassende Ausbildungsplanung für die Zeit nach Abschluß der Pflichtschule vorzustellen. Die Grundzüge dieser Ausbildungsplanung lassen sich beschreiben als Integration auf drei verschiedenen Ebenen:
- als *lebensgeschichtliche Integration von Lernen*,
  das heißt: gezielt arrangierte Lernprozesse bleiben nicht länger nur auf die Kindheits- und Jugendphase beschränkt, sondern werden auf das ganze Leben verteilt;

– als *Integration verschiedener Lebensbereiche,*
das heißt: Berufsbereich, Freizeitbereich und sogenannten Ruhestandsbereich (Zeiten, die frei sind von der Notwendigkeit materieller Existenzsicherung) werden aufeinander bezogen in einer aktiven Wechselbeziehung zwischen strukturierten Lernangeboten (Ausbildung) und beiläufigen Lernprozessen (andere soziale Aktivitäten);
– als *Integration verschiedener Lerninstitutionen,*
das heißt: Herstellung eines institutionellen Verbundsystems zwischen den auf die Pflichtschule aufbauenden Teilen des öffentlichen Bildungswesens, der privatwirtschaftlich organisierten beruflichen Aus- und Weiterbildung und der in freier Trägerschaft organisierten fakultativen Erwachsenenbildung.

Aus den verschiedenen Teilen des Reports zusammengetragen, lassen sich folgende mit der Lernorganisation im engeren Sinn verbundene Leitvorstellungen benennen:

a) «Recurrent Education» ermöglicht Lern- und Arbeitsphasen, die wechselseitig revidierbar sind, die individuelle Aufstiegsmöglichkeiten auf verschiedenen Ebenen ermöglichen, dadurch den Zugang zu gesellschaftlichem Wissen insgesamt verbreitern und die lineare Verknüpfung von Schullaufbahn und Berufslaufbahn aufbrechen zugunsten einer spiralförmigen Integration von Ausbildung und Berufspraxis (43, 55 ff, 69).
Das Monopol von Lerninstitutionen, nur in ihnen lernen zu können, soll aufgehoben werden zugunsten einer Verknüpfung von beiläufigem Lernen im Lebens-, Arbeits- und Freizeit-Milieu mit curricular geplantem und gezielt organisiertem Lernen (10, 109, 150).
b) Verschiedentlich wird als Zielvorstellung genannt, neue Formen der Lernorganisation zu entwickeln, die es besser ermöglichen, lebens- und berufspraktische Erfahrungen aufzuarbeiten, und an die Stelle der «schulischen» Einführung in kodifizierte Wissenskataloge treten sollen (11, 33, 73). Dies ist verbunden mit einer Hochschätzung der persönlichen Motivation des Lernens und der Forderung nach curricularer und organisatorischer Mitbestimmung (44, 138, 168).
c) Rigide organisierte Formen linearen Stufenlernens werden ebenso abgelehnt wie duale Ausbildungsmodelle (110). Zu den im Report verstreuten alternativen Leitvorstellungen vertikaler und horizontaler Integration von Lernprozessen gehört insbesondere ein flexibles Kurssystem, das auch auf Teilzeitbasis in Anspruch genommen werden kann (89), eine nach Lerninteressen vorgenommene heterogene Binnendifferenzierung (99 b) sowie die Abschaffung traditioneller Bewertungssysteme (90, 94 ff).
d) Die im Report vertretene Aufwertung berufspraktischer Erfahrung impliziert eine Abwertung formal akademischer Bezugssysteme sowie eine Abschaffung der Monopolisierung des Lehrerberufs als Lebensbe-

schäftigung ohne weitere berufspraktische Qualifikation (94, 111, 116).

e) Im Blick auf den institutionellen Rahmen von «Recurrent Education» zielen die Vorschläge des Reports auf zentrale Finanzierung bei lokaler und regionaler Instrumentalisierung von Lernzentren (160 b, 101 ff). Daneben werden überregionale, frei zugängliche Lerninstitutionen (Open universities etc.) empfohlen (100).

Der OECD-Report verweist unsystematisch auf drei verschiedene Formen der Verbindung von Ausbildung und beruflicher Praxis:

- als zeitliche und lokale Integration von produktiver Arbeit und Lernen (Beispiel: polytechnische Erziehung, Kibbutz, Ujaama-Dörfer in Tansania),
- als periodischer Wechsel zwischen Beschäftigungssystem und Ausbildungssystem,
- als zeitlich parallel laufende, jedoch institutionell getrennte Fort- und Weiterbildung (z. B. Fernstudium).

Schwerpunktmäßig zielt der OECD-Report auf das zweite Organisationsprinzip ab.

Hier setzt unsere Kritik an: Im nächsten Abschnitt (Kritik I) soll die Frage aufgeworfen werden, ob der periodische Wechsel zwischen Ausbildung und Praxis in der vorgeschlagenen Organisationsform überhaupt wünschenswert und realisierbar ist; im darauffolgenden Abschnitt (Kritik II) wird zu zeigen versucht, daß die Umsetzung der vorgeschlagenen Institutionalisierungsformen zu einer verstärkten Desintegration von Lernen, Leben und Arbeiten und damit zu Folgen führt, die den Zielen des Reports tendenziell entgegengesetzt sind. Dabei soll auf eine Reihe kritischer Variablen aufmerksam gemacht werden.

6.2. Kritik I

Das Strukturprinzip von «Recurrent Education» als periodischer Wechsel von Ausbildung und Praxis hebt die Trennung von Lernen, Leben und Arbeiten nicht auf. Die Eröffnung neuer Lernlaufbahnen vergrößert wohl Angebot und Nachfrage konsumierbarer Belehrung, verändert jedoch nicht die gesellschaftlichen Bedingungen, die selbstbestimmtes Lernen verhindern.

6.2.1.

Erwachsene lernen, um sich selbst oder ihre Umgebung besser zu verstehen.[25]

Wenn Erwachsene den Eindruck haben, daß sie keinen wirklichen Einfluß auf ihre Lebens- und Arbeitsbedingungen haben, sind sie auch nicht motiviert zu lernen.

Dies bedeutet: Wird Lernen gekoppelt an Strategien realer Handlungs- und Veränderungschancen, zum Beispiel an Strategien zur Veränderung des eigenen Arbeitsplatzes, ist es hochmotivierend. Wird Lernen jedoch gekoppelt mit der Sicherung der beruflichen Existenz, also abgeleitet aus der persönlichen Unfähigkeit oder situativen Unmöglichkeit von Veränderungen der eigenen Arbeitsbedingungen, ist es vom Ansatz her demotivierend und mit Angst verbunden.

6.2.2.

Erwachsene brauchen mehr Zeit als Kinder, um ihre Einstellungen und ihr Verhalten zu ändern. Die generelle Flexibilität, sich umzustellen, nimmt mit der Ausprägung einer eigenen Identität ab. Erwachsene sind darum weniger bereit, sich unvorhersehbaren Situationen auszusetzen bzw. sich ungeniert vor anderen selbst darzustellen.[26] Wenn Lernaktivitäten dem Ausbildungssystem zugeordnet werden und damit institutionell getrennt werden von Arbeitsaktivitäten im Beschäftigungssystem, Lernen und Arbeiten alternierend organisiert werden, werden sie zur konkurrierenden Alternative. Zunehmendes Interesse am Lernen impliziert dann zunehmende Abwertung berufspraktischer Erfahrung und umgekehrt.

Diese organisatorisch provozierte Doppelbindung kann zu erheblichen Spannungen führen: In der Arbeitssituation wird die Lernidentität als bedrohlich antizipiert (man fühlt sich «unwissend» und traut sich nicht zu, «erfolgreich» lernen zu können); in der Lernsituation wird die Arbeitsrolle als «völlig anderer Bereich» definiert und häufig als mangelhafte Praxis verdrängt.

Daraus kann sowohl die Tendenz erwachsen, Lernen als irrelevant für die berufliche Praxis abzulehnen, als auch die Tendenz, sich als permanent ausbildungsbedürftig zu fühlen und zuletzt völlig überzuwechseln ins Ausbildungssystem und in die privilegierte Ausbilderrolle. Dies bedeutet: Der in «Recurrent Education» angelegte Wechsel von der sozialen Identität der Berufsrolle in die soziale Identität der Lernerrolle befördert tendenziell eher ein Auseinanderrücken von beruflicher Erfahrung und Lernerfahrung als deren Integration.

6.2.3.

Gerade in den Lebenssituationen, in denen Erwachsene das größte Bedürfnis haben, sich oder ihre Umgebung zu verändern (z. B. einschneidende familiäre oder berufliche Ereignisse) bevorzugen Erwachsene risikolose, das heißt hochstrukturierte Lernarrangements.[27]

Hier ergibt sich ein doppeltes Dilemma.

In Situationen, in denen Erwachsene den starken Wunsch haben, ihre Situationen zu verändern, ist der Lernerfolg um so größer, je stärker die Lerninhalte und Organisationsformen des Lernens auf die realen Probleme der Lebens- und Arbeitssituation bezogen sind. Ist die Lebens- und/

oder Arbeitssituation jedoch selbst sehr offen oder im Umbruch begriffen, entsteht ein Bedürfnis in stark strukturierten Lernsettings Abstand zu gewinnen von der Realität der Lebens- und Arbeitssituation.

Dieses Dilemma kann beschrieben werden als der Versuch, wenig strukturierte Lebens- und/oder Arbeitssituationen zu bewältigen durch die Inanspruchnahme hochstrukturierter Lernangebote.

Daneben kann ein zweites Dilemma auftreten: Langfristig erfolgreich sind nur solche Lernprozesse, die den Spielraum selbständigen Handelns erweitern, das heißt weitgehend selbständig initiiert und organisiert werden und der eigenen Beurteilung unterliegen.

In Situationen großer Veränderungen in der Lebens- oder Arbeitssituation wächst jedoch auch das Bedürfnis, fachkundig angeleitet zu werden.

Dieses Dilemma kann beschrieben werden als der Versuch, mehr Selbständigkeit zu gewinnen durch Inanspruchnahme professioneller Behütung und Anleitung. Von Lebens- und Arbeitssituationen getrennte Lernsituationen stehen damit in der Gefahr, an die Stelle realitätsbezogener Handlungsstrategien institutionsbezogene Scheinsicherheiten zu setzen, an die Stelle selbstverantworteter Veränderungsaktivitäten die Scheinsicherheiten professionell verantworteten Schutzes treten zu lassen.

6.2.4.

Solange «Recurrent Education» als periodischer Wechsel zwischen Ausbildung und Beruf in verschiedenen Institutionen und nach deren spezifischen Regeln organisiert wird, kann das Problem aller dualen Ausbildungsmodelle nicht gelöst werden: Statt Lernen als Aufarbeitung komplexer Erfahrungen zu begreifen, um daraus Strategien zur Veränderung der eigenen Person und Umgebung zu entwickeln, wird die Ausbildungsphase tendenziell zur handlungsirrelevanten Belehrung, die berufspraktische Phase zur gedankenlosen Anwendung von Rezepten. Selbst wenn dies nicht gilt, bleibt die Kluft zwischen Arbeiten und Lernen bestehen.

6.2.5.

Lernen bleibt auch nach Meinung der Verfasser des Reports (wenigstens vorläufig) an formal tauschbare Qualifikationen gebunden. Auch der Versuch, durch «Recurrent Education» vom Allokationskriterium «formale Schullaufbahn» wegzukommen, führt zu einer Reinstitutionalisierung ähnlicher Allokationsmechanismen: Derjenige, der mehr Lerneinheiten konsumiert hat, wird beruflich schneller aufsteigen als derjenige, dessen Verbrauch von «Recurrent Education»-Einheiten geringer ist. Damit werden durch ein derart organisiertes System von «Recurrent Education» neue (wiederum formal definierte) Hierarchien geschaffen. An die Stelle kollektiver Strategien zur Veränderung ökonomischer, sozialer und politischer Verhältnisse tritt der Konkurrenzkampf um hohe Konsumraten tendenziell knapper «Recurrent Education»-Einheiten.

6.3. Kritik II

Die vorgeschlagenen Institutionalisierungsformen von «Recurrent Education» führen zu einer verstärkten Desintegration von Leben, Lernen und Arbeiten und damit zu Folgen, die den Zielen des Reports tendenziell entgegengesetzt sind: Die neu vorgeschlagenen Ausbildungsinstitutionen präformieren und monopolisieren die Entscheidung über Länge, Qualität, Organisationsformen und Inhalte des Lernprozesses und erziehen dadurch – wie alle Systeme verschulten Lernens – zu Unterordnung, Anpassung und Konkurrenz statt zu Selbstvertrauen, Kreativität und Solidarität.

6.3.1.

«Recurrent Education» soll der Verbesserung individueller Selbstbestimmung und kollektiver Chancengleichheit dienen, indem flexiblere berufliche Qualifikationen vermittelt werden, die ein breiteres Spektrum eröffnen, die eigene Arbeitskraft zu realisieren. Umgekehrte Folgen sind unschwer vorzustellen: Je häufiger eine Person zwischen Berufspraxis und Ausbildung hin und her pendelt, sich umschulen läßt oder umgeschult wird, desto geringer ist erstens die Möglichkeit dieser Person, die eigenen Arbeits- und Lebensbedingungen selbst zu kontrollieren oder zu verändern, desto mehr verschärft sich zweitens die Kluft zwischen denen, die als lohnabhängige Arbeitnehmer umgeschult werden, und denen, die die Umschulung verordnen. Zum einen wird also die Veränderung von Institutionen abgewälzt auf individuelle Fort- und Weiterbildung, zum anderen kann «Recurrent Education» mißbraucht werden als Befriedungs- und Kaltstellungsstrategie. Daraus ergibt sich die Notwendigkeit, kritische Grenzen zu bestimmen hinsichtlich Zeitverteilung und Häufigkeit des Wechsels zwischen institutionalisiertem Lernen und berufspraktischer Arbeit.

6.3.2.

Mit zunehmend professioneller arrangierten Lerninstitutionen und -situationen nehmen die Chancen der Selbstbestimmung für die Lernenden ab.

Jede große Lerninstitution wird professionelle Rollen ausbilden und damit die Notwendigkeit der formalen Schulung der Nicht-Professionellen begründen. Der Entwicklungsstand professionellen Bewußtseins drückt sich aus in dem Ausmaß der Überlegenheitsgefühle auf seiten der Professionellen und dem Ausmaß an Abhängigkeitsphantasien auf seiten der Nicht-Professionellen.

Ab einem bestimmten Grad von Professionalisierung wird dann mehr Zeit und Energie dafür benötigt, die Folgen der durch professionelle Intervention geschaffenen Abhängigkeiten zu bearbeiten (d. h. konkret: Lernende davon zu überzeugen, daß sie wirklich selbständig lernen können), als dafür, unter gemeinsamen Zielperspektiven handlungsrelevante Qualifikationen zu vermitteln.

Deshalb besteht hier sowohl die Notwendigkeit einer relativen Grenze von Professionalisierung – wie sie im Report in Form der berufspraktisch qualifizierten Teilzeitlehrer auch vorgeschlagen wird –, als auch die Notwendigkeit einer prinzipiellen Begrenzung von Professionalisierung: Die inhaltlichen Qualifikationen von Erwachsenen sollten allein daran bemessen werden, ob sie eine gestellte Aufgabe erfüllen könnten, ungeachtet und unbeschadet der Tatsache, ob sie darin professionell ausgebildet wurden.

6.3.3.

In ähnlicher Weise verkehrt ein bestimmtes Ausmaß an Differenzierung der Lernorganisation die ursprünglichen Ziele in entgegengesetzte Folgen: Langfristige und umfassende Planung, wie sie von den Autoren des Reports vorgeschlagen wird, führt zwangsläufig organisatorisch und curricular zu einer genauen Ausdifferenzierung der institutionalisierten Lernangebote, was seinerseits früher oder später dazu führt, die Lernenden entsprechend dem institutionellen Angebot ein- und umzuverteilen.

Ein differenziertes Spektrum von Angeboten kippt um in eine differenzierende Kanalisierung der Nachfrage.

Aus unterschiedlichen Hilfsquellen zum Lernen werden – unter der Hand – unterschiedliche Stufen des Lernprozesses. Was optimale Orientierungs- und Entscheidungsfreiheit gewähren sollte, pervertiert sich selbst zum Auslese- und Zuordnungsverfahren.

Langfristig ausdifferenzierte Planung, hochstrukturierte Organisationsform und institutionelle Fixierung des Lernangebots bedingen sich gegenseitig.

Um Orientierungs- und Entscheidungsfreiheit zu ermöglichen, sollte darum die Planung, Organisation und Institutionalisierung auf einem Strukturniveau verharren, das jederzeit durch die Lernenden nach ihren Bedürfnissen verändert werden kann.

6.3.4.

Hinter «Recurrent Education» steht eine Grundidee von Schule in neuer Form: gesellschaftliches Wissen gezielt zu verbreiten. In dem Maße, in dem Wissen jedoch zum Lehrstoff wird, wird seine Verbreitung sowohl verlangsamt und eingeschränkt statt beschleunigt und erweitert, als auch in seiner Relevanz für Handeln gemindert statt gesteigert.

Offensichtlich kann der Wissenskanon, der in der Schule gelehrt wird, nicht Schritt halten mit der gesellschaftlichen Explosion des Wissens, die sich außerhalb und unabhängig von Schule vollzieht und deren Inhalte bis zur Irrelevanz veralten läßt. «Recurrent Education» soll diesem Mangel abhelfen. Dieselbe Grenze, an der die Schule scheitert und die auch durch permanente Curriculumrevision nur relativ verschoben wird, gilt auch für «Recurrent Education»: Der freie, unverzögerte Zugang zu handlungsrelevantem Wissen kippt um in die beschränkte Verteilung von Curriculumeinheiten. Vorrang vor der Entwicklung neuer in den Institutionen von «Recurrent Education» lehrbarer Curricula sollte darum die Entwicklung von Strategien haben, Wissen dort, wo es produziert oder gebraucht wird, unmittelbar zugänglich zu machen.

7. Schlußbemerkung

Die vorgetragene Analyse und Kritik steht im Gegensatz zu einer Reihe von verbreiteten bildungsökonomischen Annahmen und führt zu politischen Schlußfolgerungen, die in der aktuellen bildungspolitischen Landschaft allzu leicht den Beifall von der falschen Seite herausfordern könnten. Weit verbreitet ist die Annahme, daß die zu beobachtende Expansion von Bildungsangeboten im tertiären und quartären Bereich eine notwendige Antwort auf technisch-funktionale Qualifikationsdefizite angesichts eines sich immer rascher entwickelnden technischen Fortschritts sei. Gegen diese Annahme spricht zum einen die empirische Evidenz, zum anderen sind wir der Meinung, daß die Expansion sich mehr aus der Notwendigkeit ergibt, die sozialen Bedingungen kapitalistischer Arbeitsteilung langfristig sicherzustellen und zu legitimieren, als aus der Notwendigkeit, die Niveaus der Qualifikationsstruktur der technischen Entwicklung anzupassen.

Darüber hinaus teilen wir nicht die Auffassung, daß sich die Funktion von Bildungsinstitutionen primär in der Herausbildung dieser (angeblich notwendigen) technisch-funktionalen Arbeitsqualifikationen erschöpft, sondern betonen in der Analyse ihrer Ursachen die sozialen und politischen Faktoren. Expansive Weiterbildung hat demnach vor allem die Funktion, lebenslang loyale Verhaltensorientierungen einzusozialisieren und stellt ein Instrument zur «endgültigen kapitalistischen Verziehung der Gesellschaft» (ILLICH) dar. Ganz unabhängig von der Entwicklung arbeitsbezogener Qualifikationen, ob diese sich nun auf den technisch-funktionalen oder den Sozialisationsaspekt beziehen, wird Weiterbildung in der aktuellen bildungspolitischen Situation der Bundesrepublik, wie schon seit längerem in den USA, dazu benutzt, die Ursachen struktureller Arbeitslosigkeit zu individualisieren und zu verschleiern, also zu einem Instrument sozialpolitischer Befriedigung pervertiert.

Kurzfristig erscheint diese «Politik» sogar erfolgreich; zumindest steigt die Nachfrage nach Weiterbildungsmöglichkeiten in verblüffendem Umfang. Langfristig werden dadurch jedoch weder die Ursachen der Arbeitslosigkeit beseitigt noch ist vorstellbar, wie die jetzt mit großem Elan verkündeten Weiterbildungsprogramme auf Dauer finanziert werden sollen. (Daß ein stärkeres öffentliches Engagement, insbesondere im quartären Bereich, unumgänglich ist, soll angesichts privatwirtschaftlicher Auswüchse auf diesem Gebiet nicht bestritten werden.) Angesichts der tatsächlichen Entwicklungen scheint es uns notwendig – diesem Versuch diente die Analyse des OECD-Berichts –, die generelle Multifunktionalität von Reformmaßnahmen im Bildungsbereich auf der programmatischen Ebene zu diskutieren, also zum Beispiel nicht nur der Frage nachzugehen, ob nicht Weiterbildung immer auch kritische Potentiale und Spielräume in sich enthalte und hervorbringe, sondern mögliche und absehbare Folgen der vorgeschlagenen programmatischen Strategien und Implementationsmodelle zu untersuchen.

Dabei soll ausdrücklich noch einmal betont werden, daß keineswegs gegen Fort- oder Weiterbildung argumentiert wird, sondern die Kritik wendet sich gegen eine Funktionalisierung lebenslangen Lernens nach Maßgabe kapitalistischer Verwertungsbedingungen qualifizierter Arbeitskraft.

Obwohl hier nicht der Ort ist, Alternativstrategien zu diskutieren, soll doch angedeutet werden, unter welchen Bedingungen lebenslange Bildungsprozesse ein emanzipatorisches Potential entfalten und zu den auch im OECD-Bericht vertretenen Zielen von mehr Selbstbestimmung und sozialer Gerechtigkeit führen können. Wir halten folgende allgemeine Bedingungen für entscheidend:

- *freiwillige, nicht durch ökonomischen oder sozialen Druck erzwungene Teilnahme an Weiterbildungsangeboten;*
- *Offenheit für alle Gruppen;*
- *keine exklusive Beschränkung auf bestimmte Altersgruppen oder Berufszweige;*
- *Durchlässigkeit der Ausbildungsgänge und Offenheit der Ausbildungsinhalte;*
- *keine Hierarchisierung von Institutionen oder Curricula;*
- *Selbstbestimmung in der Organisation der Lernprozesse durch die Betroffenen;*
- *keine Ausweitung professioneller Belehrungskompetenzen;*
- *Selbstbeurteilung von Erfolg und Ergebnis des eigenen Lernprozesses durch die Lernenden;*
- *Weiterbildung darf keine neuen pädagogischen drop-outs produzieren;*
- *die langfristige Integration von Lern- und Arbeitsmöglichkeiten mit dem Ziel, die eigenen Arbeitsbedingungen qualifiziert selbst analysieren und verändern zu können.*

Anmerkungen

1 Günter BITTNER: Sozialisation und Familie. In: Neue Sammlung 4 (1974), S. 324.

2 Vgl. zu dieser epochalen Tendenz etwa J. MC DERMOTT: Technology, The Opiate of the Intellectuals. In: The New Review of Books, July 31 (1969), S. 25–35.

3 Diese Entwicklung wird zum Programm bei W. BENNIS, P. SLATER: The Temporary Society, New York 1968.

4 Vgl. etwa R. DAHRENDORF: Bildung ist Bürgerrecht, Hamburg 1968.

5 Siehe den umfassenden Bericht von Ch. JENCKS u. a.: Chancengleichheit, Reinbek bei Hamburg 1973, besonders Kap. 3.

6 P. BOURDIEU, J. PASSERON: Die Illusion der Chancengleichheit, Stuttgart 1971.

7 Das Argument, daß die Schichtung nach Leistungsfähigkeit ethisch ebensowenig zu rechtfertigen sei wie die Schichtung nach Herkunft wird entwickelt bei J. RAWLES: A Theory of Justice, Cambridge (Mass.): Harvard Univ. Press, 1971, bes. S. 74.

8 Vgl. etwa H. FEND: Gesellschaftliche Bedingungen schulischer Sozialisation, Weinheim-Basel 1974, S. 168.

9 Siehe R. COLLINS, Functional and Conflict Theories of Educational Stratification. In: Am. Sociol. Review 36 (1971), S. 1002–1019.

10 Vgl. dazu St. JENSEN (Hg.): Über die Zukunft des europäischen Bildungswesens. Frankfurt am Main 1973; P. R. STRAUMANN: Neuere Konzepte der Bildungsplanung, Reinbek bei Hamburg 1974, v. a. Kap. 3., S. 53–108.

11 B. LUTZ: Produktionsprozeß und Berufsqualifikation. In: ADORNO, Th. W. (Hg.): Spätkapitalismus oder Industriegesellschaft, Stuttgart 1969, S. 227–250, hier S. 246.

12 BECKER/JUNGBLUT haben darüber hinaus noch sechs weitere Argumente angeführt, die als Beleg für diese These dienen können: E. BECKER/G. JUNGBLUT: Strategien der Bildungsproduktion. Frankfurt am Main 1972, S. 53 f.

13 A. GORZ: Technische Intelligenz und kapitalistische Arbeitsteilung. In: R. VAHRENKAMP (Hg.): Technologie und Kapital, Frankfurt am Main 1973, S. 94–116, hier S. 98.
Vgl. dazu auch U. RÖDEL: Forschungsprioritäten und technologische Entwicklung, Frankfurt am Main 1972. Rödel hat diese Abhängigkeit am Beispiel der Entwicklung des Reaktorbaus nachgewiesen.

14 Vgl. dazu die Disparitätenthese von Cl. OFFE. In: Cl. OFFE: Politische Herrschaft und Klassenstrukturen. Zur Analyse spätkapitalistischer Gesellschaftssysteme. In: C. KRESS, D. SENGHAAS: Politikwissenschaft. Eine Einführung in ihre Probleme, Frankfurt am Main 1969, S. 155–189.

15 In: Z. f. Päd. 19 (1973), S. 665–678.

16 GORZ, a. a. O., S. 97.

17 BECKER/JUNGBLUT, a. a. O., S. 53.

18 Die Grenzen vertikaler Mobilität wurden in 5.2.2. erläutert.

19 LUTZ, a. a. O., S. 247.

20 M. MASUCH: Politische Ökonomie der Ausbildung, Reinbek bei Hamburg 1972, S. 54 ff.

21 Auch die Inhaber solcher beruflicher Positionen, die «berufsmäßig» lernen müssen (z. B. das Topmanagement), die somit schon immer eine Fortbildung erhalten, werden von «Recurrent Education» nicht betroffen.

22 Vgl. GORZ, a. a. O., S. 108 f.

23 Cl. Offe: Leistungsprinzip und industrielle Arbeit, Frankfurt am Main 1970, S. 115.
24 Ebd., S. 116.
25 Vgl. auch zum folgenden A. M. Huberman: Permanent Education. Some Models of Adult Learning and Adult Change, Council of Europe, Straßburg 1974, S. 50.
26 Huberman, a. a. O., S. 52 f.
27 Ebd., S. 53.

sondern auch von Menschen mit erstaunlicher Tatkraft, die versuchten, ihre Familien und die Gemeinschaft zu bewahren und den sich verschärfenden Terror im Alltag abzuwehren. Dieses Buch gibt einen Einblick in die Alltagsgeschichte der jüdischen Opfer. Die Memoiren, Interviews, Briefe und Tagebücher von Frauen, auf die sich dieses Buch stützt, erkunden den Schrecken des Nationalsozialismus aus der Sicht der jüdischen Frauen, »vermenschlichen« auf diese Weise die nur schwer zugänglichen Geschehnisse der Vergangenheit und machen eine im Grunde unbegreifliche Tragödie persönlich faßbar. Diese beredten Quellen geben einen Einblick in die inneren Ängste der Opfer und vermitteln einen Eindruck von den zahllosen Reaktionen auf den Terror des Alltags unter den Nationalsozialisten. Sie führen die Isolierung, dann die Ächtung und schließlich die Vernichtung der jüdischen Bevölkerung Deutschlands anschaulich vor Augen.

Alltag und Frauengeschichte

»Wir waren so deutsch«, »wir waren so assimiliert«, »wir gehörten doch der Mittelschicht an« – so kann man immer wieder in den Worten deutscher Jüdinnen und Juden hören und lesen. Sie versuchen uns (und sich selbst) zu erklären, wie ihr Leben aussah, bevor es von den Nazis in seinen Grundfesten erschüttert wurde. Sie betonen, wie »deutsch« ihre Gewohnheiten und Einstellungen waren, wie normal und vielfältig sich ihr Leben gestaltete – als kleinstädtische Viehhändler bis hin zu wohlhabenden Geschäftsleuten, als sehr religiöse Menschen bis hin zu Atheisten und Kommunisten. Die deutschen Juden gehörten vorwiegend der Mittelschicht an. Sie machten weniger als ein Prozent der deutschen Bevölkerung aus, und sie hatten in der zweiten Hälfte des 19. Jahrhunderts ihre rechtliche Emanzipation freudig begrüßt. Bis 1933 lebten sie in einer verhältnismäßig komfortablen und sicheren Umwelt. Zwischen 1933 und 1939 erlebten sie jedoch, wie ihre Lebensgrundlagen zerstört wurden und wie man ihre gesellschaftliche Integration schrittweise und allumfassend rückgängig machte.

Um nachzuempfinden, was die Menschen fühlten, als sich die Schlinge langsam zuzog, betont dieses Buch die unterschiedlichen Phasen der Verfolgung und die hohe Geschwindigkeit, mit der sich die Bedingungen für die Juden verschlechterten. Die Jahre vor dem Novemberpogrom von 1938 werden im Rückblick häufig durch die späteren, schockierenden Jahre des Völkermords überschattet. Nur wenige konnten sich vor 1938 ausmalen, daß die Dinge einmal in Auschwitz enden könnten. Doch diese frühen Jahre zeigen, wie die nationalsozialistische Verfolgung allmählich eskalierte. Sie verdeutlichen, wie sich Juden und andere Deutsche darauf einstellten, als der Nationalsozialismus den Alltag durchdrang, wie die Opfer lernten, damit zurechtzukommen, während die anderen zuschauten oder sich gar nicht so selten an den Schikanen beteiligten. Sogar noch Mitte 1938, als die Juden Staatsbürger zweiter Klasse waren und immer mehr Entbehrungen erlitten, erschien die Situation vielen unklar. Im nachhinein mag sich die Entwicklung als unausweichlich darstellen, doch damals bot noch nicht einmal der Novemberpogrom einen klaren Hinweis auf den bevorstehenden Völkermord. Erst nach 1939 bewirkte die Eskalation der Verfolgung – seitens der Regierung und seitens der deutschen Gesellschaft –, daß die deutschen Juden verzweifelt zu fliehen versuchten.

Da die Erfahrungen der deutschen Juden je nach Geschlecht, Alter, Klassenzugehörigkeit und Region – in städtischer oder ländlicher Umgebung, katholischen oder protestantischen Dörfern, in der Mittelschicht oder in der Arbeiterklasse[5] – voneinander abwichen, kann es nicht nur eine einzige Darstellung des jüdischen Alltagslebens geben. Ich habe deshalb versucht, eine Vielfalt von Erfahrungen zu beschreiben, zugleich aber ihrer Unterschiedlichkeit Rechnung zu tragen. Indem ich nicht nur alltägliche Ereignisse, sondern auch subjektive Erfahrungen beschreibe, hoffe ich dazu beizutragen, historische Ambivalenzen zu verstehen und die vielfältigen, bisweilen einander widersprechenden Erinnerungen deutscher Juden an die Nazizeit zu erklären.

Eine Geschichte des Alltagslebens zeigt, wie in extremen Situationen häufig ganz banale Probleme eine beherrschende Rolle spielen können. Kinder müssen auch dann die Schule besuchen, wenn sich der Antisemitismus ihrer Lehrer und Klassenkameraden immer deutlicher Ausdruck verschafft. Frauen müssen auch dann ein Abendessen auf den Tisch bringen, wenn Lebensmittelgeschäfte Schilder mit der Aufschrift »Juden unerwünscht«

aushängen. Eine Alltagsgeschichte erhellt auch, wie und weshalb sich die Opfer ebenso wie die Aggressoren ihren Rollen anpaßten. Sie zeigt, auf welch heimtückische Weise die Degradierungen und Quälereien des Alltags für einige »normal« und schließlich allen vertraut wurden. Für viele Deutsche stellte sich das Bewußtsein der barbarischen Absichten des Regimes nur »tröpfchenweise [ein, es wirkte] eher wie ein Betäubungsmittel [...] Erst wenn es einen selbst traf, verstand man, was dort vor sich ging.«[6] Eine Jüdin, die in die Vereinigten Staaten entkommen war, gab diesem Empfinden nachträglich Ausdruck: »Ich glaube nicht, daß man jemals erkennen kann, daß sich etwas ständig beschleunigt [...] Der Terror ist beständig da, du lebst damit und paßt dich einfach an. Und du brichst erst wirklich zusammen, wenn er plötzlich zunimmt.«[7] Indem ich mich mit den konkreten Beobachtungen von Jüdinnen und Juden in ihrem Alltag auseinandersetze, mit ihren Bewältigungsstrategien und Hoffnungen, aber auch mit den Hindernissen, die ihnen von den Nazis in den Weg gelegt wurden, möchte ich eine ausgewogene Erwiderung auf den häufig zu hörenden Vorwurf anbieten, die deutschen Juden hätten es besser wissen, hätten Deutschland schneller verlassen müssen.

Die Frauengeschichte stellt jene Art von Fragen, die zum Verständnis des Alltagslebens von zentraler Bedeutung sind. Die Erinnerungen von Frauen werfen ein wichtiges Licht auf die Probleme des Alltags, indem sie private Gedanken und Gefühle zutage fördern. Zudem läßt eine Konzentration auf die Perspektiven von Frauen die besonderen weiblichen Sichtweisen auf das öffentliche Leben zutage treten, Sichtweisen, die sich häufig von jenen der Männer unterschieden. Doch ein solcher Fokus zeigt mehr als die Tatsache, daß *gender* – die kulturell und hierarchisch konstruierten Geschlechterdifferenzen – Einfluß darauf nahm, wie Menschen das alltägliche Geschehen wahrnahmen und damit umgingen. Er zeigt auch, wie sich die Geschlechterdifferenz zuletzt auf Fragen von Leben und Tod auswirkte. So ermordeten die Nazis eine größere Zahl älterer Frauen, was bedeutet, daß Alter und Geschlecht hier eine fatale Verbindung eingingen. Es gab also Zeiten, in denen das Geschlecht von lebensentscheidender Bedeutung war. Zu anderen Zeiten waren die Auswirkungen nicht so unmittelbar. Wann wurde die Geschlechtszugehörigkeit zu einer Frage von Leben und Tod? Wann machte es bloß den gewöhnlichen Hintergrund dessen aus, wie Menschen Ereignisse wahrnahmen und auf sie reagierten? Diesen und ähnlichen Fragen werde ich im Verlaufe dieses Buches nachgehen. Der Geschichte der Frauen mehr Platz einzuräumen, heißt keineswegs, die der Männer auszuklammern – im Gegenteil. Um zu verstehen, wie die Geschlechterdifferenz funktionierte, bedarf es dringend auch der Geschichte der Männer, so daß in diesem Buch auch ihren Lebenserinnerungen und Tagebüchern wesentliche Bedeutung zukommt. Zudem bieten die Memoiren und Interviews jüdischer Frauen eine umfassende Perspektive. Männer und Kinder wie auch ausgedehnte familiäre und freundschaftliche Beziehungen spielen in den Erinnerungen von Frauen eine große Rolle, sind also überall sichtbar und wirksam.

Die Katastrophe, die über die deutschen Juden hereinbrach, betraf sie zwar in erster Linie als Juden, doch das Geschlecht konnte im Alltag der Verfolgung eine entscheidende Bedeutung gewinnen. Rassismus und Sexismus waren in den Köpfen der Peiniger aufs engste verwoben. Die Nazis griffen zunächst die jüdischen Männer an, zerstörten ihre Karrieren und Betriebe, so daß den Frauen die Bürde blieb, ihre Familien zu schützen und zu ernähren, ihren Haushalt und ihre Gemeinschaften zusammenzuhalten. Die jüdischen Männer waren bis zum Beginn der Deportationen deutlich stärker von physischen Angriffen und Verhaftungen betroffen. Als diejenigen, die die Kinder bekamen, waren Frauen zwar im nationalsozialistischen »Rassenkrieg« ebenfalls Haßobjekte. Da sich aber die Feindseligkeiten des Regimes zunächst gegen die Männer richteten, die aufgrund ihrer Mitgliedschaft in politischen Parteien oder aufgrund an den Haaren herbeigezogener Beschuldigungen verhaftet wurden, richtete sich die Energie der Frauen zunächst darauf, die Männer zu schützen.

Nicht nur bedeuteten Rassismus und Verfolgung für Frauen und Männer jeweils etwas anderes, auch ihre Überlebensstrategien unterschieden sich in entscheidenden Punkten – sowohl im praktischen als auch im psychologischen Sinne. Die Opfer reagierten nicht immer und nicht einfach nur als Juden, sondern sie reagierten als jüdische Frauen und Männer. So spielte die Geschlechtszugehörigkeit durchaus eine Rolle, wenn es um die Entscheidung ging, ob man im Land bleiben oder es verlassen sollte. In den frühen Jahren reagierten Frauen empfindlicher auf Diskriminierung; sie waren eher darauf bedacht, Deutschland zu verlassen, und wollten sich lieber der Ungewißheit im Ausland als der Ächtung in der Heimat aussetzen. Raul Hilberg hat die Situation in jüdischen Familien beschrieben, die »Männer [seien] ohne Autorität und die Frauen ohne Stützen [gewesen]«.[8] Wir stoßen schon früh auf aktive Frauen, die ihre traditionellen Rollen ausweiteten. Wir sehen besorgte, aber in hohem Maße tatkräftige Frauen, die das politische und gesellschaftliche Umfeld seismographisch zur Kenntnis nahmen und Strategien entwickelten, um darauf reagieren zu können. Viele griffen zu ganz neuen Verhaltensweisen, die zuvor kaum jemals von *irgendeiner* bürgerlichen deutschen Frau ausprobiert worden waren: Sie traten bei den Behörden tatkräftig für ihre Männer ein, suchten erstmals eine bezahlte Anstellung, verkauften ihre Häuser und trafen eigenständig die Entscheidung darüber, in welchen Ländern sie Zuflucht suchen wollten. Indem sie häufig innerhalb wie außerhalb der Familie »männliche« Rollen übernahmen, veränderten sie zumindest für die Dauer der Krise ihre Identität als Frauen. Obgleich Frauen die Geschlechtergrenzen überschritten, spielte das Geschlecht auch in den späteren Jahren eine wichtige Rolle: bei der Emigration, bei der Zwangsarbeit und im Untergrund. Kurz gesagt: »Ob man ein Mann oder eine Frau war, war im Holocaust durchaus von Bedeutung.«[9]

Auch beim späteren Erinnern macht das jeweilige Geschlecht durchaus einen Unterschied. Zu den aussagekräftigsten Quellen für dieses Buch gehören Memoiren; sie haben mein Denken beeinflußt und mir eine Richtung gewiesen. Wie im Verlauf des Buches deutlich werden wird, läßt sich durchaus eine Beziehung zwischen Geschlecht und Erinnerung nachweisen. Frauen und Männer erinnern unterschiedlich. Die Erinnerungen von Frauen kreisen, wie zu erwarten, meist um Familie und Freunde, Schule und Nachbarschaft, während die Männer dazu neigen, ihr Geschäft oder das politische Umfeld in den Mittelpunkt ihrer Erinnerungen zu stellen. Es stellt sich mithin die Frage, ob Frauen und Männer sich auf unterschiedliche Weise erinnern, oder ob ihre geschlechtsspezifisch geprägten ursprünglichen Erfahrungen für ihre unterschiedlichen Sichtweisen verantwortlich waren.

Die Memoiren werfen aber noch andere Fragen auf. Erinnerungen sind selektiv. Nur solche Frauen, die ein hinreichendes Selbst- oder Geschichtsbewußtsein entwickelt hatten, verfaßten Memoiren. Gewiß, viele schrieben, um ihren Kindern von dem Grauen zu erzählen, das sie und ihre Lieben erlebt hatten, um den Ängsten und der Ungewißheit Ausdruck zu verleihen, die sie empfunden hatten. Wir finden unter den Verfasserinnen jedoch nur selten Frauen, die untätig blieben oder die falschen Entscheidungen trafen, denn sie hätten nicht überlebt, also auch keine Memoiren hinterlassen. Viele, insbesondere junge Frauen schwiegen (allerdings stoßen wir später in Interviews auf ihre Stimmen). Der Faktor Geschlecht ist hier für die Erinnerung sowohl eine bereichernde Herausforderung als auch ein Warnsignal, das uns die Grenzen der Erinnerung deutlich macht.[10]

Eine Alltagsgeschichte jüdischer Frauen und Familien muß sich zwangsläufig damit auseinandersetzen, wie die deutsche Geschichte erinnert und erzählt wird. Sie bricht mit dem Mythos von der politischen Unschuld der Deutschen, der einige der bekanntesten Schilderungen des deutschen Alltags im Nationalsozialismus prägt. Vornehmlich als *oral history* entstanden – also basierend auf mündlich Weitergegebenem –, lassen die Darstellungen Juden nahezu vollkommen unberücksichtigt. Die Opfer kommen nicht zu Wort, und der alltägliche Antisemitismus der Deutschen wird nur selten angesprochen.[11] Lediglich auf die Erinnerungen der Zuschauer und der Täter zu vertrauen, um deren Anteil an der Nazizeit mit all ihren Verbrechen zu erfassen, scheint mir jedoch historisch unhaltbar, vermittelt den Eindruck der »moralisch neutralen Gewöhnlichkeit der Erfahrung des durchschnittlichen Deutschen« und läßt uns mit der Frage zurück: »Wo sind all die Nazis hin verschwunden?«[12]

Andere Fragen sind nicht weniger dringlich: Wie konnten die Deutschen die Verfolgung der Juden zulassen? Stand die »Normalität« des deutschen Alltagslebens im Gegensatz zur »Anormalität« jüdischen Lebens, oder existierten sie im Grunde nebeneinander? Ist es vielleicht sogar denkbar, daß beide in einem engen Zusammenhang zueinander standen?[13] Die Erkenntnis, daß das deutsche Alltagsleben – selbst in einem Terrorstaat – von einer gewissen »Normalität« gekennzeichnet war, mag uns helfen zu verstehen, weshalb so wenige Menschen Widerstand leisteten und so viele sich dem Regime entweder fügten oder es unterstützten. Einige gestalteten ihr Leben so, daß sie bewußt ignorieren konnten, was den Juden widerfuhr. Anderen, die vom traditionellen Antisemitismus durchdrungen waren und die frühe antisemitische Gesetzgebung aus voller Überzeugung unterstützten, fiel es leicht, ihr Leben unter Hitler in normalen Bahnen zu halten. Da »Rassismus jeden Aspekt des Lebens durchdrang«,[14] lebten sie einfach mit den Schildern »Juden unerwünscht« und nahmen das, was mit den Juden geschah, gleichgültig hin. Wiederum andere glaubten, die Verfolgung des »Rassenfeindes« sei normal und notwendig – sie billigten explizit, was mit den Juden geschah. Es kann nicht überraschen, daß die Deutschen versuchten, ihr Leben in normalen Bahnen zu halten, versuchten doch sogar die Juden, ihr zunehmend anormales Leben zu »normalisieren«. Um diese Zusammenhänge zu verstehen, ist es wichtig, daß man die zwei Gesichter des Nationalsozialismus – Normalität und Terror – erkennt. Nur so läßt sich einschätzen, welche Auswirkungen der normale bürokratische Staat und der radikalisierte Rassenstaat jeweils auf »Arier« und Juden hatte.[15]

Die Konzentration auf das Alltagsleben der jüdischen Deutschen hilft zu verstehen, wie die deutsche Normalität tatsächlich funktionierte. Um die Erfahrungen und das Bewußtsein der durchschnittlichen Deutschen rekonstruieren zu können, gilt es, die Erfahrungen und das Bewußtsein der Jüdinnen und Juden mit einzubeziehen, damit nicht (erneut) den Tätern das entscheidende Gewicht gegeben und so ihre Perspektive nachträglich legitimiert wird, die Opfer hingegen (erneut) zum Schweigen gebracht werden. Erst wenn wir den zahllosen täglichen Begegnungen von Juden mit anderen Deutschen nachspüren und wenn wir uns eine Vorstellung davon machen, in welch graduellen Abstufungen den Juden Demütigungen und Entrechtungen zugefügt worden sind, die schließlich zu ihrem sozialen Tod führten, erkennen wir, welch überwältigende Macht die anderen Deutschen über die Juden hatten – vom Beamten bis hin zum Mitreisenden in einem Zugabteil. Es ist mithin nicht verwunderlich, daß diese gegensätzlichen Erfahrungen bei jüdischen und nichtjüdischen Deutschen so »antagonistische« Erinnerungen hinterließen. Was viele Deutsche beharrlich als »normal« empfanden, erlebten Juden völlig anders. Einigen wenigen nicht-jüdischen Deutschen erschien es auch damals nicht normal. Auch denjenigen von uns, die heute zurückblicken, erscheinen die Vorkommnisse alles andere als normal. Natürlich versuchte das Regime das Anormale als normal, ja sogar als vernünftig erscheinen zu lassen – indem es etwa seine antijüdischen Maßnahmen mit euphemistischen Begriffen wie »Gesetz zum Schutze des deutschen Blutes und der deutschen Ehre« oder »Sozialausgleichsabgabe« etikettierte, später dann ankündigte, die Juden würden in den Osten »evakuiert«. Was ist normal, wenn sich die Regierung anormal verhält? Jene Deutschen, die antisemitische Maßnahmen bejahten, konnten sich damit beruhigen, daß alles »legal« war, daß die Juden es verdienten, »in ihre Schranken gewiesen zu werden«, oder daß der Führer selbst nichts über die antijüdischen »Ausschreitungen« wisse. Ungeachtet solcher Rationalisierungen spiegelte sich der Verlust der alltäglichen Normalität für Juden im Verhalten von Nichtjuden in vielem wider: Es fing mit einzelnen an, die einen jüdischen Freund fallenließen, einen jüdischen Nachbarn denunzierten oder sich weigerten, einen jüdischen Kunden zu bedienen, und reichte bis zu Regierungsbeamten, die ihre wahren Absichten mit euphemistischen Worthülsen verbrämten. Tatsächlich war das Leben derer, die zu Zeugen von Ausschreitungen gegen Juden wurden, in der Nähe jüdischer Zwangsarbeiter arbeiteten oder Juden in dringender Not halfen, alles andere als normal. Ein normales Leben inmitten von Unterdrückung und Demütigung kann letztlich so normal nicht sein.[16]

Wenn wir verstehen wollen, warum einige Juden blieben, andere dagegen flüchteten, müssen wir begreifen, wie sich die Spannung zwischen Normalem und Anormalem, zwischen Gewöhnlichem und Außergewöhnlichem, die das Leben der Juden in Nazideutschland durchdrang, auf diese auswirkte, und wie schwer es war, zwischen kleinen alltäglichen Schikanen und einer sich stetig negativer entwickelnden Tendenz zu unterscheiden. Diese Spannung läßt sich im Alltagsleben von Frauen besonders deutlich wahrnehmen. Wenn sie einkauften, den Haushalt führten, kochten und sich um Kinder und Angehörige kümmerten, verwandelte sich ihr Alltag in Nazideutschland in eine »anormale Normalität«, an die sie sich mehr oder weniger gewöhnten. Die Tatsache, daß sie erfolgreich den Haushalt führten,

Feiertage oder Geburtstage begingen und Familie und Freunde zusammenhielten, veranschaulicht ihren Willen und die Notwendigkeit, das tägliche Überleben zu gestalten. Die Befriedigung, die sie aus ihren Anstrengungen zogen, nährte in manchen auch falsche Hoffnungen und ermöglichte es den Familien, inmitten der Feindseligkeit in Nazideutschland an eine gewisse Normalität zu glauben. Am 9. November 1938 jedoch fand die Normalität des Alltags ein abruptes Ende. Die beispiellose Brutalität überschattete alles andere, als Mütter, Ehefrauen und Töchter versuchten, ihre Männer aus den Konzentrationslagern zu befreien und aus Deutschland zu entkommen. Danach bestand der Alltag aus dem Leben mit dem Unvorhergesehenen. Als die Juden mit Zwangsarbeit, engen Wohnverhältnissen und – nach dem September 1939 – mit Krieg, Ghettoisierung und Deportation fertigwerden mußten, und als ihre Hoffnungen auf ein tägliches Überleben aufs grausamste beschnitten wurden, erst als das Unvorhersehbare alles beherrschte, erst dann begriffen die Juden ihre tatsächliche Zwangslage.

Übersicht über die jüdische Gemeinschaft

Jüdisches Leben vor 1933

Die Volkszählung von 1933 registrierte 525 000 Juden in Deutschland – das waren weniger als 1 Prozent der deutschen Bevölkerung. 70 Prozent lebten in Großstädten mit über 100 000 Einwohnern (die Hälfte der nichtjüdischen Deutschen lebte an Orten mit weniger als 10 000 Einwohnern). Ein Drittel der Juden (144 000) lebte in Berlin, wo sie beinahe 4 Prozent der Bevölkerung ausmachten.[17] Die jüdische Minderheit wies – wie jede Minorität – ein Berufsprofil auf, das sich signifikant von dem der Bevölkerung im allgemeinen unterschied. Da den Juden die Zugehörigkeit zu einer Vielzahl von Berufen im Lauf der Jahrhunderte verboten worden war, arbeiteten beinahe 62 Prozent von ihnen (im Vergleich zu 18 Prozent der Nichtjuden) in Wirtschaft und Handel. In der Landwirtschaft waren weniger als 2 Prozent der Juden (aber 29 Prozent der übrigen Deutschen) beschäftigt. Die Berufstätigkeit jüdischer Frauen war von 18 Prozent im Jahre 1907 auf 27 Prozent um 1933 angewachsen, sie war jedoch nach wie vor geringer als bei nichtjüdischen Frauen, bei denen sie 34 Prozent betrug. Ein Drittel derer, die berufstätig waren, bezog ein Gehalt (als Angestellte in Büros oder im Einzelhandel); etwa ein Fünftel arbeitete in Familienunternehmen mit, ein weiteres Fünftel war selbständig.[18]

Die deutschen Juden gehörten in ihrer überwältigenden Mehrheit der Mittelschicht an. Gegen Ende des 19. Jahrhunderts hatten sie die rechtliche Gleichstellung erlangt und beachtliche wirtschaftliche Erfolge erzielt, ohne allerdings vollständig akzeptiert zu sein. Die Inflation der frühen zwanziger Jahre des 20. Jahrhunderts und die Weltwirtschaftskrise trafen sie schwer, so daß mehr und mehr Frauen mitarbeiten oder sogar ganz allein ihre Familien unterhalten mußten. Der wirtschaftliche Niedergang der deutschen Juden verschärfte sich in der Nazizeit, als mehr Juden als jemals zuvor auf die finanzielle Hilfe ihrer jüdischen Gemeinschaft angewiesen waren. Zudem waren nahezu ein Fünftel der Juden in Deutschland Flüchtlinge aus Osteuropa (etwa 70 Prozent davon aus Polen), die sich als Industriearbeiter, kleine Handwerker oder Hausierer mühsam eine bescheidene Existenz aufbauten. Jüdische Frauen osteuropäischer Herkunft gingen im Vergleich zu deutsch-jüdischen Frauen deutlich häufiger einer Tätigkeit außerhalb des Hauses nach.[19]

Die jüdischen Frauen bildeten eine sehr heterogene Gruppe – von angesehenen Hausfrauen der Mittelschicht bis zu einer winzigen, aber wahrnehmbaren Anzahl »neuer Frauen«, die ein unabhängiges Leben in den pulsierenden Städten der Weimarer Republik führten. Im Vergleich zu nichtjüdischen Frauen hatten jüdische Frauen im allgemeinen kleinere Familien, waren gebildeter und besaßen eher die Möglichkeit, eine Haushaltshilfe anzustellen. Auch wenn verheiratete jüdische Frauen sich ihrer Familie widmeten, erwarteten Eltern, daß ihre Töchter, solange sie noch unverheiratet waren, eine Berufsausbildung machten oder – wenn nötig – bis zu ihrer Heirat in einem Geschäft arbeiteten. Viele besuchten eine Universität. Um das Jahr 1932 machten Jüdinnen 7 Prozent aller Studentinnen aus.[20]

Während des Ersten Weltkrieges und der Weimarer Republik ging die Religiosität unter den deutschen Juden zurück, Mischehen dagegen nahmen immer mehr zu. 1927 heirateten 25 Prozent der jüdischen Männer und 16 Prozent der jüdischen Frauen Partnerinnen oder Partner, die nicht jüdischen Glaubens waren. Die meisten Kinder, die aus Mischehen hervorgingen, wuchsen als Christen auf, und einige dieser Kinder erfuhren erst nach 1933 von ihrer jüdischen Herkunft. In den Großstädten wurde es – insbesondere unter jüdischen Männern – so üblich, christliche Partnerinnen zu heiraten, daß einige jüdische Sprecher und Journalisten tatsächlich befürchteten, die jüdischen Gemeinschaften könnten sich bis zum Ende des 20. Jahrhunderts vollständig aufgelöst und sich mit der deutschen Gesellschaft vollständig verschmolzen haben.[21]

Jüdische Frauen und Männer schlossen sich bereitwillig nichtkonfessionellen Organisationen an. So gehörte etwa der Jüdische Frauenbund mit seinen 50000 Mitgliedern von 1908 bis 1933 der deutschen bürgerlichen Frauenbewegung an, und einzelne jüdische Frauen waren prominente Mitglieder deutscher Frauenorganisationen. Juden fühlten sich der deutschen Kultur tief verbunden. Sie verkörperte für sie die liberalen Werte der deutschen Aufklärung: Toleranz, Humanismus und Vernunft. Juden waren in der Welt der Kunst und Kultur allgemein akzeptiert, ja anerkannt, sie waren politisch in der Mitte bzw. gemäßigt links, und sie nahmen eine herausragende Stellung in den medizinischen wie juristischen Berufen ein. Ein bedeutender Anteil der Ärztinnen und einige der führenden Parlamentarierinnen der Weimarer Republik waren Jüdinnen.[22]

Obwohl die meisten von ihnen sich dem gesellschaftlichen, politischen oder kulturellen Stil ihrer Umgebung begeistert anpaßten, ihren deutschen Patriotismus beteuerten und »[bei] jeder Mahlzeit Goethe [zitierten]«,[23] bewahrte sich die große Mehrheit der deutschen Juden jedoch gleichzeitig ein Gefühl ethnischer Solidarität und religiösen Zusammenhalts. Zu diesem Zweck organisierten sie religiöse oder säkulare jüdische Gruppen. Es entstanden neue Formen deutsch jüdischer Kultur in der Literatur, der Musik, den bildenden Künsten, der Erziehung und der Forschung. Die deutschen Juden feierten zumeist die traditionell jüdischen Feste in der Familie. Sie waren in religiöser Hinsicht oft »liberal« (vergleichbar der gegenwärtigen amerikanisch-jüdischen konservativen Bewegung). Etwa 10 Prozent blieben orthodox. Säkulare jüdische Organisationen hüteten während der gesamten Weimarer Jahre ein Gefühl jüdischer – auch jüdisch-religiöser – Identität. Der Jüdische Frauenbund etwa verband feministische mit jüdischen Zielen. Das während der Nazizeit sichtbare Interesse seiner Mitglieder am jüdischen Erbe bedeutete daher keinen plötzlichen Wandel, sondern die Stärkung einer vorhandenen Strömung. Vor 1933 erlebte auch ein wachsender Teil der jüdischen Jugend in den urbanen Zentren die Wiedergeburt eines jüdischen Umfelds – auf dem Wege über neu errichtete jüdische Schulen und eine jüdische Jugendbewegung. Der kleinen zionistischen Bewegung gelang es zwar nicht, innerhalb der jüdischen Gemeinschaft bedeutenden Einfluß zu erlangen, sie stärkte jedoch ebenfalls das jüdische Selbstbewußtsein unter ihren Anhängern.[24] Dennoch war es der Boykott im April 1933, der innerhalb dieser Bevölkerungsgruppe dazu führte, daß das Verhältnis von Judentum und Deutschsein neu bewertet wurde. Der Boykott zwang viele zu erkennen, daß die Integrationsbestrebungen bzw. der Versuch, »Deutschsein« für sich zu beanspruchen, in Nazideutschland aussichtslos waren.

Ungeachtet des jüdischen Zusammenhalts und Bewußtseins konzentrieren sich die Memoiren, soweit sie die dreißiger Jahre beschreiben, nicht auf das spezifisch Jüdische, das heißt auf die Einhaltung jüdischer Rituale oder auf religiöses Verhalten und auf das jüdische Umfeld. Damit ist nicht gesagt, daß die Juden weniger religiös waren – vielmehr scheint das Gegenteil zuzutreffen. Es bedeutet jedoch, daß sich diese Quellen, selbst wenn sie von stark gläubigen Menschen stammen, nicht ausführlich mit dem spezifisch jüdischen Charakter des Privatlebens während der Jahre der nationalsozialistischen Herrschaft befassen, sondern das Bemühen der deutschen Juden zeigen, einfach nur zurechtzukommen, später dann schlicht zu überleben.[25] Die Memoiren beschreiben die Netzwerke jüdischer Freunde und Familien eher als lebenswichtigen Schutz denn als das bevorzugte soziale Milieu früherer Jahre. Als die Juden in ein soziales und psychologisches Ghetto gezwungen wurden, beschäftigten sie sich nicht so sehr mit ihrem eigenen Judentum, sondern in erster Linie mit ihrer nichtjüdischen Umwelt.

Zusammenhalt unter Juden war stets eine der Antworten auf den um sich greifenden Antisemitismus gewesen. Im Kaiserreich verbreitete sich eine Spielart antisemitischen Denkens, das seine

Wurzeln zwar im Christentum hatte, aber zunehmend rassistische Züge annahm. Das bedeutet nicht, wie jüngst behauptet, daß der deutsche Antisemitismus eine ungewöhnlich gewalttätige Metaphorik aufwies oder in der deutschen Kultur tiefer verankert war als anderswo.[26] In Frankreich erblickten die deutschen Juden das überraschend hohe Ausmaß an Antisemitismus, das durch die Dreyfus-Affaire entfesselt wurde. Und aus dem Osten sahen sie Tausende von Juden wegen der dort nicht enden wollenden Pogrome in das sicherere politische Klima Deutschlands fliehen. Deutschland erschien trotz seines Antisemitismus im Europa des späten 19. Jahrhunderts als sicherer Hafen – und war dies auch tatsächlich. Dennoch waren die deutschen Juden Deutschland gegenüber weder blind loyal noch politisch naiv. Um ihre Rechte zu sichern und sich gegen antisemitische Übergriffe zu verteidigen, schlossen sie sich zusammen und schufen 1893 den Centralverein deutscher Staatsbürger jüdischen Glaubens.

Deutschlands Niederlage im Ersten Weltkrieg und seine politische wie wirtschaftliche Instabilität in der Nachkriegszeit verschärften die antijüdischen Leidenschaften in der deutschen Bevölkerung. Für die radikale Rechte wurden die Juden zu Sündenböcken, denen man alle gesellschaftlichen und wirtschaftlichen Mißstände anlastete. Noch verbreiteter war das, was man als »gemäßigten Antisemitismus« bezeichnet hat, »jenes vage Gefühl des Unbehagens gegenüber Juden, das keineswegs darauf ausgerichtet war, ihnen Leid zuzufügen, jedoch dazu beigetragen haben könnte, jegliche Aversion zu neutralisieren, welche die Deutschen ansonsten den Nationalsozialisten gegenüber empfunden haben mochten«.[27] Auf diese Atmosphäre stieß man in den Kirchen, in Universitäten, politischen Parteien und in der Regierung, aber auch in den Beziehungen zwischen Juden und anderen Deutschen. Selbst jene, die – wie Rahel Straus – während der Weimarer Republik eng mit anderen deutschen Frauen zusammenarbeiteten, bemerkten zur Distanz zwischen den Gruppen: »Wir lebten unter den anderen, saßen mit ihnen auf der Schulbank, gingen durch die Universitäten mit ihnen, trafen uns in Gesellschaften – und waren uns völlig fremd.«[28] Es gab bedeutsame Ausnahmen – wie etwa Mischehen und enge Freundschaften, die bis zur Deportation oder sogar bis heute gehalten haben. Doch bei der überwiegenden Mehrheit der Juden lösten sich die ohnehin schwachen Bande der Freundschaft zu anderen Deutschen mit dem Anwachsen des nationalsozialistischen Terrors.

Der Rassenstaat

Vor ihrer Machtergreifung hatten die Nazis versprochen, aggressivere außenpolitische Ziele zu verfolgen, dem »jüdischen Einfluß« zu begegnen, die politische Linke zu zerschlagen und eine neue »Volksgemeinschaft« zu schaffen. Die romantisierende Vision eines Volkes auf rassischer Grundlage als einer glücklichen Familie ohne Klassenkonflikte beruhte auf einer finsteren Prämisse. Sie sollte »Verräter« wie Sozialisten und Kommunisten, »Asoziale« wie Vorbestrafte oder Sozialhilfeempfänger, Homosexuelle, »nutzlose Esser« wie die geistig und körperlich Behinderten, und »rassisch Fremde« wie Juden oder die Sinti und Roma ausschließen. Der Antibolschewismus der Nazis förderte die brutale Zerschlagung der Parteien der Linken, während ihre biologistische Politik eine mittels umfangreicher eugenischer Programme zu verwirklichende rassische Reinigung und Neuorganisation Deutschlands und Europas versprach. Das nationalsozialistische Deutschland war keineswegs der erste Staat mit einer feindlichen Gesinnung gegen die Linken, er wurde aber »der erste Staat in der Weltgeschichte, in dem der Rassismus Dogma und Praxis bestimmte«.[29]

Antisemitismus wurde gezielt von den Nationalsozialisten instrumentalisiert und während des Wahlkampfes vor einem empfänglichen Publikum eingesetzt, er spiegelte zugleich aber auch die tiefe Überzeugung seiner Träger wider. Für die Nazis stand die »arische Rasse« – repräsentiert durch das deutsche Volk – an der Spitze der Pyramide, als höchste aller Rassen. »Arisch« wird in diesem Buch durchgängig in Anführungszeichen gesetzt. »Arisch« zu sein war im Dritten Reich eine heiß begehrte Eigenschaft, ebenso wie »nicht-arisch« zu sein gefährlich und mit dem Stigma des Minderwertigen belastet war (»nicht-arisch« waren jene mit »jüdischem Blut«, aber auch die Gemeinschaft der Sinti und Roma und andere nicht-nordische Völker). In jüdischen Lebenserinnerungen findet man den Begriff »arisch« mit und ohne Anführungszeichen. Einige der Memoirenschreiberinnen und -schreiber übernahmen einfach seinen weitverbreiteten Gebrauch, ohne die distanzierenden Anführungszeichen, die Ironie und Zorn zum Ausdruck brachten. Der Begriff »Rasse« ist komplizierter, und ich habe unterschiedliche Zugänge gewählt, um ihn zugleich als Teil der nationalsozialistischen Politik (ohne Anführungszeichen, etwa bei Rassentrennung oder Rassegesetzen) und als gesellschaftlich konstruierte, gefährliche Fiktion (von der ich mich mit Hilfe der Anführungszeichen distanziere) kenntlich zu machen. Begriffe, die eindeutig dem nationalsozialistischen Sprachgebrauch entstammen (z. B. »Rassenschande«), erscheinen in Anführungszeichen.[30]

Neben den »Nicht-Ariern« galt die Verachtung Hitlers und der Nationalsozialisten dem Kommunismus, Sozialismus, Pluralismus, Liberalismus und der Demokratie, die, so behaupteten sie, allesamt von den Juden inspiriert seien. In den Juden verschmolzen somit alle Übel. Hitler und viele seiner frühen Anhänger waren davon überzeugt, daß es eine jüdische Verschwörung zur Erlangung der Weltherrschaft gab. Sie betrachteten die Juden als allmächtig und als Ursache der Zwangslage, in der sich Deutschland befand. Zwar griffen antisemitische Karikaturen und die Nazipropaganda in aller Regel jüdische Männer an und stellten sie mit abstoßenden Gesichtszügen und entstellten Körpern dar, gemeint waren aber alle Juden – einschließlich Frauen und Kinder. Die Nazis behaupteten, Deutschland befinde sich in einem Kampf auf Leben und Tod gegen einen mächtigen Feind, das »Judentum«, und in einem Rassenkampf, aus dem nur eine Seite siegreich hervorgehen könne. Gegen die Juden waren alle Maßnahmen zur »Verteidigung« gerechtfertigt. Die Nazis waren sehr erfolgreich darin, Nichtjuden damit sowohl Haß als auch Furcht einzuflößen und ihnen auf diese Weise zu ermöglichen, ihre eigene Aggression als Schutzmaßnahme zu verstehen.

Von Beginn an zeichnete sich der nationalsozialistische Antisemitismus also durch einen krankhaften Judenhaß aus, der dem Haß gegen die politischen Feinde auf der Linken sehr ähnlich war. Im Gegensatz zu dem Vorgehen der Nazis gegen die Parteien der Linken, das unmittelbar nach der Machtergreifung einsetzte und mit drastischen Maßnahmen erfolgte, bestand in den dreißiger Jahren eine Spannung zwischen Hitlers Wunsch, seinen antijüdischen Maßnahmen einen rechtlichen Anstrich zu verleihen, und dem Aktivismus seiner Sturmtruppen, der SA

(Sturmabteilung). Diese Spannung zwischen »Anstand und Gewalt« schlug sich in verwirrenden, bisweilen widersprüchlichen Erlassen und Ereignissen nieder sowie – etwa in den Monaten vor der Olympiade 1936 – in vorübergehend nachlassender Verfolgung. In den Vorkriegsjahren wichen zudem örtliche und regionale Praktiken voneinander und von den Anordnungen der Regierung ab. Auf der Alltagsebene empfingen Juden also – nicht nur seitens der Regierung, sondern auch von loyalen oder wohlgesinnten »Ariern« – mehrdeutige Signale, die einigen von ihnen einen Funken Hoffnung gaben. Die Ausrichtung und Geschwindigkeit der nationalsozialistischen Politik der dreißiger Jahre – Entrechtung, gesellschaftliche Ächtung, wirtschaftlicher Zusammenbruch und Zwangsemigration innerhalb weniger Jahre – erschienen jenen, die dies durchlitten, erst im Rückblick als eindeutige Zeichen.

Als winzige, angesichts der massiven staatlich organisierten Verfolgung verletzbare Minderheit standen die Juden dem rücksichtslosen Vorgehen der Nazis schutzlos gegenüber und saßen schließlich in der Falle. Das jüdische soziale und kulturelle Leben hörte 1933 nicht plötzlich auf. Anfänglich deuteten viele die Fortdauer ihrer wirtschaftlichen Existenz und die verwirrende nationalsozialistische Gesetzgebung als ermutigende Zeichen. Als treue Deutsche hofften die Juden darauf, die Nazis würden nach den anfänglichen Siegen schwächer werden, und sie könnten ihr Leben in Deutschland wie bisher fortsetzen. Ihr Alltag in der Schule, bei der Arbeit und in der Freizeit ging vorerst – mit Einschränkungen – seinen gewohnten Gang. Das religiöse und kulturelle Leben blühte weiterhin in den Gemeinden. Als die Zeiten schwerer wurden, versuchten die Juden ihrer ständigen existentiellen Angst in der Familie und in der Gemeinde Herr zu werden und ihre Ansprüche einzuschränken. Sie ertrugen die zunehmenden Übergriffe, indem sie um die Wahrung ihrer Würde und um ihr tägliches Überleben kämpften. Als sie schließlich Ende der dreißiger Jahre auszuwandern versuchten, standen sie vor schweren, bisweilen unüberwindlichen Hindernissen.

Juden organisierten sich auch politisch in der Zeit ihrer Verfolgung. Vor 1933 hatten sie sich dagegen gewehrt, als eigenständiges politisches Gebilde innerhalb der deutschen Gesellschaft aufzutreten. Antijüdische Gesetze, Propaganda und Aktionen im Frühling 1933 lieferten jedoch die Motivation dafür, daß sich die jüdischen Organisationen zusammenschlossen. Im September bildeten sie die Reichsvertretung der deutschen Juden, eine Vereinigung wichtiger jüdischer Organisationen, die versuchte, die Juden in Deutschland gegenüber dem Staat und der NSDAP zu vertreten, Einfluß auf das Regime auszuüben und den Juden zu helfen.[31]

Die deutschen Juden waren sorgfältige, wenn auch für Fehlwahrnehmungen anfällige Beobachter einer beispiellosen Situation. Sie hatten in den Wahlen der Weimarer Republik überwiegend für liberale Parteien und für die Linke gestimmt, für politische Gruppen also, denen auch Juden angehörten und die dem antisemitischen Fanatismus entgegentraten. Nach 1933 waren sie alles andere als naiv. Viele, insbesondere jüdische Frauen, erkannten früh die Warnsignale. Verurteilt man sie rückblickend dafür, daß sie Deutschland nicht rechtzeitig verlassen haben, so läßt man außer acht, wie unvorstellbar der Nationalsozialismus für die meisten zeitgenössischen Betrachter war und wie ernsthaft Juden zu emigrieren versuchten, sobald die Gefahr offensichtlich wurde. Es gilt, das Verhalten der Juden im Horizont ihres politischen Verständnisses und ihrer Hoffnungen zu begreifen sowie die Situation in den potentiellen Einwanderungsländern zu bedenken, die oft empfindliche Zulassungsbeschränkungen erließen.

Indem ich den jüdische Alltag beschreibe, will ich meiner Achtung und meiner Bewunderung für die Kämpfe der deutschen Juden Ausdruck geben. Durch die Verknüpfung von Frauengeschichte, deutscher und jüdischer Geschichte versuche ich, die Geschehnisse zu einem reicheren und vollständigeren Gesamtbild zusammenzufügen. Das Buch wird dann seine Aufgabe erfüllt haben, wenn seine Leserinnen und Leser sich vorstellen können, wie verwirrend die sogenannten deutlichen Anzeichen vor 1938 waren, und wenn sie die vielfältige – und auch geschlechtsspezifische – Art und Weise erkennen, in der die Opfer versuchten, ihre Familien, ihre Gemeinschaft und letztlich – häufig ohne Erfolg – ihr Leben zu retten.

1

In der Öffentlichkeit – Juden werden zu Ausgestossenen, 1933–1938

»Das Problem […] war doch nicht etwa, was unsere Feinde taten, sondern was unsere Freunde taten.«[1]

Hannah Arendt

Von Beginn an bediente sich die nationalsozialistische Regierung der Gesetzgebung, administrativer Erlasse und der Propaganda, um Juden zu verleumden, zu ächten und ihre gesellschaftliche, wirtschaftliche wie rechtliche Stellung zu schwächen. Der Boykott im April 1933 sollte die deutschen Juden öffentlichen Schmähungen preisgeben und jüdische Betriebe zerstören, und die während dieses Monats erlassenen Gesetze beschränkten die jüdische Beteiligung am Wirtschaftsleben. Im September 1935 beraubten die Nürnberger Gesetze die Juden formal ihrer Bürgerrechte und errichteten ein System rassischer Trennung. Es bedurfte weniger als zweier Jahre, um die Grundlagen zu zerstören, auf denen jüdisches Leben in Deutschland seit der Reichsgründung im Jahre 1871 beruht hatte.

Jüdische Frauen befanden sich in der gleichen Lage wie die jüdischen Männer – sie erfuhren wirtschaftlichen Niedergang, gesellschaftliche Ächtung und verloren das Vertrauen in die ökonomische und soziale Zukunft ihrer Kinder. Jüdische Frauen zeigten auch die gleichen Reaktionen wie jüdische Männer – die Zweifel, das Empfinden der Schmach und die Angst. Dennoch waren ihre Erfahrungen geschlechtsspezifisch geprägt. In ihren öffentlichen Tiraden und Aktionen konzentrierten sich die Nazis auf die jüdischen Männer. Außerdem ersparten sie jüdischen Frauen zunächst körperliche Mißhandlung. Deshalb übernahmen Frauen neue Rollen, wenn sie bei der Polizei, den Steuerbehörden und bei Hausbesitzern für ihre Männer eintraten, setzten aber zugleich ältere Muster von Austausch und Vermittlung zugunsten ihrer Familien fort – in der Nachbarschaft, im Lebensmittelgeschäft oder in den Schulen. Sie orientierten sich an der jeweiligen Situation und dachten aus ihrer Perspektive als Juden und als Frauen über Alternativen nach.

Politische Rechtlosigkeit und wirtschaftliche Unterdrückung

Die Nationalsozialisten feierten den 30. Januar 1933 mit Fakkelzügen und mit dem, was sie als »Wiederherstellung von Recht und Ordnung« bezeichneten – sofortigen grausamen Angriffen auf ihre politischen Gegner. Hitlers SA zerstörte die sozialdemokratische und die kommunistische Parteizentrale – Mitglieder dieser Parteien und Gewerkschaftler wurden verhaftet, eingesperrt, gefoltert und ermordet. Die Gewalt nahm nach dem 28. Februar noch zu, als Hitler den Reichstagsbrand zum Vorwand nahm, grundlegende bürgerliche Freiheiten aufzuheben, die Strafen für viele Verbrechen von der Gefängnis- zur Todesstrafe zu verschärfen und die Befugnisse der Zentralregierung über jene der Länder zu stellen. Nahezu 10 000 Kommunisten wurden verhaftet und in eilig errichtete Konzentrationslager eingesperrt. Das berüchtigte »Ermächtigungsgesetz«, das offiziell »Gesetz zur Behebung der Not von Volk und Reich« hieß, sanktionierte Hitlers Aneignung diktatorischer Macht. Am 23. März war die Rechtstaatlichkeit dem von Hitler und der nationalsozialistischen Partei repräsentierten »nationalen Willen« gewichen.

Die Nazis richteten ihren Angriff nicht sogleich gegen die Juden, da sie zunächst damit beschäftigt waren, die Länder mit dem Reich gleichzuschalten, alle anderen politischen Parteien zu beseitigen und die Gewerkschaften zu zerschlagen. Dennoch konnten Juden nicht immer der Gewalt entgehen,[2] und wenn ein Kommunist, Sozialist oder Pazifist zufällig auch noch jüdisch war, hatte er weitaus mehr zu befürchten als ein nichtjüdischer Gesinnungsgenosse. Juden wurden zudem unbarmherziger behandelt. Einige Juden flohen wegen ihres zweifachen Risikos sofort aus Deutschland. Die Nazis erteilten jenen, die blieben, häufig »eine Lektion«. Unmittelbar nach den Wahlen von 1933 wurden etwa ein jüdischer Vater und seine Tochter verhaftet, weil sie im Verdacht standen, der Linken anzugehören. Die junge

Frau hatte Fotos von sozialistischen und nationalsozialistischen Demonstrationen sowie von spielenden Arbeiterkindern gemacht. Beamte beschlagnahmten ihre Kamera und sperrten sie ein. Später erzählte sie: »Die Frauen kamen mit Verbrecherinnen in einen Raum zusammen. Frauen wurden dort nicht geschlagen. Sie konnten Bücher lesen und Briefe schreiben, aber sie hörten das Schreien der gequälten Männer.« Nach drei Wochen wurden sie und ihr Vater auf freien Fuß gesetzt. Ihr Vater war so grausam gefoltert worden, daß die Angestellten bei der chemischen Reinigung fragten, ob der Mann, dessen Anzug sie reinigten, von einem Auto angefahren worden sei.[3]

Politisch aktive oder einfach nur politisch interessierte Juden erfuhren sofort, wie ernst die Bedrohung durch die Nazis war. Sie befürchteten Hausdurchsuchungen und mußten damit rechnen, daß die Gestapo (Geheime Staatspolizei) belastende Beweise finden oder plazieren könne. Während die Nazis öffentliche Bücherverbrennungen veranstalteten, verbrannten viele Juden insgeheim Teile ihrer Bibliothek und ihrer Papiere. Die jüdische Frau eines Berliner nichtjüdischen politischen Gefangenen, der wegen »anti-nationalsozialistischen« Verhaltens verhaftet worden war, fürchtete sich bei jedem ihrer Schritte. Sie war in der Genossenschaftsbewegung und in Mieterverbänden aktiv gewesen und hatte seit 1932 an anti-nationalsozialistischen Aktivitäten teilgenommen. Obwohl sie »arisch aussah« und sich deshalb auf der Straße kaum antisemitischer Bedrohung ausgesetzt sah, ging sie dazu über, nur öffentliche Telefonzellen zu benutzen, weil sie fürchtete, ihr eigenes Telefon könne abgehört werden. Sie verbrannte ihre »kompromittierenden Dokumente«.[4] Die Journalistin Inge Deutschkron beschrieb ebenfalls, wie ihre Mutter darauf beharrte, die linken Schriften in ihrer Bibliothek zu verbrennen: »Wenn mein Vater ein bereits zur Vernichtung verdammtes Bändchen aufnahm, noch einmal darin blätterte und zweifelnd frage: ›Meinst du wirklich?‹, dann konnte meine Mutter, die stets die Aktivere von beiden war und ein fein entwickeltes Gespür für Gefahren hatte, geradezu unwirsch reagieren.«[5]

Die Furcht vor Hausdurchsuchungen veranlaßte ein Paar, viele Abende damit zuzubringen, Bücher und Briefe durchzusehen, die es loswerden wollte:

»alles, was als zweifelhaft gedeutet werden konnte. [...] Ich [...] übergab viele Papiere, die für Kinder und Enkel von Interesse hätten sein können, den Flammen, zum Beispiel Ausschnitte aus verschiedenen Zeitungen und Zeitschriften, [...] Unterlagen des ›Weltfriedensbunds der Mütter und Erzieherinnen‹ [...] Der bayrische Kultusminister hatte gesagt: ›Alle Pazifisten verdienen es, aus dem Land hinausgepeitscht zu werden.‹«[6]

Die Nazis gingen brutal gegen – jüdische wie nichtjüdische – politisch aktive Frauen vor, und zahlreiche weibliche Reichstags- und Landtagsabgeordnete wurden mißhandelt und getötet. Die fünf prominentesten jüdischen Frauen in der Politik – ausnahmslos Mitglieder sozialistischer Parteien – konnten allesamt entkommen. Vier verließen das Land sofort, da sie vermuteten, sie würden sich durch ihre politische Tätigkeit den Zorn der Nazis zuziehen. Die fünfte folgte 1938 nach dem Tod ihrer Mutter.[7]

Juden, die als Kommunisten ins Gefängnis kamen, gleichgültig ob der gegen sie erhobene Vorwurf berechtigt war oder nicht, hatten am meisten zu befürchten. Sie wurden der »Vorbereitung des Hochverrats« angeklagt. Recha Rothschild, Mitglied der Kommunistischen Partei, vernichtete im Februar 1933 ganz schnell ihre Papiere. Sie verließ fluchtartig ihre Wohnung und kehrte erst Ende März zurück, nachdem die SA ihre Wohnung durchsucht, viele ihrer Sachen gestohlen und all ihre Bücher und Papiere zerrissen hatte. Sie versteckte sich, wurde aber gefaßt und als Kurierin der Kommunistischen Partei angeklagt, obwohl keinerlei eindeutige Beweise gegen sie vorlagen. Das Reichsgericht erklärte, die Beweislage sei zu schwach, doch das unter nationalsozialistischer Kontrolle stehende Preußische Kammergericht verurteilte Rothschild zu zwei Jahren Gefängnis. Dort, unter politischen Gefangenen, Verbrechern und Prostituierten, verschlechterte sich ihr Gesundheitszustand rapide. Obwohl sie bereits Blut spuckte, weigerte sie sich noch immer, »den Nazis zuliebe zu krepieren«.[8] Jüdische Frauen, die bei Widerstandshandlungen erwischt wurden, behandelten die Nazis noch brutaler. Käthe Baronowitz war eine aktive Kommunistin, die eine Gruppe von zehn Aktivisten leitete. Ihr Vermieter, der der SA angehörte, spionierte ihr hinterher, und 1936 wurde sie gemeinsam mit dreiundachtzig anderen Kommunisten verhaftet.

Zuerst folterte man sie: »Die Grausamkeiten und Perversitäten, mit denen das Verhör vor sich ging, sind kaum auf das Papier zu bringen. [Sie] mußte sich nackend ausziehen. Eine johlende Menge durch Alkohol aufgestachelter SA-Männer umstanden sie. Man steckte ihr Federhalter in die Scheide und Papierfähnchen, die man abbrannte, um sich an den Schmerzensschreien der gequälten Frau zu weiden.« Während der Folter nannten sie sie »jüdische Hure«. Schließlich wurde sie zu zwölf Jahren harter Zwangsarbeit verurteilt.[9]

Wie auch bei Nichtjuden nahmen die Nazis häufig jüdische Ehefrauen als Geiseln, um politisch aktive Männer, die – oft auf Drängen ihrer Frauen – geflohen waren oder sich versteckt hatten, dazu zu zwingen, sich zu stellen. Die Polizei oder die Gestapo verhörten außerdem Ehefrauen oder Mütter, um zu erfahren, wo die Männer sich aufhielten. Bisweilen wurden diese Frauen für die Flucht ihrer Söhne oder Ehemänner bestraft. Nachdem Isaak Plaut 1935 aus der kleinen Stadt Rauschenberg geflüchtet war, verhaftete die Polizei seine Frau Therese. Glücklicherweise waren sie und der Bürgermeister frühere Klassenkameraden. Sie rief ihn aus dem Gefängnis an und fragte: »Schämst Du Dich nicht, mich hier sitzen zu lassen?« Er befreite sie, und sie verließ Deutschland Anfang 1936.[10] Der frühe nationalsozialistische Terror war willkürlich. Therese Plaut gelang es zwar, sich an einen alten Freund zu wenden, doch die meisten als Geiseln genommenen Frauen hatten keine solche Zuflucht. Ende 1935 wurden 75 Prozent aller Frauen im Gefängnis Hohenstein, einer von sechs Frauenstrafanstalten, als Geiseln für ihre männlichen Verwandten festgehalten.[11] Ihre Erinnerungen vermitteln einen Eindruck von dem außergewöhnlichen Maß an Gewalt, das bereits in den ersten fünf Wochen der Herrschaft des Regimes losbrach. Als die jüdische Ehefrau eines Leipziger jüdischen Kommunisten als Geisel verhaftet wurde, nachdem er geflüchtet war, wurde ihr fünfjähriger Sohn gemeinsam mit ihr eingesperrt – ein eher untypischer Vorgang. Voller Furcht weigerte er sich, sich von ihr zu trennen, und umarmte sie mit aller Kraft, als der Wächter kam, um sie zum Verhör abzuholen. Der Wächter riß ihn von seiner Mutter weg und stieß ihn brutal zurück. Er starb, nachdem er mit dem Kopf gegen die Metallkante eines Gefängnisbettes geprallt war.[12]

Häufiger als offizielle Verhaftungen erlebten jüdische Familien

André Gorz

Der heimliche Lehrplan der Erwachsenenbildung

I

Das offen erklärte Ziel von Ausbildung und Praxis im periodischen Wechsel für Erwachsene ist, Lernen auf allen Altersstufen zu ermöglichen und neues Wissen all denen zugänglich zu machen, die es benötigen. Aber sobald wir dies festgestellt haben, taucht die Frage auf: Wer entscheidet darüber, ob dieser oder jener sich neues Wissen, neue Fach- und Sachkenntnisse aneignen muß? Sind wir in der Lage zu entscheiden: «Ich möchte dies oder jenes tun, und deshalb muß ich dies oder jenes lernen?» Ist der periodische Wechsel von Ausbildung und Praxis für Erwachsene ein Weg, unsere Beziehung zum Lernen, zur Arbeit und zur Gesellschaft zu entschulen? Führt er dazu, uns die ständige Kontrolle über Wesen, Bedeutung und Zweck unserer Arbeit in die Hand zu geben?

Um diese Fragen zu beantworten, müssen wir uns zuerst den grundsätzlichen Unterschied zwischen verschultem und entschultem Lernen vergegenwärtigen. Nach Ivan Illichs Bestimmung sind die charakteristischen Merkmale von verschultem Lernen:

1. Lernen ist vom Leben und von der Arbeit getrennt, sowohl zeitlich wie räumlich.
2. Wissen und die Verteilung von Wissen (z. B. Unterricht) ist von professionellen Lehrern, gestuften und mit festen Programmen ausgestatteten Lehranstalten institutionell monopolisiert; durch die Zertifikate, die sie vergeben, bestimmen sie über den Zugang zu qualifizierten Berufen.
3. Lernende werden in Altersgruppen zusammengefaßt und so lange als unmündig behandelt, bis sie das Lernpensum abgeschlossen haben.
4. Die Hauptfunktion von Schulen besteht nicht so sehr darin, Kenntnisse und Fähigkeiten zu vermitteln (dies könnte viel effektiver außerhalb des Schulsystems geschehen), als vielmehr darin, es so zu tun,
   a) daß das Individuum wirkungsvoll sozialisiert wird, indem er oder sie «in die zahlreichen, festgefügten, kleinen Nischen»[1] einer hierarchisch aufgebauten Gesellschaft eingefügt werden,
   b) daß die Lernenden davon überzeugt werden, daß diejenigen, die sich viel durch Zertifikate bestätigtes Wissen aneignen (gleichgültig, ob es nützlich oder nutzlos ist), einen höheren sozialen Status und mehr Vorrechte erlangen können,
   c) daß die offizielle Bescheinigung über Kenntnisse knapp gehalten wird: Bevorrechtigung kann nur aus Beschränkung entstehen (Vorrechte werden aus dem Seltenheitswert abgeleitet). Diese Beschränkung wird durch Lehrmethoden und Bewertungskriterien erreicht, deren implizites soziales Gefälle dazu dient, die Klassenstruktur der

Gesellschaft zu reproduzieren.[2]

Die unter 2. und 3. aufgeführten Charakteristika werden von Ivan ILLICH als das «hidden curriculum» schulischen Lernens definiert. Das Lernen zu entschulen bedeutet vor allem, die Menschen zu befähigen, «sich selbst vom verborgenen Lehrplan der benoteten Anwesenheit zu Füßen von öffentlich angestellten Lehrern» und «von der verborgenen Grundlage einer verschulten Gesellschaft»[3] zu befreien.

Wir wollen nun versuchen, die Merkmale und Voraussetzungen von entschultem Lernen zu definieren, die für Erwachsenenbildung kennzeichnend sind:

1. *Lernen, Leben und Arbeit stehen in beständigem, wechselseitigem Zusammenhang und greifen ineinander.* Die Arbeit, die wir tun, erfordert beständiges Lernen, und was wir lernen, befähigt uns, unsere Arbeit fortwährend befriedigender zu gestalten, indem wir ihren Wirkungsbereich ausdehnen.
2. Der Zugang zu Wissen ist jedermann möglich, seine Verteilung offen für jeden: Kenntnisse und Fähigkeiten sind nicht länger als das «Resultat institutioneller Unternehmungen oder als Erfüllung von institutionellen Zielen» zu betrachten. «Erziehungsinstitutionen – wenn sie überhaupt benötigt werden – nehmen vorzüglich die Gestalt von Vermittlungszentren an»[4], an denen jeder lernen kann, gleichgültig, was für Kenntnisse (Fähigkeiten) er gebrauchen will, mit oder ohne Hilfe derjenigen, die daran interessiert sind, ihr Wissen mitzuteilen.
3. Die ganztägige Pflichtschule ist abgeschafft. Das Recht der Erwachsenen zu lernen wird ebenso beachtet wie das Recht der Jugendlichen zu arbeiten. Am Arbeitsplatz und am Lernort vermischen sich alle Altersgruppen untereinander.
4. Lernen dient nicht den strukturell vorgegebenen Zielen der Gesellschaft, dem Versuch, Personen und Gruppen in disziplinierte Diener (Knechte) einer Ordnung umzuformen, die sich ihrer Kontrolle entzieht. Lernen dient vielmehr den Interessen und Bedürfnissen von Personen und Gruppen (Gemeinden, Kommunen, Kollektiven usw.), deren eigenen Zielsetzungen und Bemühungen, die eigene Umwelt zu gestalten.

   b) Der Erwerb von Wissen wird nicht länger mit Zertifikaten bestätigt und verleiht weder ein Monopol noch eine Vorzugsstellung.

   c) Wissen hört auf, Seltenheitswert zu besitzen. Lernende sind gleich, wenn sie einen Lernprozeß beginnen und wenn sie ihn erfolgreich abschließen. Ihre Gleichheit wächst mit wechselseitiger Hilfe: in grundsätzlicher Übereinkunft werden Wettbewerb, Rangabstufungen und die Dominierung des Schwächeren durch den Stärkeren vermieden. Die ständige Sorge einer Lerngruppe ist es, individuelle Mißerfolge zu verhindern.

Zusammenfassend läßt sich sagen, daß der grundsätzliche Unterschied zwischen verschultem und entschultem Lernen weder ein technischer noch ein methodischer (pädagogischer), noch ein organisatorischer, sondern ein kultureller und politischer ist: Die Entschulung des Lernvorgangs beinhaltet die «Umkehrung» (wie sie unter 4.a) definiert ist) einer sozialen Schlüsselinstitution; und eine solche Umkehrung kann nur wirkungsvoll stattfinden, wenn die Gesellschaft selbst zur gleichen Zeit entschult und «wieder praxisverbunden» (über ihre Werkzeuge verfügt: «retooling») ist: Entschulung erfordert eine kulturelle Wandlung, «in der die Menschen als Einzelne und als Gruppe die Freiheit und Kraft wiederentdecken, ihr Leben, ihre Umwelt, das Wesen und den Zweck ihrer Arbeit zu gestalten»[5].

II

Die Freiheit, selbstgesetzte Ziele (individuelle wie kollektive) zu verfolgen, ist *die* Voraussetzung für autonomes, entschultes Lernen. Das Bedürfnis und der Wunsch zu lernen kann nur entstehen, wenn der Zweck, für den neue Kenntnisse und neue Fähigkeiten gebraucht werden, unseren eigenen Absichten dient. Wenn «Erwachsenenbildung im periodischen Wechsel von Ausbildung und Beruf» sinnvoll sein soll, muß es ihre erste Sorge sein, bei Erwachsenen den Wunsch zu wecken zu lernen. Dies kann nur erreicht werden, wenn ihnen die Gelegenheit gegeben wird, die Ziele und Zwecke selbst zu bestimmen, zu deren Erreichen sie sich neue Fähigkeiten aneignen wollen. Die Möglichkeit zur Selbstbestimmung, zu autonomem Handeln und Lernen wird im gegenwärtigen Rahmen industrialisierter Gesellschaften normalerweise nicht geboten. Nur eine kleine Minderheit von Künstlern, Schriftstellern, Außenseitern und Aktivisten identifiziert sich mit dem, was sie tut: Allein sie fühlen den selbständigen Drang, Lernende zu bleiben. Die überwältigende Mehrheit der Menschen muß vorbestimmte Arbeit zu festgelegten Zwecken verrichten, die außerhalb ihrer Kontrolle liegen. Sie werden nie gefragt, ob sie arbeiten möchten, wie und wofür. Sie haben kein Mitspracherecht, wofür produziert wird, für wen und auf welche Weise. Sie müssen sich in eine vorher (vorgeordnete) festgelegte Hierarchie und Arbeitsteilung einfügen. Sie haben keine Kontrolle über Art und Bestimmung ihrer Arbeit und infolgedessen auch keine Möglichkeit, ihre eigenen Ziele zu verfolgen und eigene Vorhaben in Gang zu setzen. Daher haben sie keine Gelegenheit, sich neue Fähigkeiten aneignen zu wollen: Diese könnten entweder in ihrem Beruf überhaupt nicht gebraucht werden oder, wenn sie benötigt werden, würden sie den entfremdeten Zwekken zugute kommen, die von der Firma, die den Arbeiter beschäftigt, vorher festgelegt wurden.

Für die große Mehrheit der Arbeiter muß Ausbildung und Praxis im periodischen Wechsel daher entweder mit der radikalen Umwandlung des Arbeitsprozesses und der sozialen Verhältnisse der Produktion einhergehen, oder sie ist nichts anderes als ein Trick, durch den die Firma oder die Gesellschaft als solche eine wirkungsvollere Anpassung der Arbeiter an vorher festgelegte Ziele, Arbeitsbedingungen und -prozesse zu erreichen sucht.

Offensichtlich ist das letztere Ziel des periodischen Wechsels von Ausbildung und Beruf, wie es von Regierungsstellen und betrieblichen Fortbildungsprogrammen in den Blick genommen wird: Die Schulung, die Erwachsenen angeboten wird, ist weder inhaltlich *von* ihnen bestimmt noch selbst ausgewählt nach ihren eigenen Zielen und Bedürfnissen. Sie ist vielmehr *für* sie bestimmt und ausgewählt, entsprechend solchen Fähigkeiten, deren Beherrschung von Betrieben oder der Gesellschaft als solcher für wünschenswert gehalten wird, um die Arbeiter an die Erfordernisse des technischen Fortschritts und der sich wandelnden Struktur der Arbeitskraft anzupassen. Keines der oben definierten Kriterien und Ziele der Entschulung ist anwendbar auf Programme und politische Verfahren des periodischen Wechsels von Ausbildung und Berufspraxis.

III

Befürworter dieser politischen Strategie werden selbstverständlich für sich beanspruchen, daß es ja ihr vorrangiges Ziel sei, denjenigen, die entweder gar nicht oder in unbefriedigenden Berufen beschäftigt sind, eine zweite Chance zu geben, «weil sie es nicht geschafft haben, eine angemessene Schulbildung zu erlangen». Dieser Anspruch beruht auf den folgenden zwei Annahmen:

1. Man ist beschäftigungslos, weil einem die geforderte Qualifikation für an sich vorhandene Berufe fehlt.
2. Man ist gezwungen, unbefriedigende und frustrierende Arbeit zu verrichten, weil einem die erforderliche Qualifikation für befriedigendere Berufe abgeht.

Wir wollen diese beiden zugrunde liegenden Annahmen überprüfen:

1. Die erste Annahme ist völlig unrealistisch: Der mangelnde Ausgleich zwischen der Qualifikationsstruktur (structure of skills) und der Berufsstruktur mag die verbleibende Arbeitslosigkeit in Perioden schnellen wirtschaftlichen Wachstums erklären. Der Hauptgrund für Arbeitslosigkeit ist jedoch: a) ein Überschuß strukturell nicht verwertbarer Arbeitskraft und b) in einem geringen Ausmaß die Ablehnung von Berufen, die von einem Teil der Bevölkerung als degradierend, abstoßend oder unterbezahlt empfunden werden.

   Das Hauptaugenmerk auf die Kluft zwischen Qualifikationsstruktur und Berufsstruktur zu richten liefert weder eine Erklärung noch ein Heilmittel für die Art von Massenarbeitslosigkeit, die in den großen Städten und den unterentwickelten Regionen vorherrscht. Das Schwergewicht auf die Darstellung der vermeintlich fehlerhaften Qualifikationsstruktur zu legen heißt die Aufmerksamkeit eigentlich

von den wahren Gründen der Massenarbeitslosigkeit ablenken, und belastet die Arbeitslosen mit der Verantwortung für eine Situation, deren Gefangene sie in Wirklichkeit sind.
Die Bekämpfung massiver Arbeitslosigkeit durch Ausbildungsprogramme könnte nur dann erfolgreich sein, wenn die Ausbildung die Arbeitslosen unabhängig von fremder Unterstützung macht. Dies kann nur durch Projekte geschehen, die selbstbestimmt und selbstinitiiert sind, auf eigenen Fähigkeiten aufbauen und der gemeinsamen Entwicklung (Regionalentwicklung) dienen. Solange diese Bedingung nicht erfüllt ist, bleiben Berufsbildungsprogramme für Erwachsene ein Schwindel: sie schaffen weder Beschäftigung noch «Bildung». Sie haben weder etwas mit entschulter Ausbildung zu tun, noch können sie für den Schaden aufkommen, den das Schulsystem verursacht hat. Sie können angemessen als Programme für *sich wiederholende Ausbildung* beschrieben werden, die auf einer neuen Ebene den «heimlichen Lehrplan» der Schule reproduzieren. Sie geben vor, die Menschen auf Berufe vorzubereiten, die meistenteils noch nicht einmal existieren. Dadurch und darüber hinaus machen sie den einzelnen für sein Versagen verantwortlich, Arbeit zu finden, verbergen die wahren Ursachen für Arbeitslosigkeit und halten ihn von den wirklichen Aufgaben ab.

2. Die zweite Annahme enthält auf den ersten Blick interessante Implikationen. Der Anspruch, daß periodischer Wechsel von Ausbildung und Praxis Arbeitern die Möglichkeit gebe, fachlich qualifizierte und persönlich befriedigende Berufe zu finden, enthält eine Anklage gegen das Schulsystem: Alle Menschen – so wird uns gesagt – verfügen über Begabungen, die zu entwickeln die Schule versäumt hat, die vielmehr erstickt oder brachliegen gelassen wurden. Diese latenten Begabungen sollen durch die Erwachsenenbildung entwickelt werden. Ein ständig wachsender Anteil von Berufstätigen soll so befähigt werden, «bessere» Berufe zu finden.
Dieser Anspruch basiert jedoch auf völlig unbegründeten Annahmen. Historisch gesehen, war die geringe Zahl von qualifizierten Berufen weder durch die geringe Zahl von gutausgebildeten oder talentierten Arbeitskräften verursacht noch darin begründet, daß die Schule an ihrer Ausbildung gescheitert wäre. Im Gegenteil hatte die Schule die verborgene Aufgabe und hat sie noch, einen beträchtlichen Anteil von «Sitzenbleibern» und «Durchgefallenen» zu produzieren, das heißt, eine große Zahl von Jugendlichen wird ihr Scheitern am Lernen auf die eigene Unzulänglichkeit zurückführen und sich unvorbereitet oder ungeeignet fühlen, anspruchsvolle (qualifizierte) Arbeiten auszuführen. Die Produktion von unausgebildeten, disziplinierten und gehorsamen Arbeitskräften war und ist eine der Schlüsselfunktionen der Schule.[6] Historisch betrachtet, wurden unqualifizierte Arbeitsplätze

im allgemeinen und Taylorismus im besonderen keineswegs eingeführt, weil Mangel an gelernten Arbeitern bestand, sondern weil es vorteilhafter und profitbringender war, ungelernte Arbeiter zu verwenden, weil sie leichter zu disziplinieren und in vorher festgelegte Arbeitsrhythmen einzuordnen waren.

Wenn Erwachsenenbildung wirklich das vorrangige Ziel verfolgt, Menschen die Möglichkeit zu geben, befriedigendere Arbeit zu finden, dann muß sie auch darauf achten, daß die Ausweitung von Erwachsenenbildungsangeboten mit der Abschaffung verdummender, unbefriedigender und unqualifizierter Arbeit Hand in Hand geht. Dazu bedarf es dann einer vollständigen «Überholung» der hierarchischen Arbeitsteilung, der Produktionstechniken und der sozialen Verhältnisse der Produktion. Solange die Produktionsverhältnisse und der Arbeitsprozeß nicht revolutioniert werden, kann der periodische Wechsel von Ausbildung und Beruf unmöglich bessere oder «gleichere» Chancen zur Selbstverwirklichung in der Arbeit bieten.

Es ist befremdlich genug, daß die offiziellen Programme der Erwachsenenbildung diesen Aspekt normalerweise außer acht lassen. Mit Ausnahme einiger Scheinprojekte zur «Berufsanreicherung» («job enrichment») ist Erwachsenenbildung nirgends systematisch mit einem umfassenden Angriff auf geisttötende Arbeit und Arbeitsbedingungen, mit einer konsequenten Politik gekoppelt worden oder verknüpft gewesen, die es den Arbeitern erlaubte, eine wirksame Kontrolle über Art und Ziele des Produktionsprozesses geltend zu machen.

In Ermangelung einer solchen systematischen Verbindung stellt der periodische Wechsel von Ausbildung und Beruf nichts anderes dar als einen weiteren Versuch, den Arbeitern beizubringen, was sie nach Wunsch der Bosse und Manager gelernt oder verlernt haben sollten. Tatsächlich leistet periodisch wiederholende Ausbildung durch Firmen oder spezialisierte Ausbildungsagenturen einer Politik Vorschub, die Werkzeuge, Methoden und Qualifikationen zunehmend schneller veralten läßt. Beschleunigtes Veralten erfordert seinerseits die ständige Erneuerung der technischen Anlagen und die weitere Fortbildung der Arbeiter. Für die meisten Arbeiter wird Fortbildung nicht zur Voraussetzung dafür, einen besseren Arbeitsplatz zu finden, sondern dafür, den alten Arbeitsplatz nicht wieder zu verlieren. In den meisten Fällen sind «Aufstieg durch Bildung» und «weitere Lebenschancen» nichts anderes als ein Mythos, der uns dazu bringen soll, lebenslange Beschulung nach Maßgabe der Betriebsziele zu akzeptieren.

IV

Vor der Alternative stehend, zurückgestuft oder entlassen zu werden, reagieren die meisten Arbeiter mit dem gleichen Widerwillen wie zu ihrer Schulzeit auf die Aufforderung, neue Kenntnisse zu erwerben: Sie versuchen, sich mit so wenig Anstrengung wie möglich durch die Fortbildungsprogramme zu mogeln. Wo Lernen nicht auf eigene Ziele und Aktivitäten bezogen ist, kann der Wunsch zu lernen auch nicht entstehen.

Umgekehrt entwickeln sich das Bedürfnis und die Fähigkeit zu lernen mit einer erstaunlichen Geschwindigkeit, sobald die Menschen von einer eigenen Aufgabe gefesselt sind. Wann immer sich Menschen in einer Fabrik, einem Büro oder in der Nachbarschaft zusammenschließen, die Kontrolle über ihre Lebens- und Arbeitsbedingungen ausüben und anfangen, ihre Umwelt, ihre Arbeit und das Produktionsziel so zu gestalten, wie sie es für richtig halten, entwickeln sie einen unstillbaren Wissensdurst und Lerneifer. Sie werden in erstaunlich kurzer Zeit fähig, ziemlich unvorhersehbare Gebiete der Kultur zu betreten. Das bekannteste in der jüngsten Reihe europäischer Beispiele ist das der Uhrenfabrik LIP in Frankreich.

Sowie die Arbeiter einmal die Initiative ergriffen hatten (die Manager wurden ausgesperrt, um die Schließung der Fabrik zu verhindern), betrachteten sie plötzlich ihre Arbeit als ihre ureigenste Angelegenheit. Sie waren in der Lage, den Arbeitsprozeß auf ihre Weise zu organisieren, die Hierarchie abzuschaffen, Verantwortung für alles zu jedermanns Pflicht zu machen und täglich eine Vollversammlung abzuhalten, auf der alles diskutiert wurde. Ihr ganzes Leben und ihre Auffassungen änderten sich: Da sie sich bei der Arbeit und in der Fabrik «zu Hause fühlten», begannen sie auch die Stadt als ihre Stadt zu betrachten. Sie waren in ihrer Nachbarschaft, in den Straßen und Stadtvierteln, im Rathaus und den Kirchen zu Hause, und sie entwickelten ein brennendes Interesse an politischen und sozialen Theorien, an Literatur und Theater, Architektur und der Frauenrechtsbewegung. Arbeiter, die, seit sie die Schule verlassen hatten, kein Buch mehr in die Hand genommen hatten, begannen wieder zu lesen, Techniker interessierten sich für Literatur; Künstler und Schriftsteller wurden eingeladen, Vorstellungen zu geben und ihre Arbeit zu diskutieren. Die eintausend Arbeiter, die an dieser fünfmonatigen Aktion beteiligt waren, werden bestätigen, daß sie in den ersten vier Wochen ihres Kampfes mehr gelernt haben als je in einer anderen Phase ihres Lebens. Sie entwickelten sich zu differenzierten Persönlichkeiten, und ihre Wandlung war von Dauer.

Passiert war einfach folgendes: Zum erstenmal in ihrem Leben konnten sie alle zusammen aus freiem Willen handeln, für ein Ziel, das ihnen allen gemeinsam war. Um dieses Ziel zu erreichen, brauchte jeder den anderen und wurde von allen respektiert und unterstützt. Habgier, Selbstsucht, Chauvinismus und dergleichen verschwanden. Jeder brauchte die anderen und fühlte, daß er gebraucht wurde.

Alle waren sich ihrer Mängel, ihrer Unkenntnis und der äußeren Grenzen der Aktion bewußt. Aber sie empfanden sich nicht als unzulänglich: Sie selbst hatten sich ihre Ziele gesetzt und ihre Aufgaben bestimmt, sie hatten viel zu tun und viel zu lernen, aber sie konnten mit dieser Herausforderung leben, seit es ganz und gar ihre eigene war. Mit einem Wort: sie waren frei, das heißt, sie hatten sich ihre eigenen Normen und Werte gesetzt und hatten die der sie umgebenden kapitalistischen Ordnung zurückgewiesen. Nicht *sie* waren unzulänglich, die Gesellschaft war es.

Kurz gesagt, sie fanden sich selbst in dem, was man eine «erzieherische Situation» nennen könnte: eine Situation, in der man frei ist, seine eigenen Ziele auf selbstgewählten Wegen zu verfolgen, was wiederum bedeutet, neues Wissen zu erwerben und neue Fähigkeiten zu entwikkeln. Diese sind jedoch schnell erworben – auch wenn harte Arbeit und Selbstdisziplin dazu notwendig sind –, sofern das Ziel, für das man sie braucht, ganz das eigene, und der Gebrauch, den man von ihnen machen will, einem selbst völlig klar ist. Menschen können schnell und leicht lernen, wenn das, was sie vorhaben, Lernen erfordert, und sie erkennen, daß Erfolg oder Mißerfolg ganz von ihnen selbst abhängen.

Die Vorstellung von fortwährender oder «sich wiederholender» lebenslanger Erziehung kann deshalb nur Wirklichkeit werden, wenn Menschen, allein und in Gruppen, ständig in erzieherische Situationen gestellt sind: in Situationen, in denen sie für sich und mit anderen ihre Art, zu leben und zu arbeiten, bestimmen können, ihre Umwelt und Arbeitsmittel gestalten können, so wie sie es im Interesse ihrer Gemeinschaft für richtig halten. In solchen Situationen wird die Trennung zwischen Lernen und Arbeiten unmöglich: Man ist ständig dabei zu lernen, weil man etwas tun will, und man tut ständig neue Dinge, weil man etwas gelernt hat. «Die volle Entwicklung jedes Individuums ist die Vorausssetzung der vollen Entwicklung aller» – und umgekehrt.[7]

(Aus dem Englischen übersetzt von Hans-Christian Halbekath)

Anmerkungen

1 Vgl. Ivan Illich: The alternative to schooling (extended version), Doc. A/E 71/341, CIDOC, Cuernavaca 1971.

2 Dieser Punkt wurde unwiderlegbar nachgewiesen durch Samuel Bowles, Herbert Gintis und andere in den Vereinigten Staaten, durch Pierre Bourdieu in Frankreich.

3 Illich, a. a. O.

4 Ebd.

5 Ebd.

6 Zu diesem Punkt siehe Karl Marx: Das Kapital, Band I, Kap. 13 u. 14, sowie Stephen Marglin: What Do Bosses Do?, Harvard University 1971 (mimeo); A. Gorz (Hg.): Kritik der Arbeitsteilung. Frankfurt am Main 1975.

7 Meines Wissens ist Italien die einzige Industrienation, in der eine große Gewerkschaft konsequente Anstrengungen macht, Arbeiten und Lernen wieder durchgängig aufeinander zu beziehen. Nachdem die Metallarbeitergewerkschaft ausgedehnte

Kontrollmöglichkeiten über den Arbeitsprozeß und seine Organisation errungen hat und nachdem die Arbeiter selbst den Arbeitsablauf völlig neu festgesetzt haben, verfolgt sie folgende Ziele: Durch kürzere Arbeitszeit sollen (ohne Lohnabzug) Zeiten für Studium und Forschung frei werden: technische Forschung, die Definition optimaler Arbeitsmethoden und Produktionsverbesserung sollen auf einer beständigen Grundlage erfolgen; jede Arbeitsgruppe einer Fabrikhalle soll die Möglichkeit haben, eine wachsende Zahl von Fähigkeiten und Kenntnissen in die verrichtete Arbeit einzubringen. Lernen und Arbeiten sollen also miteinander verbunden sein.

Heinrich Dauber

Entschultes Lernen an der Hochschule? Ansatzpunkte in der Lehrerbildung

Die folgenden Überlegungen und Beispiele stammen aus verschiedenen Seminaren der pädagogischen Ausbildung von Gymnasiallehrern an der Universität Tübingen. Die hier vorgetragenen Prinzipien «entschulten» Lernens und die mit ihnen korrespondierenden organisatorischen Strukturen einer «entschulten» Lernkultur wurden im Laufe von drei Jahren mit einer Gruppe von Studenten und Assistenten entwickelt und erprobt.[1]

Die sogenannte Entschulungsdebatte hat in den letzten Jahren zwar Eingang gefunden in die Curricula der Lehrerbildung – die Namen ILLICH und FREIRE sind jedem Lehrerstudenten vertraut –, ihre realen Auswirkungen sind jedoch sehr gering geblieben. Nicht zuletzt hängt das damit zusammen, daß die Argumente gegen die zunehmende Verschulung der Gesellschaft in der deutschen pädagogischen Diskussion nur auf einer abstrakt-ideologischen Ebene aufgenommen wurden, die Zustimmung zu den Prinzipien entschulten Lernens dementsprechend unverbindlich und folgenlos blieb. Die «Entschulung der Gesellschaft» wird weithin als exotisches Programm etikettiert, als «Erziehung auf peruanisch» vorgestellt, eine Perspektive für die Arbeit innerhalb der hochverschulten Institutionen des bundesrepublikanischen Bildungswesens ergibt sich daraus nicht. Innerhalb einer dieser Institutionen, der universitären Lehrerbildung, ist das im folgenden dokumentierte Seminarmodell angesiedelt. Die Entschulung des Lernens in der Gesellschaft ist nicht denkbar, ohne – auch – die Lehrerbildung zu entschulen.

Angesichts der immer stärker werdenden Frustration, die sich in den Institutionen verschulten Lernens ausbreitet, werden Lehrer, Eltern und Schüler zwar bereitwilliger, sich mit alternativen Lernprinzipien auseinanderzusetzen, «entschultes Lernen» wird jedoch nach wie vor als eher utopische Perspektive abgetan. Das hier vorgestellte Seminarkonzept macht den Versuch, die Prinzipien einer entschulten Lernkultur konkret und realistisch auszuarbeiten.

Dazu gehört auch die Realisierung der Einsicht, daß «Entschulung des Lernens» nicht stehenbleiben darf bei einer ideologischen Neudefinition des pädagogischen Binnenraums. (Die Pädagogen waren stets sehr erfolgreich darin, die pädagogischen Verhältnisse neu zu interpretieren, ohne die Wirklichkeit der Erziehung dabei anzutasten.) Der Versuch, die Prinzipien entschulten Lernens in die Wirklichkeit umzusetzen, führt unmittelbar in die Widersprüche erfahrener Realität hinein: Die Notwendigkeit schulischen Lernens wird nicht nur von denen beschworen, deren Herrschaftsinteressen damit verbunden sind, sondern auch dort akzeptiert, wo gleichzeitig «Freiheit zum Lernen» gefordert und in Ansätzen praktiziert wird. Diese Widersprüche zu erkennen, zu thematisieren und auszuarbeiten ist eines der Ziele der im folgenden beschriebenen Lernprozesse.

Wo sie rezipiert wurde, hat die Entschulungsdiskussion dazu beigetragen, die Folgen verschulten Lernens aufzudecken und einer manchmal schonungslosen Kritik zu unterziehen. Wo dies ernst genommen wurde, hat sich zuweilen Resignation ausgebreitet; die prinzipielle Ambivalenz radikaler Aufklärung, wonach ein Mehr an Einsicht gleichzeitig ein Weniger an Handlungssicherheit mit sich bringt, wirkt sich anti-innovatorisch aus, solange die *kognitive Aufklärung des verschulten Bewußtseins* nicht getragen wird von der *sinnlichen Erfahrung einer alternativen Lernkultur*. Auf diesen Zusammenhang kommt es im folgenden immer wieder an.

Schließlich hat die Kritik verschulten Lernens dazu beigetragen, neue pädagogische Auffangprogramme zu legitimieren, kompensatorische Erziehung vor, neben oder nach der Pflichtschule zu fordern und einzurichten, ohne jedoch den «heimlichen Lehrplan» fremdbestimmter Belehrung wirklich aufzugeben. Entscheidend ist aber, und darauf kommt es im folgenden Beitrag an, den Betroffenen selbst mehr Einsicht, Verantwortung und Verfügung über die eigenen Lern- und Arbeitsbedingungen zu geben, das heißt mehr materiale Selbstbestimmung im Blick auf Ziele, Inhalte und Organisationsformen des eigenen Lernens zu verwirklichen.

1. Lerntheoretische Begründung

1.1. Verschiedene Ansätze

Im folgenden beschränken wir uns auf eine knappe Zusammenstellung der Überlegungen, die zum Verständnis unserer Lernpraxis im Seminar wichtig sind. Diese Auswahl ist doppelt selektiv: Zum einen haben wir uns aus dem Gesamtspektrum verschiedener Lerntheorien nur mit solchen Ansätzen beschäftigt, die weniger an der Optimierung von Lehr- und Instruktionsprozessen als vielmehr an der Klärung der Bedingungen selbständigen Lernens interessiert sind; zum anderen werten wir die von uns in diesem Zusammenhang diskutierten Autoren hier nur unter dem Gesichtspunkt aus, was sich aus ihren Schriften zur Struktur von Lernprozessen (I.) und Lerninstitutionen (II.), zur Lehrer-Lerner-Beziehung (III.) und zu Lernverfahren (IV.) ableiten läßt. Auch auf zahlreiche interne Überschneidungen der verschiedenen Lernkonzepte wird im folgenden nicht explizit eingegangen.

I. Der amerikanische Psychologe Carl R. ROGERS, Begründer der nichtdirektiven Psychotherapie, hat sich in zahlreichen Vorträgen, Aufsätzen und Schriften zu grundlegenden Problemen des Lernens geäußert.[2]

Einem eingeschränkten Verständnis von *Lernen als Speicherung intel-*

lektuellen Wissens stellt er sein Verständnis von *Lernen als umfassender persönlicher Erfahrung* gegenüber, als kognitiven und emotionalen, individuellen und sozialen Entfaltungsprozeß der Persönlichkeit.

Ohne die gesellschaftlichen und institutionellen Hintergründe und Ursachen entfremdeten Lernens in Schule und Hochschule näher zu analysieren, kommt ROGERS doch aus seiner Erfahrung als Therapeut und Hochschullehrer zu einer fundamentalen Kritik der *impliziten Annahmen über Lernprozesse,* die dem gegenwärtigen Hochschulunterricht zugrunde liegen (vgl.: Lernen in Freiheit, München 1974, S. 167ff.):

1. Den Studenten kann keine Verantwortung für ihren eigenen (wissenschaftlichen und beruflichen) Lernprozeß anvertraut werden.
2. Prüfungen sind ein geeignetes Mittel, um herauszufinden, welche beruflichen Qualifikationen Studenten in ihrem Studium erworben haben.
   Prüfungen sind ein geeignetes Mittel der Ausbildung; Ausbildung wird identisch mit dem Bestehen von Prüfungen.
3. Die Präsentation von Informationen führt automatisch zu Lernen. Wissen entsteht durch die systematische Darbietung und Anhäufung von Informationen.
4. Die zu lernenden Inhalte können nicht hinterfragt werden; die Wahrheit ist bekannt.
5. Wissenschaftliches Lernen besteht vor allem in der Aneignung der Methoden wissenschaftlichen Arbeitens.
6. «Studenten betrachtet man am besten als manipulierbare Objekte und nicht als Personen» (a. a. O., S. 181).

Diesen ebenso weitverbreiteten wie unsinnigen Annahmen können folgende alternativen Zielsetzungen und Annahmen gegenübergestellt werden (vgl. a. a. O., S. 156ff.):

1. Studenten besitzen – wie alle anderen Menschen – ein natürliches Potential zum Lernen, an dessen Entfaltung sie unsere Ausbildungsorganisationen eher hindern als unterstützen.
2. «Signifikantes Lernen findet statt, wenn der Lerninhalt vom Lernenden als für seine eigenen Zwecke relevant wahrgenommen wird» (a. a. O., S. 157). Der Lernende wird um so erfolgreicher seinen eigenen Lernweg herausarbeiten, je mehr Selbstkritik und Selbstkontrolle von primärer, Kontrolle durch andere von sekundärer Bedeutung ist.
3. Relevantes Lernen schließt stets die Veränderung der eigenen Person mit ein. Wirkliches Lernen ist oft exemplarisches Lernen.
4. Die Ergebnisse des Lernens sind weit weniger wichtig als der Prozeß, der zu weiteren Fragen führt.
5. Der Verfolgung relevanter Probleme nach eigenen Ideen gebührt der Vorrang vor der «richtigen» Anwendung bekannter Methoden.
6. Studenten lernen um so mehr, je eher ihnen gestattet wird, ihre

persönlichen Handlungspotentiale zur Entfaltung zu bringen. Lernen, das auf Eigeninitiative beruht, mit Beteiligung der ganzen Person – Gefühl wie Intellekt –, ist das eindringlichste und hat den am längsten anhaltenden Lerneffekt zur Folge.

II. Wesentliche Anstöße verdankt unser derzeitiges Lernverständnis den Analysen Ivan ILLICHS[3], bekannt geworden als einer der Initiatoren der sogenannten Entschulungsdebatte. Im Mittelpunkt seiner Kritik steht die Entmündigung des Menschen durch die von ihm selbst geschaffenen sozialen Institutionen (Kirche und Schule, aber auch Verkehrswesen und Gesundheitsvorsorge). ILLICHS pädagogische Vorschläge zielen auf eine Wiedergewinnung der Verantwortung für Lehren und Lernen durch die Betroffenen. Dem Verständnis von *Lernen als Folge zwangsweise verabreichter Belehrung in dafür geschaffenen Institutionen* stellt er ein Lernen gegenüber, *das den Lernenden die volle Verantwortung für ihren eigenen Lernprozeß gibt sowie die freie Verfügung über alle institutionellen, materiellen und personellen Hilfsmittel, derer sie dazu bedürfen.* ILLICH analysiert die Entfremdung des Lernens vom sonstigen Leben und vom Arbeitsprozeß im Kontext der Produktions- und Verkehrsformen hochentwickelter Industriestaaten. Eingeschränkt auf die *institutionellen Bedingungen des Lernens* kritisiert er folgende «selbstverständlichen» Grundlagen schulischer Belehrung:

1. Niemand kann sich der Teilnahme an institutionell veranstalteter Belehrung entziehen;
2. die Lernenden werden durch die Institution in mehr oder weniger feste, meist homogene Gruppen eingeteilt (nach Leistung, nach Schuljahr etc.);
3. das institutionell festgelegte Curriculum bestimmt, wann was in welcher Reihenfolge zu lernen ist;
4. lernen kann man nur (oder vor allem) von Lehrern – und: nur geprüfte Lehrer dürfen unterrichten;
5. alles Lernen, aber darüber hinaus auch das Verhalten, wird gewertet und zensiert;
6. Lernen ist vom sonstigen Leben und von der Arbeit zeitlich und räumlich getrennt.

Diesen Merkmalen schulisch organisierter Lernprozesse können folgende alternativen institutionellen Bedingungen gegenübergestellt werden:

1. Die Aufnahme oder Ablehnung von Lernangeboten liegt in der Verantwortung der Lernenden. «Schule» kann am «Schüler» scheitern, nicht umgekehrt.
2. Die Lernenden bilden Interessengruppen, die von den Teilnehmern aus gesehen heterogen zusammengesetzt sind.
3. Die Lerninhalte stammen aus dem Lebens- und Arbeitszusammen-

hang der Lernenden und sind relevant für diese.

4. Es gibt keine professionellen Lehrer, die über «Wissen verfügen», sondern jedermann hat das Recht, andere an seinem Wissen und seinen Erfahrungen teilhaben zu lassen.
5. Die Lerngruppe arbeitet nicht gegeneinander im Kampf um die «vorderen Plätze», sondern ist bestrebt, sich gegenseitig im Lernen zu unterstützen.
6. Lernen ist zeitlich und räumlich integriert mit dem sonstigen Leben und der beruflichen Arbeit.

III. Der brasilianische Volkserzieher Paulo FREIRE[4] hat in verschiedenen Schriften die Umrisse einer «befreienden Bildungsarbeit» entwickelt. Ohne hier näher auf seine Alphabetisierungsmethoden einzugehen, sind jedoch seine *Analysen des Lehrer-Lerner-Verhältnisses* hilfreich zum Verständnis der Entfremdungsprozesse, die mit schulischer Belehrung verbunden sind.

Einem Verständnis von *Lernen als Unterwerfung unter fremde Autoritäten* stellt FREIRE ein Verständnis von *Lernen als dialogische Befreiung und Veränderung der Wirklichkeit* gegenüber.

Das im «Bankierskonzept» schulischer Belehrung realisierte Lernen kann im Anschluß an FREIRE folgendermaßen charakterisiert werden:

1. Der Lehrer «besitzt das Wissen» über die Wirklichkeit; der Schüler wird als anscheinend «leerer Container» mit diesem Wissen gefüllt. Der Lehrer lehrt, die Schüler werden belehrt.
2. Das «Nicht-Wissen» der Schüler rechtfertigt die Macht des Lehrers. Die unterdrückerischen Strukturen stabilisieren sich selbst.
3. Im Prozeß der Belehrung übernehmen die Schüler die Sicht des Lehrers; durch das Bild einer domestizierten Wirklichkeit, die ihnen vorgestellt wird, werden sie selbst domestiziert. Ihre Sicht der Wirklichkeit bleibt bruchstückhaft und statisch.
4. Die Lernenden werden in diesem Prozeß selbst zu Objekten der «Spareinlagen» des Lehrer-Bankiers. Als passive Wesen werden sie an die Wirklichkeit angepaßt.

Diesen Merkmalen unterdrückerischer Lehrer-Lerner-Verhältnisse stellt FREIRE die Strukturen einer dialogischen Beziehung zwischen Lehrenden und Lernenden gegenüber:

1. Lehrer und Schüler sind Teil einer gemeinsamen Wirklichkeit. Ihre Kommunikation und ihr Handeln beziehen sich auf diese Wirklichkeit.
2. Der gemeinsame Akt der Befreiung beginnt mit der Analyse unterdrückerischer Strukturen dieser Wirklichkeit.
3. Aufgabe des Lehrers ist, diese Wirklichkeit zurückzuspiegeln und mit dem Schüler in einen Dialog einzutreten über die Strukturen falschen Bewußtseins. Die gemeinsame Wirklichkeit wird entschlüsselt.
4. Als Subjekte ihres eigenen Lernprozesses arbeiten Lehrer und Schüler

miteinander an der gemeinsamen Aufhebung der objektiv-äußeren wie der subjektiv-verinnerlichten Abhängigkeiten.

IV. Neben ROGERS, ILLICH und FREIRE wurden eine Reihe von Autoren diskutiert, die sich stärker mit dem *Verfahren der Lernorganisation*, insbesondere unter *gruppendynamischem Aspekt* beschäftigt hatten.[5]

Die entscheidende Alternative bei der Diskussion um angemessene Lernverfahren ist, ob diese eingesetzt werden zur *optimalen Steuerung des Lernverhaltens auf ein vorabgegebenes Ziel hin* oder ob sie dazu geeignet sind, *die Lernenden bei der Definition und Lösung ihrer Lernaufgaben zu unterstützen, ihnen ein höheres Maß an Einsicht und Selbstbestimmung im eigenen Lernprozeß zu ermöglichen.* Ohne sich im folgenden – wie bisher – auf einen Autor speziell zu stützen, können doch eine Reihe von Annahmen formuliert werden, die sich auf *Lernverfahren im Hochschulunterricht* beziehen:

1. Lernverfahren dienen der Aneignung bestimmter Lerninhalte und sind invariant zu der jeweiligen Gruppenzusammensetzung.
2. Optimale Lernverfahren sind auch bei unterschiedlichen Inhalten anwendbar und sind als Techniken wertneutral.
3. Die Qualität eines Lernverfahrens bemißt sich nach den meßbaren Ergebnissen und Produkten, die am Ende des Lernprozesses stehen.
4. Lernverfahren stellen selbst effektive Methoden dar, rascher zu vorher bekannten Problemlösungen zu kommen.

Alternativ dazu entwickelten wir in der Diskussion um verschiedene Lernverfahren folgende Prinzipien:

1. Lernen bezieht sich stets sowohl auf inhaltliche, thematische Probleme als auf die sozialen Beziehungen, in und unter denen gelernt wird. «Lernstörungen» können also nicht allein durch Intervention auf der Sachebene behoben werden, sondern müssen in ihrem sozialen Kontext analysiert werden.
2. Die angewandten Lernverfahren und Arbeitsformen müssen der inhaltlichen Aufgabe angemessen sein, sind also nicht inhaltsneutral. Die Wahl des richtigen Verfahrens kann erst entschieden werden, wenn Konsens über die anstehende Aufgabe erzielt ist.
3. Lernverfahren, die eine Selbstverständigung der Gruppe über ihren eigenen Lernprozeß ermöglichen, in die Feed-back-Schleifen eingebaut sind, sind eindimensionalen Verfahren der Entwicklung fertiger Produkte vorzuziehen.
4. Lernverfahren, die allein zur raschen Übernahme vorgefertigter Lösungswege führen, haben langfristig geringe oder schädliche Effekte, während Lernverfahren, die an den konkreten Interessen der Lernenden ansetzen und schrittweise über die Problemdefinition und -analyse zu eigenen Lösungsversuchen führen, einen hohen Transferwert für das Lernen selbst haben.

Aus systematischen und didaktischen Gründen wurde in der bisherigen Darstellung zwischen Annahmen über den *Lernprozeß* (I.), Annahmen über die *institutionellen Bedingungen* des Lernens (II.), Annahmen über die *Lehrer-Lerner-Beziehung* (III.) und Annahmen über *Lernverfahren* (IV.) unterschieden und diese jeweils schwerpunktmäßig verschiedenen Autoren zugeordnet.

Tatsächlich entwickelte sich unser derzeitiges Lernkonzept jedoch nicht additiv-systematisch, sondern in einem komplexen Diskussionsprozeß, in dem immer wieder andere Gesichtspunkte besonders akzentuiert wurden.

1.2. Kategoriale Zusammenfassung

Die oben entwickelten Annahmen über die Struktur von Lernprozessen können zusammenfassend einander gegenübergestellt werden als Merkmale *verschulten* und *entschulten Lernens.*

Verschultes Lernen zeichnet sich durch folgende Merkmale aus:

a) Lernen wird verstanden als Speicherung intellektuellen Wissens.
b) Die institutionellen Bedingungen des Lernens schreiben eine zwangsweise verabreichte Belehrung in dafür geschaffenen Arrangements vor.
c) Die sozialen Bedingungen des Lernens führen zu gegenseitiger Konkurrenz und Unterwerfung unter fremde Autoritäten.
d) Der Einsatz von Lernverfahren dient der optimalen Steuerung des Lernverhaltens auf vorgegebene Ziele hin.

Die Merkmale entschulten Lernens können folgendermaßen bestimmt werden:

a) Lernen wird verstanden als umfassende persönliche Erfahrung.
b) Lernen findet in der Eigenverantwortung der Lernenden statt, die freien Zugang und Verfügung über alle institutionellen, materiellen und personellen Hilfsmittel haben, derer sie zum Lernen bedürfen.
c) Lernen zeigt sich als dialogische Befreiung von Lehrer und Schüler und als gemeinsame Veränderung der Wirklichkeit.
d) Lernverfahren sind Hilfen zur selbständigen Definition und Lösung der Lernaufgaben durch die Lernenden, mit dem Ziel, ein höheres Maß an Einsicht und Selbstbestimmung im eigenen Lernprozeß zu gewinnen.

Entscheidend für das tatsächliche In-Gang-Kommen selbstverantworteter und selbstorganisierter Lernprozesse ist jedoch die sinnliche Erfahrung einer alternativen, nicht-verschulten Lernkultur. Im Blick auf die *personalen und sozialen Voraussetzungen selbstverantworteter und selbstorganisierter Lernprozesse* lassen sich vier Bedingungen benennen:

1. Die Inhalte des Lernens sind verankert in den Motiven und Interessen

der Lernenden, das heißt *inhaltlich integriert* mit persönlichen Relevanzstrukturen.

2. Im aktuellen Lernprozeß werden vorangegangene Erfahrungen und Einsichten zugelassen, thematisiert und aufgehoben, das heißt *lebensgeschichtlich integriert*, nicht abgespalten.
3. Ziele und Inhalte des Lernens haben keinen Wert «in sich», sondern sind bezogen auf den Lebens- und Arbeitszusammenhang, in dem die Lernenden stehen, das heißt, die Rolle des Lernenden ist *funktional integriert* mit seinen anderen sozialen Rollen.
4. Auf Lebens- und Arbeitszusammenhänge bezogenes Lernen erschöpft sich nicht in der Ausarbeitung individueller Lerninteressen und privater Erfahrungen, sondern enthält ebenso Strukturen gemeinsamer und öffentlicher Erfahrung, ist also *sozial und gesellschaftlich integriert* mit kollektiven Handlungsperspektiven und Veränderungsstrategien.

Im Blick auf die *institutionellen Voraussetzungen* selbstverantworteter und selbstorganisierter Lernprozesse lassen sich ebenfalls vier Bedingungen benennen:

1. Die *Lerninhalte* sind in ihrer sachlichen Struktur *durchschaubar*; die mit ihnen verbundenen Lernziele sind klar. Im Gegensatz dazu steht die Organisation «verschulten Lernens», in der die thematischen Zusammenhänge verstellt sind durch die lehrplanmäßige Aufzählung von Inhalten, die Lernziele nur dem Lehrer bekannt sind, und oft genug nicht einmal diesem.
2. Die soziale *Rollenverteilung* zwischen Lehrenden und Lernenden ist *austauschbar* und ständig miteinander verschränkt. Im Gegensatz zur Organisation verschulter Lernprozesse gibt es weder eine starre Rollenverteilung zwischen Lehrer und Schüler, die in ihren Aktivitäten quasi-äquivalent aufeinander bezogen sind (der Lehrer lehrt, der Schüler lernt), noch hierarchisch festgeschriebene Statusunterschiede zwischen den Lernenden.
3. Die *organisatorischen Bedingungen* des Lernens sind nicht durch die Institution vorgeschrieben (einschließlich der Lernzeiten, Lernorte etc.), sondern durch die Lernenden selbst *frei regelbar*.
4. Die zum Lernen *notwendigen Ressourcen*, angefangen von Büchern und Nachschlagwerken über Filme, Wandzeitungen, Abzugsgeräte etc. bis hin zu Personen, die als Experten herangezogen werden können, sind frei zugänglich und jedem Interessenten *verfügbar*.

1.3. Zielperspektive entschultes Lernen

Die mit diesen acht Punkten beschriebene alternative Lernkultur «entschulten Lernens» führt zu einer bewußten und umfassenden Analyse und Veränderung der eigenen Situation durch die Betroffenen, also der eigenen Lernsituation im Seminar durch die Studenten. Das in diesem Zusammenhang entwickelte Seminarmodell zielt nicht primär auf die *Ermöglichung von mehr Partizipation* in der Auswahl der Lerninhalte und der Arbeitsformen im Seminar, auch nicht auf die Erhöhung und *Verbesserung der Lernmotivation* der Studenten, sich in den angebotenen Seminarstrukturen zu engagieren, schließlich auch nicht vor allem darauf, *berufsrelevantere Qualifikationen* effektiver zu vermitteln, als dies in traditionellen Lehrveranstaltungen geschieht. All dies sind *Folgen der angestrebten Veränderungen,* die in ihrer Bedeutung nicht heruntergespielt werden sollen. Die Strukturen einer «alternativen Lernkultur entschulten Lernens» greifen jedoch tiefer und zielen auf Grundsätzlicheres, nämlich auf die *«Umkehrung» (Inversion) der Lerninstitution*: Die Studenten sind nicht länger Adressaten einer fremdbestimmten Ausbildung, Konsumenten vorgegebenen Wissens, in ihren Fähigkeiten unzulängliche und darum anleitungsbedürftige Schüler, kurz: Objekte und Opfer institutioneller Behandlung, sondern die Institution dient dazu, Bedingungen herzustellen, unter denen die Lernenden die Freiheit und Kraft entdecken, ihr Leben, ihre Umwelt, Ziel und Zweck ihrer Arbeit selbst zu gestalten.

Die Entwicklung einer alternativen Lernkultur selbstorganisierten Lernens geht, so verstanden, über organisatorisch-didaktische Veränderungen hinaus und zielt auf eine *umfassende Politisierung der Lernenden, verstanden als zunehmende Fähigkeit, Ziele und Formen der eigenen Arbeit selbst zu bestimmen.*

Gegen dieses Ziel werden häufig, auch von Studenten, mindestens zwei gewichtige Gegenargumente vorgebracht, deren triviale Formulierung lautet:

1. Studenten sind unfähig, selbständig zu lernen. Hier wird vorausgesetzt, was bestenfalls am Ende herauskommen kann.
2. Dieses Ziel ist idealistisch, da es von gesellschaftlichen Bedingungen der Durchsetzbarkeit solcher Lernprozesse absieht.

Alle beiden Argumente, das Argument der subjektiven und das der objektiven Unmöglichkeit selbstorganisierten Lernens, sind ernst zu nehmen und sollen im folgenden kurz aufgegriffen werden.

1.3.1. Die subjektive Unmöglichkeit selbstorganisierten Lernens

Die durch die gegenwärtige Schule hervorgebrachten Sozialisationseffekte begünstigen ein stark *konformitätsorientiertes, repetitives und wenig kreatives Lernverhalten.* Die Aufarbeitung dieser Erfahrungen entfremdeten Lernens hat jedoch nicht nur die kompensatorische Funktion einer «Nach-Sozialisation» in der Hochschule, sondern ist konstitutives Element einer Lehrerbildung, deren theoretische Entwürfe für ein späteres Berufsfeld nur soweit handlungsrelevant werden, als sie selbst in der Praxis der Lehrerbildung zur Geltung kommen.

Damit folgt aus gruppendynamisch-psychologischen wie sachlich-systematischen Gründen für Seminare mit Lehrerstudenten die Notwendigkeit, die *institutionellen Bedingungen der eigenen Lehr-Lernpraxis zum Gegenstand theoretischer Reflexion und praktischer Veränderung zu machen.*

Lerntheoretischen Überlegungen kommt damit eine zentrale Bedeutung zu, und zwar nicht nur als Elementen des Studiengangs (auf der Ebene der Ausbildungsinhalte), sondern als «Instrumenten» zur Erfassung, Aneignung und Gestaltung der eigenen Lernsituation. Sie bilden die Voraussetzung, die eigenen Lernprobleme und die institutionellen Bedingungen des eigenen Lernprozesses reflektierend zu begreifen und handelnd zu verändern.

Einen ähnlichen Stellenwert haben gruppendynamische Reflexionen und Überlegungen.

1. Exkurs: Zur Relevanz der Gruppendynamik für Seminare (Auszug aus einem Arbeitspapier)

Gruppendynamische Überlegungen und Interventionen in Seminaren haben die Funktion, das Lernpotential der Teilnehmer uneingeschränkt zur Entfaltung zu bringen, um den Teilnehmern zunehmende Einsicht in ihre Situation und Kontrolle darüber zu ermöglichen. Im Blick auf dieses Kriterium zielt die Verwendung gruppendynamischer Verfahren auf einen *Zuwachs an Verhaltenssicherheit und Verhaltensautonomie:*

- auf die Fähigkeit, andere um Verständnis, Unterstützung und Akzeptation zu bitten (gegen Ängstlichkeit),
- auf die Fähigkeit, Feed-back anderer aufzunehmen und verarbeiten zu können (gegen Verteidigung),
- auf die Fähigkeit, andere besser zu verstehen, unterstützen und akzeptieren zu können (gegen Wettbewerb),
- auf die Fähigkeit, eigene Bedürfnisse und Interessen bewußt und klar verfolgen zu können (gegen Passivität, Diffusität, Überaktivität).

In dieser Zielrichtung dient Gruppendynamik der Analyse und Bearbeitung individueller und kollektiver Lernprobleme durch eine Veränderung

- des Gruppenklimas (Vertrauen gegen Unsicherheit; Kooperation gegen Wettbewerb),
- der Lerninhalte (Gebrauchswert gegen Tauschwert),
- der Beurteilungskriterien eigenen und fremden Sozial- und Arbeitsverhaltens (Prozeßorientierung gegen Produktorientierung).

Detaillierter können diese Funktionen von Gruppendynamik für Seminare folgendermaßen umrissen werden:

a) Einbeziehung emotionaler Kommunikationsprozesse, Erlebnisinhalte und Verhaltensformen,
b) Bearbeitung von Autoritätsproblemen und deren Abbau,

c) stärkere Erfahrungsorientierung als ausschließliche Literaturorientierung bei der Auswahl und Bearbeitung von Lerninhalten,
d) explizite Entwicklung und zunehmend implizite Anwendung metakommunikativer Regeln, etwa Einsatz verschiedener Arbeitsformen, Diskussions- und Entscheidungstechniken.

Ähnlich wie lerntheoretische Überlegungen *haben auch gruppendynamische Reflexionen und Interventionen in diesem Seminarkonzept keinen von der eigenen Situation abgelösten abstrakten Wert, stellen auch kein Herrschaftswissen zur optimalen Steuerung des Lernverhaltens der Gruppe dar, sondern dienen ausschließlich der Verbesserung der eigenen Handlungsmöglichkeiten.* Dabei spielt die Freiheit, die eigene Situation reflektierend zu verändern, eine weitaus größere Rolle als die im Einzelfall zur Anwendung kommenden Verfahren zur Bewältigung individueller Lernstörungen und Blockaden im Gruppenprozeß.

Dieser Prozeß der «Entschulung» als bewußte Aneignung der eigenen Lernpraxis liegt daher auch nicht in der Verfügung des Seminarleiters, kann durch dessen Verhalten zwar leicht verhindert, aber nur schwer aktiv gefördert werden, sondern muß vielmehr von jedem einzelnen selbst und der Gruppe insgesamt angegangen werden.

1.3.2. Die objektive Unmöglichkeit selbstorganisierten Lernens

Der langsame und widersprüchliche Übergang von fremdbestimmtem, verschultem Lernen zu selbstorganisiertem «entschultem» Lernen ist sicherlich nicht das Ergebnis eines spontanen Willensaktes. Ebensowenig ergibt sich «entschultes Lernen» gleichsam von selbst als automatische Folge geänderter institutioneller Bedingungen. Diese Bedingungen «innerer» und «äußerer» Entschulung müssen schrittweise erkämpft werden.

Bezog sich der erste Einwand auf die personalen und sozialen Voraussetzungen entschulten Lernens («Ich kann einfach nicht selbständig lernen»), so richtet sich der zweite auf die institutionellen Bedingungen selbstorganisierten Lernens («Selbst wenn ich wollte, kann ich ja nichts machen», und: «Erst wenn die Verhältnisse grundlegend geändert werden . . .»).

Auch dieser Einwand ist realitätsbezogen und muß ernst genommen werden.

In diesem Zusammenhang sind drei Dinge zu sagen: Zunächst einmal spricht daraus die Erfahrung jahrelanger Abhängigkeit an der Schule. Auch hier gilt: wenn es Ziel der Lehrerbildung ist, veränderungsbereite, innovative Lehrer auszubilden, müssen diese verinnerlichten Ohnmachtserfahrungen im Studium aufgearbeitet werden und Erfahrungen eigener Einflußmöglichkeiten dagegengesetzt werden. Die Erfahrung konkreter Einflußmöglichkeiten in einem Seminar für Studenten hat allerdings Folgen für die Machtpositionen des Seminarleiters. Wenn die

Teilnehmer anfangen, sich nicht mehr ohne weiteres dem Sachverstand des (oder der) Experten zu unterwerfen und Loyalität gegenüber dessen guten Absichten zu bekunden, entsteht nicht nur ein hohes Maß an *Partizipationsbereitschaft*, sondern unter Umständen auch ein nicht zu unterschätzendes *Konfliktpotential.* Diese Konflikte autoritativ abzuwürgen ist für das Ziel selbstorganisierten Lernens ebenso tödlich wie der häufig zu beobachtende Versuch wohlmeinender Seminarleiter, durch eigene Intervention aktive Partizipation der Teilnehmer erzeugen zu wollen.

Der Wunsch, aus der «mächtigen» Position heraus die «Ohnmächtigen» zum «Aufstand» gegen die eigene Macht bewegen zu wollen, mündet in eine Beziehungsfalle: «Hört endlich auf mich und befreit euch von meiner Autorität!»

Doch selbst wenn dies in einem einzelnen Seminar gelingt, ist der Einwand nicht entkräftet. Die von außen auf das Seminar wirkenden Einschränkungen, angefangen von Prüfungsordnungen über die fachübergreifenden Zentralisierungs- und Reglementierungstendenzen einer Hochschule bis zu den gesamtgesellschaftlichen Verhältnissen, stehen den Möglichkeiten selbstorganisierten Lernens entgegen. *Die Veränderung* dieser Bedingungen auf verschiedenen Ebenen setzt jedoch allemal an den *Widersprüchen der eigenen Praxis* an. Die vorschnelle Projektion globaler Restriktionen in die eigene Situation sowie die abstrakte Lokalisierung ihrer Ursachen im gesamtgesellschaftlichen Bereich macht blind für eigene Handlungsspielräume.

Der vergleichsweise bescheidene Ansatz an den Lernbedingungen der eigenen Ausbildung ist darum ein für Lehrerstudenten *notwendiger*, wenn auch *nicht hinreichender* Schritt zur Auseinandersetzung mit den Bedingungen entfremdeten Lernens und Arbeitens im Ausbildungssektor. In dem Maße, in dem die vorhandenen Handlungsmöglichkeiten ausgenutzt werden, treten die Widersprüche der eigenen Situation auch klarer hervor. Die zunehmende Erfahrung eigener Einflußchancen kann allerdings ebenso in *Reformillusionen* führen, wie die zunehmende Sensibilisierung für nach wie vor ungelöste Probleme in die *Resignation* treiben kann. Entscheidend ist darum, daß Seminare nicht isolierte Erfahrungsfelder bleiben, sondern flankiert werden durch das *Engagement in unabhängig von einzelnen Lehrveranstaltungen arbeitenden politischen Gruppen.*

Exkurs: Zur Relevanz politischer Gruppen für das Lernen im Seminar (Auszug aus einem Arbeitspapier)

In den Seminaren selbst und in der Dokumentationsgruppe ist häufig über die Beziehung zwischen den im Seminar ablaufenden Lernprozessen und der Mitarbeit in politischen Gruppen diskutiert worden. Im Blick auf diese Gruppen scheinen uns folgende drei Momente wesentlich:

- *Basisarbeit*: Der Primat der politischen Arbeit gehört den arbeitenden Gruppen an der Basis. Regionale und zentrale Instanzen haben hauptsächlich Koordinationsaufgaben. Macht und Einflußhierarchien sollen schon durch die Organisationsstruktur am Entstehen gehindert werden.
- *Einheit von theoretischer und praktischer Arbeit*: Eine umfassende Theorie des Spätkapitalismus als Handlungsvoraussetzung wird abgelehnt. Die Theorie entwickelt sich aus der Arbeit in der Praxis. Die Gruppe ist der Diskussionszusammenhang, der Urteile über theoretische Einschätzungen und aktuelle Probleme der Arbeit zugleich zu stellen erlaubt.
- *Aufhebung der Partialisierung der Lebensbereiche*: Einem Verständnis von Politik als Arkanbereich, als spezieller gesellschaftlicher Institution, wird ein umfassender Begriff von politischer Arbeit entgegengehalten: Diese ist weder auf bestimmte Lebensalter (Politik an der Hochschule vs. Politik im Beruf), bestimmte Gruppen («Frauen»-Politik, «Lehrer»-Politik) noch auf bestimmte Bereiche der Lebenspraxis (in der Freizeit, am Arbeitsplatz, mit den Kommilitonen) aufgeteilt, sondern ein sich durchhaltendes Prinzip. Daher kann politische Arbeit den Anspruch erheben, zugleich persönliche Emanzipation zu sein.

Wenn Basisarbeit, Theorie-Praxis-Integration und Aufhebung der Trennung der Lebensbereiche nicht leere Orientierungsdaten bleiben, sondern als Veränderung in der Alltagspraxis erfahrbar werden sollen, so muß auch das Seminar Formen finden und benennen, die diese Prinzipien einlösen. Folgende organisatorische Strukturen hat das *Seminarkonzept* mit *politischer Basisarbeit* direkt gemeinsam:

- Primat der autonomen Arbeit in der sich selbst bewertenden Gruppe: der «Druck von oben» wird zugunsten von Kollektivität und Kooperation aufgehoben. Die Funktion der «zentralen Instanzen» des Seminars (Planungsgruppe, Plenum, Seminarleiter) liegt in der Koordination.
- Einheit von Theorie und Praxis: Es gibt keinen Kodex theoretischen Wissens, der vor Beginn der Arbeit zunächst erfüllt werden muß. Theorieaufarbeitung und Lernen in der Praxis sind dem Konzept nach integriert.
- Aufhebung der Trennung von Politik, Studium, Freizeit, Beruf: Beiden «Basiskonzepten», dem der politischen Arbeit und dem des selbstorganisierten Lernens, liegt ein umfassender Begriff von Entwicklung zugrunde. Ebenso wie *politische Arbeit* teilt sich *das Lernen* nicht auf bestimmte Lebensbereiche auf, sondern wird ein durchgängiges Prinzip.

1.4. Die Selbstorganisation politisch relevanter Lernprozesse als übergreifendes Lernziel des Seminarmodells

Die Selbstorganisation von Lernprozessen im Kontext einer entschulten Lernkultur bleibt, wenn sie politisch relevant wird, nicht bei der Aneignung der Seminarsituation als der eigenen Lernsituation stehen, sondern bedeutet die zunehmende Integration der dort ablaufenden Lernprozesse mit der eigenen Lebenssituation und den gemeinsamen Studien- und Berufsperspektiven.

Die «Umkehrung» der Lerninstitution «Seminar» (s. o.) gelingt in dem Maße, in dem das Seminar zu einem Raum wird, in dem Lernen, Leben und Arbeiten tendenziell zusammenfallen. Diese tendenzielle Aufhebung der Trennung zwischen Lernen, Leben und Arbeiten ist selbst ein im weiteren Sinn politisch relevanter Lernprozeß, der aus der Perspektive des Seminars in vier Dimensionen beschrieben werden kann:

a) Die Aneignung der im Seminar vorgefundenen Lernsituation als eigenes Handlungsfeld führt zu einer *Überwindung der künstlichen Trennung* und beliebigen Kombinierbarkeit von (stofflich definierten) *Lernzielen* und (methodisch definierten) *Arbeitsformen.* An die Stelle der Frage nach optimalen Lehrstrategien, – wie können gegebene Lernziele optimal in Lernschritte umgesetzt werden? oder: welche Arbeitsformen dienen der effektiven Vermittlung gegebener Lerninhalte? – tritt die Verantwortung der Lernenden für ihren eigenen Lernprozeß in seiner Zieldimension wie in seiner Organisationsform.

b) Die partielle Integration der Lebenssituation in die Lernsituation bezieht sich vor allem auf die *Überwindung der künstlichen Abspaltung* der *Beziehungsebene* von der *Inhaltsebene* des Lernens. Wenn Lernen als zunehmende Einsicht in die eigene Person und Umgebung verstanden wird und dem Ziel dient, zunehmend Einfluß darauf zu gewinnen, kann es sich weder auf die 90 Minuten Seminarsitzung pro Woche beschränken noch allein auf individuell-kognitive Prozesse beziehen.

c) Die Integration der im Seminar ablaufenden Lernprozesse mit der gemeinsamen Berufsperspektive führt rasch zu dem Anspruch, die *Trennung zwischen theoretischer und praktischer Arbeit aufzuheben,* was in selbstorganisierten Projekten auch teilweise gelingt. In diesen Projekten verändert sich notwendig auch das traditionelle rezeptive bzw. rezeptologische Interesse an Wissenschaft und weicht der Frage nach der gesellschaftlichen und praktischen Relevanz wissenschaftlicher Konzepte.

d) Politisch relevant im engeren Sinn ist dieser Lernprozeß, wenn es um die Integration der im Seminar ablaufenden Lernprozesse mit den *gemeinsamen Studienbedingungen* geht. Hierher gehören hochschulpolitische Informationen und Aktivitäten, Hinweise auf Demonstrationen, studentische Vollversammlungen und andere Aktivitäten auf Fachebene, politische Hochschulgruppen etc.

2. Modell einer zunehmend selbstorganisierten Lernpraxis

Um die relative Abstraktheit der oben entwickelten Elemente einer selbstorganisiertes Lernen begünstigenden Lernkultur auf eine realisierbare Konkretionsebene herunterzuholen, sollen im folgenden ganz knapp die Prinzipien eines Seminarmodells im Lehrerbildungsbereich (Grundstudium) beschrieben werden, das unter den Bedingungen zunehmend verschulter Ausbildung an der Universität entwickelt und dokumentiert wurde und wesentliche Elemente selbstorganisierten Lernens enthält.

2.1. Prinzipien/Ziele

Die oben genannten institutionellen Voraussetzungen (vgl. 1.2.) können an diesem Modell folgendermaßen konkretisiert werden:

Durchschaubarkeit der Lerninhalte

Im Seminarmodell wird schon in der Eingangsphase versucht, die inhaltlichen Fragestellungen des Seminars auf persönlich relevante Erfahrungen der Teilnehmer zu beziehen (z. B. Thema: Theorie der Schule, Anknüpfung an eigene Schulerfahrungen) und auf berufsrelevante Situationen hin zu strukturieren (z. B. Hospitation in Schulen, Schülerbefragung über Schule).

Die Gesamtaspekte des Themas werden repräsentiert durch eine breite Auswahl kürzerer, leicht verständlicher Texte, die in Gruppen diskutiert und als Kurzreferate zusammengefaßt werden.

Austauschbarkeit der Rollenverteilung

Im Seminarmodell kommt hier dem Workshop eine zentrale Bedeutung zu, auf dem – wenigstens partiell – die Trennung von Lebensbereich und Lernbereich aufgehoben ist. Der Workshop dient insbesondere der thematischen Auswertung der Eingangsphase und der weiteren Arbeitsplanung, insbesondere jedoch der Entwicklung von Selbstverantwortung der Teilnehmer in der Organisation des eigenen Lernprozesses. Die Gruppe beginnt eine Fülle der verschiedensten Rollen und Funktionen auszubilden.

Regelbarkeit der organisatorischen Bedingungen

Die Aufgabe der ständigen kritischen Begleitung und prozeßorientierten Rückkoppelung der Gruppenprozesse wird im Seminarmodell vor allem durch einen parallel zum Seminar tagenden Hochschuldidaktischen Arbeitskreis (HSDAK) wahrgenommen, der sich jedoch mehr als

Analyse-, Dokumentations- und Reflexionsgruppe denn als Planungsgruppe versteht. Daneben werden nach Bedarf die verschiedensten Vorbereitungs-, Planungs-, Koordinations- oder Auswertungsgruppen ins Leben gerufen. Arbeitsgruppen und Plena bestimmen Ort und Zeit ihres Zusammenkommens selbst.

Zugänglichkeit und Verfügbarkeit der Ressourcen

Im Seminarmodell gewinnt dieses Kriterium vor allem in der sogenannten «autonomen» Phase an erhöhter Bedeutung, in der die verschiedensten Interessen verfolgt und ausgearbeitet werden, teils in der Analyse und Entwicklung von Unterrichtseinheiten, der Durchführung von Unterrichtsprojekten, außerschulischen pädagogischen Projekten, Organisationen von Lehrertreffen, wissenschaftlichen Arbeiten etc.

Als Vorkonzeption liegen den jeweiligen Seminaren folgende Elemente der Lernorganisation/didaktische Prinzipien und folgende Globalziele/Lernbereiche zugrunde:

VOR-KONZEP-TION	Lern-bereiche	INDIVI-DUUM	GRUPPE	BERUF	GESELL-SCHAFT
Lern-organi-sation	Global-ziele → didaktische Prinzipien ↓	Sozialisa-tionspro-zesse bearbeiten	Lernpro-zesse kol-lektiv or-ganisieren	Berufsqua-lifikatio-nen er-werben	politisch handeln
ERFAH-RUNG	Primärer-fahrungen ermögli-chen				
ANALYSE	kognitive Orientie-rungen anbieten				
EVALUA-TION	abgelau-fene Prozesse beurteilen				
STRATE-GIE	neue Hand-lungs-felder aufbauen				

Die – systematisch in sich selbst zurücklaufenden – *didaktischen Prinzipien* (Zeilen) können folgendermaßen ausdifferenziert werden:

Primärerfahrungen erstrecken sich auf Auseinandersetzungen im sozialen und emotionalen Bereich, auf unstrukturierte, offene Lernsituationen, auf Schulwirklichkeit und Berufspraxis des Lehrers, auf hochschulpolitische Aktionen.

Kognitive Orientierungen erstrecken sich auf Material/Kategorien zur Beschreibung und Bewertung von Sozialisationsprozessen, Material/Kategorien zur Entwicklung und Verlauf kollektiver Lernprozesse, Material/Kategorien zur Erfassung der ökonomischen, politischen, institutionellen, sozialen und personalen Faktoren in der Berufsarbeit des Lehrers und auf Material/Kategorien zur politischen Ökonomie des Ausbildungssektors und anderer gesellschaftlicher Bereiche.

Die *Prozeßbeurteilung* erstreckt sich auf Verständigung über individuelle Lernschwierigkeiten und Feed-back-Möglichkeiten, Offenlegung von Rollen und Funktionen in der Gruppe, Einschätzung schon erworbener und noch ausstehender Berufsqualifikationen, Erkennen politischer Handlungschancen an der Hochschule und über die Hochschule hinaus.

Der Aufbau von neuen *Handlungsfeldern* erstreckt sich auf nicht konkurrenzorientierte, befriedigende soziale Beziehungen, die Bildung langfristiger Arbeitskollektive, praxisorientierte Projekte, Mitarbeit in politischen Gruppen.

Die ebenfalls nicht linear hintereinander geschalteten, sondern vielfach in sich rückgekoppelten *Globalziele* (Spalten) können folgendermaßen ausdifferenziert werden:

Sozialisationsprozesse bearbeiten heißt seine eigenen sozialen und emotionalen Bedürfnisse erkennen, Ursachen individuellen Verhaltens aufklären, Verhaltenssicherheit erwerben und zu angstfreier Kommunikation fähig werden.

Den eigenen *Lernprozeß kollektiv* organisieren heißt offene Lernsituationen aushalten, den Ablauf von Lernprozessen analysieren und interpretieren, individuelle und kollektive Lernprozesse evaluieren, aktiv Rollen und Funktionen in der Gruppe übernehmen.

Berufsqualifikationen erwerben heißt Erfahrungen im Berufsfeld Schule (Hochschule) sammeln, eine «Theorie der Schule (Hochschule)» entwickeln, seine beruflichen Fähigkeiten und Handlungsmöglichkeiten einschätzen, in berufsorientierten Praxisprojekten mitarbeiten.

Politisch handeln heißt sich als Student und Lehrender auf dem Hintergrund hochschulpolitischer und gesamtgesellschaftlicher Auseinandersetzungen verstehen, deren Bedingungen analysieren, über die Einschätzung des Stellenwerts der Seminarpraxis politische Aktionschancen erkennen und sich im Hochschulbereich und darüber hinaus in politischen Auseinandersetzungen engagieren.

2.2. Organisation

Die Erfahrungen mit verschiedenen Organisationsformen führten schließlich zu einer *organisatorischen Grobaufgliederung* in drei Phasen:
- eine Eingangsphase (1.–4. Woche),
- ein Workshop (2–3 Tage außerhalb des Hochschulorts),
- eine sogenannte autonome, das heißt selbstorganisierte Phase (5. und ff. Wochen).

2.2.1. Eingangsphase

Zu Beginn eines Seminars sind die Teilnehmer in der Regel stark auf die Autorität des Seminarleiters und seine thematischen Angebote fixiert. Auch wenn der Seminarleiter diese «Macht» nicht wahrhaben will, richten sich doch entsprechende Projektionen auf ihn. Drei Elemente im Verhalten des Seminarleiters sind geeignet, diese erste Autoritätsabhängigkeit abzubauen:
- Der Seminarleiter veröffentlicht seine thematischen Vorstellungen und erläutert seine organisatorischen Vorschläge. Diese kognitive Strukturierung verhindert das Aufkommen von Gefühlen der Unsicherheit und irrationalen Phantasien.
- Der Seminarleiter weist auf die Verantwortung aller für den gemeinsamen Lernprozeß hin und benennt damit ein wichtiges Ziel des ganzen Seminars.
- Gleichzeitig verweigert sich der Seminarleiter der kurzfristigen Erfüllung projizierter Abhängigkeitswünsche und bringt sein Vertrauen in das Lern- und Handlungspotential der Gruppe zum Ausdruck.

Funktionen der Eingangsphase

Die Eingangsphase soll den Teilnehmern Erfahrungen in zwei Bereichen ermöglichen:

1. im Seminar

   a) auf sozialer Ebene: In den ersten Sitzungen sollen sich die Teilnehmer persönlich kennenlernen, durch informelle Kontakte sollen der Abbau von Kommunikationsbarrieren und das Klären der Erwartungen, Interessen und Bedürfnisse möglich werden. Die Interessen- und Erwartungsklärung erfolgt in kleinen Gruppen. Das Angebot wenig strukturierter, offener, sanktions- und repressionsfreier Lernsituationen soll ein akzeptierendes Arbeitsklima schaffen.

   b) auf kognitiver Ebene: Die Teilnehmer erhalten durch die Diskussion von nach bestimmten Kriterien ausgewählten Texten einen ersten Überblick über das Seminarthema. Die durch die Bearbeitung der Texte gewonnene kognitive Orientierung soll zudem auf die selbständige Bestimmung über die Arbeitsvorhaben vorbereiten, zu der sich einzelne Gruppen auf dem Workshop und in der autonomen Phase zusammenfinden.

2. Im künftigen Berufsfeld Schule:
Durch Diskussionen über eigene Schulerfahrungen, Bearbeitung von Literatur zur Schultheorie und -praxis, aber auch durch sinnliche Erfahrung der Schulwirklichkeit soll die eigene berufliche Motivation entdeckt bzw. überprüft werden. Die Seminarteilnehmer sollen Vorstellungen über die Relevanz des eigenen Studiums für die spätere Berufspraxis gewinnen; zugleich sollen sie den Handlungsspielraum von Lehrern kennenlernen.
Merkmal der Eingangsphase ist der Verbund von persönlichen (affektiv-emotionalen) und kognitiven Elementen. Die Eingangsphase ist so strukturiert, daß sie unmittelbar auf den Workshop vorbereitet: Die Seminarteilnehmer haben Erfahrungen in der Großgruppe und in Kleingruppen innerhalb und außerhalb der Seminarsitzungen. Gerade die zusätzlichen Kontaktmöglichkeiten führen zu einer größeren Sicherheit im Gesamtplenum und zur Entwicklung eines kollektiven Bewußtseins, das dann auf dem Workshop, wo sich *neue* Gruppen bilden, die autonomen Zielfindungsprozesse erleichtert und die Teilnehmer zu emotionaler Sicherheit auch in der Großgruppe befähigt. Erst diese Sicherheit ermöglicht eine aktive Teilnahme an der Großgruppe und eine Vertretung und Durchsetzung der eigenen Interessen.

2.2.2. Workshop

Mit dem Begriff «Workshop» bezeichnen wir eine Kompakttagung des Seminars außerhalb des Studienortes. Hier sollen alle Seminarteilnehmer die Möglichkeit haben, nicht nur zusammen zu arbeiten, sondern auch ihre übrige Zeit miteinander zu verbringen, zusammen zu spielen, zu essen, zu trinken und zu schlafen. Dazu sind neben ausreichender Zeit – nach unseren Erfahrungen mindestens zweieinhalb bis drei Tage – weitere Bedingungen zu beachten, die ein angenehmes Zusammenleben erleichtern.

Funktionen des Workshop

Für den Seminarablauf hat der Workshop als Bindeglied zwischen Eingangsphase und autonomer Phase eine dreifache Funktion:

- Auswertung der Erfahrungen und Arbeitsergebnisse der Eingangsphase,
- Ermöglichung neuer Erfahrungen in der Großgruppe (durch Zusammenleben und -arbeiten) und laufende Bewertung des gemeinsam Erlebten (Prozeßevaluation) mit dem Ziel wachsender Befähigung zur Selbstorganisation,
- Entwicklung neuer Arbeitsvorhaben für die Weiterarbeit in der auto-

nomen Phase.

Weiter ausdifferenziert ergeben sich damit für den Workshop als Weiterentwicklung und Ausbau der Prozesse der Eingangsphase folgende Funktionen:

a) soziale Ebene

- Die Seminarteilnehmer sollen einander quer zu den Arbeitsgruppen der Eingangsphase besser kennenlernen, indem sie einander stärker als bei den informellen Kontakten der Eingangsphase auch außerhalb der Arbeitssituation erleben.
- Sie sollen die eigenen Bedürfnisse, Interessen und Verhaltensweisen in der Großgruppe erkennen und zu denen der anderen in Beziehung setzen, um die eigene Sicht verallgemeinern bzw. relativieren zu können.
- Die bisherigen Gruppenerfahrungen sollen aufgearbeitet und durch weitere Erfahrungen in kleinen Gruppen mit wechselnder Zusammensetzung sowie in der Großgruppe ausgebaut werden.
- In der Großgruppe (Plenum) sollen die Teilnehmer Entscheidungsprozesse bewußt erleben und mit dem Ziel wachsender Fähigkeit zur Selbstorganisation gemeinsame Handlungskonsequenzen entwickeln.

b) kognitive Ebene

- Texte und Übungen zum Verhalten in Gruppen sollen die ablaufenden Prozesse bewußt machen und über Entstehungsbedingungen von Verhaltensweisen einzelner oder der Gesamtgruppe aufklären.
- Durch Diskussion der Texte, Erfahrungen und Arbeitsergebnisse der Eingangsphase unter systematischen Gesichtspunkten sollen die Ergebnisse und Problematisierungen der eigenen Gruppe im Spektrum der weiteren Aspekte des Seminarthemas gesehen und in einen größeren Zusammenhang eingeordnet werden. Damit werden auch Diskussionen über die Relevanz des Seminars für berufliche Qualifikationen möglich und notwendig.
- Allgemeinere Diskussionen über die Bedeutung der Universitätsausbildung für die zukünftige Berufspraxis, über die Umsetzung von Kritik an den bestehenden Verhältnissen im gegenwärtigen Praxisfeld Hochschule wie im künftigen Praxisfeld Beruf schließen sich konsequenterweise an.
- Aus diesen Diskussionen werden die Frage- und Problemstellungen für die Weiterarbeit in der autonomen Phase entwickelt.

Workshop-Verlauf

Obwohl die Workshops, die wir erlebt haben, recht unterschiedlich verlaufen sind, lassen sich formal gewisse Phasen herauskristallisieren, die allen Workshops gemeinsam waren:

Anfangsphase: allmähliche Lockerung der Atmosphäre; erste Versuche, aufeinander zuzugehen, sich gegenseitig kennenzulernen, gemeinsam

etwas zu tun.
Arbeitsphasen: Diskussion der Texte und Zusammenfassungen bzw. Thesenpapiere der Eingangsphase in neuer Gruppenzusammensetzung; Diskussion übergreifender Probleme; allmähliche Herausbildung von Interessenschwerpunkten für die Weiterarbeit.
Freizeitphasen: ausruhen; anders zusammen«arbeiten»: spazierengehen, Sport treiben, spielen, Feste feiern.
Plenumsphasen: organisatorische Planung (z. B.: Wann machen alle etwas zusammen, wie Film anschauen, inhaltliche Fragen weiter diskutieren? Bis wann sollen die Arbeitsgruppen Vorschläge für die Weiterarbeit entwickelt haben?); inhaltliche Diskussion (z. B. darüber, wie die auf Wandzeitungen festgehaltenen Interessenschwerpunkte, Einzelaspekte des Seminarthemas oder übergreifende Probleme zu sinnvollen Arbeitsgruppenthemen zusammengefaßt werden können).
Arbeitsendphase: eine, nach Überwindung der größten Diskussions- und Entscheidungsschwierigkeiten im Plenum, meist befriedigende Arbeitsphase, in der die vorformulierten Arbeitsvorhaben für die autonome Phase zusammengefaßt und weiter ausdifferenziert werden.
Workshop-Abschlußphase: allgemeine Abschlaffung; Müdigkeit auf Grund des zum Teil exzentrischen Lebens sowie durch die vielseitige intensive Kommunikation; zum Abschluß oft minutenlanges gemeinsames Schweigen.

2.2.3. Autonome Phase

Im Vergleich zu Eingangsphase und Workshop ist die autonome Phase kaum vorstrukturiert und vorgeplant. Es gibt wenig bis keine formellen Auflagen für die Arbeit der Seminarteilnehmer. Arbeitsvorhaben können formuliert und in Angriff genommen werden, ohne daß dies dem Seminarleiter gegenüber begründet zu werden braucht; an seine Stelle tritt jetzt die jeweilige Arbeitsgruppe, der man angehört, bzw. das gesamte Seminar. Als neuer Akzent kommt in der autonomen Phase zur Beschäftigung mit Sozialisationsvorgängen und Gruppenprozessen die Aktivität nach außen, der Aufbau von (gemeinsamen) Handlungsräumen in Hochschule und Berufsfeld hinzu.

Grundlage für die Arbeit in der autonomen Phase sind die Erfahrungen der Eingangsphase, vor allem aber des Workshop: bessere Kontakte zu den anderen im Seminar; erste Erfahrungen, wie Seminarplena zu gemeinsamen Entscheidungen kommen; Auseinandersetzungen mit Leitungsautoritäten (mit der Person des Seminarleiters wie auch anderen Studenten).

Ziele der autonomen Phase:

In dieser letzten Phase des Seminars sollen die Teilnehmer
– Ansätze zu angstfreier selbstorganisierter Arbeit in Arbeitsgruppen

entfalten,
- didaktische Kompetenz im Hinblick auf die Organisation der gemeinsamen Lernprozesse in Arbeitsgruppen und Plena erwerben und
- sich neue Handlungsmöglichkeiten in der Hochschule bzw. im Hinblick auf den Lehrerberuf erschließen.

Im einzelnen bedeutet das

a) für die Arbeitsgruppen:
- die Gruppenmitglieder sollen miteinander ein angstfreies und offenes Klima entwickeln, in dem Schwierigkeiten, die durch unterschiedliches Vorwissen, Führungsansprüche oder -ängste einzelner entstehen, gemeinsam bearbeitet und Konkurrenzverhalten abgebaut werden können; das bedeutet auch, daß persönliche Probleme (auf der Inhalts- wie auf der Beziehungsebene) angesprochen werden können;
- die Arbeitsgruppen sollen ihren Arbeitsprozeß selbst organisieren; das heißt, daß sie über ihr Thema, über die Form, in der sie es bearbeiten, über Hilfen, die sie heranziehen, frei entscheiden;

b) für das Verhältnis Arbeitsgruppen–Plenum und die Plena:
- die Seminarteilnehmer sollen die Seminarsitzungen gemeinsam vorbereiten, durchführen (z. B. die Diskussion leiten, strukturieren, zusammenfassen, Kleingruppen bilden etc.) und auswerten (Selbstevaluation des Seminars);
- in den Plenumssitzungen sollen der Diskussionsstand einzelner Arbeitsgruppen sowie ihre Erfahrungen mit der Arbeitsorganisation oder der Bearbeitung von Gruppenproblemen an alle Seminarteilnehmer vermittelt werden;
- die Seminarteilnehmer sollen über die politische Bedeutung des Seminars und Probleme der Hochschule und späterer Lehrerpraxis diskutieren, über gemeinsame Aktionen entscheiden und sie durchführen.

Auf verschiedenen Ebenen ergaben sich aus der autonomen Phase und als Resultat des gesamten Seminars eine Reihe von mehr oder weniger weitreichenden Aktivitäten, die hier nur angedeutet sein sollen:
- Seminarkritik in traditionellen Seminaren,
- selbstgeplante Seminare,
- selbstorganisierte Studienanfängerveranstaltung an einer benachbarten Hochschule,
- verstärktes politisches Engagement in der Fachschaft,
- Gründung eines studien- und institutsbezogenen Arbeitskreises,
- Projektversuche in der Schule,
- Arbeit mit Schülern außerhalb der Schule,
- Arbeit mit Lehrern.

3. Widersprüche des Seminarmodells

Die Unterschiede zwischen dem hier vorgestellten Seminarkonzept und traditionellem Hochschulunterricht liegen vor allem darin, daß das hier dokumentierte Seminarmodell inhaltlich wie planungsdidaktisch und organisatorisch weitgehend den Lernenden verfügbar bleibt. In dieser Basisorientierung und dem Ziel der «Selbstorganisation politisch relevanter Lernprozesse» liegt auch die strategische Bedeutung des Seminarmodells. Mehr Einsicht, Freiheit und Selbstbestimmung im Blick auf den eigenen Lernprozeß ist, so wurde verschiedentlich deutlich, kein unproblematisch linearer, sondern ein höchst widersprüchlicher Prozeß. Im folgenden sollen diese Widersprüche näher betrachtet werden.

Es fehlt nicht an den verschiedensten Ansätzen, Widersprüche im Ausbildungssektor theoretisch abzuleiten und auf ihre gesellschaftlichen Ursachen zurückzuführen.

Polit-ökonomische Erklärungsansätze setzen, wie ein Teil der bürgerlichen Bildungsökonomie, bei einer Verschiebung der allgemeinen Qualifikationsstruktur an und leiten daraus retrospektiv oder prospektiv notwendig gewordene Veränderungen im Ausbildungssektor ab, die geeignet sind, eine störungsfreie Reproduktion der Gesellschaft zu sichern.

Funktionalistische Erklärungsmodelle beschreiben die Widersprüche staatlicher Bildungsplanung und -politik im Kontext gesamtgesellschaftlicher Funktionsveränderungen des Bildungssystems, insbesondere unter dem Gesichtspunkt der «stofflichen» Qualifizierung disponibel verwertbarer Arbeitskraft (Zunahme abstrakter Qualifikationen wie etwa «das Lernen lernen»), ihrer «gesellschaftlichen» Qualifizierung (Integrationsbereitschaft unter die Bedingungen kapitalistischer Produktionsverhältnisse) sowie unter den Gesichtspunkten der politischen Legitimationsbeschaffung (z. B. Postulat der Chancengleichheit) und der substitutiven Übernahme von Funktionen anderer gesellschaftlicher Systeme (z. B. Bildungspolitik als sozialpolitisches Instrument der Arbeitsmarktentlastung).

Wir beschreiten hier einen pragmatischen Weg. Auf dem Hintergrund der in Abschnitt 1. beschriebenen Ziele entschulten Lernens, der inhaltlichen Selbstbestimmung über den eigenen Lernprozeß sowie der organisatorischen Verfügung über die eigenen Lernbedingungen im Klima einer alternativen Lernkultur und ihrer nicht-konkurrenz- und -konformitätsorientierten Verkehrsformen, werden *Widersprüche auf drei Ebenen* unterschieden:

1. Widersprüche, die sich zwischen den Lernzielen und -bedingungen dieses Seminarmodells ergeben im Verhältnis zu traditionellen Seminaren, zu generellen Ausbildungsbedingungen und generellen Berufsbedingungen des Lehrers. Diese Widersprüche sind nur langfristig aufhebbar und liegen wesentlich außerhalb des unmittelbaren Hand-

lungsbereichs des Seminarmodells (vgl. 3. 1.).

2. Widersprüche, die sich beschreiben lassen als unangemessene Lösungsversuche auf die Probleme, die unter 1. genannt sind. Dabei handelt es sich im wesentlichen um curriculare, organisatorische und didaktische Vorschläge, die darauf abzielen, durch eine Verwissenschaftlichung des Studiums, eine Reorganisation des Berufs-Praxis-Bezugs oder die Ausweitung ausgelagerter didaktischer Interventionen (Hochschuldidaktik, Gruppendynamik) die Effizienz von Lehrerausbildungsveranstaltungen zu verbessern, ohne jedoch inhaltlich und organisatorisch mehr Selbstbestimmung für die Lernenden zu ermöglichen, und die unter Umständen sogar dazu tendieren, gegenteilige Folgen zu erzeugen (vgl. 3. 2.).
3. Widersprüche, die vom Seminarmodell selbst erzeugt werden, auch und gerade dann, wenn sie unter 1. und 2. genannten Probleme auf dem Hintergrund einer durch Selbstorganisation bestimmten Lernkultur im Mittelpunkt kritischer Analysen stehen. Zu dieser zuletzt genannten Gruppe von Widersprüchen gehören etwa der Widerspruch zwischen emotionaler Bedürfnisorientierung versus kritischer Wissenschaftsauseinandersetzung, der zwischen Spontaneismus versus kollektiver Selbstorganisation sowie der Widerspruch zwischen Selbsterfahrung versus politischer Ausbildungskritik (vgl. 3. 3.).

3.1. Übergreifende Widersprüche

Die nur langfristig aufhebbaren, über den Handlungszusammenhang des Seminarmodells hinausweisenden Widersprüche zeigen sich in

- einer *inhaltlichen* Dimension, bezogen auf die im Seminar ablaufenden Lernprozesse (3.1.1.),
- einer auf die *organisatorischen* und *institutionellen* Bedingungen bezogenen Dimension dieser Lernprozesse (3.1.2.),
- einer Dimension, die sich auf die *übergreifenden Folgen politischer Sozialisation* bezieht (3.1.3.).

3.1.1.

Korrespondierend zu den Veränderungen der stofflichen Qualifikationsanforderungen des Beschäftigungssystems, das heißt der auf den Arbeitsprozeß selbst bezogenen, funktionalen Qualifikationen, zeigt sich die generelle Tendenz im Ausbildungssektor, Arbeits- und Lernprozesse stärker unter abstrakten Gesichtspunkten wie ihrer Intensität, ihrer Übertragbarkeit etc. zu beurteilen als unter dem Gesichtspunkt ihrer konkreten Nützlichkeit für den Lernenden.[6] Die Entwicklung abstrakter kognitiver Fähigkeiten, wie «das Lernen lernen», bedeutet zwar einerseits eine größere Unabhängigkeit von den spezifischen Qualifikationsanforderungen des Beschäftigungssystems und eines konkreten Arbeitsplatzes (die konkret dort benötigten Qualifikationen werden dann im

Arbeitsprozeß selbst, «on the job», erworben), bedeuten jedoch andererseits auch eine größere Entfremdung der Lernenden von den Inhalten ihres Lernprozesses. Was abstrakt als kognitive Einsicht transferierbar ist, muß jedoch nicht persönlich bedeutsam sein und umgekehrt.

Diese hier nur ganz knapp angedeuteten allgemeinen Funktionsveränderungen im Ausbildungssektor bestimmen auch den Charakter von Lernprozessen in Schule und Hochschule.

Ob «traditionelle» Seminare «gut» sind, definiert sich weitgehend danach, in welchem Umfang und auf welchem Niveau allgemeine wissenschaftliche Einsichten vermittelt wurden, wieviel verschiedene Theorien miteinander verglichen und methodologisch und wissenschaftstheoretisch «auseinandergenommen» wurden.

Die dabei erzielten berufsrelevanten Qualifikationen bleiben abstrakt. Die spätere berufliche Brauchbarkeit solcher Lernprozesse verflüchtigt sich ebenso wie deren konkrete Bedeutung für die aktuelle Lernsituation.

Dem Versuch, den Lernenden, das heißt den Studenten wie dem Seminarleiter, die Möglichkeit zu geben, die inhaltliche Selbstbestimmung über den eigenen Lernprozeß zu übernehmen, das heißt für die gegenwärtige Lern- wie spätere Berufssituation relevante Inhalte zu bearbeiten, liegt ein alternatives Modell von «Transferierbarkeit» zugrunde: Als übertragbar gelernt werden nicht abstrakte kognitive Leistungen, theoretisch bleibende Einsichten, sondern konkret auf den eigenen Lernprozeß bezogene Qualifikationen.

3.1.2.

Mit der Abnahme der Bedeutung konkreter stofflicher Qualifikationen wird einhellig von allen bildungssoziologischen und -ökonomischen Analysen auf das wachsende Gewicht der «gesellschaftlichen» Seite der Qualifikation von Arbeitskraft hingewiesen, sogenannter extrafunktionaler, prozeßgebundener Fähigkeiten. Darunter wird die Fähigkeit des Arbeitenden bzw. Lernenden verstanden, seine Arbeitskraft unter gegebenen kapitalistischen Verwertungsbedingungen zu realisieren, seine Lernmöglichkeiten unter den gegebenen institutionellen und organisatorischen Bedingungen von Schule zu entfalten. Diese loyale Ein- und Unterordnung wird – strukturell – von den Institutionen des Bildungssystems (Schule, Hochschule) ebenso gefordert wie sie Bedingung für die Verwertung der eigenen Arbeitskraft ist. Arbeitskraft in diesem Sinne «gesellschaftlich», das heißt auf Loyalität gegenüber gegebenen institutionellen Strukturen hin zu qualifizieren ist eine der Hauptfunktionen des Bildungssystems.

«. . . die Institutionen des formalen Bildungssystems . . . vermitteln die Einstellungen und ‹Tugenden›, die in der industriell-bürokratischen Arbeitswelt gefordert werden, dadurch, daß hier wie dort die soziale Situation durch hierarchische Anordnungsbefugnisse und die Ökonomie der Zeit organisiert ist, daß eine formale Anstaltsdisziplin herrscht, daß individueller Wettbewerb und individuelle Bewertung gefördert und kooperative Tugenden eher beeinträchtigt werden, daß ‹extrinsische›, d. h. nicht in der Tätigkeit selbst, sondern in ihrem äußerlichen Tauschwert (hier Noten, dort Geld) gelegene positive Sanktionen verwendet werden und daß als negative Sanktion der Verlust des sozialen Status und die Aussonderung aus informellen Bezugsgruppen angedroht ist» (GINTIS 1972, nach: OFFE a. a. O., S. 235).

In der Schule, am Arbeitsplatz des Lehrers, laufen diese Mechanismen verhältnismäßig unverhüllt ab, sie sind jedoch genauso in den Seminaren der Lehrerbildung wirksam:

Die Ergebnisse institutionalisierter Belehrung schlagen sich im formalen Gewicht von Produkten nieder: in Exzerpten, Arbeitspapieren, Klausuren, Tests.

Indem Lernen sich in derartigen Produkten verdinglicht, hat es sich von den Interessen und Bedürfnissen losgelöst, die praktisch damit verbunden sind oder sein können.

Der Maßstab, nach dem Lernen beurteilt wird, bemißt sich nach der Länge der dafür aufgewandten Zeit, das heißt der Anzahl der in der Schule verbrachten Jahre, der Anzahl der pro Klasse/Schüler benötigten Lehrer- oder Programmstunden.

(«Lernen gehen» bedeutet umgangssprachlich «in eine Schule gehen», «viel gelernt haben» bedeutet «viele Jahre in der Schule verbracht haben», «ausgelernt haben» schließlich: ein institutionalisiertes Lernverhältnis, Schulzeit oder Lehrzeit, beendet haben.)

Das Maß, nach dem Lernen beurteilt wird, schlägt sich nieder in Testziffern, Noten, Examina, Titeln, lauter Einheiten, die ihren Wert nur als Ware, als Tauschwert realisieren lassen. Lernen ist in dieser quantitativen Bewertung selbst zu einer Form der Waren-«produktion» geworden.

Der Versuch, den Lernenden selbst die volle Verfügung über die institutionellen und organisatorischen Bedingungen ihrer Lernprozesse zu ermöglichen, führt zu einem alternativen «hidden curriculum»: Als wünschenswertes und übertragbares Lernverhalten wird hier nicht die passive, unkritische Ein- und Unterordnung gelernt, sondern die Fähigkeit zur Entwicklung effektiver und selbstbestimmter Organisations- und Institutionalisierungsformen. Der Widerspruch zu allen Formen verschulten Lernens und Studierens ist offensichtlich.

3.1.3.

An der inhaltlichen (3.1.1.) und der institutionellen Dimension (3.1.2.) des Lernens zeigten sich zwei – kurzfristig durch das Seminarmodell nicht aufhebbare – Widersprüche:

der *Widerspruch zwischen konkreten, auf den eigenen Lernprozeß bezogenen Qualifikationen* und *abstrakten kognitiven Leistungen* zum einen sowie der *Widerspruch zwischen der aktiven Selbstverfügung über die organisatorischen und institutionellen Bedingungen des Lernens* und *der willigen Ein- und Unterordnung in fremdbestimmte Lernverhältnisse* andererseits.

Diese inhaltlichen und institutionellen Widersprüche zwischen Intention und Praxis des Seminarmodells auf der einen Seite und den herrschenden Strukturen des Ausbildungssektors, damit auch «traditionellen» Seminaren auf der anderen Seite, zeigen sich auch in den widersprüchlichen *Folgen politischer Sozialisation* im weiten Sinne. In Anlehnung an OFFE (1975) und BOURDIEU/PASSERON (1971)[7] (vgl. auch FEND 1974[8]) können, wiederum unter Verzicht auf systematisch-theoretische Ableitung, vor allem folgende Funktionen des Bildungssystems genannt werden, die im Blick auf die Erzielung *allgemeiner politischer Sozialisationsprozesse* von Bedeutung sind und durch die Institutionen des Ausbildungssystems erfüllt werden:

Lernprozesse müssen so organisiert werden, daß der Widerspruch zwischen formaler Gleichheit (jedermann hat das gleiche Recht auf Ausbildung) und faktischer gesellschaftlicher Ungleichheit (Unterschiede in Sozialstatus, Einkommen und Lebenschancen) nicht zum Gegenstand gesellschaftlicher Auseinandersetzung und politischer Konflikte wird, sondern als individueller Erfolg bzw. Mißerfolg erscheint. Die Ideologie der allgemeinen Chancengleichheit verbindet sich mit der der Leistungsgesellschaft in einer Weise, daß persönlicher Erfolg und Mißerfolg als individuelle Folgen von Lernprozessen interpretiert werden, gleichzeitig also interne Legitimationen für ein differenziertes Ausbildungssystem entwickelt werden («gute» und «schlechte» Schüler, die auf entsprechende Schultypen bzw. Leistungsniveaus verteilt werden) wie externe Legitimationen für faktische gesellschaftliche Ungleichheit produziert werden (verschiedene Schulabschlüsse stellen Berechtigungen für verschiedene Berufszugangsmöglichkeiten dar).

Damit befördert eine Organisation von Lernprozessen, die auf individuellem Erfolg, konkurrenzorientierter Selektion und konformitätsorientierten Verhaltensmustern aufbaut, sowohl interne Verstärkungsmechanismen der eigenen Selbstlegitimation des Ausbildungssystems (jeder hat ja eine Chance, wenn er sie nur wahrnimmt) wie auch Formen der indirekten externen Loyalitätssicherung gegenüber dem gesellschaftlichen und ökonomischen System (Lernprozesse sind multifunktional und nicht unmittelbar nach Klassen- oder Gruppeninteressen organisiert).

Selbst gemessen am Ziel einer «störungsfreien Reproduktion gesellschaftlicher Strukturen» durch die Institutionen des Ausbildungssektors zeigen sich zunehmend dysfunktionale Folgen derart organisierter Bildungs- und Lernprozesse:

Die Übersteigerung individuellen Leistungsdrucks führt zunehmend mehr zu Leistungsabfall und genereller Leistungsverweigerung, spätestens dann, wenn der unmittelbare Druck nachläßt; die Verstärkung sozialer Konkurrenz (vor allem im Zusammenhang mit dem Numerus clausus beim Hochschulzugang) führt zur zunehmenden Unfähigkeit, sachbezogen zu kooperieren; die von der Schule erzwungene Konformität begünstigt rezeptives statt kreatives Denken, Abhängigkeit und Passivität statt aktiver Partizipationsbereitschaft. In dem Maße, in dem es gelingt, alternative politische Orientierungen und Sozialisationsprozesse zu befördern, zeigen sich tendenziell umgekehrte Sozialisationsfolgen: selbständige Arbeitsmotivation, sachbezogene Kooperation, Kritikfähigkeit und aktive Bereitschaft zur Mitarbeit.

Damit wachsen auch die Widersprüche zwischen den hier geübten Verhaltensmustern und Handlungsformen und den in «traditionellen» Seminaren gemachten Erfahrungen und Handlungsmöglichkeiten.

3.2. Widersprüche auf der Ebene der allgemeinen Reformmaßnahmen

Die im folgenden knapp vorgestellten Reformstrategien in der Lehrerbildung lassen sich beschreiben als *unangemessene Lösungsversuche auf die oben beschriebenen Probleme der Entwicklung inhaltlicher, «stofflicher» Qualifikationen* (3.1.1.), *der Entwicklung institutionsbezogener, «gesellschaftlicher» Qualifikationen* (3.1.2.) *sowie der Bearbeitung der allgemeinen Sozialisationsfolgen langjähriger Belehrung in den Institutionen des Bildungssystems* (3.1.3.). Sie sind unangemessen, da sie sich auf eine formale Veränderung der vorgeschlagenen Mittel beschränken, ohne eine materiale Veränderung im Blick auf die inhaltliche und organisatorische Selbstbestimmung der Lernenden anzustreben. Statt dessen erzeugen diese Reformstrategien selbst eine Reihe von widersprüchlichen Folgen. Am Beispiel

- der formalen Ausweitung sozialwissenschaftlicher Curriculumelemente in der Lehrerbildung (3.2.1.),
- des nur organisatorisch und zeitlich ausgeweiteten Berufspraxisbezugs (3.2.2.),
- der Ausweitung meta-didaktischer, sozialisationsorientierter Interventionsformen (Hochschuldidaktik und Gruppendynamik, 3.2.3.)

soll verdeutlicht werden, daß die damit genannten aktuellen Reformtendenzen im Bereich der Lehrerbildung mit den in 3.1. bis 3.3. angedeuteten Tendenzen korrespondieren, darüber hinaus jedoch auch in spezifischer Weise bestimmt werden durch allgemeine Prozesse im Bereich der Wissenschaftsentwicklung, der Hochschulentwicklung und der zunehmenden Einschränkung politischer Arbeit an der Universität. In jeweils «verkleinertem» Maßstab zeigten sich entsprechende Widersprüche in den verschiedenen hier dokumentierten Seminaren.

3.2.1.
In den neueren Dokumenten zur Reform der Lehrerbildung wird eine Reihe von (meist) formalen Zielen formuliert, in denen die angestrebten Berufsqualifikationen des Lehrers vor allem unter dem Aspekt gesehen werden, die *funktional-technischen Dimensionen seiner beruflichen Tätigkeit zu verwissenschaftlichen.*

Wir beschränken uns in diesem Zusammenhang auf eine knappe Darstellung der wichtigsten Reformtendenzen, ohne die entsprechenden Dokumente zu zitieren oder zu analysieren.

Die formale Ausweitung der fachdidaktischen Anteile gegenüber den fachwissenschaftlichen Anteilen im Studium, wie sie in den Reformdokumenten zur Lehrerbildung gefordert wird, bleibt nach inhaltlichen Kriterien unausgewiesen, führt damit zu einem instrumentalistischen Verständnis von Didaktik (inhaltsneutrale Methoden des Beibringens) und verstärkt die Konkurrenz zwischen den künftigen Lehrern und den künftigen Fachwissenschaftlern im Studium selbst.

Auch die Ausweitung der erziehungswissenschaftlichen und gesellschaftswissenschaftlichen Studienanteile zielt vor allem auf «technisch genaue Kommunikation und experimentell-wissenschaftliche Haltung pädagogischen Problemen gegenüber».

Die Einübung in die technische Beherrschung der Machtrolle des Lehrers in einem verschulten Unterricht, des «effektiven» Informationsvermittlers, Sozialisators und Selektors, spiegelt sich auch in den Bedingungen der Lehrerbildung selbst wieder: Abfütterung mit abstrakt bleibendem Wissen in Großveranstaltungen, hohe «Durchlaufgeschwindigkeiten» und «Durchlaufquoten» durch rationellen Medieneinsatz, auf die technischen Aspekte des Unterrichtens bezogene Verhaltenstrainings, überblickartiges Abfragen umfangreicher Spezialkenntnisse in der Prüfung.

Alle diese Reformvorschläge zielen nicht auf eine größere materiale Selbstbestimmung der Lernenden, weder der Lehrerstudenten im Studium noch der Schüler im Unterricht; statt dessen sollen möglichst übergreifende und vielseitig verwertbare, wissenschaftliche wie unterrichtstechnologische Qualifikationen erworben werden, denen ein hoher Transferwert im Blick auf sich verändernde Berufsbilder zukommt. Die meisten dieser *Vorschläge korrespondieren mit* den in 3.1.1. kurz angedeuteten *Veränderungen in der Qualifikationsstruktur*: Vorrangiges Ziel ist die möglichst kostensparende – Ausbildungskosten sind «tote» Kosten – Effektivierung der Ausbildung. Die dabei erworbenen wissenschaftlichen Qualifikationen müssen sowohl breit anwendbar als auch flexibel einsetzbar sein. Diesem Ziel entspricht auch die Forderung nach flexiblen Studiengängen und möglichst später Spezialisierung und die Forderung nach sogenannten extra-funktionalen Qualifikationen wie «kritisches Verständnis von Zusammenhängen», «Kenntnis methodischer Möglichkeiten», «Bereitschaft zu lebenslangem Lernen», «Problemlösungs-Training». Diese Tendenzen der formalen Funktionalisierung der Ausbildung werden *unterstützt und verstärkt durch die Vergesellschaftung von Wissenschaft*: In dem Bemühen, praktikabel zu werden, unterwirft sich die Wissenschaft zunehmend ihr fremden Interessen.

«Im Maße der Verwissenschaftlichung unserer Zivilisation ist nämlich die Dimension, in der einst Theorie auf Praxis sich richtete, zugeschnürt worden. Die Gesetze der Selbstreproduktion verlangen von einer industriell fortgeschrittenen Gesellschaft, daß sie sich auf der Stufenleiter einer stetig erweiterten technischen Verfügung über Natur und einer stetig verfeinerten sozialorganisatorischen Verwaltung der Menschen und ihrer Beziehungen untereinander am Leben erhält. In diesem System schließen sich Wissenschaft, Technik, Industrie und Verwaltung zu einem Kreisprozeß zusammen. Darin kann das Verhältnis von Theorie und Praxis nur mehr als zweckrationale Verwendung erfahrungswissenschaftlich gesicherter Techniken zur Geltung kommen. Die gesellschaftliche Potenz der Wissenschaften wird auf die Gewalt technischer Verfügung reduziert – als eine Potenz aufgeklärten Handelns kommt sie nicht länger in Betracht.»[9]

Durch den Rückzug auf empirisch-positivistische Forschungsmethoden verstärkt sich die Gefahr, daß Wissenschaft sich ihrer erkenntnisleitenden Interessen nicht mehr bewußt ist und diese nicht mehr mitreflektiert, daß Teilprobleme und Fragestellungen erforscht werden, ohne dabei den Gesamtzusammenhang von Problemen zu berücksichtigen, daß ungeschichtlich geforscht wird, daß Wissenschaft ihre Methoden und Ergebnisse für wertfrei, prinzipiell verwertbar und politisch neutral hält, in Wahrheit aber ihren politischen Charakter nur verschleiert.

Auf der *Ebene des Seminarkonzepts* stellen sich die hier angesprochenen Widersprüche nicht als unbearbeitbar, aber doch als nur schwer aufhebbar heraus. Mindestens in der Eingangsphase jedes Seminars, aber auch der sogenannten autonomen Phase, zeigte sich die Schwierigkeit, wissenschaftliche Texte zu finden, die sowohl relevant für die derzeitige Lern- und spätere Berufspraxis der Studenten sind als auch transferierbare Schlüsselprobleme enthalten.

Mindestens einmal wurde eine *formale Verwissenschaftlichung* in überzogener Weise betrieben: In der ersten Sitzung wurde ein Kanon von zwanzig wissenschaftlich differenzierten, theoretisch breitgefächerten Texten ausgegeben, der arbeitsteilig von zehn Gruppen erarbeitet, bis zum Workshop jedoch von allen gelesen werden sollte. Dabei waren abstrakte wissenschaftliche Standards leitend, die es den Studenten nicht mehr erlaubten, relevante Handlungsorientierungen zu entwickeln. So sehr die Präsentation so vieler, schon abgezogener Texte durch den Seminarleiter (statt nur eine Literaturliste auszugeben wie in traditionellen Seminaren!) zunächst durch die Teilnehmer begrüßt wurde, so deutlich zeigte sich später, wie wenig die verschiedenen Spezialaspekte für Studenten wirklich miteinander integrierbar waren, wie schwierig es nach diesem Einstieg wurde, seminar- und berufsrelevante Themen für die autonome Phase zu formulieren. In keinem Seminar wurde die Möglichkeit der Studenten, selbstbestimmt relevante Inhalte zu bearbeiten, durch ein (gut gemeintes) Strukturierungsangebot stärker blockiert – ein offensichtlich unangemessener Lösungsversuch, der gegenteilige Wirkungen erzeugte.

3.2.2.

Analysiert man die neueren Dokumente zur Hochschul- und Studienreform, so gewinnt man auf den ersten Blick den Eindruck, als würde dem Dilemma der mangelnden Berufspraxisorientierung der gegenwärtigen Hochschulausbildung nun umfassend begegnet. In § 8 des Hochschulrahmengesetzes wird als Ziel des Studiums formuliert:

«Lehre und Studium sollen den Studenten auf ein berufliches Tätigkeitsfeld vorbereiten und ihm die dafür erforderlichen fachlichen Kenntnisse, Fähigkeiten und Methoden vermitteln, daß er zu wissenschaftlicher und künstlerischer Arbeit, zu wissenschaftlich kritischem Denken und zu verantwortlichem Handeln in einem freiheitlichen, demokratischen und sozialen Rechtsstaat befähigt wird.»

Insbesondere die *Reorganisation des Berufspraxis-Bezugs* hat in der Diskussion um die Reform der Lehrerausbildung in den letzten Jahren an Bedeutung gewonnen.

Ein grundsätzliches Problem stellt sich auch hier: Die einhellig beklagte Kluft zwischen wissenschaftlicher Theorie und praktischen Handlungsqualifikationen ist vermutlich nicht nur durch eine berufsbezogene Theorie zu überwinden, sondern ebensosehr anzugehen von der Seite einer in einem sehr viel höheren Maße innovatorischen, das heißt auch verwissenschaftlichten Berufspraxis selbst. Oder so herum gesagt: Rigide, hierarchisch organisierte Arbeitsbedingungen, die Lernprozesse am Arbeitsplatz verhindern, werden nicht abgeschafft durch eine noch frühzeitigere Vorbereitung auf diese Bedingungen im Studium, durch praxisnähere Curricula, durch die Organisation von mehr und längeren Praktika. Die schlichte institutionelle Ausweitung von Ausbildungsangeboten unter dem Schlagwort «mehr Berufspraxis im Studium» führt auch zu einer frühzeitigeren und besseren Abrichtung für gegebene Arbeitsbedingungen, solange nicht ergänzend oder sogar vorrangig eine innovationsorientierte Berufsforschung betrieben wird, etwa unter dem Stichwort «mehr Studium, das heißt Reflexion, in die Berufspraxis».

Alle derzeit vorgeschlagenen und teilweise erprobten Modelle einer stärkeren Verzahnung von Studium und Beruf sind mit erheblichen Mängeln belastet:

- Zweiphasige Ausbildungsmodelle können nicht verhindern, daß wissenschaftliche Analysen und Forderungen zum falschen Gegensatz von praktischen Realisierungsmöglichkeiten gerinnen und sich damit des eigenen kritischen Potentials berauben, letztlich eine antiinnovatorische Haltung gegenüber der Praxis erzeugen: Auf eine langfristig folgenlose Belehrung folgt der unausweichliche «Berufsschock»;
- einphasige Modelle sind mit einer Fülle organisatorischer Probleme behaftet und stellen keineswegs sicher, daß sie mehr erzielen als eine vorgezogene Berufssozialisation;
- die im internationalen Rahmen jetzt vorgeschlagene Strategie von «Recurrent Education», einem nach dem Sandwich-Prinzip aufgebauten ständigen Wechsel zwischen Ausbildung und Beruf, führt tendenziell auch nur zu einer Verlängerung und Ausdehnung schulischer Belehrung, nicht jedoch zu einer strukturellen Integration von Studium und Berufspraxis.

Eine rein organisatorische Ausweitung berufsbezogener Studienanteile steht damit in der Gefahr, sowohl die institutionellen Bedingungen der Ausbildung wie die der Berufspraxis zu verhärten und festzuschreiben.

Dies kann an drei, fast allen dieser Versuche zugrunde liegenden Kriterien, dem Kriterium der *Problembezogenheit*, dem der *Interdisziplinarität* und dem der *Berufsbezogenheit* kurz verdeutlicht werden:

Wird der Berufspraxis-Bezug einseitig von der Hochschule her definiert, besteht die Gefahr, daß

- Problembezogenheit verkürzt wird auf eine theoretische Einweisung in die spätere Praxis als Anwendungsfeld der in der Ausbildung angeeigneten Theorie – statt Theorie und Praxis, Einsicht und Handeln stärker miteinander zu verschränken, wird ihre Segmentierung verstärkt;
- Interdisziplinarität pervertiert wird zum «curricularen Verteilungskampf» zwischen fachwissenschaftlichen, fachdidaktischen und erziehungswissenschaftlichen Studienanteilen; an die Stelle von Integration tritt konkurrierende Arbeitsteilung;
- Berufsbezogenheit vereinnahmt wird als zeitlich vorgezogene Anpassung an die institutionellen Bedingungen und Strukturen der Praxis.

Um diese Gefahren und immanenten Widersprüche zwischen den Reformzielen eines stärkeren Berufspraxis-Bezugs in der Lehrerbildung und den Mitteln ihrer Realisierung zu vermeiden, müssen – und hier liegen auch die Ansatzpunkte des Seminarmodells –,

- ein nicht einseitig von der Hochschule organisierter Berufspraxis-Bezug, sondern eine stärkere Rückkoppelung und Integration theoretischer Arbeit (im Seminar) und praktischer Arbeit (in Projekten) angestrebt werden, das heißt zum Beispiel mehr Praxismöglichkeiten neben und in Verbindung mit Seminaren bereitgestellt werden;

- die Bedingungen der Ausbildungssituation selbst verändert werden, das heißt zum Beispiel mehr in sich selbst interdisziplinär organisierte Seminare abgehalten werden;
- eine stärkere Verbindung von Lehrerausbildung und Lehrerfortbildung angestrebt werden, das heißt zum Beispiel Ausbildungsseminare für Lehrer geöffnet oder auch gemeinsame Tagungen von Lehrern und Studenten durchgeführt werden.

In diesem Zusammenhang kann auf einige, in ihrem Anspruch und Umfang allerdings sehr begrenzte Erfahrungen hingewiesen werden, die wir mit Lehrerstudenten der verschiedenen Fächer in den letzten Semestern gesammelt haben:

Im letzten Drittel von Seminaren oder im lockeren Kontakt mit diesen organisierten wir – meist in Zusammenarbeit mit staatlichen oder kirchlichen Institutionen – Tagungen für Lehrer aller Schultypen und Altersgruppen und Studenten, die unter einem wissenschaftlich wie berufspraktisch relevanten Thema standen und zum Austausch von wissenschaftlichen Analysen, berufspraktischen Erfahrungen und konkreten Handlungsstrategien dienten. Unsere Auswertungen zeigen deutlich, wie groß die Kommunikationsprobleme zwischen diesen Gruppen sind, wie hilfreich jedoch ein solcher Austausch für beide sein kann. Mehr oder weniger deutlich voneinander abhebbar lassen sich auf solchen Tagungen typische Kommunikationsphasen unterscheiden. In Phase 1 stellen die Studenten, voll des süßen Weines der Wissenschaft, eine Reihe von Forderungen auf an eine kritische Berufspraxis der Lehrer. Die Lehrer verteidigen zunächst ihre eigenen Unzulänglichkeiten und igeln sich schließlich mit dem Argument ein: Ihr habt ja keine Ahnung, wie es in der Schule wirklich aussieht. Damit sind die Studenten zunächst abgeblockt.

Phase 2 beginnt damit, daß die Studenten den Lehrern erklären, warum man ja auch (logischerweise) unter den gegebenen politischen und institutionellen Bedingungen keine kritische Berufspraxis betreiben könne, daß dieses auch gar nicht die persönliche Schuld des Lehrers sei und sie selbst als Studenten auch voll Resignation im Blick auf ihre spätere Berufspraxis seien. Dies ruft den geharnischten Protest der Lehrer hervor, die an einer Fülle von Beispielen nachweisen, wie groß die tatsächlichen Veränderungsmöglichkeiten bei einer entsprechenden Ausnutzung der vorhandenen politischen und institutionellen Spielräume sind.

Solche Mini-Modelle der Verbesserung des Berufspraxis-Bezugs haben den Vorteil, daß sie relativ billig sind, relativ leicht organisierbar und vor allem stark von der Initiative und Bereitschaft der Betroffenen abhängig sind, gleichzeitig aber auch den Nachteil, daß sie (mindestens in dieser Form) nicht in breitem Umfang und langfristig planbar sind.

3.2.3.
In diesem Abschnitt soll kurz auf die *dritte Richtung von Reformbemühungen* eingegangen werden, die neben einer *wissenschaftsdidaktisch orientierten Revision der Inhalte* (3.2.1.) und einer *organisationsbezogenen Neubestimmung des Berufspraxis-Bezugs* (3.2.2.) mehr und mehr Hoffnungen auf sich zieht: die *Ausweitung sozialwissenschaftlich orientierter Interventionen auf einer gruppendynamischen oder hochschuldidaktischen Meta-Ebene.* Ähnlich wie zu zeigen versucht wurde,

- daß die *formale Ausweitung wissenschaftlicher Kenntnisse nur zu einer abstrakten Verbesserung der Qualifikation künftiger Lehrer führt, solange damit nicht mehr materiale Selbstbestimmung verbunden ist,* und
- daß die nur *organisatorische Ausweitung von Berufspraxis-Kontakten in der Gefahr steht, die Kluft zwischen Theorie und Praxis zu verfestigen statt zu überwinden, und damit zu einer stärkeren Unterwerfung unter die gegebenen institutionellen Strukturen von Ausbildung und Berufspraxis führt, solange den Lernenden nicht mehr Verfügung über die institutionellen Bedingungen ihrer Lernpraxis gegeben wird,*

wird im folgenden zu fragen sein, ob die *Ausweitung sozialisationsorientierter Interventionsmodelle in der Kompensation der oben beschriebenen «dysfunktionalen» Folgen verschulter Sozialisationsprozesse steckenbleibt, solange es nicht gelingt, alternative («entschulte») Verkehrsformen in der Lernsituation selbst zu verankern.*

Ohne Funktion und Stellenwert der Ausbreitung gruppendynamischer und hochschuldidaktischer Aktivitäten in der Hochschule hier auch nur annähernd umreißen zu können – das ganze hier dokumentierte Seminarmodell ist in diesem Kontext entstanden –, soll doch auf vier kritische Anfragen und mögliche Kriterien hingewiesen werden: *Zum ersten* besteht die Gefahr, daß hochschuldidaktische, insbesondere gruppendynamische Verfahren selbst wieder als allgemeine, wertneutrale und unbeschränkt einsetzbare Methoden verstanden werden. Wo dieser Anspruch erhoben wird, handelt es sich nicht um eine *Aufhebung,* sondern um eine *Ausweitung* der Bedingungen verschulten Lernens. Die Funktion gruppendynamischer und hochschuldidaktischer Intervention besteht dann darin, die fremdbestimmte Kontrolle über die Inhalte und über die institutionellen und organisatorischen Bedingungen auch in die sozialen und emotionalen Dimensionen des Lernens hinein zu verlängern.

Die Entwicklung kooperativer Methoden des Lernens verkehrt sich dann in eine subtile Konfliktunterdrückungsstrategie.

Daraus ergibt sich als *erstes Kriterium* die *Situationsspezifität* gruppendynamischer und hochschuldidaktischer Verfahren. Darunter soll das Ausmaß verstanden werden, in dem die konkreten Interessen der Betroffenen aufgeklärt und befördert oder uminterpretiert und unterdrückt werden.

Mindestens in einem der hier dokumentierten Seminare zeigte sich der Widerspruch zwischen diesem Ziel sozialisationsorientierter Interventionen, die allgemeine Kooperationsfähigkeit zu verbessern, und den angewandten Mitteln sehr deutlich: In einer Phase allgemeiner Desintegration auf einem Workshop wurden vom Seminarleiter allgemeine Kooperationsübungen angeboten, denen sich ein Teil der Gruppe verärgert verweigerte und mit denen ein anderer Teil, ohne daß dies beabsichtigt gewesen wäre, erfolgreich vom eigenen Problem abgelenkt wurde.

Zum zweiten entsteht sehr leicht die Tendenz, durch den verstärkten Einsatz gruppendynamischer und hochschuldidaktischer Angebote wesentliche Dimensionen des Lernprozesses institutionell oder zeitlich auszulagern. Entsprechende Interventionen und Spezialangebote führen dann nicht zu einer «*Bereicherung*», sondern zu einer «*Verarmung*» komplexer Lernprozesse. Dies gilt insbesondere für den Bereich der didaktischen Planung, die durch hochschuldidaktische Intervention leicht von den konkret ablaufenden Lernprozessen isoliert wird und den Bereich der Auslagerung der emotionalen Komponenten des Lernens in spezielle gruppendynamische Phasen, Übungen oder Spezialveranstaltungen.

Gruppendynamische oder hochschuldidaktische Interventionen stellen dann keinen Beitrag zur Klärung der Lernziele und zur Integration von Affektivität und Rationalität dar, sondern erhöhen allenfalls fremdbestimmte Planungspotenzen und curricular-organisatorische Zuweisungsmöglichkeiten.

Daraus ergibt sich als *zweites Kriterium* das Ausmaß an *Integration* oder Auslagerung (Desintegration) gruppendynamischer oder hochschuldidaktischer Interventionen.

Beide angesprochenen Aspekte zeigten sich in einer Reihe von Widersprüchen, die durch die Ausweitung hochschuldidaktischer und gruppendynamischer Verfahren im Seminar hervorgerufen wurden: Insbesondere der parallel zum Seminar tagende hochschuldidaktische Arbeitskreis, aber auch kurzfristige hochschuldidaktische Gruppen mit elitärem Anspruch erhöhten die selbständige Planungsfähigkeit der Teilnehmer nur bedingt und riefen eher Verplanungsängste und Abwehr hervor.

Das Problem der Integration oder Auslagerung emotionaler Komponenten des Lernens hat sich in den meisten Gruppen der autonomen Phase als sehr schwierig herausgestellt.

Zum dritten bringt die Ausweitung hochschuldidaktischer und gruppendynamischer Angebote leicht die Gefahr mit sich, eine Art Suchtverhalten nach noch mehr Meta-Reflexion und gruppendynamischer Bedürfnisbefriedigung zu produzieren.

An die Stelle *wirklicher Veränderung* tritt dann die *abstrakte Reflexion der Bedingungen der Möglichkeit der Veränderung*, an die Stelle *langfristig veränderter sozialer Beziehungen der periodische Rückzug in Phasen gruppendynamisch erzeugter Euphorien.*

Als *Kriterium* ergibt sich hier das Ausmaß der *Rückübersetzbarkeit* gruppendynamischer Erfahrungen und hochschuldidaktischer Reflexion in die «normalen» alltäglichen Lernsituationen.

Mindestens diese letzte Gefahr wurde auf allen Workshops sehr deutlich, auf denen gruppendynamische Prozesse streckenweise einen Sog entwickelten, der die nachfolgenden Arbeitsphasen eher erschwerte als erleichterte.

Zum vierten begünstigt die Ausweitung hochschuldidaktischer und gruppendynamischer Aktivitäten die Entstehung neuer Autoritäten, deren professioneller Anspruch auf einer Meta-Ebene angesiedelt und dadurch leichter immunisierbar ist gegen Kritik. An die Stelle einer *Veränderung der institutionellen Strukturen* der Hochschule tritt dann die *Entstehung neuer Informations- und Interpretationsmonopole.* Die Folge ist keine Veränderung, sondern eine Stabilisierung institutioneller Strukturen, deren Legitimität gewachsen zu sein scheint.

Im Seminarmodell zeigte sich dieser Widerspruch zwischen dem Ziel, institutionelle Strukturen durchschaubarer und veränderbarer zu machen, in den oben beschriebenen gegenteiligen Folgen einer ausgeweiteten, «professionalisierten» Planungspraxis regelmäßig dann, wenn sich tendenziell abkapselnde Vorbereitungs- oder Planungsgruppen versuchten, ihre Situationsdeutungen und Organisationsvorschläge für verbindlich zu erklären für alle Teilnehmer.

Damit wurden vier verschiedene Bereiche gruppendynamischer und hochschuldidaktischer Interventionen angesprochen und – veranschaulicht an Erfahrungen des Seminarmodells – auf Folgen aufmerksam gemacht, die sich kontra-intuitiv gegen die ursprünglichen Reformziele wenden und unter Umständen zu Widersprüchen auf einer neuen Ebene führen. Diese hier angedeuteten Widersprüche deuten auf die Gefahr hin, die mit einer *generellen und unkritischen Ausbreitung gruppendynamischer und hochschuldidaktischer Interventionstechniken* an der Hochschule verbunden ist; ohne zu unterstellen, daß diese Verfahren ausschließlich oder auch nur primär der Konfliktregulierung, kompensatorischen Einbindung und direkten Loyalisierung von Lehrenden und Lernenden dienen, besteht doch der Verdacht, daß ihre Ausweitung eher

Sozialisationsprozesse befördert, die auf Konformität und Loyalisierung ausgerichtet sind als auf Selbstbestimmung und kritisches politisches Engagement.

Verstärkend in dieser Richtung wirken sich die *offenen Formen politischer Disziplinierung* an der Hochschule aus.

Hier ist insbesondere auf die zunehmende Einschränkung und Unterbindung des allgemein-politischen Mandats der verfaßten Studentenschaft hinzuweisen; in verschiedenen Landeshochschulgesetzen und dem Hochschulrahmengesetz der Bundesregierung werden die Kompetenzen der Organe der Studentenschaft eingeschränkt auf die Wahrnehmung hochschulpolitischer, sozialer und kultureller Belange der Studenten (HRG § 44 [1]), ein allgemein-politisches Mandat der Studentenschaft wird jedoch bestritten.

Obwohl an anderen Stellen des Hochschulrahmengesetzes die enge Verflechtung von Hochschule, Wissenschaft und Gesellschaft sowie die Verantwortung der Hochschule für die gesellschaftliche Entwicklung bewußt hervorgehoben wird, versucht man gleichzeitig diesen Zusammenhang zu leugnen und konstituiert in der Frage des politischen Mandats die Hochschule als eigenen gesellschaftlichen Bereich, der losgelöst von der «allgemein-politischen» Entwicklung existiere und sich deshalb aller den Hochschulbereich überschreitenden Äußerungen zu enthalten habe.

Die Abschaffung des politischen Mandats der Studentenschaft wird flankiert durch eine Streichung aller basisnahen Organe der verfaßten Studentenschaft, insbesondere der studentischen Vollversammlung, der Urabstimmung und der bisher bestehenden Satzungsautonomie (Landeshochschulgesetz Baden-Württemberg).

Als Organe der Studentenschaft sind übriggeblieben: das Studentenparlament, der AStA und der AStA-Vorsitzende (§ 61). Darin zeigt sich deutlich die Übertragung der Prinzipien des bürgerlichen Parlamentarismus auf die Hochschulsituation: die gewählten Vertreter, bisher kontrolliert durch die Vollversammlung und durch das «imperative Mandat» für anstehende Entscheidungen eindeutig beauftragt, sind nunmehr nur noch ihrem Gewissen verantwortlich und können frühestens am Ende der «Legislaturperiode», also nach einem Jahr, wieder abgewählt werden. Als Ersatz wird die «Mitbestimmung» in den offiziellen universitären Selbstverwaltungsgremien angeboten; allerdings bestehen hier praktisch keine Einflußmöglichkeiten, da in allen entscheidenden Gremien – mittlerweile auch durch Gerichtsbeschluß bestätigt – die Ordinarien die absolute Mehrheit haben (müssen).

Die staatlichen Einschränkungen der freien politischen Betätigung erstrecken sich nicht nur auf Fragen der Satzung und der Gremienbesetzung. Sie reichen bis zur Beschränkung der unmittelbaren politischen Informations- und Diskussionsmöglichkeiten auf dem ganzen Universitätsgelände (Beispiele: Plakatierverbot, Büchertischverbot, Hausrecht der Seminarleiter).*

Damit kann dieser Abschnitt zusammengefaßt werden: *Der oberflächliche Durchgang durch drei Bereiche der Lehrerbildungsreform, den Bereich der Ausweitung sozialwissenschaftlicher Curriculumelemente in der Lehrerbildung* (3.2.1.), *der organisatorischen Ausweitung des Berufspraxis-Bezugs* (3.2.2.) *und der Ausweitung meta-didaktischer, sozialisationsorientierter Interventionsformen* (3.2.3.) *zeigte, daß diese Strategien nur bedingt, wenn überhaupt, geeignet sind, mehr materiale Selbstbestimmung der Lernenden über die Inhalte ihres Lernens, mehr materiale Selbstverfügung über die institutionellen und organisatorischen Bedingungen ihrer Lernsituation und späteren Berufssituation zu ermöglichen und alternative Sozialisationsprozesse zu befördern.*

Im folgenden abschließenden Punkt dieses Kapitels «Widersprüche» soll nun auf die Widersprüche eingegangen werden, die im Seminarmodell selbst entstanden und als unmittelbarer und konkreter Ausdruck der Diskrepanz zwischen den im Seminar gemachten alternativen Erfahrungen und der theoretischen Aufarbeitung der im Ausbildungssektor generell wirksamen Widersprüche (3.1.) und ihrer nur scheinbaren Überwindung in den Reformstrategien der Lehrerbildung (3.2.) beschrieben werden können.

3.3. Durch das Seminar selbst erzeugte Widersprüche

Unterschieden wir bisher die nur langfristig aufhebbaren und wesentlich außerhalb des unmittelbaren Handlungsbereichs des Seminarmodells liegenden Widersprüche (3.1.) und die Widersprüche, die im Gefolge bestimmter Strategien der Lehrerbildungsreform auftreten (3.2.), so geht es nun um Widersprüche, die vom Seminarmodell selbst erzeugt

* Alle drei genannten Maßnahmen sind bereits Teil des im LHG von Baden-Württemberg enthaltenen Ordnungsrechts (§§ 67–77) und werden unter das Hausrecht subsumiert. Das Ordnungsrecht bietet Handhabe, gegen «Störungen von Lehrveranstaltungen» und «widerrechtliches Eindringen in Räume der Universität» vorzugehen. Dabei reichen die Disziplinierungsmaßnahmen von der mündlichen Verwarnung bis zur Relegation von allen Universitäten des Landes für zwei Jahre (§ 70). Diese im Ordnungsrecht vorgesehenen Maßnahmen sind zwar zunächst hochschulinterne Disziplinierungen. Sie sind aber zugleich der Ansatzpunkt dafür, gegen politisch aktive Studenten strafrechtlich vorzugehen, das heißt, sie zu kriminalisieren. Denn die Anwendung des Ordnungsrechts impliziert die Möglichkeit, Verbände der Schutzpolizei zum «Schutz» universitärer Veranstaltungen vor Studenten einzusetzen und einzelne politisch aktive Studenten auf dem und außerhalb des Universitätsgeländes von der Kriminalpolizei, das heißt von Spezialisten der politischen Polizei, bespitzeln zu lassen, um anschließend entsprechende ordnungs- oder strafrechtliche Disziplinierungsmaßnahmen einzuleiten.

werden, auch und gerade dann, wenn die unter 3.1. und 3.2. genannten Probleme auf dem Hintergrund einer durch Selbstorganisation bestimmten Lernkultur im Mittelpunkt kritischer Analysen stehen.

Dies Bewußtwerden der Widersprüche
zwischen *inhaltlicher Selbstbestimmung über den eigenen Lernprozeß* auf der einen Seite, *abstrakten wissenschaftlichen Leistungsansprüchen* oder *theoretischen sozialwissenschaftlichen Erkenntnissen und technisch-funktionalen Qualifikationen* andererseits,
zwischen *organisatorischer Selbstverfügung über die institutionellen Bedingungen des eigenen Lernens* einerseits und *unkritischer Identifikationsbereitschaft mit und Anpassungsfähigkeit an vorgegebene institutionelle Strukturen oder fremdbestimmte Ausbildungsprogramme* auf der anderen Seite,
zwischen der *Entwicklung angstfreier, kooperativer und kreativer Verkehrsformen* auf der einen Seite und der *Individualisierung von Erfolg und Versagen, selektiver Konkurrenz und normativer Konformität oder gruppendynamischer Befriedung* auf der anderen Seite,
bringt das Seminarmodell selbst streckenweise unter einen spezifischen Druck, der immer wieder in falsche Alternativen aufgelöst wurde. Diese falschen Alternativen erscheinen als vom Seminar selbst «erzeugte» Widersprüche. Ihr spezifischer Charakter liegt darin, daß ihre Bearbeitung im Mittelpunkt des Seminars steht, sie jedoch nicht alternativ nach der einen oder anderen Seite aufgelöst werden können, ohne entweder in «traditionelle» Seminarformen zurückzufallen oder das Seminarmodell als losgelösten und isolierten Freiraum mißzuverstehen.

Dabei geht es insbesondere um drei Komplexe:

3.3.1. den Widerspruch zwischen *emotionaler Bedürfnisorientierung* einerseits und *kritischer Wissenschaftsaneignung* andererseits,

3.3.2. den Widerspruch zwischen *Spontaneität* einerseits und *kollektiver Selbstorganisation* andererseits;

3.3.3. den Widerspruch zwischen *Selbsterfahrung* einerseits und einer *Kritik und Veränderung der eigenen Ausbildungsbedingungen* andererseits.

3.3.1.

Die im Seminarkonzept gegebene Möglichkeit, über den eigenen Lernprozeß inhaltlich selbst zu bestimmen, verführt immer wieder dazu, gleichsam im Gegenzug zu den Erfahrungen traditioneller Seminare, sich mehr an den eigenen emotionalen Bedürfnissen zu orientieren als sich kritisch mit wissenschaftlichen Ansätzen und Ergebnissen herumzuschlagen.

In verschiedenen Seminaren (besonders der «autonomen Phase») wirkte sich das dann so aus, daß in Gruppen sehr extensiv über die eigene Studien- und Berufsperspektive gearbeitet wurde, ohne sich jedoch mit einschlägigen Forschungsergebnissen auseinanderzusetzen.* In einem Arbeitspapier heißt es dazu:

«Wo sich Probleme aus dem Gruppenprozeß ergaben, entstand auch die Verpflichtung zu ihrer kollektiven Bearbeitung. Wollte man dem eigenen Anspruch gerecht bleiben, so konnte man sich nun nicht auf die Vorstellung einer Gruppe als reiner Arbeitsgruppe zurückziehen. Dies hatte die Konfrontation widersprüchlicher Interessen in den Arbeitsgruppen zur Folge: Klärung der Beziehungsprobleme (auch innerhalb der Gruppe) versus inhaltliche Weiterarbeit. Auf Grund der geringen Erfahrungen, die wir im Umgang mit derartigen Problemen und deren Behandlung in Gruppen hatten, fiel uns eine Integration von Sach- und Beziehungsaspekt ziemlich schwer und mußte zum Teil völlig scheitern. Bei dem Versuch der Klärung außerhalb der Sachproblematik liegender Schwierigkeiten stießen wir gelegentlich auch auf Probleme, die uns als Laien auf dem Gebiet psychotherapeutischer Beratung einfach überforderten. Wo wir dies ahnten, mußten wir versuchen, zwar ein emotional akzeptierendes Klima in der Gruppe zu schaffen, uns aber dennoch nicht von einem überhöhten Problemlösungsanspruch überfordern zu lassen.»

3.3.2.

Die im Seminarkonzept geforderte und ermöglichte Spontaneität, sich selbst zu organisieren, bedeutete häufig zunächst einen Verzicht auf institutionell-organisatorische Vorgaben. In bestimmten Phasen, vor allem auf dem Workshop, ergab sich daraus das Problem, das Verhältnis von Spontaneität und selbstbestimmtem organisatorischem Rahmen als Widerspruch und Aufgabe des Seminars zu begreifen und anzugehen.

In dem oben zitierten Arbeitspapier heißt es dazu:

«Neben dem Problem der Integration des Beziehungs- und Sachaspekts in der Gruppenarbeit machte uns auch die Integration der widersprüchlichen Lerninteressen in der Gruppe Schwierigkeiten. Unser Ziel war ja ein kollektiver Arbeitsprozeß mit potentiell gleichen Lernmöglichkeiten, und nicht die Verfolgung individualistischer und egoistischer Einzelinteressen, die nur durch die Unterdrückung der Interessen derjenigen verfolgt werden können, die Schwierigkeiten haben, sich durchzusetzen. Natürlich schien uns die individuelle Interessenklärung wichtig, weil wir zu der Überzeugung kamen, daß nur das wirklich gelernt werden kann, was von Relevanz für den einzelnen ist, das heißt seiner individuellen Lernsituation angemessen ist, was auf sein reales Lerninteresse stößt.

* Im Seminar wurde dieser Widerspruch auch als Verhältnis von «Beziehungsebene» und «Inhaltsebene» des Lernens thematisiert, eine Kategorisierung, die eher auf Ausgewogenheit abzielt und den faktisch widersprüchlichen Charakter der Situation hochschulischen Lernens etwas verdunkelt.

Zugleich aber sollte sichergestellt werden, daß sich die Einzelinteressen in einem kollektiven Lernprozeß integrieren lassen, das heißt am Ende nicht parzellierte Einzelergebnisse vorliegen, die für die Lösung komplexer Probleme nicht verwertbar sind.

Die Organisation eines kollektiven Arbeitsprozesses erforderte jedoch ein Maß an Solidarität, das aufzubringen uns nicht immer leichtfiel, denn wir waren ja gewohnt, konkurrenzorientiert mit dem Ziel individueller Profilierung zu arbeiten. Konkurrenzorientierung hat immer auch den Aufbau und Ausbau von Machtpositionen zur Folge, führt zu dem Wunsch, eine Führungsfunktion in der Gruppe zu übernehmen und zu behalten, während es unser Ziel war, die Führungsfunktionen flexibel zu handhaben.

Was praktisch nie vorher eingeübt wurde, konnte nun nicht als Kompetenz einfach vorhanden sein. Vielmehr mußte die Selbstorganisation erst langsam eingeübt werden. Weil uns das wichtig war, fanden wir selbst langwierige Klärungsdiskussionen über Themeneingrenzung und Arbeitsorganisation in der Gruppe nützlicher als das bloße Durcharbeiten von vorgegebener Literatur. Dabei aber führte unser Anspruch auf Selbstorganisation dazu, daß kaum eine Gruppe auf den Seminarleiter als Ressource für den Lernprozeß zurückgriff. Auch in schwierigen Phasen versuchten die Gruppen eher mit sich selbst zurechtzukommen, als den Seminarleiter um Hilfe zu bitten. Dies, obwohl der Seminarleiter immer wieder seine Bereitschaft bekundet hatte, bei der Klärung von Schwierigkeiten mitzuhelfen. Daß diese Hilfe faktisch nicht in Anspruch genommen wurde, sehen wir heute als Fehler an.

Dazu kommt der Widerspruch zwischen dem Wunsch nach dem Angebot offener Lernsituationen und der Durchsetzung bestimmter inhaltlicher Ziele. Dahinter verbirgt sich die Erfahrung, daß wirklich relevantes Lernen nicht gegen den Willen der Betroffenen passiert. Gerade wo das Interesse die Durchsetzung inhaltlicher, und das heißt auch und vor allem politischer Zielsetzungen ist, darf dies nicht über den Weg von Indoktrination geschehen. Offene Lernsituationen anbieten heißt nicht, keine eigenen inhaltlichen und politischen Zielvorstellungen zu haben oder sie geheimzuhalten, sondern im Gegenteil, sie einsichtig und verstehbar zu machen. Es heißt auch, solche Angebote zu machen, die politisch relevante Lernprozesse fördern können. Es heißt, den Studenten Entscheidungsalternativen aufzuzeigen, nicht sie in einer bestimmten Richtung zu «vergewaltigen». Dies kann nur durch die Methode des dialogischen Lernens erreicht werden, dessen Ziel es ist, auf Grund von reflektierten Sachargumenten entscheiden zu lernen, nicht aber sich durch Formalautoritäten vereinnahmen zu lassen. Wo offene Lernsituationen angeboten werden, das heißt prinzipiell auf Fremdbestimmung und Druck von oben verzichtet wird, gibt es natürlich im Extremfall immer die Möglichkeit, daß Angebote überhaupt nicht genutzt werden.

Aber es fragt sich, ob es nicht besser ist, dieses Risiko einzugehen, als die Studenten intellektuell zu vereinnahmen, was nur zu Anpassung und Unterwerfung führt.»

3.3.3.

Bezogen auf die Dimension politisch relevanter Sozialisations- und Lernprozesse zeigte sich schließlich ein vom Seminarmodell selbst hervorgebrachter Widerspruch zwischen einem starken (gruppendynamisch orientierten) Bedürfnis nach Selbsterfahrung einerseits und der Überwindung individualisierender, konkurrenz- und konformitätsorientierter Verkehrsformen durch eine Kritik der Ausbildungsbedingungen andererseits. Dies trat immer dann auf, wenn die im Seminar möglichen alternativen Verkehrsformen umkippten in (langfristig folgenlose) Phasen sozialer Euphorie: Vor allem der Workshop hatte hier teilweise widersprüchliche Folgen. Entweder wurde der Workshop als «Insel» verstanden und erlebnismäßig und im Verhalten vom übrigen Seminar abgetrennt, oder er wurde durch einzelne Gruppen in die «autonome» Phase in einer Weise hineinverlängert, daß zwar tiefe Freundschaften entstanden, aber gleichzeitig der Kontakt zum Seminar tendenziell verlorenging. In beiden Fällen hatten sich die Gruppen außerstande gesehen, diesen Widerspruch auszuhalten und konstruktiv zu bearbeiten und sich in ein Entweder-Oder geflüchtet.

Kennzeichnend für alle drei im Seminar selbst entstehenden Widersprüche ist der Rückzug auf den im Seminar angebotenen Freiraum. Darum steht und fällt das Seminarmodell mit der kritischen Verbindung, die es nach außen entwickelt, mit dem Grad, in dem die Teilnehmer sich dieser Widersprüche bewußt werden, und mit dem Ausmaß, in dem es zu einem Ort der Auseinandersetzung darüber wird.

Anmerkungen

1 Autorenkollektiv: Modelle zur Selbstorganisation politisch relevanter Lernprozesse, Tübingen 1975, zu beziehen über: Zentrum für Hochschuldidaktik der Universität Tübingen.

2 Vgl. vor allem Carl R. ROGERS: Die nicht-direktive Beratung, München 1972; ders.: Die klient-bezogene Gesprächstherapie, München 1973; ders.: Entwicklung der Persönlichkeit, Stuttgart 1973; ders.: Encounter-Gruppen, München 1974; ders.: Lernen in Freiheit, München 1974.

3 Ivan ILLICH: Schulen helfen nicht, Reinbek bei Hamburg 1972; ders.: Entschulung der Gesellschaft, Reinbek bei Hamburg 1973; ders.: Die sogenannte Energiekrise oder die Lähmung der Gesellschaft, Reinbek bei Hamburg 1974; ders.: Selbstbegrenzung, Reinbek bei Hamburg 1975; ders.: Die Enteignung der Gesundheit, Reinbek bei Hamburg 1975.

4 Paulo FREIRE: Pädagogik der Unterdrückten, Reinbek bei Hamburg 1973; ders.: Erziehung als Praxis der Freiheit, Stuttgart 1974; ders.: Pädagogik der Solidarität, Wuppertal 1974.

5 Vgl. als Literatur u. a.: BRADFORD, GIBB, BENNE: Gruppentraining, Stuttgart 1972; BENNIS, BENNE, CHIN: The Planning of Change, New York [2]1969; R. G. HAVELOCK: The Change agent's guide to innovation in education, Englewoods Cliff, New Jersey 1973.

6 Vgl. dazu KERN/SCHUMANN: Industriearbeit und Arbeiterbewußtsein, Frankfurt am Main 1970; ALTVATER/HUISKEN (Hg.): Materialien zur politischen Ökonomie des Ausbildungssektors, Erlangen 1971; OFFE: Bildungssystem, Beschäftigungssystem und Bildungspolitik – Ansätze zu einer gesamtgesellschaftlichen Funktionsbestimmung des Bildungswesens. In: Deutscher Bildungsrat: Gutachten und Studien der Bildungskommission 50, Stuttgart 1975.

7 BOURDIEU/PASSERON: Die Illusion der Chancengleichheit, Stuttgart 1971.

8 H. FEND: Gesellschaftliche Bedingungen schulischer Sozialisation, Weinheim 1974.

9 J. HABERMAS: Protestbewegung und Hochschulreform, Frankfurt am Main 1969, S. 232.

Eric Midwinter

Lernen in der Gemeinde*

Im Laufe des letzten Jahrzehnts ist in England eine Reihe bahnbrechender Anstrengungen unternommen worden, die die Möglichkeit nichtinstitutionalisierter Erziehung aufgezeigt haben. Jede dieser Anstrengungen sieht für sich isoliert aus, philosophisch «verwaist» sozusagen; selbst zusammengenommen erscheinen sie ein bißchen zufällig und sporadisch. Gegenüber der aufrüttelnden Sprache des Manifests von Cuernavaca über den Preis lebenslanger Erziehung scheinen sie noch unbedeutender. Nichtsdestoweniger stellen sie – als versuchsweise Reihe von Schritten zu brauchbarer Verwirklichung, parallel zu einem zögernden Sondieren auf begriffliche Gültigkeit hin – ein doppeltes Ringen dar. Soweit dieses gemeinsame Forschen erfolgreich gewesen ist, ist es möglich, eine Strategie und ein Modell zur Förderung einer gemeindeorientierten Erziehung zu konstruieren.

In England sind viele von uns, die diese Art von Arbeit unterstützen, von einigen negativen, vielleicht sogar bestürzenden Tatsachen ausgegangen. Einerseits hat das gesamte Beweismaterial über die Auswirkung der sozialen Umgebung auf das pädagogisch Erreichbare die Optimisten desillusioniert, die in schulischer und Universitätserziehung das Werkzeug zur Befreiung und Gleichstellung in der Gesellschaft sahen. Wir müssen nun akzeptieren, daß die Schule eher affirmativ als reformerisch wirkt, einfach deshalb, weil sie von der Gemeinde abhängt. Zum Beispiel hat sich der Anteil von Arbeiterkindern an englischen Universitäten in fünfzig Jahren kaum geändert, trotz der gewaltigen Zunahme an technischen und rechtlichen Möglichkeiten, die ihnen geboten werden; in den letzten zwanzig Jahren hat sich die Zahl derer, die über die gesetzliche Schulpflicht hinaus in englischen Schulen bleiben, verdoppelt, aber die Arbeiterklasse stellt nach wie vor den gleichen Anteil.

Andererseits weist alles vorliegende beweiskräftige Material zur pädagogischen Entwicklung von Kindern bzw. Erwachsenen darauf hin, daß Individuen durch ihre Beziehung zu Erfahrungen des wirklichen Lebens lernen. In der Praxis bedeutet das, daß das, was verständlich ist, der sozialen Umgebung des Individuums angehört, und natürlich umgekehrt. Das impliziert keine Beschränkung auf den tatsächlichen Wohnort einer Person, denn es gibt viele «Universalismen» (Fernsehen, Fußball,

* Das hier vorgestellte Konzept von Gemeinde-Erziehung wird erst dann verständlich, wenn man sich klarmacht, daß Gemeinden in England nicht nur für die «äußeren», sondern auch für «innere» Schulangelegenheiten zuständig sind; das heißt die Schulaufsicht des Staates ist anders als in Deutschland geregelt (Anm. d. Übersetzers).

Werbung usw.) in der eigenen *sozialen* Umgebung. Ursprünglich ist es jedoch die unmittelbare Umgebung, in der viel von dieser Wirklichkeit erfahren wird.

Mit anderen Worten, man stellt fest, daß Schulen, ob sie es mögen oder nicht, unter der Aufsicht ihrer Gemeindeverbände stehen; sie hängen von ihnen ab, sowohl im Hinblick auf die Reaktion des Lernenden auf das System als auch auf das Curriculum. Sieht man diesen Faktor als gegeben an, so bleibt kein theoretisches Hindernis, das die Schule aus fachlichen Gründen daran hindern könnte, mit der Gemeinde, die so wirksam ihre Funktion festlegt, zu verhandeln und in einen Dialog einzutreten. Somit könnte die Mehrheit der Aktivitäten in dem Feld, das «Gemeinde-Erziehung» genannt wird, treffend als die *Einbeziehung der Erwachsenen-Gemeinde in den Lernprozeß und, umgekehrt, als die Einbeziehung des Lernprozesses in die Erwachsenen-Gemeinde* zusammengefaßt werden.

Man kann wenig mehr tun, als Beispiele für die Skala der Möglichkeiten aufzuzählen. Interessanterweise bietet der Vorschulbereich mehrere davon an. In Liverpool bahnten wir den Weg für die Benutzung eines umgebauten Autobusses als mobiler Vorschuleinheit, worauf eine Straße oder ein Wohnblock seine Versuche, mit der pädagogischen Betreuung der Unter-Fünfjährigen zurechtzukommen, intensivieren konnte.

In mehreren Zentren sind Anstrengungen unternommen worden, Hausfrauen und junge Mütter zu ermutigen, Fertigkeiten zu erwerben, mit deren Hilfe sie auf die Bedürfnisse ihrer eigenen und anderer Kinder besser eingehen können. Die Spielgruppenbewegung ist in dieser Hinsicht hilfreich gewesen, ebenso Versuche mit pädagogischen Beratern, die das Klassenzimmer buchstäblich einmal in der Woche ins Haus gebracht haben. Programme der Elternerziehung der einen oder anderen Art, solche, die sich informell, unter anderem aus Gruppen von wartenden Müttern vor allem am Schultor, entwickelt haben, beginnen sich zu vermehren. Besonders interessant ist ein von der Van Leer Foundation finanzierter Versuch in Liverpool, wo man Gruppen von Müttern bittet (und ihnen dabei hilft), erzieherische Verantwortung für andere Mütter und Kinder ihrer eigenen Gegend zu übernehmen.

Dieser fast professionelle Versuch von kommunaler und Selbsthilfe-Erziehung läßt sich gut an, und er stellt das vielleicht wichtigste Charakteristikum in diesem Bereich heraus. Mutterorientierte Fürsorge im Vorschulalter ist nämlich, nach den meisten Forschungsergebnissen, nicht nur vom Gesichtspunkt des Kindes aus die zuträglichste, sondern auch eine nützliche Übung in nichtformeller Erwachsenenbildung. Es ist, um die Gleichung umzukehren, eine der angenehmsten Ironien der Bewegung für Gemeinde-Erziehung, daß die Erwachsenenbildung oft kindorientiert ist.

Eine ähnliche Tendenz findet sich auf der Primarschulebene, wo, so in

Liverpool, Coventry, Newham und anderen Städten, Kampagnen zur Verbesserung der Beziehungen zwischen Elternhaus und Schule wenn nicht in vollem Gange, so doch lebhafter sind als etwa vor einem Jahr. Obwohl es vernünftige Argumente für die formellen Lehrer-Eltern-Vereinigungen und für die Beteiligung von Eltern an Schulverwaltung und -leitung gibt, ist der wirkliche Durchbruch in dieser Hinsicht die Aufnahme der Anregungen gewesen, die Eltern von ihrem eigenen kulturellen Hintergrund her beisteuern. In der Vergangenheit neigten Schulen dazu, Eltern aufzufordern, sich in der Schule unter herkömmlichen Bedingungen zu engagieren, unter von der Schule festgesetzten Bedingungen, um aufrichtig zu sein. Eine große Anzahl von Einzelversuchen ist mit dem Ziel begonnen worden, mit Eltern in ihrem eigenen kulturellen Umkreis, auf ihrem eigenen Grund und Boden in Verbindung zu treten. Diese Versuche haben sich in den wesentlichen Punkten als höchst lohnend erwiesen.

Solche Versuche fallen entweder in die Kategorie, die Schule in der Gemeinde darzustellen, oder in die, die Schule so zu verändern, daß die Gemeinde sich wohler dabei fühlt. Die erste Möglichkeit nimmt oft die Form der Entdeckung informeller sozialer Brennpunkte an – des Gasthauses, der Arztpraxis, der Geschäfte, der Kaufhäuser, des Ferienlagers, der Busse, der Radio- oder Fernsehsendung, der Straße, der Fabrikkantine – und statt dort die Schule und die Erziehung vor. Oft ist dies einfach Anschauungs- oder Informationsmaterial, gekoppelt mit nichtbedrohlichen Ratschlägen, aber auch der Einsatz von «Live»-Demonstrationen hat sich als wertvoll erwiesen. Fachmännisch entworfenes Lesematerial und verschiedene andere Formen informativer Darstellung sind ebenso erfolgreich entwickelt worden.

Die Möglichkeit, die Schule zu verändern, ist nicht weniger radikal, insofern als uralte Formalismen aufgegeben werden müssen. Die Einbeziehung von Müttern und Vätern in Klassenzimmersituationen erfordert von den Lehrern, traditionelle Hindernisse zu überwinden. Zur Illustration ein ganz kleines Beispiel: Wir besitzen einen Film, der unter anderem eine farbige Mutter zeigt, die ihr weißes Baby hält, während sie, mit der Zigarette im Mund, ihrer älteren Tochter beim Malen hilft. Es ist ein faszinierender Versuch, nach Luft ringende Lehrergruppen zu analysieren, die sich diesen Film ansehen, in dem, eines nach dem anderen, ihre Vorurteile über die Aufgabe der Eltern in Frage gestellt werden.

Umzüge, Luftballons, Parties, extra gedruckte Aufkleber, Lutscher für die Kinder, passende T-Shirts und Reklamekappen, von populären Musikgruppen speziell komponierte Songs, die Verwendung lokaler Fußballgrößen und Persönlichkeiten aus dem Showgeschäft und die übrige Palette bunter Erfindungen mögen als bloße Public-Relations-Techniken erscheinen. Ursprünglich ist die Aufgabe die, die Schule zu «humanisieren», so daß der Einwohner der Gemeinde sich dort so zu Hause fühlt wie im heimischen Laden oder überhaupt wie im eigenen *Heim*. Während einer großangelegten Ausstellung in einem City-Kaufhaus erklärten mehrere interviewte Eltern etwa folgendes: «Wir sind hier auf unserem eigenen Grund und Boden; wir müssen uns nicht fortwährend über die Schulter umschauen.» Das wesentliche bei diesem Ansatz ist, daß Eltern die Schule als *ihr Gebiet* anzusehen lernen, genauso wie das Ferienlager und das Fabrikgelände. Die mehr formalen und politischen Merkmale folgen: Es war ermutigend zu bemerken, daß eine Schule in einer der am meisten benachteiligten Gegenden Liverpools, in der von diesem Ansatz vieles vorurteilslos umgesetzt wurde, eine neunzigprozentige Wahlbeteiligung bei einer etwas komplizierten Wahl eines Elternvertreters erreichte. Das war weit mehr als in jedem gutbürgerlichen Vorort, in dem, wie man sagt, sich alle politisch Verantwortlichen finden!

Zwei wichtige Einschränkungen müssen gemacht werden. Die erste ist die, daß nur wenige von uns behaupten würden, daß diese Bewegung weit über jene wichtige soziale Entwicklungsstufe hinausgegangen wäre, auf der den Eltern und anderen die Sicherheit und das Vertrauen gegeben wird, sich aktiv am Erziehungsprozeß zu beteiligen. Auf dieser Stufe gelingt es, den Lehrern die Grundlosigkeit ihrer Ängste zu enthüllen. Das Fundament sozialer Zusammengehörigkeit ist wirklich notwendig. Jene von uns, die sich stark mit dieser Art Verhältnis zwischen Schule und Elternhaus beschäftigen, anerkennen, daß unser anfängliches Hauptargument in Hunderten von Tassen und Untertassen liegt, einfach damit die Schule den Eltern die herkömmliche auflockernde Tasse Tee anbieten kann, um das Eis zu brechen. Wir müssen glauben, daß die Revolution von Porzellan ausgehen kann und daß, wie die Erfahrung bedauerlicherweise zeigt, oberflächlich politische Aktion nicht nur kurzlebig ist, sondern auch gegenteilige Wirkungen hervorruft.

Die andere Einschränkung betrifft den Inhalt und die Art und Weise des Lernprozesses, und auf längere Sicht ist diese sehr viel wichtiger. Gleichzeitig mit Anstrengungen, Erziehungsinstitutionen für die Klientel zugänglicher zu machen, müssen ungeheure Anstrengungen unternommen werden, das gesamte Curriculum dementsprechend umzugestalten. Wenn die Inhalte der Schule nicht in angemessener Interaktion mit ihrer sozialen Umgebung stehen, geht man das Risiko ein, das traditionelle Arrangement lediglich als Geschenk zu verpacken, in der Hoffnung, daß es dadurch annehmbarer wird. Die Gioconda lächelt, aber das Geheimnis bleibt.

Obwohl dieses Problem etwas außerhalb der gegenwärtigen Diskussion liegt, sollte es erwähnt werden, und die Kürze der Behandlung sollte nicht als Maßstab seiner Wichtigkeit gelten. Verschiedene Curriculumkonstrukteure in England versuchen emsig, das Schulcurriculum gründlich aufzupolieren, so daß es dem Lebensstil der Schüler in ihrem eigenen sozialen Kontext entspricht. Ich würde in dieser Hinsicht besonders die

Arbeiten von Frank Harris und Gerry Bailey aus Liverpool im Primarschulbereich und von John Rennie und Wyn Williams aus Coventry und Nottingham im Sekundarbereich empfehlen.

Natürlich handelt es sich bei diesen Versuchen, den Lernprozeß auf die Erwachsenenwelt zu beziehen, selbst direkt um Aktionen pädagogischer Integration. Sie geben Kindern eine Möglichkeit, die Fähigkeit sozialer Kritik in handlungsorientierten Untersuchungen der Gemeinden zu üben, deren Mitglieder die Kinder bereits sind. Dadurch wird es möglich, Eltern und Erwachsene unmittelbar für die pädagogischen Auseinandersetzungen zu gewinnen, zugleich werden, was vielleicht wichtiger ist, die Kinder als das, was A. H. Halsey «eifrige Lehrlinge des Gemeindelebens» genannt hat, rekrutiert. In einigen Sekundarschulen – Netherley in Liverpool und Madeley Court in Telford New Town fallen einem ein – ist die Anerkennung des jugendlichen «Schulkindes» als eines Erwachsenen und die Bildung erster Klassen mit Erwachsenen ein weiterer kleiner Fortschritt in dieser Richtung. Der große Schritt hin auf öffentliche Nutzung des Inventars, speziell in Sekundarschulen, leistet offensichtlich wertvolle Dienste bei der Aufgabe, Barrieren zwischen Schulsystem und Gemeinde abzuschaffen.

Unsere Befriedigung finden wir vor allem dann, wenn wir unschlüssig sind, ob eine Aktivität als Partizipation von Eltern oder Curriculuminnovation einzuschätzen ist. Wenn Kinder und Eltern in einem neuen Ansatz mit irgendeinem Teil des Lernprozesses verbunden sind, dann ist ein gutes Stück Fortschritt verwirklicht worden. Eine ähnliche Unklarheit wirkt ermutigend, wenn man sich Erwachsenenwegen im engeren Sinne zuwendet. Mehrere der Aktivitäten überschneiden sich, und die Unterscheidung ist nicht leicht, ob sie den Erwachsenen als Elternteil treffen, im Gegensatz zum Erwachsenen als Bürger oder Ich. In Liverpool und Coventry sind jedoch die glücklichsten Resultate zustande gekommen, sobald zwei der Elemente, die vorher im Hinblick auf die Schule beschrieben wurden, vorhanden waren. Kurz, wenn die Örtlichkeit nichtformell und wenn die Motivation handlungs- oder sachorientiert gewesen ist. Das Gasthaus, der Verein, das Gemeindezentrum haben sich alle als günstige Orte für Erwachsenenbildung dieser Art erwiesen; irgendein brennendes Bedürfnis, sei es momentan – eine Aktion, um einen Mangel der örtlichen Umgebung zu beheben – oder dauerhaft – die Spielgruppe, die Mietervereinigung, das Zentrum für Nachbarschaftshilfe, die Gemeindezeitung – stand oft im Mittelpunkt solch lebhafter Formen der Erwachsenenbildung.

Anders herum, die Unklarheit, diese sozusagen erheiternden Grenzdiskussionen, erstreckt sich auf die Zone des Zwielichts zwischen Gemeinde-Erziehung der Erwachsenen und partizipatorischer Gemeinde-Entwicklung. Genau wie bei Aktionen, die zunächst von Schulen ausgehen, ist es reichlich problematisch, wenn manche Leute glauben, die

Öffentlichkeit, besonders in städtischen Arbeitervierteln, von dem Vorurteil befreien zu müssen, in Erziehung ein wesentliches Werkzeug für verbesserte Verhältnisse zu sehen. Der Universitätsabsolvent, der, behängt mit Zertifikaten und Diplomen, Arbeitern dringend empfiehlt, solche spießigen Gedanken wie Qualifikation durch Examen aufzugeben, ist wenig erbauend, und er wird oft und zu Recht verdächtigt. Noch einmal, es ist eher notwendig, langsam und stetig auf das erklärte Ziel hin fortzuschreiten, als in übertriebener Hast und unbesonnen das synthetische Dogma zu verbreiten, alles müsse aufgeopfert werden.

Von dieser zufälligen Mischung von Beispielen aus kann man beginnen, einige strategische Lehren zu ziehen. Viele von uns in England fühlen sich eher der Revision der bestehenden Erziehungsstruktur verpflichtet als ständigem Exil und der Unterstützung alternativer, sogenannter «freier» Schulen. Wir sind auf diese Weise verpflichtet, weil wir, praktisch gesehen, den Verlust der ungeheuren Hilfsmittel, die in die englische Erziehung fließen, beklagen würden und weil, theoretisch ausgedrückt, das Erziehungssystem offiziell das System des Volkes ist. Wir würden unsere Rolle, wenn das nicht zu geziert klingt, darin sehen, eine legale Fiktion in eine praktische Tatsache umzuwandeln.

Die Öffentlichkeit ist – als Kinder, Eltern, Lehrer, Steuerzahler und einfach als Bürger – in die Erziehung verwickelt. Die undankbare Aufgabe, vor der Erziehungswissenschaftler in den Gemeinden stehen, ist die, der Stimme des Volkes die Dinge zurückzugeben, die augenblicklich die Cäsars sind. Das Problem ist, wie man vorgeht, damit das Kultusministerium (Department of Education and Science) auf allen Ebenen Zuständigkeiten an «die Straße» preisgibt. Damit sind die Grenzen des Spielraums betroffen, den die Zentralregierung den lokalen Autoritäten überläßt, und der Grad der Abweichung, den die lokalen Autoritäten ihren Teilgemeinden zu gewähren bereit sind. Denn gegebenenfalls muß das kritisch-partizipatorische Element, das diesem ganzen Konzept wesentlich ist, irgendeine Form von Organisation kleineren Maßstabs implizieren. Die Idee, daß eine Gebietskörperschaft für viele Formen der Erziehung Ressourcen und Entscheidungen kontrollieren würde, muß natürlicherweise folgen.

Umgekehrt verbindet sich das mit der grundsätzlichen Prämisse, daß Erziehung wohl oder übel unentrinnbar das Kind ihres Milieus ist. Wenn es einen einzigen Schlüssel zur Entwicklung auf diesem Gebiet gibt, so ist es das Konzept, einen fließenden Übergang zwischen der Schule oder Erziehungskultur und der Kultur der Gemeinde zu ermitteln. Wenn es eine goldene Regel der Gemeinde-Erziehung gibt, ist es die, daß pädagogische Versorgung eher unterschiedlich als gleichartig sein sollte, daß ihr Gewebe der Struktur ihrer Umgebung anzupassen ist. Es ist die Einförmigkeit der Chancen, häufig verwechselt mit Chancengleichheit, die zu oft einen Keil zwischen die institutionalisierte Erziehung und ihre Klientel getrieben hat. Der Fehdehandschuh der gemeinde-integrierten Erziehung wird nicht einfach aus moralischen oder philosophischen oder ideologischen Gründen allein in den Ring geworfen; es geschieht auch auf Grund unseres gegenwärtigen Wissens darüber, wie sich der Lernprozeß tatsächlich vollzieht.

Wenn man also, so wie die Dinge liegen, sich auf lokaler Ebene Erziehung als bewußt in der Gemeinde «verloren» vorstellen könnte, welchen Preis setzen die Fachleute dafür an? Wenn die Grenzen zwischen institutionalisiertem und Gemeinde-Lernen verschwinden sollen, welches ist die Rolle des Lehrers in diesem Prozeß? In der Arbeit einiger englischer Lehrer und Erziehungswissenschaftler hat sich, ungefähr auf die oben umrissene Weise, so etwas wie ein Modell abzuzeichnen begonnen. In all den gängigen Beispielen gibt es den gemeinsamen Nenner «Entmythologisierung». Der Fachmann personifiziert das Verschwimmen von Schranken und beaufsichtigt persönlich das Niederreißen von Grenzen. Ihm kommt eine katalysatorische Funktion der Ermunterung und Überredung zu. Ihm obliegt die mühsame Aufgabe, den Fachmann zu de-professionalisieren und, wie die Dinge liegen, den Klienten zu professionalisieren. Indem alle an der Überwindung dessen teilhaben, was Mythen waren, beginnt sich die Kluft zwischen Fachmann und Laie zu schließen. Durch die Veränderung des Schulsystems, das zu sich einlädt und sich hinauswagt, wird die kritische Lücke zwischen Schule und Öffentlichkeit überbrückt. Ebenso wie die Laien mehr Zutrauen fassen zu den neuartigen Einladungen, sich zu engagieren (die als Stimuli für verbesserte soziale Beziehungen und als Methoden eines aufpolierten Lehrplanes ergingen), so nehmen sie in ihr Bewußtsein auf, was einst Geheimnisse waren, die nun zum ersten nachgeprüft und zum zweiten enthüllt sind.

Denn es ist ein wenig naiv, reinen Tisch zu machen und die Fachleute allesamt hinauszuwerfen in der Hoffnung, daß sich im Herzen der Städte Jeanne d'Arcs oder John Wilkes erheben werden, in denen sich von selbst der Funke entzündet, der Fesseln löst und befreit. Dies heißt die zyklische Natur des sozialen Prozesses mißverstehen, welcher über viele Generationen eine sozial erzeugte Bürgerschaft entstehen ließ, die durch ihre Entstehung selbst an einer so natürlichen Reaktion gehindert ist. Der Vorschlag, man müsse nur die Binde von den Augen der Kinder und Erwachsenen reißen und unverzüglich werde ein arkadischer Morgen anbrechen, führt in die Irre. Die Kinder und Eltern sind im großen und ganzen nur fähig, in der Sprache ihrer vorausgegangenen Erfahrungen und Erwartungen zu antworten; dies ist wiederum ein gültiger fachlicher Gesichtspunkt hinsichtlich der Art und Weise, wie sich der Lernprozeß vollzieht. Auf jeden Fall ist der Fachmann, ob er zustimmt oder nicht, ein Teil jener menschlichen Situation. Wenigstens in England ist die Abdankung des Fachmanns in der Zuversicht auf natürliche Befreiung nicht fruchtbar gewesen.

Anders gesagt, der Fachmann ist selbst ein Teil der Gemeinde und kann nicht von ihr ausgeschlossen werden. Es mag sein, daß er sich in seiner katalysatorischen Rolle als Fachmann überflüssig zu machen versucht, aber die augenblickliche historische und praktische Wirklichkeit – sicherlich in der englischen Erziehung – verlangt von ihm, daß er die Rolle des Erziehungshandwerkers der Gemeinde spielt, des Helfers und Vorstehers eines integrierten und nichtformellen Lernsystems.

Zu guter Letzt könnte man hoffen, daß Erziehung auf diese Weise eher eine vollwertige Dimension des sozialen Lebens wird als ein abschließbarer, hauptsächlich kindorientierter Vermittlungsprozeß. Es ist weitgehend eine Frage des Verhaltens und des Stils. Viel von der Arbeit, die bisher in England geleistet wurde, ist von dieser Art gewesen, ein weitgespannter Versuch nämlich, Erziehung lebendig und farbig zu machen, nicht trocken und nüchtern. Es ist eine entscheidende Vorbedingung, daß die Öffentlichkeit sich mit der Erziehung wohlfühlt und bereit ist, sie als gewöhnliche Kost in Gasthäusern, Bussen, Geschäften und zu Hause, in Fabrikkantinen und Ferienlagern zu akzeptieren. Erst dann, wenn das alltägliche Gespräch sich ebenso natürlich der Erziehung zuwendet wie dem Wetter, der Gesundheit, dem Fußball, der Sexualität, dem Fernsehen und so fort, wird man nachzuweisen in der Lage sein, daß die kulturelle Szene auf Programme der «Recurrent Education» oder der Gemeinde-Erziehung vorbereitet ist.

Von diesen ersten, winzigen Ansätzen her kann man also, nicht ohne innere Unruhe, die Auffassung unterstützen, daß für die Verwirklichung viel radikalerer Pläne die praktischen Möglichkeiten ermutigend sind, daß die soziale Einstellung sie verlangt und ein strategischer Plan dafür lebensfähig ist.

(Übersetzt von Gerd Urban)

Die Sparsamkeit . . .

... ist ebensowenig eine Tugend wie die Schnelligkeit eines Läufers oder die Geschicklichkeit eines Handwerkers. Sparen ist gewöhnlich einfach: eine Notwendigkeit. Und das ist buchstäblich zu verstehen: Sparen ist nötig und notwendig – es wendet die Not zum Guten; es nötigt den Mangel zur Flucht.

Cornelia Füllkrug, Wolfgang Stark, Karl-Werner Weißbeck

Cinisello – ein Schulprojekt am Rande Mailands

I. Einleitung

1968 wurde in Cinisello Balsamo – am Rande Mailands – von einer Gruppe Waldenser Intellektueller eine Kommune gegründet mit der Intention, eine alternative Gemeindearbeit zu praktizieren. Als Einstiegspunkt sollte ihr die Gründung einer Abendschule dienen. Entstehung, Wandlungen und Erfahrungen dieses Schulprojekts sollen im folgenden dargestellt werden, um Möglichkeiten entschulten Lernens an einem konkreten Beispiel zu diskutieren.

1. Um einschätzen zu können, welchen Stellenwert die Arbeit der Kommune innerhalb der Klassenkämpfe Italiens hat, und um besser den Stellenwert dieses Projekts reflektieren zu können, ist es wichtig, auf die ökonomische und politische Entwicklung seit der Nachkriegszeit in Italien einzugehen.
2. Um die konkrete Ausformung eines Modells entschulten Lernens zu begreifen, sollen der Grad des politischen Bewußtseins und der Mobilisierung in Italien sowie die Funktion der Schule dargestellt werden.
3. Eine kurze Schilderung Cinisellos soll die Wahl Cinisellos als Ansatzpunkt politisch-christlicher Arbeit erhellen.

1. Die ökonomische Situation Italiens

Die Nachkriegslage ab 1951 kann als Vorstufe des Aufschwungs von 1953 bis 1963 bezeichnet werden: «kleine» Agrarreform, staatliche Unterstützung privater Unternehmer und Investitionstätigkeit, insbesondere im Bauwesen. Das industrielle Bruttoprodukt steigt in der Zeit rapide gegenüber der relativen Geringe des Anwachsens der Reallöhne (116,4 % gegen 8 % !).[1] Das heißt, daß die kapitalistische Expansion auf *extensiver* Ausbeutung der Arbeitskraft beruht, effektiviert durch die riesige Reservearmee der Landarbeiter. Durch die staatlichen Investitionshilfen für Großbauern und durch die kleine Agrarreform verschärft sich die Kluft zwischen den armen Bauern einerseits und den Großbauern und Agrarkapitalisten andererseits.

Seit 1960 wird der Nord-Süd-Gegensatz immer stärker. Süditalien zerfällt in Entwicklungszentren, während im Norden städtische Ballungszentren entstehen. Verschärfte Konkurrenz (EWG) und veränderte Produktionsformen führen schließlich dazu, daß ab 1960 jährlich 200 000 bis 300 000 Arbeitsemigranten das Land verlassen. Diese immer heftigeren Störungen des kapitalistischen Gleichgewichts führen zu einem Anwachsen der sozialen Spannungen, die ihren Ausdruck unter anderem in harten Tarifkämpfen finden. Versuche, die Widersprüche durch staatliche Repression einzufrieren, rufen immer heftigere Gegenreaktionen der Arbeiter hervor.

1963 stößt der wirtschaftliche Aufschwung an strukturelle Grenzen. Der italienische Kapitalismus hat einen großen Teil seiner Entwicklungsmöglichkeiten erschöpft. Die Inflationsrate steigt (15,1 %). Die Steigerung geht einher mit den ersten Symptomen struktureller Stagnation, ausgelöst durch die «wachsende Neigung der Kapitalisten, die Masse der Profite in die Finanzspekulation oder in den tertiären Sektor zu stecken, wo kein Mehrwert produziert wird»[2]. Der Investitionsstrom versiegt, die Beschäftigungszahl wird gesenkt, die Produktion eingeschränkt (was auch gleichzeitig eine Gegenoffensive gegen die Arbeitskämpfe bedeutet). Die Ausbeutungsform wechselt von *extensiver* zu *intensiver*: Rationalisierungen, zunehmende Konzentration der Investitionen und mit Erhöhung der organischen Zusammensetzung des Kapitals zunehmende Monopolisierung verändern die Produktion und damit auch die Zusammensetzung der Arbeiterklasse. Massenentlassungen, Arbeitsplatzrückgang (der Beschäftigungsgrad der Gesamtbevölkerung sinkt von 40,3 % 1963 auf 36,5 % 1969[3]) führen zu einer weiteren Verschärfung des Nord-Süd-Konflikts und zu einer Polarisierung der Entwicklungen. Das Verhältnis der Investitionen in Norditalien zu denen in Süditalien ist 2 : 1.[4]

2. Politische Situation

Das kapitalistische System war in eine Krise geraten, der mit investitionspolitischen Mitteln nicht mehr beizukommen war. Die sich verschärfenden Widersprüche des Systems wurden für die Arbeiterklasse, deren Gesamtanteil an der erwerbstätigen Bevölkerung seit 1960 rapide angestiegen war, zunehmend spürbar. Für viele – meist jugendliche – Landarbeiter bedeuten die abrupte Lösung aus ihren Lebenszusammenhängen und die Erfahrung der Industriearbeit und brutalster Ausbeutung eine Radikalisierung ihres politischen Bewußtseins, mehr noch, einen Bewußtseinssprung. Dadurch wird das politische Bewußtsein der Arbeiterklasse noch verstärkt, das seit der Nachkriegszeit durch zwei Faktoren bestimmt ist: 1. Auf die Widerstandsbewegung von 1944 baut eine starke antifaschistische Tradition auf, die wesentlich von der Kommunistischen Partei Italiens getragen wird. 2. Die italienische Industrie befindet sich in einer permanenten strukturellen Krise. Sie produziert vorwiegend Konsumgüter und ist somit im höchsten Maße empfindlich für die Schwankungen des Weltmarktes. Die Arbeiterklasse bildet seit den ersten harten Lohnkämpfen von 1962 einen Machtfaktor, der die Akkumulation des Kapitals beeinträchtigt. Ihre Forderungen erwachsen aus der Erfahrung der Arbeitsbedingungen und beziehen sich im Gegensatz zu früher mehr darauf als auf Lohnforderungen. Die fortschreitende Teilung der Arbeitsvorgänge und zunehmende Bandarbeit im Gefolge der Rationalisierung führen zur Vereinheitlichung der Arbeiter und somit zur Verwischung altersmäßiger, bildungsmäßiger und herkunftsmäßiger Unterschiede. Diese Vereinheitlichung soll durch die Illusion von Qualifikation und damit verbundenem Aufstieg verschleiert werden. Die italienischen Arbeiter haben jedoch aus dem Bewußtsein ihrer Lage die Konsequenz gezogen, gemeinsam die Abschaffung des differenzierten Lohnsystems zu fordern, das die Parzellierung der Aufgaben und die Spaltung der Arbeiter zum Ziel hat. Der Betrieb und das System der Arbeit werden zum Ausgangspunkt des Kampfes der Arbeiterklasse. Auf das Jahr der Studentenrevolte 1968 folgt 1969, anläßlich der Erneuerung der Tarifverträge für Metallarbeiter und andere Branchen, eine Welle antikapitalistischer Kämpfe. Im «heißen Herbst» 1969 werden die meisten durch Streik ausgefallenen Stunden seit Kriegsende gezählt – auch in den folgenden Jahren sind Streiks häufig. Durch den Abschluß neuer Tarifverträge kann aber keine Zufriedenstellung der Arbeiter erreicht werden, sondern der Kampf läuft auf institutionalisierter Ebene weiter: Abteilungs- und Werkdelegierte lösen die bürokratischen Organisationsstrukturen ab, durch die dann auf Betriebsebene Arbeiterräte ins Leben gerufen werden.

Die Ursachen der Arbeitslosigkeit haben sich bei dem Übergang von extensiver zu intensiver Ausbeutungsform verändert. War Arbeitslosigkeit früher konjunkturbedingt, so ist sie im Zuge der Mechanisierung strukturbedingt. Damit muß sich auch die Arbeitslosenpolitik ändern. Zu Zeiten extensiver Ausbeutung bot sich die Möglichkeit, sie als industrielle Reservearmee in die jeweils expandierenden Sektoren zu verschieben. Dies ist bei intensiver Ausbeutung nicht mehr möglich, so daß investitionspolitische Mittel seitens des Staates nicht mehr greifen.

3. Ausbildungssektor

Dies führt zu einer Änderung der Rolle des Staates: Der Staat wird zum Regulierungsfaktor der Verteilung der Arbeitskräfte, die im Prozeß von Entwicklung–Unterentwicklung freigesetzt werden, das heißt, er hat die Aufgabe, möglichst viel Arbeitskraft möglichst lange dem Arbeitsmarkt zu entziehen und die Strömungen der industriellen Reservearmee überschaubar und verfügbar zu machen: Die Situation der Arbeitslosen muß verschleiert werden, weil Arbeitslosigkeit die Klassengegensätze zuspitzt. Angesichts der fortgeschrittenen Teilung der Arbeitsvorgänge ist auf der Ebene der lohnabhängigen und geteilten Arbeit horizontale Mobilität gefordert,[5] die durch Hierarchien, formale Spaltungen und der Ideologie vom Aufstieg als vertikale Mobilität maskiert wird.

In dieser Situation und angesichts dieser Erfordernisse bietet sich die

Schule als Instrument an: Indem man die Ausbildungszeit verlängert, werden Arbeitskräfte dem Markt entzogen, und es wird dadurch allzu großer Andrang verhindert. So stieg denn auch die Zahl der Volksschulabsolventen, die eine Mittelschule besuchten, von 1962 (79,41 %) auf 1968 (89,39 %) – erfolgreich waren aber nur etwa 60 Prozent! Höhere Mittelschulen und technische Schulen wurden in der Zeit von 1961 bis 1967/68 zweimal so häufig, Industriefachschulen viermal so häufig besucht; auch der Andrang auf Gymnasien hat zugenommen. Ganz deutlich entschleiert wird die Funktion längeren Schulbesuchs als «Parkplatz» für überschüssige Arbeitskräfte bei einem Blick auf die Berufsaussichten: Nicht weniger Arbeiter sind nach ihrer Ausbildung arbeitslos. Das Arbeitslosenproblem wurde nur verschoben – manchmal noch durch eine zusätzliche Verschiebung auf die Universitäten. Die Chance, einen der Ausbildung entsprechenden Job zu finden, verschlechtert sich zudem noch proportional zur Entfernung vom Industriezentrum (also insbesondere im Süden). «Die Schule ist keine freie Entscheidung, kein Moment der individuellen und kollektiven Entwicklung mehr. Sie wird der Jugend aufgezwungen, der man keine andere Alternative als die Arbeitslosigkeit (oder die Armee) bietet.»[6]

Die lange Schulsozialisation, die die Arbeiter auf diese Weise genießen, prägt ihr Bewußtsein: Der Wahn vom sozialen Aufstieg, verbunden mit Konkurrenzdenken, prägt sich ein; die Arbeiter lernen, Probleme individuell statt kollektiv zu lösen; die Einsicht in die Realität der Klassenzusammenhänge wird abgeschwächt.

4. Cinisello

Cinisello, an der Peripherie Mailands, liegt im Herzen des industriellen Ballungsraums und wird von zwei Faktoren geprägt:

1. Von der Konzentration von in der Industrie beschäftigten Arbeitskräften im industrialisierten Ballungszentrum des Nordens (Mailand–Genua–Turin),
2. von der seit 1963 rapide wachsenden industriellen Konzentration und Monopolisierung.

Zu 1. Die Einwohnerzahl Cinisellos stieg von 1936 bis heute durch die immer noch anhaltenden Zuwandererströme aus der Lombardei und dem Süden von 11 870 auf ca. 80 000 an.[7] Die soziale Struktur Cinisellos wird zur Zeit von über 50 % Zuwanderern geprägt.

Zu 2. Cinisello selber hatte ursprünglich nur kleine und mittlere Betriebe des mechanischen und tertiären Bereichs und diente somit als Schlafstadt, die Zuliefererfunktion für die Großkonzerne Mailands und Sestos (einen anderen Vorort in der Nähe Cinisellos) hatte. In den letzten Jahren hat sich Mailand mehr und mehr zur «Verwaltungsstadt» (Büros, Banken) entwickelt; die große Industrie verlagert sich nach außen, der Ring wächst. Cinisello, an einer Ausfallstraße Mailands gelegen, wird zunehmend mehr vom Zwischenhandelsbereich geprägt (Lagerhäuser etc.). Die mittleren Betriebe verschwinden im Zuge der rapiden Konzentration und Monopolisierung. Zur Zeit existieren in Cinisello also nur kleinste Betriebe der untersten Kategorie[8] (unter 15 Angestellte), Baugewerbe und Zulieferer, die insgesamt nur 7000 der rund 35000 «aktiven» Einwohner beschäftigen. Die Verschiebung von mittleren auf Kleinstbetriebe bedeutet Verarmung für den Bevölkerungsteil der in Cinisello Beschäftigten. Ferner zeichnen sich die kleinen Betriebe dadurch aus, daß sie der untersten Lohngruppe zugezählt werden. Sie geben selten ihren Arbeitern Arbeitsverträge und ziehen ihren Profit nicht zuletzt aus Kinder- und Schwarzarbeit. Das macht ihre größere «Überlebenschance» gegenüber den mittleren Betrieben aus. Sie beschäftigen vorwiegend die halbstarken Jugendlichen, die in extrem hohem Prozentsatz mit niedrigstem Bildungsgrad aus dem Süden kamen und dem rechtlichen Anspruch nach in Schulen sitzen sollten, die de facto nicht in ausreichender Zahl in Cinisello vorhanden sind. Die Jugendlichen können hemmungslos ausgepreßt werden, da die Kontrolle der Gewerkschaften und ihr politischer Einfluß in den kleinen Betrieben fehlen.

So ist das Herz der industriellen Konzentration auch gleichzeitig der Punkt, an dem die Widersprüche des Systems am krassesten erfahren werden: Die – vorwiegend jugendlichen – Zuwanderer aus den bäuerlichen Gebieten importieren ihre starre katholisch-ländliche Moral. Für sie bedeutet die Erfahrung dieser verbrecherisch-ausbeuterischen und korrupten Umwelt totale Desorientiertheit und Ausgeliefertsein, das seinen Ausdruck in Drogenkonsum, bezahlter Homosexualität (Cinisello ist bevorzugter «Jagdgrund» der reichen Mailänder Playboys), Prostitution, Jugendkriminalität und Bandenbildung findet. Cinisello, eine Schlafstadt ohne gemeinsame Lebenszusammenhänge, ohne Kommunikations- und Jugendzentren etc., hat nur Bars zu bieten. Dies begünstigt die Tendenz der totalen sozialen Entwurzelung, ebenso wie die ungünstigen Wohnbedingungen[9] und die Tatsache, daß oft beide Elternteile arbeiten müssen.

Ausdruck finden die sozialen Widersprüche allerdings auch in der kommunistischen Stadtverwaltung und in der Tatsache, daß Cinisello als der «röteste» Vorort Mailands gilt: Die relativ junge Stadt und die rasche Entwicklung Cinisellos haben ein adäquates politisches Leben und Bewußtsein der Stadt begünstigt, das nicht mit überkommenen politischen und vor allem katholisch-klerikalen Traditionen zu kämpfen hatte, die heute noch in anderen Gebieten die politische «Szene» im Griff haben und beherrschen. In diesem Milieu wurde 1968 versucht, eine politische Form christlicher «Gemeindearbeit» zu verwirklichen.

II. Ausgangspunkt und Intentionen des Projekts

Das Projekt in Cinisello wurde initiiert und zunächst getragen von einer Gruppe junger Waldenser Intellektueller. Dabei sind hinsichtlich der Motivation verschiedene Komponenten auseinanderzuhalten.

Die gesellschaftlichen Bewegungen, die die Revolte von 1968 hervorriefen, vermittelten vor allem in der Studentenschaft das Bewußtsein von der Widersprüchlichkeit der kapitalistischen Gesellschaft. Hinzu trat in progressiv kirchlichen Kreisen die Einsicht in die Krise der bürgerlich-protestantischen Tradition. Der Glaube, der befreiend und schöpferisch sein sollte, hatte sich in eine konservativ dogmatische Religion gewandelt. Beides zusammen verstärkte die Absicht, sowohl politisch wie theologisch neue Wege zu gehen, und ist wesentlich für den Charakter des Experiments.

Im Gegensatz zur traditionellen Verkündigung der offiziellen Kirche, die sich als organisierter Verband, losgelöst von den konkreten Lebenszusammenhängen, darauf beschränkt, religiöse Bedürfnisse der Individuen zu befriedigen, sollte das christliche Zeugnis der Gruppe mit ihrer Praxis unmittelbar verbunden werden. Es mußte also versucht werden, den Gegensatz zwischen der Institution Kirche als einem besonderen Raum und der profanen Welt aufzulösen, was für die Gruppe konkret bedeutete:

1. *die aktive Teilnahme an der profanen Geschichte*, die sich als eine von Klassenkämpfen darstellt und folglich die Ablehnung aller Mystifizierungen im Bereich der religiösen Ideologie, etwa in der Art: christliche Nächstenliebe steht über dem Klassenkampf;
2. im Vertrauen auf eine konstruktive Entwicklung der Beziehungen der Gruppe die *Realisierung des Prinzips des allgemeinen Priestertums:* Die Rolle des Pfarrers, der sonst an der Spitze der christlichen Gemeinde steht, wird auf die bescheidenere Rolle eines Verbindungsmannes reduziert;
3. *christliches Zeugnis nur in Form des direkten Einsatzes der ganzen Gruppe:* Das Prinzip der Aufgabenübertragung, das die Sozialarbeit der offiziellen Kirche bestimmt, wird durchbrochen.

Allen drei Punkten ist der Wille gemeinsam, die Erstarrungen der gesellschaftlichen Strukturen, die durch Institutionen wesentlich konstituiert werden, aufzubrechen. So sollte zu einer Einheit von Leben und Arbeit gefunden werden, in der sich die Spontaneität des Individuums wieder adäquat realisiert. Diese Überlegungen führten zur Gründung der Kommune.[10]

III. Intentionen der Schule

Die Gruppe begann mit der Errichtung einer Schule als Ansatzpunkt der Arbeit im Stadtviertel. Sie glaubte damit der politischen Situation Italiens und speziell Cinisellos wie den sich daraus ergebenden Bedürfnissen zu entsprechen. Damit sollte dem desolaten offiziellen Schulsystem eine Alternative entgegengestellt werden.

In seiner jetzigen Form besteht das italienische Schulsystem erst seit 1963. Bis dahin gab es nur fünf Pflichtschuljahre an der «Scuola elementare», an die sich drei Jahre «Scuola media» anschließen konnten. Die «Scuola media» war jedoch so stark auf die traditionellen bildungsbürgerlichen Inhalte fixiert, daß kein Arbeiter daran interessiert sein konnte, seine Kinder dorthin zu schicken. So wurden zum Beispiel Latein und Griechisch unterrichtet, Fächer, die unbrauchbar für einen Arbeiter sind. Nach Einführung der acht Pflichtschuljahre hat sich die Situation nicht wesentlich verändert. Der Lehrstoff wurde nur geringfügig modernisiert, Latein durch Englisch ersetzt. Immer noch wird Gehorsam belohnt, Auflehnung bestraft. Immer noch müssen die Schüler oder ihre Eltern die Kosten für Fahrt und Lehrmittel tragen, und immer noch sind viele gezwungen, so früh wie möglich arbeiten zu gehen – wegen des gesetzlichen Jugendschutzes schwarz. Die «Erfolge» einer Schule, die mit so vielen Nachteilen für die Arbeiterklasse behaftet ist, schlagen sich dann auch deutlich in der Statistik nieder: nur 60 Prozent aller Italiener besitzen die «Licenza media», die Zahl der Besucher der «Scuola media» (also der Pflichtschule!) ist von 1962 bis 1968 zwar von 79,41 Prozent auf 89,39 Prozent der Volksschulabgänger gestiegen, die Zahl der erfolgreichen Abgänge von der «Scuola media» in derselben Zeit aber nur von 61,06 Prozent auf 68,5 Prozent gestiegen, relativ also gefallen.[11]

Die acht Pflichtschuljahre führen faktisch die «Licenza media» als Voraussetzung für den Erhalt einer Arbeitsstelle ein, auch wenn der Arbeitsmarkt nicht jedem Absolventen einen Arbeitsplatz garantiert. Diese Situation forderte die Einrichtung einer Schule geradezu heraus, zumal die Examensforderungen so flexibel sind, daß sich politische Bildung mit dem Erwerb der «Licenza media» gut verbinden läßt.

Die Waldenser-Gruppe, die sich in Cinisello niederließ, verfiel also nicht zufällig auf den Gedanken, ihre Arbeit mit einer Schule zu beginnen, zumal das Interesse an der «Licenza media» aus geschildertem Anlaß groß war und ist. Es auf herkömmliche Weise abzudecken hätte jedoch bedeutet, in die gleichen Fehler zu fallen, die die offizielle Schule in die Krise geführt haben. Auch ging es der Kommune nicht darum, die bürgerliche Kultur zu reproduzieren, vielmehr sollten den Arbeitern die Möglichkeiten erschlossen werden, die in ihnen selbst liegen. Die Schule sollte Anstöße zur Bildung politischen Bewußtseins geben. Dazu ist zunächst die Einübung kooperativen Arbeitens und Verhaltens notwendig – die bisherige Sozialisation bot nur die Verhaltensmuster von Konkurrenz und individueller Problemlösung etwa durch Diebstahl oder Gewalttätigkeiten.

Inhalte

Es soll nicht Bildung, die aus einem Surrogat der bürgerlichen Kultur besteht, vermittelt werden. Eine solche «Bildung» wäre, gemessen an der Erlebniswelt und dem proletarischen Schicksal der Schüler, sinnlos und würde den Zwangscharakter der bürgerlichen Schule wiederholen. Wissen, das außerhalb der Welt des Schülers bleibt, ist ein Instrument der Unterdrückung. Im Gegensatz dazu versucht die Schule, an exemplarischen Beispielen die Struktur einer Gesellschaft transparent zu machen, die das Leben der Schüler bestimmt. So ermöglicht sie, die passive Rolle des nur ausgebeuteten Objekts schrittweise zu verlassen, und die aktive Beteiligung an den Auseinandersetzungen innerhalb der Gesellschaft.

Unterrichtsfächer sind Mathematik, Englisch, Italienisch, Geschichte, Geographie, Naturwissenschaften. Ein Problem ist die Koordination der Inhalte des Unterrichts zwischen den einzelnen Fächern. Dabei nehmen Englisch und Mathematik eine Sonderrolle ein. Bei beiden Fächern wird in der staatlichen Schlußprüfung verhältnismäßig viel instrumentelles Wissen verlangt. Das setzt den Unterricht bisweilen unter Zeitdruck. Zudem glaubt die Schule, die Bedeutung und den Zusammenhang nur auf Grund der Kenntnis instrumenteller Fähigkeiten behandeln zu können (z. B. Rechenoperationen oder die Kenntnisse fremdsprachlicher Formen). Bleibt die Möglichkeit, die technischen Fähigkeiten in der Verbindung mit Beispielen zu vermitteln, die einen gewissen natürlichen Reiz ausüben oder sonst von unmittelbarem Interesse sind. So werden beispielsweise im Englischunterricht Kultur und Schicksal der Indianer Nordamerikas behandelt, oder man lernt Rechnen mit Hilfe der Lohnsteuerkarten.

Das Koordinationsproblem ist 1974 durch die Einführung von fächerübergreifenden Rahmenthemen weitgehend gelöst worden. Jedes Rahmenthema wird einen Monat lang in allen sich anbietenden Fächern drei Abende pro Woche behandelt. Beispiele für solche Themen: der Spanische Bürgerkrieg, die italienische Widerstandsbewegung, das gegenwärtige Leben in China, große geographische und technische Entdeckungen, Indianer Amerikas, die Frau in der Gesellschaft usw. Diese Themen werden durch die Impulse der Schüler in den Stunden modifiziert und weiterentwickelt. Ein Beispiel: Als Thema des Eröffnungszyklus wählte man die Indianer, wegen des natürlichen Interesses, an das man anknüpfen konnte. Durch Lektüre und Film wurde das Leben der Indianer vor und nach dem Einfluß der Weißen behandelt und in einem zweiten Schritt zur Entstehung des amerikanischen Staates und dem Reservatschicksal der Minderheiten in Beziehung gesetzt. Dies rief lebhafte Diskussionen hervor, in deren Folge dann Kreise gezogen werden konnten. Von der Rolle der Frau in der indianischen Kultur bis zu ihrer Rolle in der gegenwärtigen Gesellschaft, von der Verrohung der Indianer durch den Alkohol der Weißen bis zu den Drogenproblemen, die in der Realität der Schüler unmittelbar vorhanden sind. Die Themen werden nicht um ihrer selbst willen behandelt, sondern haben ihren Stellenwert als exemplarische, wobei den Schülern letztlich die Möglichkeit gegeben werden soll, sich mit sich selbst auseinanderzusetzen, also mit ihrer Situation, und ihrer Geschichte. Auswahlkriterium ist das Interesse der Schüler.

Methoden

Will man politisches Bewußtsein schaffen, indem man den Schülern hilft, ihre eigene Situation zu benennen, zu erkennen und eventuell zu politischen Konsequenzen zu kommen, so ist damit der *Schüler*, seine Voraussetzungen, seine Motivationen, sein Interesse und seine Situation, ins Zentrum des Unterrichts gesetzt und nicht ein *bürgerlicher Lehrstoff*, den es gälte, auf möglichst effektive Weise den Schülern einzutrichtern. Bewußtsein kann nicht in wohlabgewogenen Dosen mit Löffeln gegessen werden. Bewußtseinsbildung ist keine Frage des Einpaukens – eher schon ist es eine Frage der Freiwilligkeit.

Die Abendschule in Cinisello ist ein alternatives Schulangebot zur offiziellen Pflichtschule und daher *freiwillig*. Sie ist *kostenlos*. Von diesem Angebot wird hauptsächlich von den Arbeitern und Arbeiterjugendlichen Gebrauch gemacht, die in der offiziellen Schule «gescheitert» sind und entweder durch Freunde, Gewerkschaftler oder durch Plakatanschläge der Abendschule in der Fabrik von ihr erfahren haben. Ihre Motivationen, die Schule zu besuchen, sind sehr verschiedenartig. Sie reichen von dem Wunsch, die «Licenza media» zu erreichen, bis zum Wunsch, Freunde treffen zu wollen oder Freundinnen zu angeln. Seltener ist die Motivation, die Situation begreifen, sich politisch weiterbilden und Instrumente für den politischen Kampf erlangen zu wollen. Sie ist eher bei den älteren Arbeitern des metallverarbeitenden Sektors, die früher vorwiegend die Schule frequentiert haben, zu finden, weil sie bereits ein gewisses Maß an politischem Bewußtsein voraussetzt. Die Mehrheit der zunehmend jünger werdenden Schülerschaft hat in der Regel bisher andere Formen der Aufarbeitung ihrer Erfahrungen von ihrer sozialen Umwelt und vom Arbeitsplatz gefunden. Formen, die sich wohl grob unter den Begriff Kompensation subsumieren lassen (Drogen, Kriminalität, Bandenbildung etc.). Freiwillig in eine Schule zu gehen, bedeutet noch lange nicht, sie regelmäßig zu besuchen. Trotz der Verschiedenartigkeit der Voraussetzungen und Bedürfnisse, deren einige notwendig immer frustriert werden, ist doch fast allen die Erwartung gemeinsam, Stoff vorgesetzt zu bekommen und zum Lernen gezwungen zu werden. *Die Teilnahme am Unterricht* dennoch *freizustellen* bedeutet für die Lehrer, ein Höchstmaß an Motivation bei den Schülern zu fördern, selbst ihre eigene Situation zu benennen und zu erkennen. Eine allen gemeinsame Voraussetzung ist die Unfähigkeit, eigene Bedürfnisse zu artikulieren und Impulse zum Durchsetzen der eigenen Interessen zu entwickeln – stumpfsinnige Fließbandarbeit, repressive Methoden im Betrieb und in der Schule und nach denselben Strukturen organisierte Freizeitbeschäftigung sowie die geringe Anregung im Elternhaus wirken prägend. So hat sich die Abendschule entschlossen, den Schülern im ersten Jahr zunächst konkrete Lernangebote zu machen. Die regelmäßig stattfindenden *Schülerversammlungen* bestimmen über die Inhalte des bevorstehenden Jahres mit und gewährleisten so den Bezug zum Interesse und zum Leben der Schüler. Die Unterrichtsstunden werden im höchsten Maße flexibel und elastisch gehalten, «um fähig zu sein, jede kleinste Interessensbekundung aufzugreifen und um imstande zu sein, Diskussionen entstehen zu lassen über die realen Probleme des Lebens (Arbeit, Haus, Freizeit, Freundschaft, Drogen etc.)»[12]. Angestrebt wird ein Höchstmaß an Verbindung zum Leben der arbeitenden Schüler und somit an Stimulanz, die eigene Situation anzugehen – dies alles natürlich im Rahmen der lehrplanmäßigen Freiräume.

Das bedeutet für die *Lehrer*, daß ihre Fähigkeiten sich nicht auf fachliches Wissen beschränken dürfen; ihre Flexibilität, ihre Sensibilität und ihr Gespür für die Probleme der Arbeiterschüler (und nicht zuletzt ihre Beziehung zu ihnen) können als relevantere Qualifikationen angesehen werden. Darum werden die unterrichtenden Personen an der Abendschule auch nicht nach einem wie auch immer gearteten Lehrerzertifikat vom Lehrkörper oder einer übergeordneten Institution (die es an der Abendschule nicht gibt) *ausgewählt*, sondern *von den Schülern selbst. Jede interessierte Person mit der «Licenza media»*, gleichgültig welchen Berufs und welcher Ausbildung, kann Lehrer werden, wenn sie selbst sich und die Schüler sie nach einer selbstgewählten Probezeit für geeignet befinden. Das Auswahlverfahren regelt sich in der *Praxis* und hat der Abendschule bisher noch keine Probleme bereitet. Die Lehrer, die im Gespräch mit den Arbeitern selber lernen (zumal wenn sie bürgerlicher Herkunft sind), *unterrichten aus eigener Motivation* an ein oder zwei Abenden der Woche neben ihrem Beruf her und werden nicht nur *nicht bezahlt* für ihren Unterricht, sondern jedes Mitglied der Lehrergruppe besteuert sich freiwillig mit einem Monatsbeitrag, um die Schule finanziell zu unterstützen.

Um der Gefahr zu entgehen, in der Rolle als «Lehrperson» für die Schüler einen allzu starken Bezugspunkt darzustellen und damit echte Gespräche unter den Schülern zu verhindern bzw. um einen Frontalunterricht mit allen psychologischen Implikationen zu vermeiden, unterrichtet *nie ein Lehrer allein* in einer Klasse. Jede Klasse ist in zwei Parallelkurse aufgeteilt, die gleichzeitig stattfinden. In jedem Kurs sind während des Unterrichts zwei oder mehr Lehrer anwesend – was für die Lehrer selbst eine direkte Kontrolle ihres Rollenverhaltens bedeutet. Während des Unterrichts können sich die Lehrer der beiden Parallelklassen konsultieren. Die Probleme des eigenen Verhaltens, Vermittlungsprobleme sowie schwere Probleme einzelner Schüler werden sowohl in der regelmäßig stattfindenden Lehrerversammlung[13] als auch in den Generalversammlungen thematisiert. Die Generalversammlungen setzen sich aus Schülern, Ehemaligen und Lehrern zusammen und werden durchschnittlich alle sechs Wochen abgehalten. In den Generalversammlungen stehen Themen zur Diskussion wie: Die Funktion der Schule in Italien, die Beziehung zwischen Arbeitswelt und Kultur etc. Ausgangspunkt war oft die Diskrepanz zwischen Vorstellungen von Schule und den Erfahrungen mit der Abendschule. Die Schülerversammlungen gewöhnen die Schüler an kollektive Diskussionsformen und die Lehrer daran, zu schweigen oder nur das Nötigste zu sagen, um die Schüler nicht mit perfekt formulierten Beiträgen zu «erschlagen» und so Ansätze gleich im Keim zu ersticken. Die Lehrer können in den Versammlungen noch mehr als in der Schule lernen, die Ausdrucksmöglichkeiten der Arbeiter auf dem Hintergrund von deren Erfahrungen, Kultur und Mentalität zu verstehen. Die Generalversammlung war es auch, die im ersten Jahr den Plan der Lehrer, die Abendschule in drei Jahren bis zum Erreichen der «Licenza media» aufzubauen, vereitelt hat. Die Schüler weigerten sich erfolgreich gegen die Aussicht, drei Jahre in die Schule gehen zu müssen. Sie fühlten sich dem Streß des Unterrichts nach zehn bis zwölf Stunden täglicher Arbeit nicht auf so lange Zeit gewachsen. Die meisten Lehrer dagegen wollten «mehr Zeit für kulturelle, kritische und politische Vorbereitung der Schüler haben, ohne daß ständig die bedrohliche Nähe des Examens die Schüler und damit auch die Lehrpläne beeinflußte»[14]. Die Lehrer wurden überstimmt, später erkannten sie aber, daß sie unrecht hatten und daß die Schüler sich selbst und ihre Bedingungen besser kannten.

Das *inhaltliche Ziel*, kollektive Lern- und Diskussionsformen zu erlernen, sprachliche Ausdrucksmöglichkeiten zu fördern, das Artikulieren von Interessen anzuregen, hängt von den mitgebrachten Voraussetzungen der jeweiligen Schüler ab und ist nicht bewertbar. In der Abendschule werden keine Zensuren oder Zeugnisse vergeben. Der Inhalt ist notwendig für die individuelle Existenz und zum kollektiven Kampf der Arbeiter. *Er kann und braucht nicht durch Noten bewertet zu werden.* Das Erreichen dieses Ziels verifiziert oder falsifiziert sich im Lebensvollzug und der politischen Praxis der Schüler. Das für die *Prüfungen notwendige instrumentelle Wissen* wird erklärt, bis es auch der letzte verstanden hat. Es wird versucht, den Stoff so lebensnah als möglich zu vermitteln, gegebenenfalls auch einzelnen. Die übrigen Schüler arbeiten dann in Gruppen oder führen «Privatgespräche» oder empfangen bisweilen auch plötzlich durchs Fenster hereinplatzenden Besuch. Anders als in der üblichen Schulpraxis sind die Schüler sehr tolerant gegenüber Mitschülern, die langsamer begreifen. Da es keinen individuellen Konkurrenzkampf um besseres «Abschneiden» gibt, werden schwächere Schüler auch nicht verhöhnt. Innerhalb des zeitlichen Rahmens des Lehrplans wird versucht, jedem, auch dem letzten, den Stoff zu vermitteln.

Daß dies in der Regel auch gelungen ist, zeigt das überaus erfolgreiche Abschneiden der Schüler beim Examen, das an einer staatlichen Schule abgenommen wird:

1974 bestanden alle 31 Kandidaten mit guten und sehr guten Noten. Allerdings gibt es häufig Auseinandersetzungen mit den Prüfern, wenn diesen die Prüfungsordnung zu extensiv ausgelegt scheint. Häufig diskutieren die Schüler mit ihren Prüfern über ihre politische Meinung. Die Prüfer sind bereit, eine begründete Meinung anzuerkennen, auch wenn sie nicht mit ihrer eigenen übereinstimmt. Ob dies ohne eine starke Arbeiterbewegung und die Verankerung der Kommune in ihr möglich wäre, ist allerdings fraglich.

Einige Kandidaten legen ihr Examen ab, obwohl sie inzwischen festgestellt haben, daß der erhoffte Erfolg, durch die «Licenza media» einen besseren Arbeitsplatz zu finden, nicht in Erfüllung gehen wird. Wenn sie doch eingestellt werden sollten, ist die Ausbeutung, der sie ausgesetzt sein werden, nicht geringer. Das Examen stellt zudem nach zwei Jahren Abendschule kein allzu großes Problem mehr für die Schüler dar. In manchen Fächern wird in Gruppen geprüft.

IV. Kommune und Schule

Die Absicht, am Leben in Cinisello teilzunehmen und als Gruppe eine gemeinsame Praxis zu finden, die eine qualitative Alternative darstellen könnte zu den hoffnungslosen und entfremdeten Lebensformen des Proletariats in einem Industriegetto, ließ sich nur realisieren in der engen Zusammenarbeit einer Kommune. 1968 wurde eine Kommune gegründet. Unmittelbar danach wurde die Schule eröffnet. Weil sie einem objektiven Bedürfnis der Bevölkerung entsprach, bot sie einen günstigen Einstiegspunkt, die Präsenz der Gruppe dem Stadtviertel zu vermitteln. Damit war der erste Schritt getan, als kontinuierlich existierendes, alternatives Projekt ins Bewußtsein der Bevölkerung zu gelangen. Der Zweck der Kommune liegt wesentlich nicht in ihr selbst, im Unterschied zu den meisten sonst bekannten. Es geht nicht um die Verwirklichung eines gemeinschaftlichen Lebensideals. Vita communis ist hier bestimmt von der nach außen gewandten Praxis der gesamten Gruppe.[15] So gibt es zwar

Kommuneversammlungen, in denen die anstehenden Fragen besprochen werden. Die Beziehungen der Mitglieder der Kommune untereinander werden aber nicht für sich allein genommen reflektiert, sondern regulieren sich innerhalb der gemeinsamen Tätigkeit. Veränderungen im Zusammenleben entwickeln sich langsam. Zum Beispiel wird jetzt der Beitrag zum gemeinsamen Essen anteilmäßig zum Einkommen bestritten, während am Anfang jeder nur seinen privaten Verzehr bezahlte.

Die Schule ist ohne ihre Verankerung in der Kommune nicht zu denken. Die Kommune stellt einen Raum dar, wo einerseits die Lehrer die Möglichkeit haben, ihre Arbeit in der Schule zu koordinieren und zu entwickeln. Andererseits haben die Schüler dort einen Bezugspunkt. Sie können die Kontakte untereinander, mit den Lehrern sowie mit anderen Mitgliedern der Kommune fortsetzen und vertiefen.

Dies war in der Gründungsphase eine entscheidende Hilfe, um der Bevölkerung von Cinisello Sinn und Absicht der Schulgründung zu vermitteln und damit das Projekt der Gruppe zu etablieren. Über die Schüler der Schule bahnten sich bald verzweigtere Kontakte an. Inzwischen ist die Kommune eine Art von Kommunikationszentrum innerhalb ihres Viertels geworden. Ihre kontinuierliche Präsenz innerhalb der sozialen Realität des Stadtviertels hat es der Bevölkerung erleichtert, das Projekt als für sie gemachtes zu verstehen.

Dieses Ziel wurde endgültig erreicht durch die Einbeziehung von Arbeitern in die Kommune. Innerhalb der Kommune wandelte sich der Lebensstil der bürgerlichen Mitglieder. Das Konsumverhalten wurde abgebaut und damit ein erster Schritt getan, die Kluft zwischen Arbeitern und Intellektuellen zu überbrücken. In diesem Prozeß der Annäherung wandelte sich aber auch das Projekt in Richtung seiner ursprünglichen Intention. Die «Betroffenen» wurden selbst beteiligt. Sie erkannten, daß das Projekt in ihrem eigenen Interesse lag. Indem sie sich aktiv daran beteiligten, es also als ihr eigenes übernahmen, war es nicht länger eines, das von einer fremden Gruppe für sie gemacht wurde. Von den Arbeitern, die zum großen Teil Absolventen der Abendschule waren, gingen auch die neuen Aktivitäten der Kommune aus: ein politischer Diskussionskreis, verschiedene Jugendkreise.

Für die Kommune selbst ist die Schule die älteste ihrer Aktivitäten. Sie garantiert die Kontinuität des Experiments.[16]

V. Entwicklungen und Veränderungen

Ein erster Schritt zur Veränderung war der Eintritt von kirchenkritischen Arbeitern in die Kommune. Während sich ein Teil ganz neuen Aktivitäten zuwandte, engagierten sich vor allem die ehemaligen Schüler in der Abendschule. Zunächst wirkte sich dies lediglich darin aus, daß sie eine

Vermittlerfunktion zwischen Lehrern und Schülern einnahmen. Aus ihrer eigenen Situation, persönlichen Bekanntschaften zu den Schülern und der Tatsache, daß sie selbst zwei Jahre Abendschule absolviert hatten, konnten sie die Probleme der Schüler viel besser erkennen. So konnten sie den Intellektuellen dabei helfen, auf die Interessen der Schüler einzugehen und schwierige Begriffe durch Beispiele aus dem Leben der Schüler zu erhellen. Einige Ehemalige begannen schon sehr schnell, selbständig zu unterrichten, vor allem Naturwissenschaften, das bei den Schülern beliebteste Fach.

Im Rahmen der Tarifrunde der Metall- und Chemiegewerkschaften 1973 tauchte unter anderem die Forderung nach einer Erweiterung des Arbeiterbildungswesens auf. Im Verlauf der Verhandlungen wurde diese Forderung in innergewerkschaftlicher Diskussion konkretisiert. Sie wurde im Zusammenhang mit den Tarifkämpfen erkämpft. Es wurde mit den beiden Industriezweigen ein Vertrag geschlossen, in dem diese sich verpflichteten, 150 Arbeitsstunden pro Jahr bezahlt zu Weiterbildungszwecken zur Verfügung zu stellen. Daraufhin entstanden in ganz Italien «150-Stunden-Schulen». Sie sehen viermal in der Woche einen dreistündigen Unterricht vor, wovon die Hälfte bezahlte Arbeitszeit ist. Sie führen in einem halben Jahr zur «Licenza media». Die 150-Stunden-Schulen bemühen sich, den obligatorischen Unterrichtsstoff im Zusammenhang mit der Arbeit und den Erfahrungen der Arbeiter zu behandeln – soweit das in einem halben Jahr möglich sein kann! Die 150-Stunden-Schulen werden in Inhalt und Organisation von den Gewerkschaften kontrolliert. Die Lehrer werden im Unterschied zur Abendschule vom Staat bezahlt, müssen deshalb auch eine akademische Ausbildung nachweisen. Seit 1974 besteht eine solche Schule auch in Cinisello. Sie wurde als Fortschritt im Arbeiterbildungswesen in der Kommune allgemein begrüßt. Die Kommune bemüht sich in einer regionalen Kommission von Arbeiterbildungsinstituten um eine Abstimmung des Lehrstoffs mit den 150-Stunden-Schulen. Die Erfahrungen der siebenjährigen Praxis der Kommune werden dort mit Interesse aufgenommen.

Die gewerkschaftlich organisierten Arbeiter der Metall- und Chemiebetriebe nehmen die Vorteile der neuen Regelung wahr, die den Arbeitern der anderen, meist kleinen Betriebe verschlossen bleiben. Da die Kleinbetriebe meist Jugendliche beschäftigen, hat sich der Kreis derer, die von der Abendschule angezogen werden, geändert. Es mußte eine neue Form gefunden werden, die den Bedürfnissen dieser Jugendlichen besser gerecht wurde. Dies konnte nur durch eine Intensivierung und Verlängerung der Eingangsphase geschehen. Zur gleichen Zeit verwiesen jedoch die wenigen älteren Arbeiter auf das Beispiel der 150-Stunden-Schule, die in weniger als zwei Jahren zur «Licenza media» führt. Auch mußte dem höheren politischen Reifegrad der älteren Arbeiter und ihrem Bedürfnis nach konkreter Information Rechnung getragen werden. Die

Schulversammlung beschloß deshalb, die beiden Gruppen in verschiedene Klassen einzuteilen. Wer den Militärdienst noch nicht abgeleistet hat, muß in die erste Klasse. Wer ihn bereits hinter sich hat, kann in die zweite Klasse und somit in nur einem Jahr sein Examen erreichen. Die Grenze «Militärdienst» scheint willkürlich. Sie wurde jedoch gewählt, weil das Militär so viel an Lernprozessen und Erfahrungen mit sich bringt, daß es für das Überspringen der ersten Klasse noch als sinnvollstes Kriterium gelten mag.

Konsequent wurde die Examensvorbereitung weitestgehend aus der ersten Klasse herausgenommen. So wurde Raum geschaffen, ausführlicher die Bedürfnisse der Schüler anzugehen. «Es war erforderlich, ein leichteres und in den Inhalten weniger schulisches Programm zu erstellen, eines, das imstande sein könnte, die Aufmerksamkeit der Schüler auf sich zu ziehen, indem es unmittelbare Aufhänger bietet. Andererseits brachte selbst der Kontakt mit den Halbstarken die Notwendigkeit einer Veränderung im Schulemachen mit sich: eine größere Flexibilität gegenüber immer auftauchenden Ansatzpunkten; fähig zu sein, sie zu erkennen, sie zu extrapolieren und zu beantworten – auch wenn dies das Risiko der Unterbrechung mit sich bringt. Aus diesen Prämissen sind einige praktische Vorschläge erwachsen, die sofort in der ersten Klasse verwirklicht wurden: a) Aufhebung der traditionellen Aufteilung in Fächer, ihre Ersetzung durch eine Trennung von instrumentellen Fächern (Mathematik, Englisch und Italienisch) und den bildenden und kulturellen Fächern, die alle anderen Themen umfassen, gruppiert in ‹Zyklen› [fächerübergreifende Rahmenthemen; die Verf.]; b) unterschiedliche Verwendung und unterschiedlicher Einsatz der Lehrer . . . Dieses Ziel wurde erreicht, indem einige Personen beauftragt wurden, sich an den meisten Abenden einer Klasse anzuschließen, um so unmittelbar die Verbindung zwischen den eingebrachten Themen an den verschiedenen Abenden eines Zyklus zu gewährleisten.»[17]

Bei der Einführung der Zyklen haben die Ehemaligen eine verstärkte Funktion erhalten, da es dafür noch viel stärker als bisher auf das Einbeziehen der Lebensbereiche der Schüler ankommt. So konnten auch die persönlichen Kontakte vor allem mit Schülern der ersten Klasse intensiver entfaltet werden.

Dadurch, daß jetzt die Klassen in kleinere Gruppen geteilt werden, ist es jedem leichter möglich, sich auch bei unterschiedlichem rhetorischem Geschick einzubringen. So wurde auch die Dominanz der intellektuellen Lehrer abgebaut, die die Aufteilung in Fächer charakterisiert hat. Durch den Einfluß der Arbeiter ging die Diskussion didaktischer Probleme zurück. Es schien nicht mehr relevant, eine möglichst moderne, pädagogisch ausgereifte Form des Unterrichts zu entwickeln. Die Auswahl der Themen und ihre strikt parteiliche, situationsbezogene Behandlung steht im Vordergrund.

Nach ihrem Examen suchen sich die Schüler häufig ein neues Betätigungsfeld innerhalb der Kommune. Auf diese Weise haben sich Zahl und Art der Aktivitäten der Kommune erheblich erweitert. Neben der Arbeit im Circolo culturale-politico und der Schule selbst ist hier vor allem der systematische Aufbau offener Jugendarbeit in den Stadtvierteln zu erwähnen. Dafür wurden bereits neue Räume in der Nähe der Kommune angemietet – ein weiterer Schritt zur Integration der Kommune in die Stadtviertel.

Es wurde festgestellt, daß die Einrichtung der Zyklen erheblich mehr Organisation erforderte. Diesen Aufwand können die Lehrer, die noch einen normalen Arbeitstag leisten müssen, nicht bewältigen. Einige Studenten haben deshalb gegen eine geringe materielle Entschädigung die Hälfte ihrer Arbeitszeit der Schule zur Verfügung gestellt. Damit könnte die Schule in die Gefahr kommen, professionalisiert zu werden. Da jedoch von keinem Mitglied der Kommune gesagt werden kann, es sei materiell abhängig von ihr, kann von einer Professionalisierung nicht die Rede sein. Es würde sich auch niemand scheuen, diesen Personen ihr Amt wieder wegzunehmen, falls bürokratische Tendenzen auftauchen sollten.

VI. Systematische Weiterführung

Offenkundig hat die italienische Schule in der gegenwärtigen Krise

1. die Funktion, die real oder potentiell Arbeitslosen zu befrieden und sie durch eine spezifische Schulsituation für ihre objektive Lage blind zu machen, weil sie einen großen politischen Unsicherheitsfaktor darstellen, und
2. die Funktion, sie vom Arbeitsmarkt abzuziehen und so «überschüssige» Produktivkräfte brachzulegen, um den Arbeitsmarkt verfügbarer zu machen. Diese «kapitalistische Entwicklung der Schule führt zu einer Institutionalisierung der Trennung zwischen produktiver und unproduktiver Arbeit, sie zielt auf eine Stillegung gewaltiger physischer und geistiger Energien ab, indem sie diese von der Realität der Produktion trennt. Die Schule wird gewissermaßen eine Funktion ihrer selbst»[18].

Diese bewußt herbeigeführte Trennung von produktiver und unproduktiver Arbeit widerspricht dem Hauptprinzip der Entschulung: daß Lernen, Leben und Arbeiten ständig miteinander verbunden sein sollen. Sich selbst und seine Fähigkeiten realisieren, sich entfalten und sich eigene Ziele stecken kann nicht als Sandkastenspiel im Freizeitraum geschehen, schon gar nicht als Kompensation verdummender Arbeit, sondern geschieht hauptsächlich im Arbeitsprozeß selbst. Gefordert ist also die Aufhebung eben dieser Trennung. Der Arbeitsplatz muß zum Ort werden, an dem Lernen möglich wird, und die Schule muß zum Ort werden, an dem bei der Arbeit gemachte Erfahrungen und Erkenntnisse weitergetrieben werden können. Statt zunehmender Mechanisierung und Einführung repetitiver Arbeit im Zuge der Rationalisierung einerseits und einem riesigen Heer Arbeitsloser andererseits muß eine Strategie entwickelt werden, die auf Erweiterung der gesellschaftlichen Kontrolle der Arbeiter über die Arbeitsbedingungen abzielt. Die Arbeiter müssen die Möglichkeit haben, den Produktionsprozeß kennenzulernen, zu beherrschen und zu verändern. Notwendig ist eine «Neuzusammensetzung der Aufgaben, die Ausdehnung der Phasen von individueller Arbeit und Rotation, dergestalt, daß in die Produktionsfunktion solche der Kontrolle, des Einrichtens, der Regulierung und der Wartung wiedereinbezogen werden»[19].

Die italienischen Arbeiter haben diese Forderungen unter anderem zu stellen begonnen, als Lohnforderungen jenes differenzierte Lohneinstufungssystem («job evaluation») berührten, das Unterschiede der Qualifikation und unterschiedliche Anforderungen der Arbeitsplätze postuliert. Dieses Postulat wird der Realität stumpfsinniger Arbeit einerseits und weniger hochspezialisierter Posten andererseits nicht gerecht. Noch weniger werden diese Prämissen des Einstufungssystems der faktischen Unverbundenheit von schulischer Qualifikation und Anforderungen des Arbeitsplatzes gerecht. Forderungen nach einer Veränderung des Einstufungssystems stehen in fundamentalem Zusammenhang mit der Arbeitsorganisation.

Erst die veränderte Arbeitsorganisation, in der Arbeitsvorgänge im Gesamtzusammenhang transparent und veränderbar werden, ermöglicht und benötigt Qualifikation. Erweiterte Kenntnisse wiederum können Voraussetzung zu gemeinsam neu organisierten Arbeitsbedingungen sein.

Für eine Schule wie die Abendschule in Cinisello kann Entschulung also nicht einfach methodische oder pädagogische Auflockerung von Stil und Inhalt bedeuten. Die Schule muß im Sinne eines engeren Zusammenhangs von Leben, Lernen und Arbeiten am Kampf um die Aufhebung der Trennung von produktiver und unproduktiver Arbeit teilhaben. An den Bedürfnissen und Interessen der Schüler ansetzen heißt also konkret in dieser Situation, in Inhalt und Ziel auf die Veränderung der Produktionsbedingungen bezogen zu sein.

Das heißt: die Bedingungen, unter denen die Schüler produzieren (arbeiten) und sich reproduzieren (leben), müssen thematisiert und problematisiert werden. Kollektiv muß die soziale und Arbeitssituation erarbeitet werden, um sie als *gemachte* und somit veränderbare begreifen zu können und um gegen die kapitalistische eigene Zielvorstellungen erarbeiten und setzen zu können – unter kritischer und/oder solidarischer Beachtung der Forderungen der Gewerkschaften und politischen Gruppen.

Die Schule übernimmt also unter anderem die Funktion politischer Mobilisierung und macht sich zum Instrument des Arbeitskampfes. Intention der Schule ist nicht, Konsumangebot zu sein, sondern zu befähigen, sich gemäß der Erkenntnisse für eigene Interessen einzusetzen. Man hofft, daß sich die Schüler nach der Schule in Parteien, Gewerkschaften oder in der Schule selbst engagieren oder andere Initiativen ergreifen.

Bewußtsein bilden heißt nicht, Schüler mit festgelegten spezifischen Gegeninformationen zu füttern, die es zu konsumieren gelte. Eine «Gegenkultur» kann nur das Bestehende in seiner konkreten historischen und gesellschaftlichen Funktion entschleiern und unterdrückte historisch und gesellschaftlich gewachsene Bedürfnisse erkennen helfen. Daraus ergeben sich für Methoden und Inhalte einer Schule Konsequenzen:

a) Eine der im Betrieb und in der offiziellen Schule herrschenden Verschleierungspraktiken, nämlich die willkürliche Differenzierung, Klassifizierung und Selektion der Arbeiter, muß in der Schule aufgehoben sein, so daß Arbeiter gemeinsam ihre Gemeinsamkeit entdekken und im «Lernprozeß» schon ihre Ziele antizipieren: kollektives statt individualistisches und isoliertes Handeln. Diese Forderung bestimmt die Methoden der Schule.
b) Inhalt der Schule ist nicht ein Parteiprogramm, sondern die Schule ist ein Ort der Suche der eigenen Interessen und Möglichkeiten, ein Ort des Austragens von Argumenten, der Meinungsfindung und eigenen Zielsetzung.

Die Schule als Instrument für die Arbeitskämpfe muß enge Verbindungen zum Stand betrieblicher Auseinandersetzung und somit auch zu den politisch arbeitenden Gruppen und Organisationen haben. Sie kann als Einzelaktivität nur im Kontext mit verschiedenen politischen Aktivitäten und Vermittlungsinstanzen bestehen. Die Abendschule in Cinisello ist in eine Kommune eingebettet, die als Kommunikationszentrum dient und die Verbindung zu politischen Aktivitäten herstellt. Nahezu alle Mitglieder der Kommune beteiligen sich aktiv an den verschiedensten politischen Aktivitäten im Produktions- sowie im Reproduktionsbereich.

Als Schnittpunkt verschiedener Aktivitäten kann die Kommune auch gleichzeitig ansatzweise Koordinationsfunktion übernehmen (etwa anläßlich konkreter Aktionseinheiten), indem sie sich auch als Ort der politischen Auseinandersetzung versteht.

Eine Schule – so verstanden – ist ein notwendiges und nützliches Mittel der Arbeiterklasse zur Selbstausbildung und Rekrutierung politisch bewußter Arbeiter. Sie hätte in der Form vielleicht auch von Arbeitern selbst ins Leben gerufen werden können. Die Abendschule von Cinisello wurde aber von Intellektuellen gegründet – quasi für die Arbeiter. Vielleicht konnte sie erst dann ihrem Ziel, der Arbeiterklasse zu nützen, näher kommen, als Arbeiter sich an ihr beteiligten und in die

Kommune integriert wurden, in dem Moment also, als Arbeiter dieses Instrument als ihr Instrument «anerkannt» haben. An diesem Punkt geschah und geschieht praktizierte Solidarität zwischen Arbeitern und Intellektuellen.

Die Verbindung von Arbeiten und Lernen besteht also in der Abendschule nicht im Vermitteln einer echten oder vermeintlichen Qualifizierung für den momentanen Arbeitsplatz – dennoch hat die Schule um die staatliche Anerkennung ihres «Licenza media»-Abschlusses gekämpft. Dieser Abschluß ist notwendige Voraussetzung, um einen Arbeitsplatz zu bekommen, und entspricht von daher einem «objektiven» Bedürfnis der Arbeiter. Dieses Bedürfnis zu leugnen, weil es Produkt eines raffinierten Ausbeutungssystems ist, wäre ignorant. Dies um so mehr, als viele Arbeiter die Schule beginnen mit dem primären Ziel der «Licenza media» und im Glauben, sie werde eine Änderung ihrer Situation bringen.[20] Diese Annahme als Illusion aufzudecken, das heißt, das Verhältnis von Qualifikation und Arbeitsbedingungen zu thematisieren, ist Aufgabe der Schule. Die Schüler werden nicht für ihren Arbeitsplatz funktional abgerichtet, sondern dafür qualifiziert, den Arbeitsplatz zu verändern und ihn zum Lernort selbst zu machen. Das bedeutet, daß die Abendschule sich in dieser Form eines Tages selbst überflüssig macht: Wenn die gesellschaftlichen Bedingungen, die sie notwendig gemacht haben, sich ändern, ändert sich auch die Funktion der Schule. Ihre neue Funktion wird in einem komplementären Verhältnis zu den neuen Produktionsverhältnissen stehen: Lernen im Betrieb – Arbeiten in der Schule.

In dem Moment, in dem die Schule für Menschen auf dem Weg zu ihrer Realisierung notwendig ist und von ihnen als notwendig anerkannt wird, überwindet sie tendenziell ihren institutionellen Charakter.

Möglichkeiten der Übertragung

Bei der Diskussion um die Übertragbarkeit dieses alternativen Schulprojekts müssen folgende Faktoren berücksichtigt werden:
- die politische und ökonomische Situation des Landes, konkret der Stand der Klassenauseinandersetzungen,
- Grad des politischen Bewußtseins der Arbeiterklasse,
- Ortsbedingungen und konkrete Bedürfnisse der Bevölkerung,
- Schulsystem und Funktion der Schule,
- Notwendigkeit eines institutionellen Rahmens,
- Möglichkeiten eines institutionellen Rahmens,
- Institutionsanalyse.

Anmerkungen

1 Vgl. Camillo Daneo: Die ökonomischen Widersprüche im Nachkriegsitalien. In: Kursbuch 26 (1971), S. 11.

2 Ebd., S. 14.

3 Ebd., S. 16.

4 Einleitung von H. Boehncke/J. Humburg, in: dies. (Hg.): Wer verändert die Schule, Reinbek bei Hamburg 1973, S. 14.

5 Gerade in Italien, einem Land, das auf dem internationalen Markt vorwiegend Sektoren abdeckt, die noch lange Zeit durch geteilte Arbeitsprozesse bestimmt werden.

6 Antonio Lettieri: Fabrik und Schule. In: A. Gorz: Schule und Fabrik, Berlin 1971, S. 68.

7 Entnommen aus: Città di Cinisello Balsamo. Assesorato ai servizi demografici e decentramento. Caratteristiche della struttura demografico-sociale del comune.

8 Die größtenteils an große Industrieketten angeschlossen sind.

9 Durch Bodenspekulation und Laissez-faire-Planung wird auch aus dem Wohnbereich optimaler Profit gepreßt.

10 Sicher überrascht, daß ein so engagiertes Projekt überhaupt im Rahmen der Kirche auftauchen konnte: Ein Gründungsmitglied ist Pfarrer der Waldenser-Kirche; außerdem wird das Projekt von einigen Kirchen finanziell unterstützt. Zu bedenken ist aber, daß die Kirche der Waldenser im Unterschied zur katholischen Kirche, die einen Machtfaktor ersten Ranges und einen geschlossenen konservativen Block innerhalb der italienischen Gesellschaft darstellt, nur ca. 30000 Mitglieder zählt. Sie ist eine Minderheit, die im Laufe der Geschichte oftmals verfolgt wurde und sich auch während des Zweiten Weltkrieges aktiv am Widerstand gegen die Faschisten beteiligt hatte. So ist diese Kirche liberal genug, auch gesellschafts- und kirchenkritische Projekte zu unterstützen. Dort konnte sich die Einsicht in den gesellschaftlichen Wandel realisieren: daß man beim Heranwachsen riesiger Industriegebiete nicht allein in den Dörfern der Waldenser-Täler verharren und sich nicht länger in seiner Arbeit ausschließlich auf die Mittelschicht beschränken dürfe. Letzteres ist sinngemäß in der Dienstbeschreibung des Pfarrers zu lesen.

11 In Cinisello ist diese Situation besonders schwierig, die Zahl der Besitzer der «Licenza media» unterdurchschnittlich gering. Diese Ursachen liegen in der hohen Zahl der Einwanderer aus dem Süden, wo der Abgang nach fünf Klassen noch fast die Regel ist, dem fast völligen Fehlen einer Mittelschicht und dem rapiden Bevölkerungswachstum, mit dem die Infrastruktur, zum Beispiel der Schulbau, nicht mithalten konnte. In den Kleinbetrieben Cinisellos sind zudem die Gewerkschaften kaum präsent; die Arbeiter dort sind daher meist völlig unpolitisch und oft nicht einmal in der Lage, ihren Lohnstreifen zu lesen.

12 G. Bleynat: Verso una concreta solidarietà fra intellettuali e lavoratori, in: Gioventù evangelica 32, Rom 1975. Übersetzung der Verfasser.

13 Die Lehrer sind in Fachgruppen aufgeteilt und sind an den Abenden, an denen ihr Fach unterrichtet wird, vollzählig in der Schule und oft auch schon vorher in der Kommune anwesend. Jede Lehrerfachgruppe trifft sich einmal im Monat, um den Lehrplan und die Lektionen kollektiv vorzubereiten. Durch diese Art von Gruppenarbeit fiel es leicht, auch ehemalige Schüler in das Lehrerteam zu integrieren.

14 T. Bouchard: Eine proletarische Abendschule, in: Boehncke/Humburg (Hg.), a. a. O., S. 185.

15 Hinweis darauf ist die Tatsache, daß gegenwärtig 24 Männer, Frauen und Kinder in der Kommune leben, also eine verhältnismäßig große Zahl. Dazu kommt täglich die große Anzahl Besucher, die etwa 50 bis 60 aktiven Mitarbeiter, die zum engeren Kreis der Kommune gezählt werden müssen, aber außerhalb wohnen.

16 Verschiedentlich wurde diskutiert, ob die Schule inzwischen nicht überflüssig geworden sei. Das Ziel der aktiven Teilnahme am politischen und sozialen Leben von Cinisello sei erreicht. In dem Moment, in dem andere Aktivitäten zunehmend an Bedeutung gewonnen haben, will jedoch der größte Teil der Gruppe die Schule beibehalten, weil sie Kontinuität gewährleistet und einem objektiven Bedürfnis der Arbeiterklasse in Cinisello entspricht.

17 Bleynat, a. a. O., S. 14 f.

18 Lettieri, a. a. O., S. 70.

19 Ebd., S. 65.

20 Eine Untersuchung in Italien zeigte, daß allgemein die Schule in den meisten Fällen eine verzweifelte Flucht aus den eigenen Arbeitsbedingungen ist mit dem Ziel, eine «höhere Position zu erreichen, die nicht notwendig weniger entfremdet ist». (I lavoratori studenti. Testimonanze raccolte a Torino da G. Levi u. a., hier zitiert nach Lettieri, a. a. O., S. 66).

Walter Moßmann

Volkshochschule Wyhlerwald

Die Volkshochschule Wyhlerwald ist keine Volkshochschule, wie sie von den Kommunalbehörden in jeder größeren Stadt eingerichtet wurden, sondern das locker institutionalisierte Zentrum eines Lernprozesses, an dem seit einigen Jahren Tausende vor allem aus der Landbevölkerung teilnehmen. Und das in einer Region, die traditionell regierungstreu, stockkonservativ und antikommunistisch war. Die Volkshochschule Wyhlerwald ist auch nicht das Ergebnis pädagogischer Überlegungen, sondern das logische Produkt des Kampfes, der hier geführt wird. Zunächst also einiges zu diesem Kampf.

1. Aufruhr am Oberrhein

In den fünfziger Jahren entwickelten die stärksten westdeutschen Konzerne und Banken (an der Spitze AEG, Hoechst, Bayer, Demag, Deutsche Bank und Dresdner Bank) zusammen mit der Regierung ein Atomprogramm, das drei Ziele hatte: Deckung des als ständig steigend angenommenen Energiebedarfs durch Atomenergie; Eroberung der Weltmärkte für deutsche Kernkraftwerke (KKW); Politik der wirtschaftlichen = politischen Stärke. Der Staat finanziert mit Milliarden Forschung und Entwicklung. Die Bevölkerung wird nicht informiert. Energiealternativen (Sonne, Wind) werden nicht entwickelt bzw. abgeblockt oder (Kohle) eingeschränkt. Die Gewerkschaftsführung spielt mit.

Ende der sechziger Jahre wird die Kritik an den Atomprogrammen in den USA, Frankreich, England und der BRD öffentlich bekannt. Die Anklage lautet auf Unwirtschaftlichkeit und Umweltzerstörung, verantwortungsloses Spiel mit Gefahren, die noch nicht einmal abgeschätzt werden können.

Am Oberrhein werden von französischer, deutscher und Schweizer Seite Atomkraftwerke geplant, die das Energie-Rückgrat einer gigantischen Industrialisierung zwischen Frankfurt und Basel bilden sollen. Planungsüberlegungen laufen darauf hinaus, am Rhein die wichtigste europäische Industrieachse aufzubauen, die Landwirtschaft dort abzuschaffen, die Bevölkerung in den Schwarzwald und die Vogesen umzusiedeln, durch riesige Autobahnspangen Kommunikation zwischen Industrie- und Wohngebieten herzustellen. Die öffentliche Diskussion über diese Fragen entzündet sich am Atomkraftwerk Fessenheim (Elsaß), das 1971 in Bau geht. Auf deutscher Seite soll zuerst gegenüber in Breisach, südlich des Weinbaugebietes Kaiserstuhl, dann in Wyhl, nördlich des Kaiserstuhls, das erste Kernkraftwerk der Region gebaut werden.

Der Widerstand dagegen entwickelt sich kontinuierlich seit 1970.

Die entschiedensten Gründe gegen das Kernkraftwerk haben die Landwirte. Kaiserstuhl und Rheinebene gehören zu den fruchtbarsten Regionen in Deutschland. Der Weinbau wurde dort in den letzten Jahren systematisch hochgezüchtet. Alle Dörfer sind organisiert in Winzergenossenschaften. Sehr viele Arbeiter und kleine Angestellte aus der Gegend haben noch zu Hause ein paar Reben und keinerlei Bedürfnis, voll proletarisiert zu werden. In der Ebene wird Obst, Tabak, Getreide und anderes angebaut. In den Altrheinarmen existiert noch Fischzucht.

Die erste Koalition gegen das Kernkraftwerk bildeten in Breisach «Winzer», wie die Bauern sagen, Wissenschaftler und Studenten. Je länger die Auseinandersetzungen dauerten, um so mehr Schichten und Gruppen der Bevölkerung kamen dazu; heute sind 70 Prozent der Bewohner dieser Region, einschließlich der Städte Emmendingen und Freiburg, gegen das Kernkraftwerk.

Die ersten Aktionen spielten sich auf einer legalen, wenn auch in dieser Region völlig unüblichen Ebene ab: Demonstrationen auf dem Rhein, mit Traktoren durch den Kaiserstuhl, zu Fuß durch Dörfer und den Wald. Unterschriftensammlung (fast 100000), Pro-und-Kontra-Veranstaltungen usw. Die Organisation der Kernkraftwerk-Opposition sind die Bürgerinitiativen. Über alle juristischen und politischen Kanäle versuchten sie den Bau zu verhindern. Im Juli 1974, nach einem öffentlichen Erörterungstermin, stellte sich heraus: Alle bisherigen Mittel haben versagt.

Gleichzeitig hatte sich auf der anderen Seite des Rheins, im elsässischen Marckolsheim, eine Bewegung gegen ein Bleichemiewerk gebildet, von dem anzunehmen war, daß der jährliche Bleiausstoß gefährlicher sein würde, als offiziell zugegeben wurde. Der Bau sollte im September beginnen.

Also schlossen sich im Juli 1974 21 elsässische und badische Bürgerinitiativen zu einer Föderation zusammen (heute sind es über 40), die öffentlich ankündigte, sie würde die Plätze in Marckolsheim und in Wyhl bei Baubeginn besetzen und gewaltfreien Widerstand leisten.

Am 20. September wird der Platz in Marckolsheim besetzt, Alarm und Besetzung nach und nach so organisiert, daß wir den besonders kalten und nassen Herbst überstehen. Nach fünf Monaten haben wir gewonnen: Das Bleichemiewerk darf nicht gebaut werden.

Am 17. Februar beginnen die Kernkraftwerke Süd GmbH mit dem Bau in Wyhl. Am nächsten Tag wird der Platz besetzt. Am 20. Februar läßt die Regierung mit 600 Bereitschaftspolizisten, Hundestaffeln, Wasserwerfern, Panzerwagen und einigen Divisionen Kriminalpolizei den Platz räumen. Die Polizisten verschanzen sich hinter Stacheldrahtverhauen, und die Bulldozer und Motorsägen fahren mit Rodungsarbeiten fort. Drei Tage und Nächte wird der Platz von immer mehr Menschen belagert, am Sonntag, dem 23. Februar, sind wir 28000 Leute, durchschneiden die Drähte, stürmen den Platz, und seither ist er wieder in der Hand der Bevölkerung.

Vor den Gerichten spielen sich drei verschiedene Prozesse ab: Strafverfahren und Schadensersatzklagen gegen Leute aus den Bürgerinitiativen; ein Verfahren, in dem geklärt werden soll, ob trotz des anhängigen Hauptsacheverfahrens schon gebaut werden darf. Und das Hauptsacheverfahren, das bis zur Verfassungsklage durch alle Instanzen vier bis fünf Jahre dauern kann.

2. Lernen als Waffe

Wir gehen davon aus, daß der Kampf gegen das Kernkraftwerk ein kollektiver Lernprozeß ist, in dem Tausende politisiert werden (können), die von anderen politischen Kämpfen bisher ausgeschlossen oder sogar abgestoßen wurden.

Wir lernen, weil wir etwas wissen müssen, und jeder, der Wissen mitzuteilen hat, verändert sich, von seinen Schülern und in der besonderen Situation lernend.

Da sind zum Beispiel die Lehrer der ersten Stunde: die Spezialisten, Atomphysiker, Mediziner, Ökologen. Diese Leute sind Laboratorien gewöhnt und Schreibtische. Wenn sie etwas bewirken, dann über den Instanzenweg. Wenn sie streiten, dann mit feinsinnig kontroversen Aufsätzen in Zeitschriften, die nur eine Handvoll Spezialisten liest. Jetzt stehen sie in einem Dorfgasthaus oder unter freiem Himmel, müssen versuchen, sich deutlich und verständlich auszudrücken, und sie sehen, wie aus ihrem Wissen plötzlich politische Aktion wird, vor der sie eigentlich Angst haben, manchmal sogar Ekel. Da sind die Leute aus Bürgerinitiativen und Umweltschützer, die bisher Leserbriefe und Konferenzen mit Behörden gewohnt waren. Jetzt, der eigenen Dynamik der Widerstandsbewegung gehorchend, finden sie sich auf besetzten Plätzen, im Schlamm oder in der Sommerhitze, oder als «Landfriedensbrecher» auf der Anklagebank wieder. Da sind Bauern, die bisher die Welt in Ordnung fanden und ihren christdemokratischen Ministerpräsidenten verehrten. Jetzt sehen sie sich verraten und verkauft und schließlich in einer Front mit den «Roten», die sie bisher nur als Bürgerschreck und Bauernfeind Nr. 1 gekannt hatten.

Da ist eine sehr vielschichtige Bevölkerung, deren politisches Verhalten sich bisher durch Anpassung und Resignation auszeichnete und die es jetzt noch kaum fassen kann, daß solidarische Aktionen Macht bedeuten.

Die Studienfächer in diesem Prozeß sind Sachkenntnisse, Politische Bildung und Kampftechnik.

Sachkenntnisse

Die Regierung und die Atomindustrie hatten erwartet, daß sie durch Public Relations und «Sachautorität» der angestellten Wissenschaftler jedem Widerspruch gegen ihre Pläne das Maul stopfen würden. Diese Rechnung ging nicht auf, weil in den Reihen dieser Wissenschaftler zu viele Zweifel aufkamen.

Die Regierung verkündet, daß die Kernkraftwerke sicher sind. Die Betroffenen lernen fragen: Was heißt Strahlung? Was ist natürliche und künstliche Strahlung? Was ist eine Nahrungskette? Was ist ein Störfall? Wie sicher ist die Wahrscheinlichkeitsrechnung von Herrn Rasmussen? Wie kann garantiert werden, daß der Kühlturmbetrieb keinen Nebel verursacht? Wer bestimmt die Energiebedarfsprognosen? Was hat Wachstum mit Arbeitsplatzsicherheit zu tun? Welche Gründe sprechen dafür, daß die Atommüllagerung in Salzbergwerkstollen absolut sicher ist? Wo sind die Katastrophenpläne? Das Ergebnis: Keine zentrale Frage der Atomkraftwerke kann tatsächlich als gelöst betrachtet werden, zu jedem Punkt sprechen hochqualifizierte Spezialisten und schon gewonnene Erfahrungen gewichtige Zweifel aus. Das genügt.

Folgen andere Fragen: Warum wird etwas behauptet, was man nicht behaupten kann? Und die Antwort darauf kann sich nach und nach jeder selber geben. Die Gutachter sind abhängig, die Professoren aus der Industrie sind abhängig, ja, die Regierung ist abhängig. Der Ministerpräsident und der Wirtschaftsminister sitzen im Aufsichtsrat des Energieunternehmens, geben gleichzeitig vor, «objektiv» zu entscheiden.

Weitere Frage: Wie werden wir überhaupt von der Regierung informiert? Wer macht das, warum? Antwort: Die Regierung bezahlt eine Werbe-Agentur, die sonst irgendwelche Konsumwaren anpreist, um der Bevölkerung das Kernkraftwerk aufzuschwätzen.

So werden Sachkenntnisse gesammelt, weil sie gebraucht werden. Über Atomenergie selber, über Wirtschaftsverflechtung, über verschleierte Reklame usw. Wer annimmt, daß in dieser Region die Bauern sich noch mit Bibel, Konradsblatt und *BILD*-Zeitung zufriedengeben, täuscht sich. Weil sie selber sichergehen wollen und weil sie ständig in weitere Diskussionen gezwungen werden, lesen sie Broschüren, Bücher, Zeitungen, und die Lernmotivation nimmt ständig zu.

Politische Bildung

Hätte 1968 ein radikaldemokratischer Theoretiker versucht, in einem der Dörfer am Kaiserstuhl seine Kritik an der parlamentarischen Demokratie vorzutragen, er hätte es bereut. Heute teilen viele diese Kritik, und im besonderen Fall ist allen Beteiligten klar: Partei-, Verbands-, Regierungs-, alle Volks-«Vertreter» haben unsere Interessen nicht vertreten. Entweder wir nehmen unsere Interessen selber in die Hand, oder wir werden verkauft. Zur politischen Bildung gehört das Durchschauen von

Presseabhängigkeit und von der Fragwürdigkeit einer Justiz, die es zulassen kann, daß gebaut wird, wenn noch nicht einmal entschieden ist, ob das Recht ist.

Und schließlich gehört dazu der Abbau des Antikommunismus, der ja gerade in irrationalen Ängsten wurzelt. In der täglichen Zusammenarbeit lernen die Bauern «Rote» als Menschen kennen, unterscheiden zwischen Vernünftigen und Spinnern, zwischen offenen und solchen, die Absichten verstecken.

Zivile Kampftechniken

Fast alle, die heute in der Zeitung «demonstrationsgeübte Leute» genannt werden, haben so etwas vor vier Jahren noch niemals gemacht. Im Laufe des Kampfes haben viele Fähigkeiten gelernt, die immer weiter gebraucht werden. Das geht vom Demonstrieren bis zur Wachorganisation, von Presse-Erklärungen zum öffentlich Sprechen vor 20000 Leuten. Heute kommen Besucher aus allen möglichen Gegenden und lassen sich von Kaiserstühlern erklären, wie man 20000 Leute mobilisiert, einen Platz über lange Zeit besetzt, was das ist: «gewaltfreier Widerstand».

Die Schule, in der das alles gelernt werden kann, ist nicht eigentlich ein Ort, sondern der Prozeß. Und der spielt sich im Gasthaus ab wie im Gemeindehaus, in der Kirche, am Telefon, im Laden, auf dem Feld oder auf dem Fußballplatz, auf dem Weg zur Arbeit oder bei der Demonstration. Aber besonders konzentriert und kontinuierlich auf dem besetzten Platz und dort institutionalisiert in der Volkshochschule Wyhlerwald.

3. Das Freundschaftshaus

Auf dem besetzten Platz in Marckolsheim hatten wir einen schlechten Herbst. Zelte, Wachfeuer und Windfang reichten nicht aus. Wir brauchten ein Dach überm Kopf mit Wärmequelle. Einer hatte die Idee, viele haben sie ausgeführt und dabei verändert. Ein Haus nach dem Vorbild einer Lappen-Jurte, aber aus Holz. Ein Rundbau mit Steilwand, einem Dach, das zur Mitte nach oben steigt und eine Öffnung hat, wo der Rauch des Feuers abziehen kann. Dazu Bänke und Tische, eine Theke, ein Aggregat, damit der Platz auch in der Nacht beleuchtet werden kann. Freundschaftshäuser dieses Typs standen bis jetzt in Marckolsheim, Kaiseraugst und Wyhl. In Wyhl ist Platz für etwa 500 Personen.

Das Freundschaftshaus hat viele Funktionen. Zunächst dient es den Tag- und Nachtwachen. Dann ist es Treffpunkt. Viele überlegen sich abends nicht lang, ob sie ins Gasthaus im Dorf oder «auf den Platz» gehen sollen. Im «Freundschaftshüs» gibt es was zu trinken, man trifft immer Leute aus den anderen Ortschaften und auch Fremde, mit denen man sofort reden kann. Immer gibt es etwas Neues, von wichtigen Informationen bis zum Klatsch. Und: Das Ganze ist nicht kommerziell. Weiter ist das Haus ein Monument, es demonstriert den Willen und den langen Atem derjenigen, die es gebaut haben. Wer so baut, läßt sich nicht durch jeden Windstoß wegblasen. Der Fremde betrachtet es mit Bewunderung, die Einheimischen mit einer gewissen Zärtlichkeit. Und das Haus ist ein Saal. Jede Versammlung, die nicht irgendwo in den Dörfern, sondern auf dem Platz abgehalten wird, demonstriert: Hier ist unser Zentrum, niemand nimmt Abstand von der Besetzung.

Und das Haus ist auch die Volkshochschule.

Schon der Name «Volkshochschule Wyhlerwald» ist eine Provokation. Hier lernt das Volk im eigenen Interesse. Das heißt auch: Hier, auf dem diffamierten Platz, dieser Brutstätte der Illegalität, hier gibt es eine bessere Volkshochschule als in der «Normalität». Bei uns dürfen auch die Hühner, die jemand in völlig aufgelöstem Zustand aus der Eierlegfabrik geholt hat, frei herumlaufen und kriegen wieder Federn. Hier werden Bäume gepflanzt und Frucht gesät, wo vorher die Bulldozer der Atomindustrie gehaust haben. Bei uns wird offen diskutiert und demokratisch entschieden. Und hier wird etwas Nützliches gelernt. Etwa einen Monat nach der Wyhler Platzbesetzung, also im März 1975, kam ein Mitglied einer Freiburger Umweltschutzgruppe mit der Idee von der Volkshochschule Wyhlerwald auf den Platz und fand Zustimmung. Und seit Mitte April fanden dann regelmäßig mindestens zwei und höchstens vier Veranstaltungen pro Woche statt. Angekündigt durch Anschläge auf dem Platz und in den Ortschaften, durch Flugblätter und einen Hinweis im Veranstaltungskalender der Zeitung. Eintritt frei. Jeden Abend spricht ein anderer die Begrüßung; auf Wunsch kommt zuerst eine aktuelle Viertelstunde. Bis Ende August gab es in der Volkshochschule Wyhlerwald 63 Veranstaltungen. Die Besucher suchen sich ihr Thema aus, manchmal kommen 400, manchmal 20. Immer wieder kommt jemand zufällig auf den Platz und bleibt, wenn's ihn interessiert.

Zu Beginn, als die politische Lage noch sehr unsicher und ungeheuer viel zu tun war, spielte die Volkshochschule Wyhlerwald eine nebengeordnete Rolle. Je stabiler die Platzbesetzung wurde und je deutlicher sich erwies, wie wichtig die Volkshochschule Wyhlerwald auch für die Kontinuität der Bewegung ist, um so deutlicher rückte sie in den Mittelpunkt.

4. «Die Volkshochschul fürs Volksgewuhl»

Thema Nr. 1 bleibt Atomenergie, das heißt sämtliche Fragen, die im Konflikt mit Behörden- und Wirtschaftsvertretern diskutiert werden. Knapp die Hälfte der Referenten waren bisher Studenten höherer Semester, Physiker, Chemiker, Biologen, Mediziner, die auch in Bürgerinitiativen und Umweltschutzgruppen mitarbeiten. Sie begreifen ihre Aufgabe als eine große Chance: Sie sind hier heraus aus der stickigen Luft der Lernmaschine Universität, unabhängig von den Profitinteressen künftiger Arbeitgeber, nicht mehr bloß angewiesen auf den Leerlauf der linken, studentischen Subkultur. Sie können etwas Nützliches bewirken. Allerdings müssen sie lernen, sich verständlich zu machen. Die Sicherheit, die der interne Spezialisten-Code verleiht, fällt weg. Der Vortragende hat keine institutionalisierte Autorität, er muß es aushalten, wenn die Zuhörer «abschweifen», wenn sie nämlich das Gehörte in Beziehung setzen zu ihren Erfahrungen. Manchmal stellt sich heraus, daß die Abschweifungen wichtiger waren als der geplante Ablauf des Referats. Andererseits sehen sich Arbeiter, Bauern, Handwerker konfrontiert mit Studenten, die offenbar nicht ihrer klassischen Berufung gehorchend auf der Seite der Herren stehen, die ihre Bildung nicht als Macht benutzen, um damit Privilegien zu bekommen. Im Gegenteil.

Die Professoren, die oft von auswärts anreisen, sind in der Regel verblüfft. «Ich bin verwundert über das Niveau der Diskussion!» – Kein Wunder, sie treffen auf ungebildete Leute, die eine Schule des Kampfes hinter sich haben und wissen, daß der Sieg auch von Kenntnissen abhängt. Wenn sie kontroverse Meinungen äußern, dann ganz selten, um sich hervorzuheben, wie das im akademischen Raum üblich ist, sondern weil sie üben für das nächste öffentliche Streitgespräch, weil sie zu Hause überzeugend argumentieren wollen, um die Schwankenden zu überzeugen. Denn die Massen, deren Meinung entscheidet, werden nicht in der Volkshochschule Wyhlerwald, nicht durch Vorträge und Literatur, sondern durch informelle alltägliche Kommunikation gewonnen. Es ist wichtig, daß Professoren in der Volkshochschule Wyhlerwald sprechen. Denn sie legen auch das Gewicht ihrer Kapazität in die Waagschale. Gerade weil die Regierung immer wieder zur Abschreckung verkündet, wer auf den Platz in Wyhl ginge, sei ein Gesetzesbrecher, ist es wichtig, wenn bekannte und geachtete Leute sich diesen Einschüchterungen widersetzen und tun, was sie für richtig halten. Es ist ein schöner und wichtiger Widerspruch, wenn der Platz begrünt und mit Blumen bepflanzt sonntägliches Besucherzentrum wird, obwohl aus Stuttgart schreckliche Dinge über diese Kommunisten-Anarchisten-Terroristen-Küche verlauten. Schön ist es, wenn Wasserstelle und Toiletten vom Gesundheitsamt und das Freundschaftshüs von der Baupolizei abgenommen werden, als «gesund» und «sicher», während das Landratsamt in größter Verwirrung überlegt, wen man wegen unerlaubtem Bauen anzeigen kann; eigentlich ja den Besitzer, das heißt das Energieunternehmen. Aber die bauen ja gar nicht, sondern die Besetzer . . .

Thema Nr. 2 der Volkshochschule Wyhlerwald ist Umweltschutz ganz allgemein. Wir stellen fest, daß in den Kämpfen gegen das Bleichemiewerk und das Kernkraftwerk in der Bevölkerung eine deutliche Sensibilisierung gegenüber ökologischen Fragen entstanden ist. Ärzte, Hausfrauen, Lehrer, Studenten, Autodidakten aus allen Berufen referieren zu Themen wie Industrieansiedlung und Autobahnboom, Umweltkatastrophen in Japan und Gefahren für ungeborenes Leben, Gesundheit am Arbeitsplatz usw. Die meisten Umweltschützer sind über allgemeine ökologische Probleme in die besondere Anti-Kernkraftwerk-Bewegung gekommen. Umgekehrt haben die Leute aus den Dörfern, weil sie gezwungen waren, sich gegen das Kernkraftwerk zu verteidigen, im Laufe der Arbeit immer mehr Parallelen kennengelernt. Zum Beispiel die Bleigefahr, dann Quecksilber im Rhein, dann erinnert sich ein alter Winzer, wie sie früher mit Arsen im Weinberg gearbeitet haben. Und immer wieder vertiefen die «Abschweifungen» die Diskussion.

Nach den ersten Wochen Volkshochschule Wyhlerwald äußerten einige Einheimische Kritik am Programm, weil es doch zu akademisch und eben von Freiburg aus gemacht sei. Also versuchten die Organisatoren das zu ändern. Sie fragten bei Vollversammlungen auf dem Platz und in den Dörfern herum, wer denn was zu sagen hätte. Und das waren überraschend viele. In der Sparte «Landwirtschaft» (Thema Nr. 3) sah das zum Beispiel so aus: Anfänglich traten Diplombiologen und Diplomlandwirte auf, Doktoren und gebildete Spezialisten. Jetzt meldeten sich die praktischen Experten.

Zwei Winzer berichten über die Besonderheiten des Weinbaus am Kaiserstuhl, die Organisation der Genossenschaften, Rebensorten und Pflege. Drei Tabakpflanzer beschreiben die Arbeit in ihren besonders empfindlichen Sonderkulturen. Ein Fischer erklärt und demonstriert, was in den Altrheinarmen noch zu hegen und zu fangen ist. Einer der zahlreichen Imker stellt seinen Beruf vor. Oft ergeben sich aus solchen Veranstaltungen kleinere und größere Initiativen. Ein Landwirt berichtet zum Beispiel von guten Erfahrungen mit biologisch-dynamischen Methoden. Ein anderer, der noch auf die Chemie schwört, kann es nicht glauben. Die beiden haben sich im Kampf gegen das Kernkraftwerk kennengelernt, jetzt tauschen sie die Adressen und wollen jeweils an Ort und Stelle nachprüfen, was jeder behauptet hat.

Oder: Einige Winzer diskutieren über die Rebumlegungen, die von Behörden geplant werden, die den Winzern immer etwas Land kosten und die jetzt nach und nach jede ökologische und wirtschaftliche Vernunft vermissen lassen. Schließlich verabreden einige Ihringer eine gemeinsame Aktion, sie wollen ein Riesen-Rebumlegungsprojekt in ihrer Gemeinde zu Fall bringen.

Gerade die Bauern müssen sich dem Vorwurf der Inkonsequenz stellen. «Mit der linken Hand wettert ihr gegen Umweltvergiftung durch die Industrie, mit der Rechten spritzt ihr euer Gift in die Reben!» Die daran anknüpfende Diskussion ist sehr aufschlußreich. «Für uns selber», sagt eine Winzerin, «spritzen wir den Salat nicht. Die paar Blattläuse kann ich abwaschen. Aber wir bestimmen ja nicht darüber, was auf dem Markt als ‹gut› und ‹sehr gut› bewertet wird. Wer redet denn den Leuten ein, daß ein gespritzter, glatter Apfel besser sei als ein ungespritzter mit etwas Schorf?»

Dann berichtet jemand über Marktmechanismen, über die Konkurrenz und den Zwischenhandel im EWG-Raum. Ein Bauer erzählt, daß ihm die Chemiekonzerne den Spritzkalender ins Haus schicken. Andere wenden ein, daß die zunehmenden Monokulturen ja auch anfälliger werden und die Anwendung von Herbiziden erzwingen. Gibt es Alternativen? Diese Diskussion ist in vollem Gang.

Die dabeisitzenden Städter und sonst so gut informierten Akademiker haben von den meisten Problemen und Sachverhalten noch nie was gehört. Für sie wandelt sich langsam das Bild der Region, die zunächst ihres «Freizeitwertes» wegen erhaltungswürdig schien. Was in Marckolsheim begonnen wurde, wird jetzt ausgeweitet: Die Studenten kommen zur Erntehilfe. Sicher, es gibt dabei Reinfälle, Mißverständnisse, manchmal Ärger, weil die Arbeit nicht effektiv war. Aber so was muß sich eben entwickeln, über Widersprüche. Ein durchgehend beliebtes Unterhaltungsprogramm sind die Abende «Reisen, Fahrten, fremde Länder . . .», Lichtbildervorträge, Filme, oder einfach Erzählungen von denen, die eine Reise gemacht haben. Über Alaska, Ostafrika, Äthiopien, Korsika, China, Kolumbien, Skandinavien, Afghanistan, Indien . . . Wenn das so weitergeht, haben wir bald den Erdball umrundet. Jeder Erzähler hat etwas anderes gesehen und erlebt. Der eine ist Kajakfahrer, der andere Naturschützer, der dritte einfach Tourist, jemand war Entwicklungshelfer, und eine ältere Frau, Vorsitzende der deutsch-chinesischen Freundschaftsgesellschaft, in keiner Partei organisiert, also mit ziemlich unverstelltem Blick, interessiert sich für die Frage, warum die Chinesen freiwillig im Kollektiv arbeiten und warum sie so viele Dinge vernünftiger anpacken als die Europäer. Eindeutig interessieren sich die Leute aus den Dörfern für fremde Lebensformen, Werte, Techniken usw. Das Publikum ist unvoreingenommen neugierig und, unter dem Aspekt unseres Kampfes, besonders interessiert an Alternativen im Verhältnis zwischen Industrie–Landwirtschaft–Ökologie.

Manchmal berichtet dann einer über die Reise in die Vergangenheit. So zum Beispiel anläßlich des 450jährigen Jubiläums über den deutschen Bauernkrieg, und es stellt sich heraus, das Thema ist ungeheuer aktuell. Intereressanter Zufall: Genau die Dörfer, die heute den Widerstand gegen das Kernkraftwerk tragen, waren damals Zentrum des «Breisgauer Haufens», der Freiburg miterobert hat. Der Referent liest die Namen der bekannten Kämpfer von damals und die Ortschaftsnamen einfach vor. Und die Militanten gegen das Kernkraftwerk aus denselben Dörfern klatschen jedesmal begeistert Beifall. Entdeckungsfreude: die eigene Geschichte der Unterdrückten und Rebellierenden wird entdeckt. In der Schule hat das keiner erfahren.

5. Politik

Die Volksbewegung gegen das Atomkraftwerk in Wyhl ist deshalb so stark, weil sie tatsächlich, und nicht nur dem Namen nach, eine Volksbewegung ist. Das heißt, sie ist so breit, daß sie unter der Klammer des gemeinsamen Zieles «Kernkraftwerk – Nein!» alle möglichen politischen Richtungen außer der blinden Regierungsgläubigkeit einschließen kann. Das geht nur, weil wir uns auf dieses Ziel konzentrieren und jeden weitergehenden Schritt von diesem Ziel ableiten. Das heißt, der Platz wird nicht deshalb besetzt, weil die Regierung und die Kapitalisten ja sowieso volksfeindlich entscheiden, sondern weil erwiesenermaßen kein anderer Weg mehr offenstand.

Schon im September 1974 faßten die damals 21 badisch-elsässischen Bürgerinitiativen in Marckolsheim den Beschluß, daß in der Bewegung jeder Mensch ungeachtet seiner Parteizugehörigkeit mitarbeiten kann, daß aber Parteipropaganda auf den besetzten Plätzen und bei den Aktionen der Bürgerinitiativen unterbleiben soll.

Dieser Beschluß hatte zwei Gründe:

1. Je weiter sich die Volksbewegung vom Vertrauen auf Institutionen, Parteien, Regierung, Verbände usw. löste, um so eiliger versuchten die Funktionäre der bürgerlichen Parteien wieder Boden gutzumachen. Abgeordnete aus der Region mochten gerne bei Kundgebungen sprechen, um auf ihre Lorbeeren hinzuweisen, die sie mit (ergebnislosen) Anfragen und Anträgen im Parlament errungen hätten. Ständig versuchten sie den Prozeß wieder in die kontrollierbaren Kanäle zurückzuleiten, um sich selber zu profilieren. Sie wollten sich an die Spitze setzen, um der Bewegung die Spitze zu brechen. Aber seit dem 20. September war die Initiative ausschließlich an die Bürgerinitiativen übergegangen, die Folgenlosigkeit der Vertreterpolitik hat ja die Existenz von Bürgerinitiativen erzwungen.
2. Kommunistische Gruppen, deren überwiegend frustrierende Erfahrungen aus dem Universitätsbereich stammen, haben Interesse an einer Volksbewegung wie in Wyhl. Allerdings haben diese Studenten Schwierigkeiten, erstens aus dem Unibereich herauszukommen und zweitens ihren Führungsanspruch, um den sie miteinander konkurrieren, zurückzustellen. Wir hatten festgestellt, daß die abstrakten, weltumspannenden und verbalradikalen Reden eher stören als nützen. Daß bei vielen Leuten aus den Orten die Möglichkeit des autonomen Lernens eher blockiert wird und daß sie, konfrontiert mit dem rechthaberischen Gebaren der Genossen, auf besonders reaktionäre Abwehrmechanismen zurückgreifen. Wenn auf dem Platz die kommunistischen Parolen hängen, wenn sich ein Besucher durch ein Spalier kommunistischer Flugblätter durcharbeiten muß, dann verfälscht sich das Bild der Bewegung. Gerade die Vorsichtigen und Schwankenden

werden abgestoßen, wir brauchen sie aber, und wir wollen keinen aus dem möglichen Lernprozeß ausschalten.

Aus diesen Gründen also der Beschluß, der auch das Programm der Volkshochschule Wyhlerwald beeinflußt.

Trotzdem gibt es genug Politik im Freundschaftshaus. So zum Beispiel, wenn die Bürgerinitiativen über ihre Organisationsform und ihre Arbeitsweise diskutieren und versuchen, die Geschichte des langjährigen Kampfes aufzuarbeiten. Das ist nicht nur wichtig für Neuhinzugekommene, sondern auch für die «Alten». Denn wir müssen ständig mit den Lehren und Erfahrungen aus unserer Geschichte arbeiten.

Dann referiert zum Beispiel ein Jurist, ein Amtsrichter außer Dienst, der also nicht mehr entlassen werden kann, über die Widersprüche zwischen Verfassungstheorie und -wirklichkeit. Über die Widersprüche zwischen Grundrechten und einschränkenden Gesetzen. Über den politischen Charakter sehr vieler richterlicher Entscheidungen.

Oder einer der Journalisten, die mitarbeiten bzw. heimlich sympathisieren, informiert über die Repressionsmechanismen in Rundfunkanstalten und Presse, eng am Beispiel Wyhl. Das genügt auch, um fast alle Methoden der Desinformation zu demonstrieren. Und das Publikum, inzwischen äußerst kritische Zeitungsleser, kennt die Folgen der Manipulation genau, interessiert sich also auch für die Ursachen.

Weiter: Im Anschluß an einen Vortrag in der Volkshochschule Wyhlerwald entwickeln sich manchmal direkt aus der vorangegangenen Diskussion oder durch eine neue Nachricht ausgelöste Gespräche über den augenblicklichen Stand der Dinge: Wie steht es mit Verhandlungen, wird da etwa gemauschelt? Warum entsteht Ärger zwischen den «Ständigen», die auf dem Platz wohnen (Arbeitslose und Studenten) und einigen Leuten aus den Orten? Wie kann man das regeln? Ist es angemessen, die Alarmbereitschaft zu erhöhen? Mehr Öffentlichkeitsarbeit! Usw.

Für Auftritte von professionellen Politikern gilt äußerste Vorsicht. Im Juni hielt der SDP-Vorsitzende des Landes, Erhard Eppler, in der Volkshochschule Wyhlerwald einen Vortrag über «Wyhl und die Demokratie». Eppler kam als Chef der Oppositionspartei in Baden-Württemberg, erkennbar in der Absicht, politisches Kapital für seine Partei daraus zu schlagen. Wir haben ihn als Vertreter der Macht empfangen, seine Partei trägt ja auf Bundesebene die Regierung und das Atomprogramm. Er sollte sehen, was hier los ist, und er sah es auch. Parteiprofilierung und Regierungsschelte brachten ihm nur höfliche Distanz ein. Auf Fragen zur Platzbesetzung und zum Atomprogramm seiner Partei weicht er aus. Die Bauern machen ihm klar, daß sie Sprüche wie «Wir nehmen Ihre Sorgen ernst» nicht mehr hören können. Entweder ein Politiker tut wirklich was für uns, oder er soll schweigen. Eppler erkennt das Dilemma: Im Namen der parlamentarischen Demokratie muß er die radikaldemokratischen

Aktionen bekämpfen. Im Namen der politischen Klugheit muß er Kontakte herstellen, denn diese Bewegung ist eine reale Macht. Immerhin, er war offiziell auf dem Platz.

Schwerer tun sich die Christdemokraten. Zu einem öffentlich angekündigten Meeting mit dem CDU-Umweltausschuß und der Fraktion kamen etwa 800 Kaiserstühler. Dann zierten sich die Politiker und wollten nicht auf dem besetzten Platz, sondern nebendran im Wald sprechen. Unter Gelächter und Beschimpfungen mußten sie abziehen. Am selben Abend versuchten sie noch einmal, eine gute Figur abzugeben. An sieben Orten gleichzeitig organisierte die CDU Dorfversammlungen in der Hoffnung, die Militanten der Bürgerinitiativen aufzusplittern. Der Trick mißlang. In jedem Dorf fanden sie 100 bis 200 Militante vor, sehr entschlossene Leute, und viele besser informiert als die Abgeordneten und Minister. Absolventen der Volkshochschule Wyhlerwald.

In Kenzingen versuchte die Ministerin für Gesundheit von vornherein ihr Publikum zu begrenzen: Sie lädt nur die Pfarrersfrauen ein (von denen einige in den Bürgerinitiativen mitarbeiten). Demonstranten werden abgewiesen mit der Begründung, sie wolle hier in aller Ruhe «von Frau zu Frau» sprechen. Gut, sagen die Pfarrfrauen, dann schicken Sie doch bitte auch diesen Herrn hinaus. Dieser Herr war der persönliche Assistent der Frau Minister, und als er weg war, fehlte der Souffleur. Frau Griesinger konnte keine präzise Frage beantworten; «und so jemand», sagte eine Pfarrfrau, «übernimmt dann die Verantwortung für unsere Gesundheit!»

Anschließend diskutierten die Leute in der Volkshochschule Wyhlerwald, warum die Politiker wohl nur noch akklamieren, was ihnen die Ministerialbürokratie vorlegt. Politischer Unterricht.

Politisch wichtig ist es auch, wenn ein Vertreter der Gegenseite ins Freundschaftshaus kommt, denn wir betonen immer: Wir fürchten keine Diskussion. Im Juni kam Dr. H. Grupe, ein Sprecher der Atomindustrie aus Karlsruhe. In der Diskussion gewann er nichts. Wenn er mit Informationen arbeitete, waren sofort gründlich belegte Gegeninformationen zur Stelle. Wenn er um Vertrauen warb, stieß er auf ein begründetes Mißtrauen. Die väterliche Geste des Energie-«Versorgers» erregte Widerwillen. Jeder im Rundbau weiß, daß Geschäfte nicht aus Menschenfreundlichkeit gemacht werden.

6. Volkskultur

Das einfache Volk am Oberrhein, in Südbaden, in der Schweiz und im Elsaß spricht Alemannisch. Am Dialekt erkennt man den Dörfler, den Arbeiter, den aus der Vorstadt, die Marktfrau, die Alteingesessenen. Wer in Geschäften, in der Verwaltung oder in der Politik aufsteigt, legt sich eine feinere Sprache zu. Denn der Dialekt ist da, wo er alltäglich gebraucht wird, grob, direkt, genau und unverblümt. Der Mann von Welt und Bildung redet anders. Der Student aus Jechtingen am Kaiserstuhl spürt schnell im ersten Semester, daß er schriftdeutsch reden muß, will er keinen Spott auf sich ziehen. Der Bauer aus Weisweil oder der Arbeiter aus Sasbach merken auch, daß ihre ungehobelte Rede nichts gilt, wenn Verbandsfunktionäre, Abgeordnete oder sonstige Spitzen der Gesellschaft glatt und wendungsreich erläutern, was gemacht werden soll und warum. Also geht der, der nicht zu Wort gekommen ist, heim und schimpft. Der Dialekt ist reich an Schimpfkanonaden gegen die arrogante Obrigkeit. Aber das sind Entladungen, sie treffen niemanden.

Als im Sommer 1974 Elsässer und Badener die Platzbesetzungen vorbereiteten, bekam der Dialekt eine hochpolitische, wichtige Funktion. Denn Alemannisch ist die einzige Sprache, die alle Einheimischen rechts und links vom Rhein verstehen. Und als es um die direkte Aktion ging, redeten jetzt auch die Leute, die entschlossen und fähig waren zu handeln, und nicht mehr die Bildungsbürger. Bei den Elsässern kommt noch ein besonderer Umstand dazu. Ähnlich wie in der Bretagne, im Baskenland und in Occitanien regt sich seit einigen Jahren eine Selbständigkeitsbestrebung gegen den Pariser Zentralismus. Das drückte sich zunächst auf der kulturellen Ebene aus. Für die Schule wird Elsässisch als Sprache gefordert, Liedermacher und Schriftsteller schreiben im Dialekt, elsässisches «Erbe» wird gesucht. Die Liedermacher kamen nach und nach auch alle auf den besetzten Platz in Marckolsheim und spielten dort. Die kulturelle Bewegung konnte sich leicht mit der ökologischen verbinden. Denn die Herren, die Entscheidungen fällen, sitzen im fernen Paris. Die Betroffenen sind die Elsässer, die müssen's ausbaden. Und auch die Amststräger in der Region haben sich hinaufisoliert, französisch akkulturiert, schielen nach jeder Mode aus Paris, lassen alte Häuser abreißen, ziehen Autobahnen durchs Land, führen das Elsaß seiner «chemischen Berufung» zu, wie 1971 ein Manager erklärte. Und der Präfekt in Straßburg, M. SICURANI, war früher Kolonialgouverneur in Polynesien . . .

Auf den besetzten Plätzen in Marckolsheim und Wyhl spielen die «Musauer Wackes» eine Straßentheater-Gruppe. Sie benutzen riesige, groteske Masken, Geige, Flöte und Gitarre, verzichten aus Prinzip auf Lautsprecher. Das Publijum soll leichter einsteigen können. Die Darsteller der Herrn aus Wirtschaft und Politik reden Französisch, das Volk Elsässisch. Nach demselben Prinzip verfährt eine zwölfseitig gezeichnete Bildergeschichte über Marckolsheim und Wyhl. Am 9. Februar 1975 wird ein Liederabend im Marckolsheimer Freundschaftshaus mit badischen und elsässischen Liedern für eine Langspielplatte aufgezeichnet. Eines davon, Text gegen das Kernkraftwerk Wyhl und Melodie ein altes badisches Bettellied, wird inzwischen in allen drei Ländern gesungen und auf Platten veröffentlicht. Die Schweizer Mundartsänger haben im

Kampf gegen das Atomkraftwerk in Kaiseraugst zum erstenmal erfolgreiche politische Lieder gewacht.

In vielen Liedern ist von Geschichte die Rede. Sehr verbreitet ist zum Beispiel das Besetzerlied «Die Wacht am Rhein». Im 19. Jahrhundert hat ein begeisterter Nationalist die alte «Wacht am Rhein» geschrieben, ein Lied, das dazu aufruft, den «deutschen Rhein» gegen den Erbfeind zu verteidigen. Unter dieser Parole sind Badener und Elsässer gegeneinander ins Feld gehetzt worden, die Weltkriege haben furchtbare Spuren hinterlassen. Nach dem Krieg hat die französische Regierung dann, um den Antifaschismus zu entkräften, für Deutschenhaß gesorgt. Das Elsaß sollte assimiliert werden, also wurde alles Elsässische als «deutsch» diffamiert. Auf dem Hintergrund dieser Geschichte kann man verstehen, wie wirkungsvoll die Parole eines elsässischen Lehrers auf dem Platz in Marckolsheim war: «Deutsche und Franzosen gemeinsam – Die Wacht am Rhein.» Das Platzbesetzerlied benutzt nicht die gräßliche vaterländische Melodie aus dem 19. Jahrhundert, sondern die eines amerikanischen Gewerkschaftsliedes «Which Side Are You on.» Die erste Strophe: «Im Elsaß und in Baden / war lange große Not. / Da schossen wir für unsre Herrn / im Krieg einander tot. / Jetzt kämpfen wir für uns selber / in Wyhl und Marckolsheim / wir halten hier gemeinsam / eine bessere Wacht am Rhein . . .»

In vielen Strophen werden dann Ereignisse und Zustände aus den betroffenen Dörfern geschildert. Immer wieder fügt jemand eine Strophe hinzu. Der Refrain: «Auf welcher Seite stehst du, he? / Hier wird ein Platz besetzt, / hier schützen wir uns vor dem Dreck, / nicht morgen, sondern jetzt!» Das Lied konnte gebraucht werden. Als die Polizei nach Wyhl kam, sangen es die Besetzer, um sich zusammenzuhalten. Bei einem Sit-in im Militärgerichtshof Metz sangen es die Demonstranten, nachdem ein Mitkämpfer aus Marckolsheim wegen Kriegsdienstverweigerung zu zwei Jahren Gefängnis verurteilt worden war. Als die CDU-Fraktion versuchte, die Leute vom Platz zu locken, stimmte ein Mechaniker die «Wacht am Rhein» an: «Auf welcher Seite stehst du, he! / Hier wird ein Platz besetzt . . .» Inzwischen gibt es schon zwei Liederbücher aus Wyhl und über 50 Songs. Viele Heimatlieder werden umgedichtet. Ein Landwirt aus Bottingen dichtet auf die Melodie vom Kaiserstuhllied: «Tief im Wyhlerwald da steht ein Freundschaftshaus so groß und rund / drinn isch e Volkshochschul / für unser Volksgewuhl . . .» Ein Winzer aus Ihringen, bisher Geburtstags-, Nikolaus- und Fasnetdichter, schreibt unzählige Mundartgedichte zum Thema Kernkraftwerk, trägt sie bei Kundgebungen vor und verfaßt ein Kampflied auf die Melodie «Auf, auf Kameraden, aufs Pferd...» Ein Student vom Kaiserstuhl, der durch das Studium seinem ehemaligen Heimatdorf sehr entfremdet war, verfaßt ganze Liederzyklen im Dialekt, benutzt oft die von ihm jetzt bevorzugte Rock-Musik und hat großen Erfolg gerade bei der Dorfjugend. Und oft werden ganz schnell auf bekannte Melodien von irgendwelchen Leuten auf dem Platz kollektiv neue Lieder geschrieben. Manche bleiben Eintagsfliegen, manche setzen sich durch und werden noch nach einem halben Jahr bei einem Heimatabend in der Volkshochschule Wyhl begeistert gesungen. Die Heimatabende sind sehr kontrastreich. Zunächst muß ich aber erklären, wer dabei nicht mitmacht. Die offizielle alemannische Volkstums*pflege*, organisiert in der Muedersproch-Gesellschaft, will mit dem Kampf gegen die Regierung nichts zu tun haben. Diese Dichter und Forscher interessieren sich in erster Linie für eine kleinkariert-romantisch-idyllisch-zahnlose Mundartliteratur, die ideologisch dem Konservatismus und ökonomisch dem Tourismus verpflichtet ist. Die Gesellschaft steht auf bestem Fuß mit den lokalen Autoritäten und hat den Regierungspräsidenten dazu bewogen, daß der in herablassender Leutseligkeit verkündet, bei ihm dürfe der Besucher auch alemannisch reden. Im Elsaß ist das Pendant zur Muedersproch-Gesellschaft der René Schickele-Kreis, dessen rechter Flügel weniger elsässisch als reichsdeutsch eingestellt ist. Diese Leute kommen also nicht in die illegale Volkshochschule.

Es kommt aber zum Beispiel ein gemischter Chor aus Königsschaffhausen, der mit allergrößter Präzision mehrstimmige Heimatlieder singt, unter Stabführung eines Dirigenten und genauso wie vor hundert Jahren. Daß die Inhalte dieser Chorwerke in einem gewissen Widerspruch zu den gegenwärtigen Erfahrungen stehen, wird kaum bewußt, ist auch so einfach gar nicht zu diskutieren. Es kommen Heimatforscher, zum Beispiel ein Malermeister, der Anekdoten, Sagen, Sprüche vom Kaiserstuhl erzählt. Und Witze werden vorgetragen, viele, bei denen es um den Gebrauchsgegenstand Frau und minderwertige Minderheiten geht . . . Viel Obrigkeitsdenken und Schlagen nach unten steckt im Brauchtum; dann, völlig unverbunden, kommen rebellische Geschichten und Lieder, alte oder neue.

Offenbar gibt es zwei unterschiedliche Situationen, in denen «Volkskultur» eine Rolle spielt. Einmal Feierabend, Unterhaltung; bringt jeder, was er hat und vorher schon hatte. Die Bauern ihre Heimatschnulzen, die jungen Linken ihre Politschnulzen, die Gebildeten ihr Streichquartett am Pfingstsonntag. Und dann gibt es Situationen, in denen zu verschiedenen Zwecken die Inhalte unseres Kampfes ausgedrückt werden müssen. Und dann kommen sich die verschiedenen Gruppen näher.

Film. Während der gesamten Aktionen in Marckolsheim und Wyhl haben einige Mitglieder der Bürgerinitiativen mit Super-8-Kameras gefilmt. Ständig als Betroffene, Handelnde, aus den Aktionen heraus. In der besonders kritischen Zeit Anfang März führten die Bürgerinitiativen in den wichtigsten Orten am Kaiserstuhl Versammlungen in Gasthäusern durch, informierten, diskutierten, testeten die Stimmung und zeigten den schnell geschnittenen Film. Kommentiert von dem Macher, und vor allem kommentiert vom Publikum. Der Film war unsere wichtigste Waffe, ein Dokument, das öfter anonyme Kernkraftwerk-Befürworter zu stehlen drohten, weil sie die Überzeugungskraft dieses Streifens für so gefährlich hielten. Aber in einem Ort, in Kiechlinsbergen, stellte sich im Laufe des Abends heraus, daß der Bäcker auch mit Super-8 gedreht hatte, wie er das sonst im Urlaub und sonntags tut. Sein Film war in vielen Einstellungen ähnlich, weil er eben auch dabei war. Aber zwischendurch kamen plötzlich ruhige Aufnahmen vom Dorf, vom Rhein, vom Wald, von Feldern und Pflanzen. «Man kann ja nicht dauernd die aufregenden Sachen anschauen», sagte er trocken. Das hat allen eingeleuchtet. In den Bürgerinitiativen-Film wurden auch solche Bilder hineingeschnitten . . .

Fotos. Noch mehr als Filmer gibt es Amateurfotografen. Alle wichtigen Ereignisse haben Hunderte aus der Bevölkerung in Bildern festgehalten. Die Fotos werden schnell auf Flugblättern, Fotobogen oder Postkarten veröffentlicht. Eine Lehrerin, die gerne Vergrößerungen macht, stellt eine Fotoausstellung zusammen, die sehr gut die Etappen des Kampfes dokumentiert. Die Fotobogen hängen im Freundschaftshaus, jeder Besucher kann, die Wand entlanggehend, in diesem Foto-Geschichtsbuch lesen.

Blasmusik. Zu einem Siegesfest in Marckolsheim spielen je eine badische und eine elsässische Blaskapelle auf. Beim internationalen Treffen in Wyhl, Ostern 1975, gibt es Schwierigkeiten: In der allgemein kritischen politischen Situation will der regionale Blasmusikverband verhindern, daß Dorfkapellen auf dem besetzten Platz spielen. Die Musiker haben praktisch noch nie politische Konflikte dieser Art erlebt, viele lassen sich einschüchtern. Einige Gruppen kommen trotzdem und erleben, daß die Verbandsautorität nichts zu machen wagt.

Plakate. Plakate malen, Sprüche aufschreiben, Transparente oder Karikaturen herstellen ist inzwischen ein selbstverständlicher Sport. Jede Stilart ist vertreten, Modell Pariser Mai 1968 bis Kaiserstühler Kunstschrift, schnell hingehauene Parolen bis ausgetüftelte sprechende Bilder. Diese Ausdrucksform kann fast jeder benutzen, viele tun es zum erstenmal. Manchmal gibt es Streit, wenn ein Plakat zu scharf ist. Jemand hat ein großes Wahlpropaganda-Plakat des Herrn Ministerpräsidenten Filbinger aus seiner Sicht kommentiert, hat einen Hitler-Schnauzer und Hitler-Stirnhaar draufgemalt. Das Bild bekommt einen Ehrenplatz im Rundhaus und wird von einem vorsichtigen Umweltschützer unvorsichtigerweise heruntergerissen. Er will keine Provokation und provoziert damit eine ganze Gruppe Bauern, die ihre Wut in diesem Plakat ausgezeichnet ausgedrückt finden . . .

Theater. Schon in Marckolsheim spielten die Musauer Wackes Straßentheater, das wegen seiner Sinnfälligkeit, Schärfe und weil es selbstbewußtes, befreiendes Gelächter auslöst, den Leuten aus den Orten sehr gut gefiel. Im Laufe der Wyhler Platzbesetzung kamen noch andere

Gruppen: Eine Freiburger Theatergruppe spielte das Stück «Für das Leben – Gegen den Profit». So lautet die Hauptparole auf dem besetzten Platz. Die Zuschauer sehen gern, wenn die großen Herren, die gerne durch Autorität und «Sachverstand» einschüchtern wollen, parodiert, ihrer Würde entkleidet werden. Aber die ziemlich angeklebten politischen Parolen am Schluß finden ihren Beifall nicht so, wie es die Verfasser sich wünschten. Eine katholische Theatergruppe spielt das Stück eines Schweizer Autors «Der Erfinder oder Speck und Bohnen». Thema: Konflikt und Annäherung zwischen Arbeitern und Bauern im Weltkrieg. Und das etablierte Freiburger Wallgraben-Theater zieht nach langen internen Diskussionen mit Brechts «Gewehre der Frau Carrar» in den Wyhlerwald. Die Situation ist ungewohnt für die Schauspieler, unter ihnen Heinz Meier, ein bekannter Fernsehstar: In ihrem Theater haben sie dieses Stück, das die Unmöglichkeit von Neutralität beweist, schon vierzigmal und fraglos gespielt, als Literatur. Jetzt fragen sich einige: Sollten wir nicht doch lieber in der Frage Wyhl neutral bleiben? Gefährden wir nicht unsere Subventionen, unseren Kunstanspruch? Wenn wir spielen, welchen Bezug zwischen dem Spanischen Bürgerkrieg und Wyhl wird das ergeben? Wie nehmen wir dazu Stellung? Wird man uns einen Aufruf zur Gewalt anlasten?

Die Theatergruppe nun selber lernend in der Volkshochschule. Die Regierung weiß, warum sie um jeden Preis ein Ende der Platzbesetzung herbeiführen will. Befreite Gebiete sind zu gefährlich. Für sie.

7. Finanzierung

Wie üblich versuchen Regierungspresse und Industrie die Bewegung durch Hinweise auf «Drahtzieher» und «Hintermänner» zu diffamieren, die das Ganze finanzieren.

Aber die Bewegung trägt sich und ihre Volkshochschule Wyhlerwald selbst.

Geld auf dem Konto der Bürgerinitiativen kommt zusammen durch Spenden, Sammlungen, Verkauf von Platten, Broschüren, Bewirtung an Wochenenden, Tausende von Mark kommen aus der Jagdpacht verschiedener Jagdgenossenschaften, und eben immer und überall Sammlungen.

Finanziert werden damit: Die Gerichtsverfahren und anfällige Gutachten, Flugblätter, die Küche auf dem Platz und einige Installationen, Rechtshilfe.

Im übrigen arbeiten selbstverständlich alle Mitglieder der Bürgerinitiativen und Umweltschutzgruppen ebenso wie die Referenten in der Volkshochschule Wyhlerwald freiwillig und ehrenamtlich. Das allerdings können sich die Politiker, die in Wyhl auf Granit beißen, einfach nicht vorstellen.

Das Kernkraftwerk wird nicht gebaut.

Charles Piaget

LIP: Gemeinsame Bildung aus gemeinsamem Kampf

Für «die LIPs» ist das eine außergewöhnliche Geschichte, die Geschichte eines Kampfes, der für sie eine großartige Veränderung gewesen ist, ein über ein Jahr anhaltender permanenter Bildungsprozeß. Und was für eine Bildung! Sicherlich sind alle Arbeiterkämpfe bildend. Aber wenn dieser Kampf zehn Monate andauert, wenn er sich noch weitere zehn Monate fortsetzt, um die getroffenen Vereinbarungen in die Praxis umzusetzen, die gewonnenen Erkenntnisse gemeinsam zu nutzen (woran mehr als 600 Arbeiter beteiligt sein werden) –, dann hat man schon eine Vorstellung dessen, was erreicht werden konnte.

Aber man darf nicht vergessen, daß sehr viele Gruppen an diesem Kampf «partizipierten». Er richtete sich nicht nur gegen den Chef von LIP, sondern gegen die gesamte Arbeitgeberschaft, die Verwaltung, die Justiz, die Polizei, die Regierung. Durch diesen Kampf sind Forderungen vorangebracht worden, die das gegenwärtige Wirtschaftssystem sowie eine ganze Reihe von Tabus unserer industriellen Gesellschaft in Frage gestellt haben.

Die Akteure dieses Kampfes waren «Durchschnitts»-Arbeiter, das heißt, sie waren teilweise gewerkschaftlich organisiert, keineswegs politisiert (was die große Mehrheit anbetrifft), auf jeden Fall aber stark geprägt durch die herrschenden Ideen der bürgerlichen Gesellschaft in fast allen Bereichen.

Jetzt wird verständlicher, wie mit jedem Zusammenstoß, jeder Berührung mit dem Getriebe dieser Gesellschaft bisherige Denkbahnen erschüttert wurden.

Sämtliche eingefahrenen Vorstellungen wurden über den Haufen geworfen. Alles kam sehr rasch und von allen Seiten: Befragung über die von den Nachrichtenmedien – Presse, Rundfunk, Fernsehen – verbreitete Information. Wozu ist ein Abgeordneter gut? Ist es möglich, daß ein Präfekt uns bloß Geschichten erzählt, daß er Reden hält, hinter denen genauso wenig steckt? Und vor allem, wenn man sehr bald dahinterkommt, daß das alles nicht stimmte, daß es keinerlei gesetzliche Handhabe gibt, daß die Behörden nicht einschreiten, daß es keine echte Schiedsgerichtsbarkeit gibt? All dem steht man allein gegenüber; man kann sich nur auf sich selbst verlassen – oder auf die gemeinsame Stärke. Man muß mitmachen. Von da ab beschleunigt sich die selbstbestimmte Bildung. Jetzt bricht die Lernschule, welche der Arbeiterkampf ist, von allen Seiten über uns herein, erfaßt jeden einzelnen von uns.

«Ich habe in zehn Monaten mehr gelernt als während der ganzen vergangenen zehn Jahre.»

«Jetzt ist es für mich ganz anders als vorher. Ich weiß viele Dinge, ich habe mich gefestigt, ich bin selbstsicherer geworden.»

«Ich habe zuvor niemals an die Realitäten geglaubt, die ich während dieses Kampfes entdeckt habe. So sah ich die Dinge nicht. Ich war blind, jetzt bin ich's nicht mehr.»

«Ich weiß nun, daß die Solidarität besteht, die Solidarität der Arbeiter, welch aufregende Sache! Man kann zusammen viel erreichen.»

«Ich habe haufenweise Leute kennengelernt, von denen ich viel gelernt habe, und zwar auf einfache, klare Weise in meiner eigenen Sprache.»

«Wenn ich aus meiner Umgebung in der Familie oder anderswo so genügsame Reden höre, so fertige Gedanken, dann sage ich mir: Sieh mal, so war ich vorher auch. Zwar weiß ich jetzt noch längst nicht alles, Gott bewahre, aber ich habe jetzt eine Orientierung, die mir hilft beim Überlegen, beim Denken.»

Was haben wir also zusammen gelernt in den langen Monaten des Kampfes? Was hat dieser gemeinsame Kampf jedem einzelnen von uns gebracht? Versuchen wir eine Art Bestandsaufnahme in den folgenden fünf Kapiteln.[1]

1. Organisation des Kampfes: Schule der Demokratie, Mittel der Bildung

Allgemeine Versammlung

Wir haben rasch die Bedeutung des «Kollektivs» erkannt, die Bedeutung des Zusammenschlusses, der Information, der Mitteilung, des Voneinander-Lernens, Nachdenkens, Analysierens und Entscheidens.

Einige Zahlen: Mit dem 17. April 1973[2] beginnt die Information in den Abteilungen des Werks, strömen die Leute zusammen, um zuzuhören. Anfänglich eine Informationsveranstaltung pro Tag, dann zwei. Mehrere Male werden Vollversammlungen für die Gesamtbelegschaft abgehalten; und vom 10. Juni ab wird es jeden Tag (fünfmal in der Woche) bis zur Wiedereröffnung des Werkes am 11. März 1974 eine Vollversammlung (manchmal auch zwei) geben. Insgesamt finden im Verlauf des Konflikts annähernd 200 Vollversammlungen statt.

Die Beteiligung: Bei 1150 Arbeitnehmern bei LIP-Palente (da die leitenden Angestellten nicht erscheinen, kommen nur 1050 Personen in Betracht) betrug die Beteiligung mehr als 800 Arbeiter bis zum Oktober 1973; danach zwischen 650 und 750 Teilnehmern, und zuletzt betrug die Beteiligung bei den Vollversammlungen 500 LIP-Angehörige.

Die Vollversammlungen fanden in der Kantine des Werkes statt. In den Monaten Juli/August (in denen der turnusmäßige Urlaub genommen wurde) konnten die Teilnehmer an den Vollversammlungen im Kreise sitzen, entweder in der Kantine oder draußen auf dem Rasen im

Werksgelände. Als dann die gesamte Belegschaft wieder im Werk war, wurde ein mit Lautsprechern ausgerüsteter Saal nötig; außerdem mußte eine Art Rednerpult improvisiert werden. Als später das Werk von der Polizei besetzt worden war, mußten die Vollversammlungen in einem Kino stattfinden, wodurch sie teilweise an pädagogischem Wert einbüßten. Die jeweiligen Redner standen etwas erhöht auf einem Podium, so daß ein gewisser Schnitt entstand. Wir sind von der Bühne heruntergekommen, um auf gleicher Höhe wie die (übrigen) Arbeiter zu stehen. Dadurch wurde es zwar besser; nie aber haben wir jenes «pädagogische Klima» wiedergefunden, das bei den im Kreis abgehaltenen Vollversammlungen geherrscht hatte.

Geschäftsordnung: Normalerweise galt folgende Ordnung: a) die neuesten Informationen (was man seit dem Vortag erfahren hatte); b) Reiseberichte der jeweils Heimgekehrten; c) Besucher von «draußen», die etwas mitzuteilen hatten; d) Überlegungen für die nächsten Tage und Handlungsvorschläge. Zwar sah man am Rednerpult vorwiegend immer nur die gleichen wenigen Gesichter, dafür gab es aus dem Saal zahlreiche Wortmeldungen, teils mit, teils ohne Mikrophon. Immer wieder wurde das Mikrophon (das häufig nicht funktionierte) verlangt, schon aus Gründen der Gleichberechtigung.

Die Vollversammlung war wirklich der Ort eines kontinuierlichen Lernprozesses, der täglich eineinhalb Stunden währte; vorher und danach wurde in spontan gebildeten Gruppen diskutiert. Sie war die wichtige Gelegenheit, wo jeder Arbeiter seine Hoffnungen äußerte, seine Fragen und Befürchtungen vorbrachte, wo er Neues erfuhr, Beruhigung suchte oder neuerliche Bestärkung in dem Glauben an den endgültigen Sieg. Der größte Teil der Arbeiter waren passive «Teilnehmer», aber selbst durch diese passive Teilnahme erfuhren sie tausend Dinge, wurden sie für ihre Aufgabe in den Ausschüssen oder bei den Reisen gerüstet oder einfach nur für das Gespräch mit ihrer näheren Umwelt, im Kreis ihrer Familie, wo sie den Sinn ihres Kampfes, die Gründe ihres Vorgehens erläuterten.

Seit 1968 haben wir mit den Vollversammlungen unsere Erfahrungen gemacht. Wir wußten, bis zur freien Meinungsäußerung braucht es *Zeit*, braucht es das Bewußtsein, daß man nichts zu fürchten oder nichts mehr zu verlieren hatte, die Gewißheit, daß das Gesagte nicht umsonst war, daß man gehört wurde, daß das Gesagte zu etwas nützlich war.

Während dieser Vollversammlungen spiegelte sich, wie wir feststellten, das hierarchische System des Werkes wider: einerseits diejenigen, die Bescheid wissen, die das Wort führen, die lenken – andererseits diejenigen, die zuhören, sich lenken lassen.

Was beispielsweise die erforderliche Zeit anbelangt, so wurde uns klar, daß die Leute nicht in ein oder zwei Stunden auftauten. Man brauchte mehr Zeit. Zum anderen ist es nicht einfach, vor soviel Leuten das Wort zu ergreifen. Wir sind folgender Weise vorgegangen:

1. Es wurde zunächst ein Bericht gegeben, der Denkanstöße enthielt und zu Vorschlägen ermunterte. 2. Die Hauptversammlung wurde unterbrochen, um eine offene Diskussion zu ermöglichen. Alle Delegierten und Aktivisten verteilten sich über spontane Gruppen, die sich etwa wie folgt bildeten: die Fräser, die Uhrmacher, die Fassondreher usw. ... Hier lösten sich die Zungen: inmitten von zehn Menschen, die sich kennen, hat man keine Angst, zu sprechen. 3. Nach drei Viertelstunden kamen die Wortführer wieder zusammen und berichteten in zehn Minuten, was sich in den einzelnen Gruppengesprächen ergeben hatte. 4. Fortsetzung der Vollversammlung: Vortrag der herrschenden Ansichten. Wenn eine davon klar herausragte, wurde über sie abgestimmt. In schwierigeren Fällen wurde eine Alternative formuliert und über die beiden dominierenden Standpunkte abgestimmt.

1970 wurde im Laufe einer Gruppendiskussion eine Lösung zu einem schwierigen Problem unseres Kampfes gefunden. Wir bemühten uns um die Löhne (die seit fast neun Monaten eingefroren waren) und um drei Wochen Urlaub. Dazu bedurfte es möglichst einstimmiger Beschlüsse, und trotzdem hatten wir vorgeschlagen, den unserem Kampf Ferngebliebenen die «Freiheit zur Arbeit» zu belassen. Zwei Gruppen schlugen eine Versandsperre vor sowie die Einführung einer Art Zollsystem, das zwar das Arbeiten gestattete, aber eine Beaufsichtigung der Produktion an Ort und Stelle vorsah. Die Vorschläge hatten bereits klare Gestalt angenommen. Hierüber wurde dann Einstimmigkeit erzielt (eine seinerzeit noch unbekannte Form des Kampfes). Acht Tage danach hatten wir erreicht, was wir wollten.

Bei den Abstimmungen ist es niemals zu einer Spaltung – die einen dafür, die anderen dagegen – gekommen; ein solches Verfahren hat verheerende Folgen. Wir begriffen schließlich, daß man Abstimmungen weitgehend vermeiden und stattdessen die Argumente pro und contra so lange durchsprechen muß, bis es zu einem einmütigen Vorschlag und einer massiven Mehrheit kommt.

Seitdem wissen wir, daß es langwieriger Arbeit bedarf, um ein demokratisches Kollektiv aufzubauen. Es kommt nicht so ohne weiteres zustande: a) Zunächst einmal ist Toleranz notwendig. Wenn beispielsweise eine Wortmeldung völlig «danebenliegt», der Sprecher damit «auf den Bauch fällt», etwas ungeschickt formuliert hat, dann muß man das, was an dem Vorgebrachten positiv ist, aufgreifen und das Restliche daran, was eben nicht geht, in Frage stellen, damit nun andere mit ihren Beiträgen den Betreffenden aufklären. b) Die Arbeiter ergreifen vor einer zahlreichen Zuhörerschaft kaum ohne weiteres das Wort. Man muß Anreize zur Wortmeldung schaffen. Es ist beispielsweise leichter, von einer Reise zu berichten als eine Analyse zu entwickeln, vor allem wenn man zu mehreren am Mikrophon ist. c) Man sollte nicht übersehen, daß die Vollversammlungen notwendig sind, um persönliche Kontakte in großer Zahl zu ermöglichen, das «elektrisierende» Kollektivgefühl zu spüren und Schmelztiegel der Informationen zu sein; sie reichen aber nicht aus für die Demokratie. Vielmehr muß eine Vielfalt kleinerer Organe geschaffen werden, in denen man sich ausführlicher und spontaner äußern kann und wo diese Überlegungen aufgegriffen und zur Koordination des Kampfes weitergegeben werden.

Diese Aufgabe nehmen die Ausschüsse wahr.

Das Kollektiv und der Einzelne

Das Kollektiv: der Glaube daran ist schon ein Abenteuer für sich, ein Kampf zwischen «dem Einzelnen», als der sich zunächst jeder von uns fühlt, und dem Kollektiv, der mehr oder minder lebendigen Realität. Unsere ganze Gesellschaft treibt uns zum Individualismus, zu einem Konkurrenzdenken, wie wir es in der Schule gelernt haben. Alle wichtigen Dinge sind persönlicher Natur, vom Spielzeug des Kindes bis zum Lohn des Erwachsenen, der am stärksten individualisiert ist. Die ganze Gesellschaft geht von einem kulturellen Muster aus, das das Individuum, den Helden zur Geltung bringt. Von Gruppe oder Kollektiv wird nur im Vergleich gesprochen, um deren Eintönigkeit und Uniformität gegenüber dem Prestige und der Ursprünglichkeit des Helden herauszustreichen.

Mit diesem Wissen belastet, sehen sich die Arbeiter vor die verblüffende Tatsache gestellt, daß man als Einzelner mehr schlecht als recht mit den Dingen fertigwird, aber eben nur mit kleinen Alltäglichkeiten. Massenentlassungen oder die Schließung eines Betriebes schaffen außerordentliche Verwirrung. Man kommt rasch zu der vagen Einsicht, daß es gar nicht so leicht und ziemlich unsicher ist, sich allein durchzubeißen. Aber deshalb wird der Arbeiter noch nicht gleich einfach ans «Kollektiv» glauben. Das ist noch zu neu, das steht zu sehr einer Denkweise entgegen, die er verinnerlicht hat: «Solidarität – das gibt's doch nicht: man kann sich doch nicht auf andere verlassen; die Arbeiter sind eben zu blöd . . .»

Und so ist die Geschichte des Kampfes, seiner Dauer und Intensität gleichermaßen die innere Geschichte jedes einzelnen Arbeiters, wie er hin und her gerissen wird zwischen dem Glauben ans Kollektiv einerseits und dem Vertrauen darauf, daß er allein am besten zurechtkommt. Tatsächlich wählt ein Arbeiter *niemals* vollständig das Kollektiv. Er orientiert sich stets sowohl am Kollektiv als auch an der Individualität.

Das könnte sich im praktischen Einzelfall etwa so abspielen: a) Anfangs weigert sich der Arbeiter, die schlechten Nachrichten für bare Münze zu nehmen. Er sagt sich, das sei vielleicht übertrieben: «Der

Laden ist doch immer gelaufen. Was soll's?» b) Wenn sich dann die Nachrichten bestätigen, sagt er sich: «Ja schon, aber ich arbeite gut. Ich bin schon so lange dabei, ich habe mir nichts zuschulden kommen lassen. Wenn welche entlassen werden, dann doch nicht ich!» c) Unter dem Druck der Fakten und verschlüsselten Informationen fängt er schließlich an, zu zweifeln und den Erklärungen Gehör zu schenken, die ihm die Aktiven geben. Er merkt auf, er hört zu. Stimmt das? Kann man sich wirklich gemeinsam wehren? Mit Fäusten gegen Knüppel? Gleichzeitig fällt ihm seine Verwandtschaft ein: «Wenn's hier schief geht, wird mir Vetter Léon schon was anderes besorgen. Aber immerhin habe ich hier einen interessanten Arbeitsplatz, genieße allerhand Vorteile . . .» Und er schielt erneut nach dem Kollektiv, und das immer wieder.

Er wird nur dann ans Kollektiv glauben, wenn die Situationsanalysen echt wirken: «Das könnte stimmen, was die sagen; ich glaube, die kennen sich da aus»; wenn die gemachten Vorschläge ihn betreffen: «Wenn man das erreicht, könnte ich meinen Job behalten mit all seinen Vorteilen»; wenn die beschlossenen Maßnahmen einsichtig, wirksam usw. sind . . . Ohne Unterlaß schwankt er hin und her zwischen «zusammen ist das vielleicht möglich» und «besser sich auf sich selbst verlassen». Eines Tages ist er dann am Kollektiv «angehängt», aber das bleibt unsicher. Stets kann die Familie dazwischenkommen und ihn wieder davon loslösen, denn sie ist ein Pol mit sehr starkem Einfluß auf den Einzelnen.

Im Lauf der Vollversammlungen haben wir diese Probleme alle gemeinsam angepackt. Allein die Probleme erkennen und in Worte fassen hilft schon, sie zu überwinden. Immer wieder gibt es Schwierigkeiten: «Ist es nicht viel leichter, an das individuelle Handeln zu glauben als an das kollektive?» oder «Sobald wir nicht mehr zusammen sind (an Samstagen und Sonntagen), überkommen uns wieder Zweifel und Angst; die Familie bringt vielfältige Probleme mit sich, und man weiß nachher nicht mehr, woran man ist, nicht wahr?»

Wir haben feststellen können, daß allein das Reden über die Probleme die Überwindung der Ängste wesentlich erleichtert hat. Durch das verständnisvolle Schmunzeln, durch die «Bekenntnisse» hindurch entdeckt man, daß das eigene Problem auch dasjenige des Nachbarn ist, das Problem aller, daß man sich dessen nicht zu schämen braucht, daß es tatsächlich echt ist und man damit leben muß, um es zu überwinden. Das hat viel zur Schaffung eines Gemeinschaftsgefühls beigetragen, das schließlich stärker wurde als der Individualismus.

Gebrauch der Arbeitswerkzeuge

Diese Aufwertung des kollektiven Vorgehens und die gemeinsame Durchführung beschlossener Maßnahmen löschen nicht mit einem Schlage das individuelle Reagieren und Verhalten aus. Die Berücksichtigung der Ängste und Befürchtungen jedes einzelnen, des Machtstrebens und der Abhängigkeit von einigen anderen reicht noch nicht aus. Begnügt man sich damit, zu reden, sich auszudrücken, so bleiben die Arbeiter bei einer umfassenden Dynamik des Kollektivs stehen, ohne sich die Realität der Arbeit und der Betriebe bewußt zu machen. Es ist interessant, aus dem täglichen Gedankenaustausch zu lernen und aus dem gemeinsamen Vorgehen, wenn etwas auf dem Spiel steht: anzuwenden, was andere im Namen der Psycho-Soziologie lehren oder lernen (nach den Beschlüssen von Dôle soll eine Bildungsinstanz den Technikern und Vertretern der Macht eine «Führungsschulung» vorschlagen, die einzig ihnen vorbehalten sein wird. Eine Formulierung, die nicht auf Gegenliebe gestoßen ist!).

Im Unternehmen gibt es Menschen, aber auch Werkzeuge, Maschinen, die ganz bestimmten Aufgaben dienen. Ihr Einsatz für Zwecke des Kampfes setzt die Überwindung einer Reihe von Barrieren voraus, ehe sie von den Arbeitern für ihren Kampf genutzt werden können.

Betrachtet man die Ereignisse während des Poststreiks von 1974,[3] so fällt auf, daß die Streikenden ein schwieriges Problem zu lösen hatten: die Verständigung untereinander, zwischen den Tausenden von Postämtern und den Sortierzentren. Es ist in der Tat von allerhöchster Bedeutung, zu wissen, was vor sich geht, neue Initiativen bekanntzumachen, von einem Streikenden zum anderen über Erfolge und Probleme zu berichten. Das hat bei den Postlern häufig nicht geklappt. Dabei ist es Aufgabe der Postarbeiter, Nachrichten von Amts wegen weiterzugeben. Und dafür verfügen sie über die nötigen Werkzeuge: das Telefon, den Telegrammdienst usw . . . Über ein taktisches Arsenal verfügen, das eigens zur Nachrichtenvermittlung geschaffen wurde, und dabei nicht in der Lage sein, die so dringend erforderlichen Nachrichtenverbindungen herzustellen, das ist ein in der Geschichte der Arbeiterkämpfe keineswegs einmaliges Paradoxon.

Seit langem besteht eine Barriere zwischen den Arbeitern und ihren eigenen Arbeitswerkzeugen. Man erinnere sich nur an die Streiks von 1968. Da werden Betriebe besetzt, aber die Arbeitswerkzeuge bleiben geheiligt, sie werden nicht angerührt, vielmehr geschützt, gegen Angriffe von außen verteidigt, gewartet und gepflegt: sie gehören dem Boss, nicht uns. Diese Kluft zwischen dem Arbeiter und seinem Werkzeug, die man bei jedem Kampf beobachtet, schließt sich zunehmend.

Bei LIP gaben Plakate den ersten Anstoß. Zuerst wurden unter dem Motto «Verteidigen wir den Arbeitsplatz» Plakate entworfen. Einige davon gefielen, vor allem ein bestimmtes. Der Bursche, der es gemacht hatte, wurde aufgefordert, einige Kopien anzufertigen. Ein anwesender Zeichner mischte sich ein: «Hier wird ohne Methode gearbeitet. Du wirst doch nicht eins nach dem anderen nachmachen, bis du zwanzig Stück fertig hast. Hier ist ein Zeichenpapier, mach's mit Tinte. Nachher machen wir Abzüge an der Kopiermaschine.» Einen Augenblick wurde gezögert angesichts solcher Kühnheit (heute erscheint es uns ganz selbstverständlich). Dann aber entschied man sich. Das war der erste Gebrauch von Maschinen des Unternehmens durch die Streikenden.

Auch dem zweiten Einsatz von Werkzeugen lag die Notwendigkeit der Information zugrunde. Das örtliche Gewerkschaftsbüro schaffte nicht mehr die erforderliche Anzahl von Flugblättern; die Nachfrage war zu sehr gestiegen. Wir haben das Problem in einigen Metern Entfernung von der Reproduktionsabteilung des Werkes angesprochen, wo sich Offsetmaschinen, Fotokopiergeräte usw. befinden . . . Einer von uns fing an zu lachen und machte uns darauf aufmerksam. Wieder ein Zögern. Und dann . . . einverstanden. Ein weiterer Schritt war getan.

Dann ging alles noch rascher: die Maschinen in der Tischlerei wurden benutzt, um Transparente herzustellen, dann kamen andere Maschinen dran. Die Mechaniker setzten ihre Maschinen für die Herstellung verchromter Messingarmbänder ein und gravierten sie für andere Arbeiter im Werk. Schließlich wurden Briefe auf werkseigenen Schreibmaschinen geschrieben, das Telefon wurde benutzt; mit Buchungsmaschinen wurde die Lohnzahlung durchgeführt, auch die Datenverarbeitungsmaschinen wurden eingesetzt usw. . .

Diese ganze Vorbereitung war sehr nützlich, um den entscheidenden Schritt zu tun: daß wir selbst Uhren herstellen und verkaufen. Getreu dem Motto: «Es *ist* möglich: herstellen, verkaufen und sich selbst bezahlen.»

Man kann abschließend sagen, daß die Gewohnheiten, die Furcht, der übermäßige Respekt, die stets hierarchisch bestimmten Situationen geistige Barrieren errichten, die ebenso schwer zu überschreiten sind wie der Rubikon. Sobald die gemeinsame Aktion die Voraussetzung geschaffen hat, um sich ausdrücken zu können, wird man sich nach und nach des alten Jochs bewußt. Es findet eine echte Befreiung statt. Es würde aber nicht genügen, seinen Befürchtungen ohne konkreten Bezug Ausdruck zu geben; hier muß Verbindung hergestellt werden zu einer Aktion. Nur die Aktion legt die Fähigkeiten der Arbeiter bloß und weckt ihre Vorstellungskraft. Der Gebrauch von Werkzeugen (die juristisch dem Arbeitgeber gehören) durch die Arbeiter markiert bereits die Überwindung von Barrieren: ein Schritt auf dem Wege zur Arbeiterkontrolle. Dieser eine Schritt ist jetzt getan. Wir haben heute zahlreiche Beispiele für Arbeiter, die sich bei ihrem Kampfe ihrer Werkzeuge bedienen: Manuest, Caron, Teppas, Everwar, Darboy, Erwite . . .

2. Die Wege zur Aneignung wirtschaftlicher Kenntnisse

Diese Gemeinschaftsaktion, die mehrere Monate andauerte, und vor allem die heißesten Phasen des Kampfes brachten allen Arbeitern natürlich die Gelegenheit, sich Spezialkenntnisse anzueignen. Die Organisation des Kampfes, seine kollektive Organisation, die Suche nach technischen, wirtschaftlichen, politischen und erzieherischen Lösungen für alltägliche Probleme, die sich stellten; die Umverteilung der Aufgaben; der Schritt von verschiedensten manuellen Tätigkeiten zur Wortmeldung in der Vollversammlung, den Ausschüssen, Sitzungen, Tagungen und zu den redaktionellen Aufgaben bei der Erstellung von Flugblättern, Dokumenten, der Zeitung «LIP Unité»; zur anhaltenden Führung von Verhandlungen mit allen möglichen Stellen . . ., all das hat einen kollektiven Lernprozeß mit sich gebracht. Die Aneignung eines normalerweise auf Spezialisten im Elfenbeinturm beschränkten Spezialwissens, von technischen Qualifikationen, die sonst auf einen bestimmten Arbeitsplatz begrenzt sind, aber auch die Produktion von Arbeiterwissen. Die Tat, die Praxis lehren. Die Teilnahme am Kampf ermöglicht es, die Geschichte der Arbeiterbewegung besser zu verstehen und den Kampf fortzusetzen.

Normalerweise eignen sich Arbeitgeber, leitende Angestellte, Ingenieure, Techniker Kenntnisse auf Wegen an, die den Arbeitern nicht zugänglich sind. Darüber hinaus sichern sich Arbeitgeber und leitende Angestellte gegen die Weitergabe von Information ab. Die Information an und für sich ist für die Arbeiter keineswegs unverständlich. Sie wird nur unzugänglich gemacht. Oder aber in einer Weise verschlüsselt, daß die Arbeiter langwierige Bildungsanstrengungen auf sich nehmen müßten, um sie nur zu entschlüsseln. Ein Arbeiter kann durchaus die wirtschaftliche Situation seines Werkes verstehen. Hierfür aber muß ihm diese Situation anders dargestellt werden als in verschlüsselter Form, die ein jahrelanges Studium zum Verständnis erfordert, anders als in einer Sprache, deren Funktion im wesentlichen darin besteht, zu verhindern, daß der Arbeiter hinter ihre Bedeutung kommt und also mit der Information etwas anfangen kann.

Die Aneignung der Information

Während noch die Maschinen wieder nutzbar gemacht wurden, machte man sich vor allem daran, sich die in den verschiedenen Büros enthaltenen Informationen zu eigen zu machen. Wegen der Kompliziertheit dieser Information wurde der Einsatz einer Expertengruppe (SYNDEX) erforderlich. Die eingezogenen Unterlagen der Geschäftsleitung gestatteten eine Analyse ihrer Projekte sowie des Rechnungs- und Finanzgebarens der Firma. Jetzt aber mußte diese zunächst von Fachleuten angestellte Analyse der großen Mehrzahl der Arbeiter zugänglich gemacht werden. Zunächst einmal, um allen klarzumachen, daß der LIP-Konflikt sich im Grunde um ganz etwas anderes drehte, als die Geschäftsleitung bekannt gegeben hatte. In dieser Anfangsphase sind die Fachleute und Aktivisten besonders nützlich gewesen, aber auch danach bei der Unterrichtung der gesamten Belegschaft über die tatsächliche Lage des

Unternehmens. Schließlich haben sie ihr das Verständnis dieser Information ermöglicht. Dieses letztere Ziel wurde erreicht, indem sich vor allem die Techniker der angelernten Arbeiter annahmen und ihre Kameraden in mehreren Sitzungen einweihten. Diese Aneignung wirtschaftlicher Kenntnisse über die Situation des Unternehmens kommt am besten in dem Schlagwort vom «Glashaus LIP» zum Ausdruck.

«Glashaus LIP»

Zunächst sei bemerkt, daß dieses Schlagwort nicht gleich zu Anfang spontan entstanden ist. Es ergab sich als Schlußfolgerung aus einer bewußten Überlegung, die eine Minderheit angestellt hatte: es waren militante Mitglieder der Gewerkschaft CFDT. Daraus wurde dann die Devise einer sehr großen Mehrheit, obwohl die (kommunistische) Gewerkschaft CGT stets dagegen war.[4]

Es kam zu dieser Devise durch einen «Beitrag von außen». Seit 1968 ließen sich CFDT-Aktive von Besançon, die sich an kämpferischen Aktionen beteiligten, von dem Gedanken leiten, daß der Reichtum der Vorstellung, des schöpferischen Wirkens zunimmt, je mehr verschiedene Aktive teilnehmen, insbesondere wenn sie aus unterschiedlichen Gebieten kommen: vom Bau, aus Betrieben, von der Universität, aus anderen Bildungsinstitutionen usw. . . Arbeiter also aus unterschiedlichen Kulturbereichen. Das schöpferische Ergebnis ist dann reicher, aber *unter einer Bedingung*: die gewerkschaftliche Vertretung im Unternehmen muß genügend Macht und Wissen haben, um dem «Ideenschock» standzuhalten und ihn zu fördern, aber sie muß auch die vorherrschende Rolle der Arbeiter des umkämpften Unternehmens sicherstellen können. Es ist wichtig, daß diese nicht von den Wogen mitgerissen werden, sondern die Strömung meistern.

Hier ist zu bemerken, daß die «Gewohnheiten» der Gewerkschaften nicht in diese Richtung gingen. Die Arbeiter sind unbewußt gegen jegliche äußere Hilfe eingenommen. Nur die verantwortlichen Gewerkschafter werden als Teil der Familie angesehen. Alle übrigen werden für gefährlich gehalten.

Anfangs gab es dabei Schwierigkeiten, bis der Verkauf der Uhren von den Arbeitern übernommen wurde. «Besucher», die aus Neugierde kamen oder sich mit Kopf oder Hand für den Kampf zur Verfügung stellen wollten, wurden zurückgewiesen. Einige der Arbeiter konnten sich überhaupt nicht vorstellen, daß Außenstehende im Werk herumlaufen sollten.

Durch den Verkauf der Uhren auf dem freien Markt an den verschiedensten Orten, durch das weite Echo, das unser Kampf inzwischen gefunden hatte, kam es schließlich zum «Glashaus LIP». Wir mußten nämlich die Kunden akzeptieren. Ihnen mußte erklärt werden, was wir machten, sie zum Besuch des Werkes einladen, sie frei mit den Arbeitern sprechen und sie frei kommen und gehen lassen. Bei solchen Gelegenheiten ergab es sich, daß angelernte Montagearbeiterinnen sich Verkaufstechniken aneignen und die Endprodukte kennenlernen konnten, von denen sie zuvor immer nur einen geringen Ausschnitt erlebt hatten, je nach der Aufgabe, die sie an ihrer Stelle am Montageband zu erfüllen hatten; sie lernten Buchführung und Lagerhaltung. Sie waren sogar in der Lage, den Käufern die Gründe des Konflikts zu erläutern.

Es liegt auf der Hand, daß Arbeiter, die in eine verantwortungsvolle Situation versetzt werden, mit einem Interesse für mehr als nur die bruchstückhaften Aufgaben, zu denen sie sonst gezwungen wurden, ihre Fähigkeiten entdecken und Kenntnisse erwerben. Wir haben schon weiter oben gesagt, daß erst das Handeln die Fähigkeiten der Arbeiter bloßlegt, sofern es sich um eine echte Tätigkeit handelt und nicht eine Simulation, eine Tätigkeit also mit einem echten Einsatz, eine Tätigkeit, die die Dinge in ihrer Gesamtheit erfaßt. Von da ab konnten dieselben Arbeiter ihre Lohnabrechnungen selbst erstellen, die Abzüge berechnen (was bekanntlich höchst komplizierte Berechnungen erfordert!), Karteien führen usw. . .

Das Übereinkommen zum «Glashaus LIP» ging nun davon aus, daß das Haus seinen Bewohnern bekannt war. Dabei handelt es sich aber um eine Kenntnis, die den in dem Unternehmen Arbeitenden normalerweise verwehrt wird. Die Devise mußte also für die «Fremden» Wirklichkeit werden. Die Transparenz selbst dieses offenen Unternehmens mußte für eine möglichst große Anzahl zum Bildungserlebnis werden, vor allem für diejenigen, die niemals den Fuß in eine Fabrik gesetzt haben oder denen bislang der Zutritt verwehrt gewesen war. Tatsächlich fand ein beständiger Kampf statt zwischen denen, die die Fenster zur Außenwelt ganz weit öffnen wollten, und denjenigen, die Angst vor Zugluft hatten und sie wieder schlossen.

In der Vollversammlung war beschlossen worden, daß die Werkstore den ganzen Tag über geöffnet bleiben und nur für die Nacht geschlossen werden sollten. Allein dieser Punkt war Gegenstand fortgesetzter Diskussionen, und die Tore schlossen sich Stück für Stück wieder auf Betreiben von Kameraden der Gewerkschaft CGT – und nicht nur der CGT. Es mußte damit gedroht werden, die Entscheidung der Vollversammlung rücksichtslos durchzusetzen. Notfalls würden die Werkstore angeschmiedet, daß sie endgültig offen blieben. Es gab Auseinandersetzungen mit beunruhigten Arbeitern um diese Tore. Aber nach und nach konnten sie von dem Interesse, das an einem regen Publikumsverkehr bestand, überzeugt werden, und die Tore konnten offen bleiben. Im Werk herrschte jetzt freies Kommen und Gehen. Nur die Werkstätten blieben sowohl für die Arbeiter des Unternehmens als auch für die Besucher mit deren Einverständnis geschlossen. Den Vollversammlungen, den Sitzungen des Aktionsausschusses, den Arbeiten der anderen

Gremien konnte jedermann beiwohnen. Während der gesamten Dauer des Konflikts war die Vollversammlung nur zwei oder drei Male – und dann auch nur für je eine Stunde – auf LIP-Belegschaftsmitglieder beschränkt.

Die Gewerkschaftssektion der CFDT hatte sehr früh mit der Öffnung begonnen. Bei den Auseinandersetzungen der Jahre 1970–71 haben wir mit der früheren Praxis der Delegierten gebrochen, die sich mit dem ständigen Beauftragten der Gewerkschaften einzuschließen pflegten. Wir praktizierten eine für alle offene Beratung. Man setzte sich mit den anderen am Kampf beteiligten Arbeitern in die Runde, um die anstehenden Fragen zu erörtern und den gewerkschaftlichen Standpunkt zur Situation offen durchzudiskutieren. Zuerst begnügten sich die Arbeiter mit bloßem Zuhören. Dann aber schalteten sie sich mehr und mehr in die Diskussionen ein. Zu Beginn des Kampfes im Jahre 1973 war der CFDT-Raum offen für alle, und man gewöhnte sich ans Arbeiten, während ohne Unterlaß Arbeiter ein- und ausgingen. Offene Türen – das erweckte absolutes Vertrauen: klar, man kann alles erfahren, es gibt kein Geheimnis, der Raum ist offen. Anfangs und auch später noch fällt die Umstellung schwer: Hier wird mit der traditionellen Empfindlichkeit gebrochen, daß immer nur einige wenige leistungsfähig arbeiten können. Der Segen des neuen Verfahrens stellt sich bald heraus: die Wortmeldungen verbessern sich, der Kreis erweitert und qualifiziert sich.

Unter Bildung verstehen wir, das bewohnte Milieu transparent zu machen, indem wir beispielsweise der Komplexheit der Unternehmen selbständig gegenübertreten. Diese Transparenz ist auch jenen gegenüber zu erbringen, die das Milieu nicht selbst bewohnen. Die Öffnung der Werkstore war gleichzeitig eine Öffnung für alle Ideen, für die von innen so gut wie für die von außen – und ohne Bewertung von vornherein. Damit wurden die Solidaritätsbekundungen der Kameraden unmittelbar am Ort der Auseinandersetzung entgegengenommen, woran sich sogleich Gespräche anknüpften, die uns bei den Sitzungen halfen. Heute organisieren viele von kämpfenden Arbeitern in besetzten Unternehmen Tage der «offenen Tür». Wir haben uns entschieden, die Tore ständig offen zu halten. Der Weg dahin war lang gewesen: das Kollektiv eignete sich Kenntnisse an, die sonst nur einigen wenigen – den Arbeitgebern, leitenden Angestellten, aber auch den Gewerkschaftsführern – zugänglich waren; es wurden lange Diskussionen geführt, an denen Belegschaftsmitglieder und Kameraden von außen teilnehmen konnten; die Arbeiter des Unternehmens empfingen andere Arbeiter oder nahmen an andernorts durchgeführten Treffen teil. Auf diese Weise wurden die Voraussetzungen dafür geschaffen, daß wir alle heute wissen, wie man beim Kampf vorgehen muß, daß wir die Widersprüche der kapitalistischen Wirtschaft erkennen, daß wir Bescheid wissen über Taktiken wie Betriebsschließungen und Entlassungen, über multinationale Konzerne usw. . . Die Aneignung dieses Wissens ebenso wie dessen Festigung durch unsere Ausarbeitung, Verbreitung und Einübung in der Praxis von Hunderten von Arbeitern gibt somit ein zusätzliches Beispiel für die Fähigkeiten der Arbeiterklasse, sich selbst zu bilden.

3. Die Arbeiterkontrolle über die Produktion: eine Selbstverteidigung

Die den Arbeitern angebotene Bildung – beispielsweise im Rahmen des Gesetzes zur beruflichen Fortbildung – vollzieht sich stets unter anderen materiellen Bedingungen als dort, wo der Arbeiter seine produktive Tätigkeit ausübt. So hat er zum Beispiel keinen Einfluß auf die Art der Arbeitsteilung, die ihm auferlegt wird, und ebensowenig auf die Arbeitsorganisation. Noch weniger hat er die Möglichkeit, über seine Maschinen oder Werkzeuge zu bestimmen oder über die Eigenschaften des Werkstücks, das er herstellen soll. Genau diese Bedingungen wurden durch die Dynamik geeigneter Streikaktionen geändert. Dieser Streik hat zu keiner Trennung vom Arbeitsplatz und von den Arbeitsmitteln geführt; man hat sich nicht mit Warten begnügt; man hat die Fabrikation teilweise wieder aufgenommen und den Absatz gesichert; und vielleicht deswegen ist aus diesem Streik eine Auseinandersetzung geworden, aus der wir alle selbst gelernt haben.

Die teilweise Wiederaufnahme der Produktion: politische und organisatorische Zielsetzungen

Das Problem, das sich im Juni 1973 zu Beginn des Kampfes stellte, war das folgende:

a) Die Lohnzahlungen waren seit Anfang des Monats (genauer seit 10. Juni) nicht mehr gesichert. Die Bosse hatten uns den Brotkorb höher gehängt.

b) In einer solchen Situation war mit einer langen Auseinandersetzung zu rechnen. Wir kämpften für die Weiterbeschäftigung, gegen einen multinationalen Konzern sowie gegen Banken, die zur «vollständigen Umstrukturierung des Unternehmens» entschlossen waren. Und die Banken verfügten über bedeutende Reserven. Das hieß für uns im Klartext, daß wir ohne Geld bestenfalls acht bis neun Wochen aushalten konnten, wie wir aus der Erfahrung anderer Arbeiter mit totalem Ausstand wußten.

c) Wir standen kurz vor der Ferienzeit, die für Aktionen denkbar ungünstig ist. Aus Erfahrung war uns bekannt, daß man mit Sammlungen unter größten Anstrengungen höchstens 5 bis 10 % der zum Überleben notwendigen Löhne zusammenbekommen würde. Mehr nicht.

Die Nachricht von dieser problematischen Situation erreichte eine größere Anzahl der Arbeiter auf dem Flüsterwege. Sie mußte überwunden werden; anderenfalls blieb nichts weiter übrig, als es wie die Ziege von Monsieur Seguin zu machen: tapfer drei Wochen lang kämpfen und dann sterben.

Wir erhielten Anregungen, wie man die Ergebnisse der Sammlungen steigern und kleinere Gegenstände herstellen und verkaufen könnte. Aber das war keine gangbare Lösung. Die Antwort kam von draußen: produzieren und verkaufen! Das war uns von den Aktivisten der PSU als Möglichkeit genannt worden.[5] Aber auch da war ein Rubikon zu überschreiten. Der Gedanke wurde geäußert, aber niemand griff ihn auf. Schließlich haben außerhalb des Unternehmens tätige Aktivisten diesen Gedanken weiter genährt, und Journalisten haben mit Engagement überzeugendere Argumente dafür gefunden. Auf einmal wurde eine Geheimstudie von einer kleinen Gruppe Uhrmacher erstellt. Sie wurde an Ort und Stelle in den Werkstätten durchgeführt. Damit sollten die Möglichkeiten der Produktion abgetastet werden; das Ergebnis schien aussichtsreich. Auch über die Möglichkeiten des Absatzes wurden Mutmaßungen angestellt; hier war man sich nicht so sicher: es könnte gehen, vielleicht, aber . . .

Wir hatten alles im einzelnen vorbereitet, und am darauffolgenden Tage wurde der Vorschlag in der Vollversammlung *mit Begeisterung* aufgenommen. Durch diese teilweise Wiederaufnahme der Produktion wollten wir zunächst einmal die Möglichkeit sichern, den Kampf fortzusetzen und durchzuhalten. Es mußte jetzt sehr rasch eine umfassende Erklärung für diese Wiederaufnahme der Produktion gegeben werden. Das Gesamtziel des Kampfes blieb dasselbe: keine Demontage des Betriebes, keine Entlassungen. Dieses Gesamtziel blieb auch im Augenblick der Wiederaufnahme der Produktion das einzige Ziel dieses Kampfes, der im Rahmen des Kapitalismus geführt wurde. Für uns bedeutete dies, daß wir jeden Weg einer Zusammenarbeit mit dem Arbeitgeber ablehnten. Um dieses Ziel zu erreichen, war die Grundvoraussetzung eine Position der Stärke, die sich auf die Entwicklung innerer Einheit mit weitestgehender Unterstützung von außen gründete. Unsere Öffentlichkeitsarbeit blieb unser Werkzeug Nr. 1; hier mußten die größten Anstrengungen unternommen werden. Die Produktion sollte in kleinstem Maßstab mit so wenigen Arbeitern wie möglich betrieben werden. Es bestand also kein Anlaß, sich von der Faszination des Produktionsbetriebs mitreißen zu lassen. Ebensowenig kam für uns eine Verwandlung in Kaufleute in Frage.

Und so stellte die wieder an die Arbeit gegangene Gruppe während des ersten Tages fest, daß es im Rahmen unseres Zieles *im Augenblick* unnötig war, Laufwerke zu montieren. Der Vorrat von 30000 Laufwerken, die wir in den letzten Wochen zuvor montiert hatten, reichte für den Augenblick völlig aus. Infolgedessen gaben wir das Montageband für

Laufwerke auf, um uns auf die Endmontage zu konzentrieren, die das letzte Band in der Fertigungskette bildete.

Die Arbeitsteilung unter den Arbeitern war durch diese Tatsache selbst eine andere; hier kam die «wissenschaftliche Arbeitsorganisation» zum Tragen. Aber wir waren nicht hauptsächlich da, um zu produzieren und immer noch mehr zu produzieren mit einer neuen Arbeitsteilung, die wir nicht mehr unter Kontrolle gehabt hätten. Vielmehr wurden die wenigen beschäftigten Arbeiter laufend ausgewechselt, um zu vermeiden, daß sie sich dem Hauptkampf entfremdeten: der Öffentlichkeitsarbeit. Immerhin war doch ein erheblicher Teil der Belegschaft in den Werkstätten. An den Vollversammlungen nahmen ebenfalls alle Belegschaftsmitglieder teil.

Es war keine Frage, daß niemand mit Gewalt zur Rückkehr an die Bänder gezwungen werden sollte, die wir im ersten Teil des Kampfes zerstört hatten. Auf keinen Fall sollte der alte Trott an allen Fließbändern wieder aufgenommen werden. Wir durften nicht zu dem Glauben zurückkehren, das einzige Ziel sei die Produktion, und zwar unter solchen Bedingungen, daß das Gefühl, gemeinsam seien wir stark, das gerade drauf und dran war, sich zu entwickeln, wieder untergehen würde. Der Produktionsausschuß hat also selbst die Pläne über die Arbeitszeiten, den Wechsel der Arbeiter von Arbeitsplatz zu Arbeitsplatz und die Art und Weise des Arbeitsablaufs aufgestellt. Bei alledem ging es hier schließlich um die Endziele, die hier in Frage gestellt werden: die Produktion um der Produktion, der Produktivität und des Gewinns willen ... die Produktion wofür? Aber auch für wen? Es ging gleichzeitig um die politische Ökonomie und um die Soziologie der Arbeit. Hier wurde durch die Praxis an beidem Kritik geübt von der Gesamtheit der Arbeiterschaft, die die wirklich produktive Arbeit wieder zur Geltung brachte.

Die Einschränkung der Produktion war zu Beginn des Konflikts eines der ausschlaggebenden Elemente zur Mobilisierung der Arbeiter. Gegenüber der Geschäftsleitung kehrten wir so das Machtverhältnis um: Wir beherrschten eine Situation, die sich sonst stets unserem Zugriff entzogen hatte; wir hatten Teil an einer uns stets vorenthaltenen Macht; wir waren in einen nicht mehr umkehrbaren Prozeß eingespannt, dessen sehr genaues Ziel sich während des ganzen Konfliktes in keiner Weise änderte. Dank verminderten Fertigungstaktes am Band und weiterhin eingeschränkter Produktion wurde die Zeit länger, die zur freien Verfügung stand. Das Gespräch konnte sich zwischen allen Arbeitern entfalten, die Gedanken sich frei entwickeln, die Aktion konnte ihren Fortgang nehmen. Jetzt hatten wir Zeit für die Entwicklung kollektiver Vorstellungen, für wahrhaft gemeinsames Schaffen.

4. Kollektive Vorstellungskraft und Befreiung der Fähigkeiten zur Entwicklung neuer Systeme und Strukturen

Es wäre wenig damit gesagt, daß die ständigen Diskussionen über die Kampfstrategie und die kollektive Organisation des Tagesablaufs der LIP-Arbeiter (Kantine, Kulturabende, Kontakte, Gedankenaustausch mit anderen streikenden Arbeitern, Fahrten nach anderen Orten, Gemeinschaftsausflüge, Wandzeitungen, Filme, Verhandlungen . . .) die Vorstellungskraft der Arbeiter entfesselt und aus ihnen schöpferische Menschen gemacht hätten. Der an die Arbeit gefesselte Mensch, der Arbeiter im System der Arbeitsteilung eines Unternehmens, das ihm undurchsichtig erscheint, ist zunächst nicht in der Lage, schöpferisch tätig zu werden. Sobald die Arbeiter sich alle möglichen Informationen über ihr Werk beschafft und die Produktion teilweise wieder in Gang gesetzt hatten, um leben und den Kampf fortsetzen zu können, fehlte noch die Eigenproduktion von Informationen für sie selbst, für die anderen im Werk und draußen.

Die Erarbeitung der Information

Es war also notwendig, daß sich jeder an der Erarbeitung der Information beteiligte. Warum Information? Weil die LIP-Arbeiter tatsächlich versucht hatten, sich die wichtigsten Mittel zur weitestgehenden Information aller zu beschaffen. Vergessen wir nicht, daß die Gesamtheit der großen Nachrichtenmedien im Dienst der Regierung und der Arbeitgeberschaft steht. Aus diesem Grunde wird die Berichterstattung über Arbeiterkämpfe im allgemeinen ungünstig gehalten und verdreht oft die Wahrheit.

Die LIP-Arbeiter haben beispielhafte Anstrengungen unternommen, um sowohl im Innern des Werkes als auch nach außen hin Informationen zu verteilen, die von Besançon aus ganz Frankreich erreichten und sogar das Ausland.

Seit langem handelte die Sektion der Gewerkschaft CFDT bei LIP nach der Devise: «Soviel wie möglich Informationen geben, um den demokratischen Kampf zu ermöglichen.» Einige Monate vor Ausbruch des Konflikts war eine Broschüre verteilt worden, damit sich die gesamte Belegschaft ein Bild von der tatsächlichen Lage machen konnte, in der sich das Unternehmen befand, und von den voraussichtlichen Risiken einer Auseinandersetzung. Das geschah in der Absicht nachzuweisen, daß diese Situation das Ergebnis eines wohlüberlegten Planes war und nicht eines «ökonomischen Schicksalsschlages». Von diesem Augenblick an fühlten sich sämtliche Arbeiter betroffen und überlegten, wie sie sich wehren könnten.

Mit dem Augenblick, in dem klare Auskunft über das Geschehen gegeben wurde, begriff jeder Arbeiter den Sinn des Arbeiterkampfes und gab den Fatalismus zugunsten der Reflexion auf. Während des gesamten Konfliktverlaufs verlangten die Arbeiter immer wieder eine regelmäßige und vollständige Unterrichtung. Sie wollten stets in der Lage sein, ihre Ansichten zur allgemeinen Entwicklung der Auseinandersetzung zu geben und in den dramatischsten Phasen die Diskussion durch einfache Beiträge erhellen, die sich aus der Logik des Konflikts selbst ergaben (so war es beispielsweise, als der «Plan Giraud»[6] zurückgewiesen wurde). Diese umfassende Kenntnis aller Einzelheiten erlaubte einer großen Zahl von uns, bei Sitzungen aus dem Stegreif heraus erforderlich werdende Informationen zu geben.

Ich habe bereits die Öffnung der Werkstore erwähnt sowie die Rolle der Vollversammlung als bevorzugter Ort der Unterrichtung. Um die Rolle der Information aufzuzeigen, die Rolle des von den Massenmedien verbreiteten sozialen Bildes, möchte ich ein Beispiel für die Information über die Information geben, weil sie besonders kennzeichnend ist für diese Beteiligung der LIP-Arbeiter in der Produktion ihrer eigenen Information darüber, was sie erlebten.

Information über die Information: die Wandzeitung

Die gesamte Presse hatte sich des LIP-Konflikts angenommen, der die Szene beherrschte wie kein anderes Ereignis seit langer Zeit. Vor allem aber hat kein anderer Konflikt die öffentliche Meinung in dem Maße aufgewühlt.

Die Vielfalt der Artikel und die von ihnen unter den Arbeitern ausgelösten Gespräche führten zur Bildung einer Sondergruppe, die damit beauftragt war, sämtliche Tageszeitungen, Wochen- und Monatsschriften zu beschaffen. Die von unserem und anderen Arbeitskonflikten handelnden Artikel wurden ausgeschnitten, auf einen großen Bogen aufgeklebt und für alle sichtbar an die Wand gehängt. Auf diese Weise hatte die gesamte Belegschaft ein ziemlich genaues Bild von allem, was zum Konflikt geschrieben und in welcher Weise die Bevölkerung darüber unterrichtet wurde.

Diese Tätigkeit ging natürlich nicht ohne eine regelrechte «Presseanalyse» vonstatten. Diese wurde in einer für uns, die wir selbst im Konflikt engagiert waren, alles andere als schulmäßigen Weise durchgeführt. Wir haben viel gelernt aus den unterschiedlichen Auslegungen, die in den Zeitungen standen; oft wurde die Wahrheit verfälscht, und in einigen Fällen gab es regelrechte Lügenartikel. Heute ist jeder Arbeiter von LIP in der Lage, die Berichte über soziale Konflikte und andere Probleme, die er beim Lesen seiner Zeitung entdeckt, gerechter zu beurteilen. Er weiß ganz genau, was er von dem zu halten hat, was in Zeitungen von der Art wie «Minute» – einer extrem rechten Zeitung – zu lesen ist.

Bei den Vollversammlungen wurde systematisch Kritik an der Presseberichterstattung geübt. Früher hatten wir es schon sehr begrüßt, wenn jeder Arbeiter die ganze Zeitung las. Jetzt waren wir so weit, daß jeder seine eigene kritische Meinung bildete, indem er das Gelesene mit der erlebten Wirklichkeit verglich. Auf diese Weise waren wir in der Lage, die Journalisten aller Massenmedien sachgerecht zu informieren. Die Arbeiter führten Diskussionen mit den Journalisten, in denen sie sie über den Sinn befragten, den sie in ihrem Beruf sahen, sowie nach den Schwierigkeiten, denen sie bei der Erfüllung ihrer Informationsaufgaben begegneten.

Die Wandzeitung hatte für uns auch den Vorteil einer Art Barometer, an dem wir in etwa das Echo ablesen konnten, das wir in Frankreich sowie im Ausland hervorriefen. Wir wußten auf einen Blick, worauf sich eine beliebige Information genauer bezog und in welcher Hinsicht wir Schritte unternehmen mußten, um die öffentliche Meinung durch gezielte Gegeninformation zu korrigieren.

Informationen für die Presse

Jedesmal wenn ein bedeutendes Ereignis im Lauf des Konflikts bekannt wurde, erschien eine ganze Heerschar von Journalisten bei LIP. Viele von uns waren von diesem neuen Phänomen völlig verblüfft und von diesen Leuten beunruhigt, die unaufhörlich Fragen stellten. Um dem abzuhelfen und da wir sehr bald begriffen, wie wichtig die Öffentlichkeitsarbeit ist, gründeten wir eine Kommission, die die in Besançon eintreffenden Journalisten zu informieren hatte. Die Kommission sichtete die Fülle der Informationen, traf eine systematische Auswahl und rief gegebenenfalls die Journalisten zu einer Pressekonferenz zusammen. Das hatte den Vorteil, daß der Gesamtheit der Journalisten einheitliche Informationen gegeben werden konnten, und da die Kameraden über sämtliche Dinge im Bilde waren, konnten sie stets eine Fülle von Fragen beantworten.

Durch diese Arbeitseinteilung konnten die wichtigsten «Führer» des Kampfes so viel wie möglich unter den Arbeitern weilen und mußten sich nicht dauernd des Ansturms der Journalisten erwehren.

Die Informationsveranstaltungen

Durch ein etwas ungewöhnliches Bild können wir diese Veranstaltungen erklären. Stellen wir uns vor: am frühen Morgen stehen zwei oder drei Arbeiter auf dem Bahnsteig des Bahnhofs. Im Gepäck haben sie Flugblätter, Zeitungen, einen Film; sie reisen ans andere Ende Frankreichs, um anderen Arbeitern zu erklären, warum und wieso wir kämpfen und durch welche Art Maßnahmen sie uns helfen könnten. Dieses Bild hat sich Hunderte von Malen wiederholt. Wir haben geradezu einen Rekord an Begegnungen erreicht.

In Spitzenzeiten sind nahezu an die hundert Mann von uns unterwegs gewesen oder waren in der Reiseliste zur Abfahrt nach irgendeiner Stadt in Frankreich eingetragen. Wir haben auch Treffen in anderen Ländern wahrgenommen, in der Schweiz, Deutschland, Italien, Belgien, Österreich, den Niederlanden usw. Das ist die glänzendste Demonstration, um zu bestätigen, daß die Arbeiter sehr wohl die Macht der Information zu schätzen wissen, im gegebenen Moment den Mut haben, vor einem größeren Auditorium in klarer und verständlicher Weise über ihre Probleme zu sprechen und dabei die gewaltige Woge der Solidarität spüren, die die Ankunft der LIPs auslöst. Die LIP-Arbeiter wissen, daß sie über das größte Netz der Arbeiterfreundschaft in Frankreich verfügen.

Die LIP-Filme
Wir haben zwei Filme gedreht, die uns die Information bei zahllosen Veranstaltungen ganz besonders erleichtert haben. Die bildliche Darstellung sagte viel mehr aus als Worte, um anderen die Konfliktszene nahezubringen. Der erste Streifen wurde anläßlich der Wiederingangsetzung der Fließbänder in der Uhrenmontage und der ersten «wilden Lohnzahlung» gedreht. Der zweite Film entstand in der Phase, als die Polizei eingegriffen hatte und wir aus dem Werk Palente ausgeschlossen wurden. Diese Filme haben einen sehr großen Erfolg gehabt. Noch heute werden sie bei vielen Versammlungen gezeigt.

Zu erwähnen ist noch die außerordentliche Anzahl detaillierter Informationen, die im Laufe des Konflikts verbreitet wurden. Wir haben uns besonders bemüht, bestimmte Probleme oder Informationen in allen Einzelheiten bekanntzumachen, weil sie uns der Vertiefung wert erschienen. Ich habe oben bereits gesagt, wie wir nach der Flucht der Geschäftszeitung in den Büroräumen eine Fülle von Unterlagen über das Gebaren der Direktion und über den eingeschlagenen Weg zur Liquidierung des Unternehmens gefunden haben. Aus diesen Unterlagen haben wir drei Broschüren zusammengestellt, die später in dem Buch «LIP 73» wiedergegeben wurden.

Schließlich soll auch noch von der Zeitung «LIP Unité» die Rede sein. Wozu brauchten wir eine Zeitung? Seit Ausbruch des Konflikts suchten wir nach Mitteln und Wegen, nicht den Kontakt mit der Belegschaft zu verlieren, die nur teilweise erschien, um sich persönlich darüber zu informieren, was in der Auseinandersetzung vor sich gegangen war. Wir haben die Form einer Zeitung derjenigen des Flugblattes vorgezogen, weil die Zeitung eine größere Fülle von Informationen in einem anderen Stil als das Flugblatt zu bringen erlaubt. Obwohl es sehr schwierig ist, eine Zeitung auf die Beine zu stellen und es immer wieder Rückschläge gibt, können wir nur unterstreichen, daß so etwas unbedingt erforderlich ist. Eine Zeitung läßt die Mitarbeit einer größtmöglichen Anzahl von Kameraden bei der Redaktion und der gemeinsamen Herstellung der Ausgaben zu. Diese Zeitung ist das Werk der LIP-Arbeiter, die es allesamt für sehr wichtig hielten, enge Beziehungen zu den anderen bestreikten Unternehmen und der Gesamtheit der in ganz Frankreich kämpfenden Kameraden zu pflegen.

Wir behaupten selbstverständlich nicht, daß durch diese Kollektivarbeit sämtliche Konflikte verschwunden und alle Widersprüche behoben worden sind. Gegensätze blieben zwischen den verschiedenen Gewerkschaftsorganisationen, zwischen Gewerkschaft und Aktionsausschuß, zwischen Männern und Frauen, Jung und Alt, zwischen Arbeitern und Technikern usw. . . Aber sie wurden im Zusammenspiel der von uns gemeinsam eingerichteten Instanzen artikuliert. Und immer ist es die Aktion selbst, durch die Gegensätze überwunden werden können. Ist es da noch notwendig, auf die Bedeutung der Demonstrationen mit Zehntausenden von Arbeitern einzugehen? Bei diesen Demonstrationen haben wir jedesmal – fast körperlich – gespürt, wie nahe uns die Arbeiterklasse steht. Uns ist zutiefst klar geworden, welch ein Symbol LIP für die Arbeiter geworden ist. Wir, die wir keinerlei bekannte Größen darstellten, verkörperten die Hoffnung aller Ausgebeuteten, und wir hatten nicht mehr das Recht, uns von ihrem Kampf zurückzuziehen, es sei denn, wir würden sie verraten.

5. Die erneute Verschulung der LIP-Arbeiter und der Bildungseinsatz

Nach landläufiger Ansicht muß man, bevor man etwas macht, lernen, wie man es macht; vor dem Arbeiten muß man sich ausbilden; ehe man das Werkzeug in die Hand nimmt, muß man den Umgang damit lernen. Wir dagegen sind genau in umgekehrter Reihenfolge vorgegangen. Wir haben zunächst kollektiv gehandelt, und dann hat man uns individuell unterwiesen. Wir haben unser Geschick in die Hand genommen, und indem wir das taten, haben wir gelernt. Die vorhergehenden Seiten enthalten so etwas wie eine Bilanz all dessen, was wir uns erworben und entwickelt haben. Wir haben damit begonnen, uns die Information dort zu holen, wo sie war, um mit denen zu kämpfen, die über sie verfügten; wir nahmen die Maschinen, um den Kampf zu sichern und zu entwikkeln; wir ergriffen im Werk und außerhalb das Wort, wir ergriffen die Entscheidungsgewalt, und mit unserer Autonomie ergriffen wir die Macht.

Indem wir das taten, lernten wir, was ein kapitalistisches Unternehmen, was ein multinationaler Konzern ist, wie man Information herstellt, wie man arbeiten konnte, um zu leben, wie man spricht, schreibt, Filme dreht, Zeitungen oder ein Buch macht . . . Wir machten eine Fülle von Entdeckungen politischer, administrativer, juristischer, wirtschaftlicher Art. Indem wir die Institutionen des Systems immer wieder aufsuchten, haben wir sie kennengelernt: die Arbeitsaufsichtsbehörde, die Präfektur, das Bürgermeisteramt . . . Wir sind mit diesen Personen «umgegangen», mit diesen Inspektoren, Präfekten, Bürgermeistern, Abgeordneten, Senatoren. Wir haben uns herumgeschlagen mit dem Handelsgericht, mit dem Konkursverwalter. Die Justiz hat sich unser angenommen, und wir haben erfahren, was das heißt. Genauso lernten wir all die anderen Instanzen kennen wie das IDI (Institut für industrielle Entwicklung), die Arbeitgeberschaft und ihre Organisationen ebenso wie die Regierung. Indem wir die Probleme angingen, die sich uns stellten, ergaben sich neue: die Armee und ihre Ausrüstung mit Tränengas; die Probleme der Wohnung und des Städtebaus; die kulturellen Probleme; die Probleme der Regionen und des Regionalismus . . .

Indem wir die Probleme weiter verfolgten, wurde uns klarer, welches die Probleme unserer Klasse waren: die Geschichte der Arbeiterbewegung; die Strategie und Taktik der verschiedenen Gewerkschaften; die Aufstellung und Aufgabe der Aktionsausschüsse, der Streikkommitees im Arbeiterkampf . . . Aber wir haben auch die internationalen Probleme verstanden, die Chiles und Spaniens. Wir haben unseren Beitrag geliefert zur Erarbeitung von Wissen über die Selbstverwaltung, die Genossenschaften, die Mitbestimmung, den Sozialismus . . . Und um all das abzuschließen, hat man uns «Kurse» vorgeschlagen über das Wirtschaftsleben des Unternehmens, über die Geschichte der Uhr; sogar Rede- und Schreibkurse (uns, die wir soviel gesprochen und soviel geschrieben hatten, und zwar in allen möglichen Situationen!); oder Weiterbildung für Führungskräfte (wo wir doch gerade kollektiv einen mehrere Monate andauernden Kampf geführt hatten!) . . .

Als wir die erstrebte Beschäftigungsgarantie erreicht hatten, fing man an, uns von Bildung zu reden. Zuvor hatte davon niemand gesprochen. Dabei hatten wir die Gewißheit, eine Menge gelernt zu haben, und zwar auf eine Weise, die keinem von uns Abbruch getan hatte. Und nun kamen welche daher, um uns Kurse vorzuschlagen, auf die man uns je nach unserem Niveau hierarchisch verteilen wollte, durch die man uns auf verschiedene Stellen verteilen wollte, wobei man es riskieren wollte, daß die Arbeiter durch diese Vorsortierung abqualifiziert und das, was wir gelernt hatten, abgewertet würde. All dies, nachdem wir Tag für Tag gemeinsam gelernt hatten, in unserem Kader und in der Dynamik jenes Kampfes, den wir vereint führten und entwickelten!

Die formelle Ausbildung markierte für uns die Rückkehr zur Ordnung, eine Zeitspanne des Wartens, nachdem wir das Wesentliche gewonnen hatten; eine Spanne, während der es vor allem darauf ankam, die Wiedereingliederung aller zu sichern. Aber auch darauf, in wenigen Wochen nicht zu vergessen, was uns Monate aktiver und kollektiver «Ausbildung» zu erwerben und entwickeln erlaubt hatten. Ganz sicherlich hat es in den zehn Monaten des Konflikts «Ausbildung» gegeben. Es war nicht nötig, daß die «Ausbildung», die man uns nach zehn Monaten verabreichen wollte, die erstere, viel wichtigere und bedeutsamere, vergessen ließ. Ohne Zweifel deshalb, weil wir sie gemeinsam kontrollierten, weil wir sie gemeinsam erlebten, weil sie nicht losgelöst war von der kollektiven Aktion, die wir durchführten.

So nicht. Die fortschrittlichste Neuerung der LIP-Affäre wird nicht darin bestehen, daß ein Konflikt durch eine Ausbildungsordnung zu Ende gebracht wird.

Im Vertrag von Dôle (24. Januar 1974) war vereinbart worden, daß die gesamte Belegschaft von LIP, für die dieser Vertrag gilt, die aber nicht unmittelbar ins Unternehmen zurückkehrt, eine Ausbildung durchmachen sollte. Diese sollte vom 1. März bis 31. Dezember 1974 laufen und drei Abschnitte umfassen; vom 1. März bis 15. April Kurse zur Angleichung des unterschiedlichen Wissensstandes, vom 15. April bis 31. Juli Fachkurse, vom 1. September bis 31. Dezember Fachkurse. Ein Schulsystem im Kleinformat für Arbeiter, die darauf warten, wieder in den Arbeitsprozeß eingegliedert zu werden.

Die Angleichung des Wissensstandes: Vorkurse

Trotz zehnmonatiger Vorbereitung gelang es den «Behörden» nicht, die Kurse zur Angleichung des Wissensstandes aller einzurichten. Es wurden «Stempelkurse» daraus, während die Betroffenen darauf warteten, daß die Ausbildungsordnung für die Fachkurse herauskam.

In Wirklichkeit hatte der Rückgriff auf weitere Schulung im wesentlichen die Funktion, das Unternehmen von der Lohnzahlungspflicht gegenüber den noch nicht wieder Eingestellten zu befreien: sie sollten Mittel aus dem Fonds für die berufliche Weiterbildung erhalten und deshalb der Verwaltung unterstellt sein. Aber damit sollten uns auch die Fäden aus der Hand und der Elan genommen werden. Für uns war diese zweite Phase des Kampfes um so härter, als die angesetzte Ausbildung uns auseinanderriß: ein Teil ins Werk und die anderen in die vier Winkel der Stadt verstreut.

Die Aufteilung erstreckte sich auf alle Schulgebäude in Besançon. Die LIP-Arbeiter sind in die Schule zurückgekehrt. Etwa fünfzehn verschiedene Schulen haben LIP-Leute aufgenommen. Sie wurden in 38 Gruppen zu 12–15 Personen eingeteilt. Die Gruppenzusammensetzung richtet sich nach Altersklassen (unter 25 Jahre, 25–35, 35–45, 45–55 und darüber). Wir halten das für sehr unglücklich. Das Gemeinschaftsleben während des Konflikts hatte uns durch den ständigen Gedankenaustausch eine außerordentliche Bereicherung zwischen Jungen und weniger Jungen ermöglicht.

Mit dem Inkrafttreten dieser Verordnung wurden wir gezwungen, dafür zu kämpfen, daß der Zusammenhang des Projekts gesichert blieb und die Billigung der LIP-Arbeiter fand, da die Geschäftsleitung sich nicht um die Vorbereitungskurse und deren Teilnehmer kümmerte. Wir erreichten ein Abkommen, durch das uns gestattet wurde, selbst einen

Unterricht zu wählen, der möglichst in der Nähe unserer Wohnung lag. Das Ergebnis unserer Bemühungen um die räumliche Aufteilung ist dann gewesen, daß wir dabei wenigstens sehr rasch die Einteilung nach Altersklassen wieder rückgängig machen konnten, um Gruppen zu erhalten, die der Realität des Konflikts entsprachen.

Lehrinhalt und Haltung der Förderer

Über die Lehrinhalte dieser Kurse kam es zu ausgedehnten Diskussionen, um sie zu ändern. Unsere «Förderer» waren allesamt professionelle Lehrer oder Studenten, die sich als Aufseher entpuppten. Sie hatten Anweisung erhalten, uns in Französisch, Mathematik und Wirtschaftskunde zu unterrichten. All das war so recht auf Kinder zugeschnitten, die bisher weder gelebt noch gekämpft hatten. Das Schlimmste dabei war folgendes: Zehn Monate lang hatten wir viel gelernt durch den Gedankenaustausch über konkrete Beispiele und angesichts einer Realität, die wir Tag für Tag selber erlebten. Sämtliche Fragen, die wir uns im Lauf des Konflikts stellten, hatten kollektive Antworten gefunden. Und jetzt die abrupte Umstellung: Fragen an Leute stellen, die die Vertreter des «Wissens» waren und deren Antworten keinerlei kritische Stellungnahme duldeten. Viele der Förderer erkannten das Problem und arbeiteten mit der gesamten Gruppe in Diskussionen zusammen, die sich an der Aktualität orientierten. Andere wiederum verschanzten sich hinter ihrem abstrakten Wissen, um ihre Position und ihre professionelle Autorität zu wahren.

Die Fachkurse

Nach den Stempelkursen, die zuvor die Aufstellung eines Schulungsplanes für die Fachkurse ermöglichen sollten, kamen also die Fachkurse dran. Aber wie stets gab es auch hier wieder überall Pannen: Vor der Durchführung des Projektes hatte über nichts diskutiert werden können. Wir sahen uns vor genau denselben Problemen wieder wie zu Beginn der Stempelkurse. Warum?

Dieser zweiten Periode der Fachkurse hätte eine Untersuchung über den Ausbildungsinhalt durch Geschäftsleitung, Verwaltung und Vertreter der LIP-Belegschaft vorangehen müssen. Die Unternehmensleitung sollte so klar wie möglich die Entwicklungsachsen des Unternehmens aufzeigen und gleichzeitig ein Minimum an Arbeitsplätzen zuteilen. Die Direktion hat es stets abgelehnt, genauere Angaben zu machen, und ihre Antwort wie folgt begründet: «Wir können unseren Plan für die Wiederaufnahme des Betriebes nicht in aller Öffentlichkeit ausbreiten.» Die Verwaltung machte sich diese Haltung zunutze, um ihre eigene Trägheit zu rechtfertigen. Trotz all unserer Kontakte mit der die Kurse organisierenden Verwaltung erhielten wir keinerlei Gelegenheit, über die Organisation dieser Kurse zu diskutieren; nicht ein einziges Mal kam es zu einer

Zusammenkunft aller drei Parteien zur Besprechung der Lehrinhalte. *Das war erneut wie in der Schule.* So kam es – und das war bezeichnend –, daß wir am Tage des Kursbeginns vor einem flüchtig hingeworfenen Lehrplan standen, der seinen Schöpfern ganz sicher nicht zur Ehre gereichte.

Beispielsweise sollten die LIP-Arbeiter, die in Mechanik ausgebildet werden sollten, Kurse an einer Fachschule für Technik (CET) besuchen. Trotz des eingelegten Stempelkurses war der Direktor des Montjoux-Kollegs über die Ankunft der 90 bis 100 Fachschüler erst am Freitag unterrichtet worden und sollte sie am darauffolgenden Dienstag aufnehmen. Das lag daran, daß diese Kurse ursprünglich in einem Fertighaus stattfinden sollten, das aber nicht rechtzeitig fertiggestellt worden war. Als Ausweg verfiel man auf die Fachschule. Die Schulleitung, die auf Drängen der nationalen Erziehungsgewerkschaft nachgegeben hatte, versuchte in Rekordzeit einen zusammenhängenden Lehrplan nach den Wünschen der Behörden aufzustellen, wobei der gedrängteste Lehrplan mindestens 30 Stunden pro Kurs vorsah. Bereits auf den allerersten Blick erkannte man den vollkommenen Unsinn des Lehrplans, der Stundenpläne, des Inhalts. Die Schule war schon ausgelastet. Man mußte also die LIP-Arbeiter in die Totzeiten legen: mittags ab 13 Uhr oder Samstag den ganzen Tag. Das alles offenbar nur den Arbeitern zu Gefallen. Zur Logik dieses Eindrucks paßte ausgezeichnet die unmißverständliche Drohung, daß jedes Fehlen möglicherweise die Einbehaltung der Lohnzahlung nach sich ziehen würde. Um dieser bemerkenswerten Bürokratenarbeit die Krone aufzusetzen, legte der Direktor bei der Organisation des Kursverlaufs wesentlich mehr Wert auf die Belegung leerer Hörsäle als auf einen Lehrplan mit konkreten Lernzielen für die auszubildenden Arbeiter.

Bemerkenswert ist, daß die Maßregelung durch den Direktor nicht auf sich warten ließ, nachdem die Arbeiter gemeinsam beschlossen hatten, Samstags nicht zum Unterricht zu erscheinen. Sie wurden mit Lohnabzügen bis zu ca. 300 Francs bestraft. Die Arbeiter erfuhren einmal mehr, daß wiederum sie die Versäumnisse der Verwaltung auszubaden hatten. Aber es war gar keine Frage, daß man eine derartige Ungerechtigkeit nicht tatenlos hinnehmen würde. Unsere Antwort sollte durchschlagend sein, um die Dinge wieder ins Lot zu bringen.

Den Lehrkräften selbst wollten wir nichts anhaben; man hatte sie offenbar aus heiterem Himmel mit diesem Lehramt überfallen; sie konnten wohl nichts weiter tun, als denselben Unterricht zu veranstalten, den sie den Jugendlichen des Technikums verabreichten. Einige von ihnen verstanden sehr gut, welch begrenzte Rolle sie spielen mußten, da sie nie gelernt hatten, Erwachsene zu schulen. Andere flüchteten sich hinter ihren Professorentitel, mimten die Autorität im Klassenzimmer, die kraft ihres Wissens die Macht ausübt, und hatten offenbar eine Vorstellung vom Lehrer-Schüler-Verhältnis, *als ob die Arbeiterklasse an der*

Erarbeitung des Wissens keinen Anteil hätte. Es ist traurig, feststellen zu müssen, daß keiner von diesen Leuten begriffen hat, wie wichtig Inhalt und Unterrichtsweise für Arbeiter sind, die um ihre berufliche Zukunft besorgt sind und unter dem psychologischen Handikap der Arbeitslosigkeit zu leiden haben.

Es ließen sich weitere Beispiele aufzählen: die Kurse für die Uhrmacher oder für die angelernten Arbeiter aus der Fabrikation. . . überall dieselben Erfahrungen. All dies gab uns zu denken. Wurde das nicht samt und sonders in der Absicht getan, die Arbeiter zu entmutigen? Sie so weit in die Falle zu locken, daß sie sich jeder einzeln eine andere Arbeit suchten? Wenn das beabsichtigt gewesen sein sollte, dann ist es völlig danebengegangen: Vom Beginn des Konflikts an ist bis zur Wiedereingliederung in den Betrieb nur ein außerordentlich geringer Prozentsatz abgesprungen. Man müßte die Versäumnisse der «ADEP»[7] analysieren. Man sollte sich vor Augen halten, was aus Lehrern und «Schülern» wird, wenn sie keinerlei Produktion sichern können: den Lehrern bleibt nichts weiter als die undankbare Rolle des Aufsehers, der für das Antreten zum Appell verantwortlich ist. Man sollte genauer untersuchen, wie die Betriebsleitung die Schulung darauf angelegt hat, die allgemeine Qualifikation zu senken, damit sich das Unternehmen weiter nach dem Leitbild der Rentabilität entwickelt, ohne sich um den Menschen zu kümmern. Schließlich bleibt der Eindruck, daß alle diese Kurse, die wir kürzere oder längere Zeit besucht haben, für einen Großteil von uns wie eine Aufforderung zur Kündigung wirkten, anstatt uns persönlich zu fördern, wie es viele erhofft und gewünscht hatten. Aber viele LIP-Arbeiter haben begriffen, daß es eine ganz andere Förderung und Bereicherung war, sich im Arbeitskollektiv zu versammeln, und daß das noch in diesem Stadium des Konflikts die wirksamste Waffe war, um noch vor Ablauf des Jahres 1974 die gestellten Probleme zu lösen.

«Sage mir deinen Lohn, und ich werde dir sagen, auf welches Wissen du ein Recht hast».

Aus dieser Zeit der Schulung (so muß man sie wohl nennen!) sind zumindest zwei Dinge festzuhalten:

1. Die Bestimmung des Lehrinhalts ist für alle Gruppen das Hauptproblem gewesen. Für die angelernten Arbeiter handelte es sich lediglich um manuelle Arbeit: ihnen wurde nichts anderes vorgeschlagen. Und trotzdem haben sie in den zehn ersten Monaten des Kampfes ganz etwas anderes gemacht! Für die anderen läßt sich die Starrheit des Inhalts mit folgendem Satz ausdrücken: «Ihr dürft alles nehmen, aber nur, was man euch gibt, und nichts anderes.» Alle zum Ausdruck gebrachten Wünsche wurden zurückgewiesen, weil sie nicht in das schulische Muster für Kinder paßten.
2. Die Lehrmethode gründet sich immer noch auf der folgenden Proble-

matik: Ein Mensch besitzt ein bestimmtes Wissen, das er erlernt hat und weitergeben soll, ohne daß die Möglichkeit besteht, es zu diskutieren oder in Frage zu stellen. Hierbei wird von dem Grundsatz ausgegangen, daß Arbeiter nichts wissen können, weil sie ja doch bloß Arbeiter sind!

Die große Mehrheit der Kursteilnehmer hat sich nicht in diese «Weiterbildung aus Blechnapf» einsperren lassen. Hauptziel der Arbeiter war stets, ihren Arbeitsplatz im Werk Palente wieder einzunehmen. Man muß aber – zumindest um der Kontrastwirkung willen – daran erinnern, was die Arbeiter von Salamander in Romans die «Bildungsfalle» bei der Beilegung von Arbeitskonflikten genannt haben.[8]

Die wirkliche Ausbildung und Bildung war für uns die gesamte Zeit des Kampfes, seine Organisation und seine Entwicklung. Die Einrichtung einer formellen Ausbildung, eines Prozesses der heteronomen Beschulung, an der wir selbst so wenig aktiven Anteil hatten, und mit ebenso unbedeutenden Inhalten, ist nur eine Episode gewesen, bei der es sich vor allem darum handelte, die Rückkehr aller ins Werk zu sichern. Die Rückkehr in das Werk markierte noch nicht das Ende des Kampfes: Die Errungenschaften des Kampfes gilt es zu bewahren und weiterzuentwikkeln. Das gilt natürlich für die demokratische Auseinandersetzung im Innern der Arbeiterorganisation. Das heißt also, daß in diesem Kampf und dieser permanenten Auseinandersetzung der Ort unserer Ausbildung liegt. *Das heißt* – allgemeiner gesagt –, *daß es keine Ausbildungslösung für die Arbeiterklasse gibt, es sei denn, sie bilde sich selbst. Das ist unsere Art der Antwort auf die Verallgemeinerung beruflicher Weiterbildung.*

(Aus dem Französischen übersetzt von Hubert Gaethe)

Anmerkungen

1 Diese Kapitel gehen auf Forschungsthemen zurück, die Jacques Guigou von der Universität Grenoble zur Vorbereitung dieses Textes den LIP-Arbeitern vorgeschlagen hatte. – Vgl. J. Guigou: Matériaux pour une problématique, in Orientations 50, Juli 1974.

2 Am 17. April 1973 tritt der Generaldirektor von LIP zurück. Das Handelsgericht bestimmt zwei provisorische Verwalter. Am 13. Juni wird das Werk besetzt; Streikende verlagern einen Teil des Uhrenbestandes und stellen ihn sicher. Am 18. und 19. Juni wird die Uhrenproduktion von Arbeitern aufgenommen, der wilde Verkauf organisiert.

3 Im Herbst 1974 lähmte ein Arbeitskonflikt der Postarbeiter mit ihrer Behörde wochenlang den gesamten Postdienst in Frankreich.

4 CFDT.: Confédération française démocratique du travail; CGT.: Confédération générale du travail.

5 PSU: Parti Socialiste Unifié.

6 Ein Auftrag zur Neuorganisation des Unternehmens wurde von Minister Charbonne an M. Giraud erteilt.

7 ADEP.: öffentliche staatliche Einrichtung für Industrie und Handel unter der Schirmherrschaft des staatlichen Erziehungsministeriums.

8 Vgl. Ph. Fritsch: Des travailleurs denoncent l'imposture de la «Solution-formation», in: Les Temps Modernes 340, Nov. 1974.

S. A. Dabholkar

Prayoga – Parivar oder Das neue Netzwerk gegenseitigen Lernens

Teil I: Die Entwicklung des Konzepts

Die interessante und aufregende Geschichte der Herausbildung von «Prayoga–Parivar» oder des neuen Netzwerkes gegenseitigen Lernens ist eng mit der Geschichte meines eigenen Lebens und Strebens verbunden. Seit meiner Jugend glaubte ich mehr an meine eigenen Erfahrungen und Erklärungen als an irgendeine Art akademischer Charakterbildung. Ich habe immer den inneren Drang verspürt, jeden Aspekt meines Lebens als einen Versuch zu einem erfüllteren, reicheren und sinnvolleren Leben zu begreifen. Glücklicherweise komme ich aus einer großen Familie der oberen Mittelschicht. Wir sind sieben Brüder, drei Schwestern und zwei weitere Kusinen. Ich bin der Drittälteste. Mein Vater war ein bekannter Rechtsanwalt, und meine Mutter ist eine sehr gebildete, belesene und umsichtige Frau. Es waren ihre beständig heitere Einstellung zum Leben und ihr Verständnis für meine ausgefallenen Ideen, die mir die notwendige moralische Unterstützung für meine verschiedenen Versuche gewährt haben. Die Worte unseres großen Dichters Rabindranath TAGORE, daß wahre Bildung auf «ungebrochene Lebens- und verfeinerte Geisteskraft» abzielt, sind seit meinem zwanzigsten Lebensjahr mein Wahlspruch.

Die erste große Veränderung in meiner Einstellung zum Leben fand 1942 während unseres Verlaßt-Indien-Freiheitskampfes statt; damals war ich Student und bereitete mich auf mein Examen vor. Dieser Kampf ließ mich deutlich – und auf sehr leidenschaftliche Weise – spüren, daß es in einem Land der Unwissenheit und Sklaverei eine Sünde ist, sich eine individuelle akademische Karriere aufzubauen. Mit dieser veränderten Einstellung wurde das Bedürfnis, die Grundlagen und Möglichkeiten im Bereich von Wissenschaft und Bildung mit der Bevölkerung zu teilen, lebhafter und dringlicher. Ich begann von einer neuen Soziologie der Wissenschaft zu träumen, die als ein machtvolles Werkzeug auftaucht, um das Schicksal unseres Volkes umzugestalten. Zu dieser Zeit wanderte ich zu Fuß durch das Land und lebte mit dem Volk. Ich versuchte eine kleine Organisation aufzubauen, die ich damals «Shastra Siddhi Sadhanalay» nannte, das heißt: Laßt uns das Wissen teilen und ihm dienen, damit das Wissen mit seinen Segnungen uns dienen kann. In dieser Stimmung und mit dieser noch unklaren Einsicht während meiner Universitätszeit begann ich auf eigene Faust verschiedene Fächer zu studieren, unter anderem Physik, Chemie und Mathematik. Besonders gern studierte ich Agrarwissenschaft, Biologie und Botanik. Ich studierte auch Psychologie, insbesondere FREUD. Ich studierte Yoga und Medizin, setzte meine Kenntnisse in die Praxis um und half mir dadurch. Ich studierte verschiedene Sozialwissenschaften, Soziologie, Politologie, Wirtschaftswissenschaften, Philosophie und auch Anthropologie. Außerdem beteiligte ich mich an der Lektüre und den Diskussionen der anderen Familienmitglieder, die die Universität besuchten. Es wurde mir zur zweiten Natur, jedes neue, bis dahin unberührte Thema intensiv zu bearbeiten.

Zu der Zeit, als ich mein Examen in Mathematik machte, war unsere Nation ein freier, unabhängiger und souveräner Staat. Mehrere Universitäten entstanden, und verschiedene Fernkurse zur Erlangung des Abiturs oder eines Universitätsabschlusses wurden geschaffen. Diese Situation war eine günstige Gelegenheit für mich, «offene Kurse» für jeden, der diese für seinen Schul- oder Hochschulabschluß benötigte, in verschiedenen Fächern anzubieten. Ich nannte diese «offenen Kurse» «Swadhaya», das heißt: Methode des Selbststudiums und der Weiterentwicklung. Diese offene Institution leitete ich allein. Sie wurde bald sehr bekannt. Die studentischen Teilnehmer unterschieden sich hinsichtlich ihres Bildungsgrades, ihres Alters, Geschlechts und ihrer Heimatgemeinden. Sie waren voller Ungeduld, sich an diesen neuen Typ einer institutionellen Struktur anzupassen und sich mit ihm zu identifizieren. Als ich mit meiner Tätigkeit begann, waren Tafel und Kreide mein einziges Kapital. Aber innerhalb eines Zeitraums von vier Monaten wurde es eine wohl ausgerüstete Institution. Dies ist ausschließlich den Teilnehmern zu verdanken, die sich an ihrer Entwicklung beteiligten. Sie verschaffte mir damals außerdem ein größeres Einkommen als das eines Universitätspräsidenten.

Der Ort, an dem sich diese neue Institution befand, war eine kleine Geschäftsstadt mit ungefähr 20000 Einwohnern. Es gab keine Universität, und die einzigen Bildungseinrichtungen am Ort waren vier große Gymnasien. Trotz der kleinen Bevölkerungszahl betrug die Zahl der Studenten ständig dreihundert oder mehr. Diese große Anzahl von Studenten veranlaßte mich, ein neues System zu entwerfen und zu entwickeln, das mit Karteikarten arbeitete. Mit diesen Sätzen von Karteikarten begann jeder einzelne in seiner eigenen Gruppe sowohl Lernender als auch Tutor und Lehrer zu sein, und nach und nach hatte ich den geringsten Teil an Arbeit zu leisten.

Mein Konzept war einfach. Das Wissen, das ich einmal an eine Gruppe weitergebe, bleibt immer in der Gruppe, und vielleicht besitzt jeder einzelne noch zusätzliche eigene Informationen. Es lohnt sich daher für sie, sich gegenseitig zu helfen und das Wissen mit jedem in der Gruppe zu teilen, der es benötigt. Dieses System wirkte wie ein Tonikum. Außerdem war jeder berechtigt, dafür eine angemessene Vergütung in Form von Geld oder Anerkennung zu verlangen.

Dies war meine erste, aber sehr anregende und ermutigende Erfahrung in der Technik des Lehrens und der Wissensvermittlung. Bevor ich fortfahre, andere ähnliche Versuche in unterschiedlichen Situationen und Bereichen ausführlich darzustellen und genau zu überprüfen, halte ich es für hilfreich, einige der wichtigsten Gesichtspunkte und Folgerungen dieses meines ersten Versuchs der Wissensvermittlung kurz zusammenzufassen.

1. Es ist immer möglich, in einer heterogenen Altersgruppe als Team zu arbeiten. Die einzige Voraussetzung hierfür ist, daß die Ansichten über Beteiligung und Mitarbeit an der Verwirklichung eines gemeinsamen Zieles übereinstimmen. Die Mehrheit der Gruppe bildeten Erwachsene, entweder Schulversager oder ältere Frauen. In unserem sozialen System haben Frauen nur selten die Möglichkeit, eine höhere Bildung zu erlangen.

2. Bei keinem vernünftigen menschlichen Wesen gibt es grundlegende Unzulänglichkeiten, die als Kriterium genommen werden könnten, um ihm den Erwerb und Gebrauch der Art von Wissen, das es für seine persönliche Entwicklung benötigt, zu versagen. Diese sogenannten Unzulänglichkeiten sind durch das geschlossene und diskriminierende System sozialer und erzieherischer Eingriffe auf betrügerische Weise in die Person hineingelegt worden; viele unserer Teilnehmer sind schon früh, während ihrer Grundschulzeit, zum Schulversager geworden. Indem sie aber neue Einsichten in die Methode des Selbststudiums gewannen und sich selbst auszudrücken lernten, schafften sie das gesamte Schulpensum in eineinhalb Jahren, bestanden erfolgreich ihre Schulabschlußprüfung und setzten später sogar ihre Studien an der Universität fort.

3. Ich habe niemals schulischen Pauk- oder Privatunterricht erteilt. Es gab keine Klassen im üblichen Sinn. Meine Methoden zielten darauf ab, die Struktur des Fachs, seine Dynamik, die Schlagwörter und den Begriffsapparat verständlich zu machen, während ich den Unterrichtsstoff darbot und die Verwandtschaft von Ideen und Themen herausarbeitete, wie auch einige Analogien und Veranschaulichungen aus der Lebenssituation der Teilnehmer selbst, und das alles in ihrer Sprache.

Das trug zum Aufbau einer unbelasteten Kommunikation zwischen mir und den Studenten und innerhalb der Lerngruppe bei. In höchstens ungefähr fünfzehn bis zwanzig Stunden behandelte ich den Unterrichtsstoff und erlaubte dem Studenten dann, für den Rest des Jahres mit Hilfe meiner Karteikarten selbst daran weiterzuarbeiten. Er konnte auch mit seinen Schulbüchern und mit jedem in der Gruppe arbeiten, von dem er sich Hilfe bei der Diskussion und Lösung seiner Probleme versprach.

4. Ich hatte selbständig herausgefunden, daß die folgenden Arten von Karteikartensätzen nützlich und geeignet waren, verschiedene Formen der Wissensvermittlung und Interaktion in der Gruppe zu entwickeln.

Diese Karteikartensätze verschafften den Studenten Anregungen und Möglichkeiten zu forschender, schöpferischer und planvoller Erfahrung. Sie bezogen sich auf eine der folgenden funktionalen Einheiten:

1. Einführungseinheiten,
2. Informationseinheiten,
3. Wisseneinheiten,
4. Querverweiseinheiten,
5. Erklärungseinheiten,
6. Kontrollstudieneinheiten,
7. Risikostudieneinheiten,
8. Diskussionseinheiten,
9. Fortsetzungseinheiten,
10. Anerkennungseinheiten,
11. Leistungseinheiten,
12. Adresseneinheiten,
13. Protokolleinheiten,
14. Originalbeobachtungseinheiten,
14. Originalbeitragseinheiten usw.

Zu jeder dieser Einheiten gab es in einem Aktendeckel zusätzliche Untereinheiten. Es war gestattet, diese Karten und Einheiten in jeder beliebigen Reihenfolge zu mischen, je nach den persönlichen Bedürfnissen, dem Verständnisniveau usw.

Dieses Mischen sorgte für das notwendige Feedback. Es ließ uns die Begabungen in der Gruppe ebenso erkennen wie die Lücken jedes einzelnen, und nicht zuletzt die Unzulänglichkeiten der Karteikartensätze.

5. Auf diese Weise wurden verschiedene Karteikartensätze entworfen, die in unterschiedlichem Umfang Themen und Fächer der Schule und Hochschule abdeckten. Die Karten entwickelten sich nach und nach durch die Interaktion der studentischen Teilnehmer, nachdem sie ihre Probleme und Grenzen erkannt hatten. Sie waren nie erkünstelte Produkte. Die Teilnehmer fühlten sich im Umgang mit den Karten so frei und vertraut, daß sie diese als ihren eigenen Lehrplan und ihr eigenes Curriculum auffaßten.

6. Es gab sechs eindeutige und bestimmte Kriterien, die sich auf die Beiträge, die Zusammenarbeit und die aktive Mitarbeit der Teilnehmer an den offenen Kursen bezogen. Für jeden Kurs mußte man nur einmal einen Beitrag zahlen, bis man in ihm Erfolg hatte. Dieses Ziel war jedem Gruppenmitglied sehr deutlich, so daß innerhalb von vier Monaten nach Eröffnung der offenen Kurse diese zur bestausgestatteten Institution für selbstbestimmtes Lernen in der Gegend wurden. Ihr Ansehen nahm zugleich mit ihren finanziellen Möglichkeiten erstaunlich schnell zu. Sogar Studenten moderner und weit entfernter Bildungseinrichtungen kamen für wenigstens ein paar Tage und zogen Nutzen aus unserem System. Dies war möglich, weil sie in unseren Karteikartensätzen ihren

eigenen Lehrplan entdecken konnten, statt des üblichen akademischen Lehrplans ihrer Schule. Kurze Zeit später wurde eine Zweigstelle unserer Einrichtung in einem 32 Meilen entfernten Ort eröffnet. Ich besuchte sie gewöhnlich nur am Samstag und Sonntag, und dieser Kurs arbeitete noch wirkungsvoller als der der ursprünglichen Institution. Die Leistungen und jährlichen Resultate der teilnehmenden Studenten trugen weiter zum guten Namen und Ruf dieses neuen Bildungsansatzes bei. Die Familienmitglieder, Verwandten, Freunde und Nachbarn unserer Studenten waren auf Grund ihrer Gespräche so von mir eingenommen, daß sie mich drängten, sie zu Hause zu besuchen, um mit ihnen ihre sonstigen persönlichen Probleme zu diskutieren und zu lösen.

Die sechs Verwendungsmöglichkeiten, für die man Geld einnahm, waren die folgenden.

1. Instandhaltung der Einrichtung,
2. Ausbau der Einrichtung,
3. Finanzierung von Forschung und neuen Vorhaben,
4. Versicherung gegen unvorhergesehene Unglücksfälle,
5. Unterstützung jener, die nur geringe Fortschritte machten (alle zahlten nur einmal einen Beitrag),
6. Einkommen der Arbeitsgruppe, mich selbst eingeschlossen.

Mit diesem schnellen Erfolg des offenen Systems umfassender Bildung hinsichtlich Gruppenmotivation, Gruppenteilnahme und Mitarbeit in der Gruppe und mit der Verwirklichung einer sich selbst tragenden spontanen Organisation wuchs meine Leidenschaft, mich unterschiedlichen Lebenssituationen auszusetzen. Damals habe ich die Gewohnheit angenommen, mich volle vierzig Tage im Jahr von allen Verpflichtungen freizumachen. Während dieser Zeit bin ich unabhängig und halte mich an irgendeinem unbekannten Ort auf. Dort lebe ich in einer völlig neuen Situation und weit weg von meinen Bekannten. Während einiger dieser Ferien lebte und bewegte ich mich wie ein Bettelmönch unter der Bevölkerung meines Landesteils, die jedoch eine andere Sprache spricht und in einer anderen Welt lebt als ich. Manchmal lebte ich wie ein Ritter der Vergangenheit auf irgendeiner alten Burg und organisierte romantische Vierzig-Tage-Lager. Manchmal lebte ich in sehr luxuriösen Ferienorten im Himalaya. Manchmal führte ich das Leben eines andächtigen Schülers oder Heiligen in irgendeinem bekannten heiligen Ashram. Ich lebte und bewegte mich unter verschiedenen Volksstämmen, um ihr Leben durch ihre Lieder, Tänze und ihren Lebensstil kennenzulernen. Manchmal widmete ich mich dem Bergsteigen, das zu meiner zweiten Natur gehört. Ich fand auch Freude daran, große Familienlager mit mehr als vierzig Personen zu organisieren. Die Teilnahme kostete nichts, die Unkosten wurden durch freiwillige Zahlungen gedeckt. Während dieser Zeit, bis zum Alter von fünfunddreißig Jahren, führte ich das Leben eines sehr begehrten Junggesellen, der sich seiner Freiheit freute. Ich untersuchte damals für mich selbst die beste Art sozialer Beziehungen zwischen Partnern im Geschlechtsleben. Zu diesem Zweck machte ich eine gründliche Untersuchung über mehr als fünfhundert verheiratete Paare und versuchte, eine Liste von zehntausend Kontrollfragen für ein glückliches und reiches Eheleben zu entwerfen. Ich darf hier beiläufig bemerken, daß es mich ein Jahr mühsamer Entscheidung kostete, bevor ich endlich mit 35 Jahren in den Stand der Ehe trat. Glücklicherweise erwies sich die Vorstellung, daß die Institution der Ehe meine Freiheit einschränken würde, als falsch, da meine Frau mich sehr glücklich ergänzt.

All diese verschiedenen Erfahrungen und Experimente bereicherten mein Leben so sehr, daß ich zu erkennen begann, daß Wissen überall in so verschiedenen Formen im Überfluß vorhanden ist, daß es schwierig ist, es zuerst in irgendeinem System zusammenzufassen und dann anderen zu überlassen. Ich begann zu begreifen, daß der Spielraum meiner offenen Kurse sehr beschränkt und akademisch war. Darüber hinaus war es sehr schwer, durch irgendeine Institution ein offenes System der Wissensvermittlung aufzubauen. Jedesmal, wenn ich mit anderen Gruppen zusammenarbeitete, stellte ich fest, daß der Drang nach mehr und besserer Bildung und freier Mitarbeit in jedem Individuum, an jedem Ort und in jedem Bereich der menschlichen Existenz latent vorhanden ist. Er ist immer vorhanden, bereit, sich zu entzünden und aufzuflammen. Ich begann zu begreifen, daß, ähnlich wie das universelle Gravitationsgesetz die ganze Welt durchdringt, es für alles Leben – und besonders das menschliche – ein alles durchdringendes Gesetz der «ungerichteten Aufmerksamkeit» gibt, die jedes Individuum umgibt und in ihm vorhanden ist. Diese Aufmerksamkeit baut in uns viele Arten von Ressourcen auf und drängt uns dazu, unterschiedliche reale Lebenssituationen zu erfahren und mit anderen auf eine freie und unverfälschte Weise zu kommunizieren. Dies treibt und ermutigt uns dazu, als unabhängige und schöpferische Individuen erfolgreich innerhalb unserer Grenzen mit unseren Problemen fertigzuwerden und uns dazu mit anderen zusammenzuschließen. So besteht also immer schon eine latente «Zell-» oder «Netztätigkeit», die sich zu manifestieren versucht.

Die Analyse, die ich hier gegeben habe, war mir in der Zeit, als ich sehr schnell begann, das Interesse an meiner eigenen Tätigkeit in den offenen Kursen zu verlieren, nicht so klar wie jetzt. Ich sehnte mich danach, das System vollständig zu durchbrechen. In meinem innersten Wesen bin ich nicht der Typ, der sich an eine feste Institution anpassen kann. Irgendwann im Frühjahr 1958 beendete ich meine Tätigkeit nach acht Jahren erfolgreichen Experimentierens mit den offenen Kursen. Es kostete mich ein ganzes Jahr, die Kurse zu schließen, da verschiedene persönliche, soziale, administrative, ökonomische und emotionale Verwicklungen gelöst werden mußten. Ich dachte darüber nach, wie leicht es ist, irgendeine Superstruktur einer Gesellschaft aufzubauen, aber wie schwierig, sie wieder aufzulösen. Damals wußte ich noch nicht, daß ich unbewußt dabei war, «mich selbst zu entschulen» und damit auch mein selbstgeschaffenes System. Ich hatte damals zu ahnen begonnen, daß in meinem System eine verborgene Fehlerquelle lag, die mich selbst zum Werkzeug machte, anstatt mir die Freiheit zu bewahren, an den verschiedenen Grenzen des menschlichen Lebens, die selbst zu entdecken es mich drängte, zu wachsen und zu reifen. Gleichwohl war diese Einrichtung meine eigene Erfindung. Ich erinnere mich noch lebhaft daran, wie ich, während ich einen Zweig des Systems nach dem anderen schloß, die Zeilen «Das ist das Ende aller Tränen. Klage nicht mehr» vor mich hin summte. Ich beendete die Arbeit, als alle meine Verwandten, Freunde, Nachbarn und Studenten es für ausgemacht hielten, daß ich mich, da ich Erfolg hatte, für den Rest meines Lebens diesem vielversprechenden neuen Bildungsunternehmen verschreiben würde. Damals begann die Zeit des Aufschwungs der Bildungsentwicklung in Indien und besonders in meinem Staat. Als ich mitten darin plötzlich ausscherte, hielten das viele für eine Krise in meinem Junggesellenleben. Einige meinten, es sei meine Manie für Projekte in verschiedenen Lebensbereichen. Andere erinnerten sich hingegen an meine ständige Redensart, daß ich, als ein Mensch, der sich seinem innersten Wesen nach durch keine Institution binden lasse, jede Tätigkeit nach etwa sieben oder acht Jahren aufgeben würde. Wenn ich heute zurückdenke und diese Episode nüchtern betrachte, merke ich, daß die Wurzeln meiner gegenwärtigen Anstrengungen, nichtinstitutionalisierte Formen der Wissensvermittlung und des gegenseitigen Lernens zu entwerfen, irgendwo in diesen intensiven Erfahrungen und Versuchen der Vergangenheit liegen.

1958 war ich also wieder ein freier Mann, frei, mich in irgendeinem Lebensbereich zu bewegen und zu arbeiten. Viele Bereiche erregten damals meine Aufmerksamkeit. Ich dachte daran, Indien für einige Zeit zu verlassen und eine ausgedehnte Rundreise durch unsere ostasiatischen Nachbarländer zu machen. Ich hatte auch den Wunsch, auf alles zu verzichten und unser altes Yoga-System gründlich zu studieren. Die dritte, sehr verlockende und vielversprechende Möglichkeit aber war für mich die beste. In unserem Staat nahm ein neues Zentrum für höhere landwirtschaftliche Bildung Gestalt an. Es war eines der ersten von vierzehn Instituten, die in verschiedenen Landesteilen Indiens entstanden. Sie waren entworfen worden, um nach dem Motto «Entwicklung durch Bildung und Bildung durch Entwicklung» tätig zu werden. Man bat mich um meine Mitarbeit, und ich schloß mich mit Vergnügen diesem aufkeimenden Experiment in unserem Staat an.

Das Institut Shri Mouni Vidyapeeth liegt in einer sehr schönen erholsamen ländlichen Gegend mindestens dreißig Meilen von der nächsten Stadt entfernt. Es verfügt über ein sehr großes Gelände, und es war von Anfang an geplant, das Institut als echtes Gemeinschafts- und Wohnzentrum aufzubauen. Das Institut sollte so arbeiten, daß es verschiedene Bildungsprojekte in der ungefähr hundert Dörfer umfassenden ländlichen Umgebung durchführte. Außerdem war die Erforschung verschiedener ländlicher Probleme durch das Institut vorgesehen. Verschiedene Arten von Kursen vom Vorschul- bis hin zum Diplom- und Promotionskurs wurden angeboten und Erziehungsinstitute für Primar- und Sekundarbildung eingerichtet. Das Erziehungsministerium in Neu-Dehli finanzierte einen Spezialkurs, der Diplomstudiengängen anderer Universitäten entsprach, aber stärker ländliche Probleme betonte. Diese Kurse betrafen Sozialarbeit, Genossenschaftswesen, Ingenieurwesen und Erziehung. Besondere Anstrengungen wurden unternommen, um Erwachsenenbildungsklassen, Fortführungskurse und einzelne Programme für Lehrer durchzuführen. Mobile Schnellkurse für Bürgermeister und Verwaltungsfachleute wurden und werden noch organisiert. Übungskurse für Dorfhandwerker und Mütterberatungsstellen wurden entworfen. Neue Volkshochschulen für Landwirtschaft, Familienplanung und Gesundheitswesen wurden gleichzeitig eingerichtet. Ein Stab von insgesamt mehr als zweihundert Mitarbeitern – eingeschlossen die Arbeiter – war von Anfang an angestellt. In dem Jahr, in dem ich mich anschloß, fand ich eine neue, blühende Bildungseinrichtung vor, die alle Energien des Mitarbeiterstabes und der Arbeiter zu neuartigen Beiträgen auf dem Gebiet der Bildung und ländlicher Reformen ermutigte.

Diese erstaunliche aufblühende Bildungseinrichtung eröffnete mir neue Möglichkeiten. Ich war mit den vielgestaltigen erzieherischen Vorhaben vertraut, und in den ersten drei oder vier Jahren ging ich nahezu in ihnen auf und fühlte mich in ihnen heimisch. Ich war völlig mit verschiedenen Unterrichtstätigkeiten im Institut ausgelastet. Manchmal arbeitete ich als Sachverständiger, manchmal als Gastdozent, manchmal als ordentlicher oder Honorarmitarbeiter des Stabes, und manchmal arbeitete ich an einem eigenen Projekt. Leute, die von meinen früheren Versuchen mit offenen Kursen erfuhren, drängten mich, einen neuen Mittelpunkt für solche Kurse aufzubauen. Ich forderte verschiedene Mitarbeiter offen auf, das Fach, das sie ungeachtet ihrer akademischen Qualifikationen am liebsten mochten, für jeden zu lehren, der das Bedürfnis hatte, darin etwas zu lernen. Hierfür wurden keine Gebühren erhoben und keine regelmäßigen Honorare gezahlt. Die ganze Angelegenheit des Begleitstudiums blieb dem Lernenden und dem Lehrer-Freund überlassen. Das funktionierte ausgezeichnet. Ohne jeden Zwang oder institutionelle Form erhielten mehr als dreihundert Studenten ihre Reifezeugnisse wie auch ihre heißbegehrten Universitätsabschlüsse, indem sie zu jeder beliebigen freien Zeit arbeiteten, die ihnen und ihrem Lehrer-Freund paßte. Die meisten von ihnen waren verheiratete junge Damen aus Familien der Umgebung sowie viele ambitionierte Grundschullehrer aus nahe gelegenen Dörfern.

Es dauerte jedoch nicht lange, bis ich meine Illusionen über das Konzept verlor, unser komplexes ländliches Leben durch verschiedene institutionalisierte Tätigkeiten zu ändern. Auf welche Art und Weise auch immer die Institutionen arbeiten, der heimliche Lehrplan des Systems tötet alle Keime von Kreativität und Originalität. Das wird im Ausbildungsbereich besonders deutlich. Das Scheitern der vierzehn Institute, die Ziele ländlicher Reformen durch institutionalisierte Bildungsprogramme zu erreichen, wurde bald so offensichtlich, daß in unserem bekannten «Kothari Commission Report on Education» die Idee ländlicher Universitäten endgültig fallengelassen wurde, und die Hoffnung, daß solche Universitäten besser arbeiten würden als städtische, schwand zur gleichen Zeit.

Bevor ich damit fortfahre zu berichten, wie diese veränderte, feste und tiefe Einsicht in die institutionelle Form der Wissensvermittlung mir später half, ein nichtinstitutionalisiertes Netzwerk gegenseitigen Lernens zu entwickeln, will ich hier kurz über meine anderen Tätigkeiten und Versuche an dem Institut berichten, das mir später – im Jahre 1966 – plötzlich eine völlig neue Möglichkeit eröffnete, meine Arbeit fortzusetzen.

Die meisten dieser Tätigkeiten und Versuche beziehen sich auf das, was man landwirtschaftliche Produktivitätsforschung und -innovation nennen könnte. Seit meinen ersten Schultagen habe ich eine Vorliebe für Versuche mit Pflanzen. Meine Mutter ist heute noch stolz darauf, erzählen zu können, daß es mir noch als Schuljunge gelang, in einem kleinen irdenen Gefäß preisgekrönte Kürbisse zu züchten, die ungefähr die Größe einer eineinhalb Liter fassenden Dose hatten. Ich wurde ein solcher Experte für Kürbiszucht, daß mich die Nachbarn damals «Kürbisdoktor» zu nennen pflegten. Ich half ihnen einfach dabei, große Kürbisse zu erzielen. Auf diesem Hintergrund verstärkte sich in der ländlichen Umgebung unseres Instituts der Wunsch, im Pflanzenreich zu experimentieren. Die Wohnviertel des Instituts lagen auf dem eigenen Gelände und waren alle von einer kleinen, offenen Fläche umgeben. Diese kleine Fläche wurde zum Experimentierfeld für meine Studien in Landwirtschaft, Gartenbau, Geflügelzucht, Seidenraupenzucht, Ziegen- und Kaninchenhaltung, Düngungsmethoden, Techniken zur Urbarmachung von Ödland usw. Von Beginn an hatte ich eine Bedingung zur Regel meiner Versuche gemacht: Ich betrachtete mich als einen Bauern, der unterhalb des Existenzminimums mit ständigen Schulden lebt und der keine anderen Ressourcen besitzt, als seine eigene freie, ungenutzte Arbeitskraft und das von der Dürre getroffene Ödland, das ihm zur Verfügung steht.

Ich begann bald einzusehen, daß die sogenannten Pakete landwirtschaftlicher Praktiken, zu denen sich Informationsstellen bekannten, unter solch enggesetzten Grenzen fehl am Platze sind. Das ganze Problem bedurfte zur Lösung eines neuen Ansatzes, und zwar hinsichtlich der Anwendung wissenschaftlicher Prinzipien und Techniken. Notwendig war ein Prozeß des Aufbaus ganz von unten her und ein Prozeß der Entwicklung einer neuen Soziologie der Wissenschaft, um eine neue Art moderner Landgemeinde in einem in der Entwicklung begriffenen Agrarland wie dem unseren zu schaffen. Dieser neue Ansatz bewährte sich so ausgezeichnet, daß sich vom allerersten Jahr meiner Versuche an aufregende Resultate ergaben. Auf dem kleinen Gebiet von ungefähr 1000 Quadratfuß gelang es mir, eine Reihe von Obstsorten anzubauen: Weintrauben, Zitronen, Ananas, Granatäpfel, Paradiesfeigen, Papayas, Drum Sticks, Zimtäpfel, Mangos usw. Daneben züchtete ich eine Anzahl von Gemüsen. Der ganze Platz, einst unfruchtbares Ödland, entwickelte sich zu einer richtigen Plantage. Die Obstbäume waren gesund und ertragreich und entzogen die Nährstoffe den eingedüngten Gartenabfällen. Ich nahm noch Geflügel, Ziegen, Kaninchen und Seidenraupen hinzu, und so wurde mein kleiner Garten für alle Ortsansässigen und für jeden, der in unser Institut kam, um etwas zu lernen, zu einer Sensation. Als dieser Erfolg bekannt wurde, besuchten mich täglich ungefähr dreißig Leute, um meine Arbeit zu besichtigen. Sie saßen und diskutierten, hörten sich an, was ich zu meinem Ansatz zu sagen hatte, und legten ihre Eindrücke in einem Erinnerungsbuch nieder, das ich führte, um ihre Adressen aufzubewahren, da ich hoffte, sie würden, falls ich über meine Arbeit einen Kurs abhalten sollte, gern daran teilnehmen. In den letzten zehn Jahren habe ich die Adressen von mehr als zehntausend Besuchern gesammelt. In meiner weiteren Analyse des Netzwerkes gegenseitigen Lernens werde ich die Versuche beschreiben, die ich hier nur erwähnt habe.

Die Ernährungslage Indiens im Jahre 1966 zwang mich, einen kurzen Artikel über diese Versuche in *Kirloskar* abzudrucken, einer unserer beliebtesten Zeitschriften. Ende des Jahres 1965 wurde der Krieg gegen Pakistan gewonnen. Aber die Ernährungslage in Indien wurde plötzlich angespannt. Der Herausgeber der Zeitschrift *Kirloskar* wußte damals, daß ich voller Ideen zur landwirtschaftlichen Produktionsforschung und -innovation steckte und daß ich alle diese Projekte unter den Bedingungen des praktischen «kleinen Mannes» verwirklicht hatte. Diese Zeitschrift ist am verbreitetsten unter den des Marathi kundigen Intellektuellen, Angehörigen der Mittelschicht, vielen Bauern und Dorfhandwerkern. Ich wurde darum gebeten, eine neuartige Beilage zu verfassen und mitherauszugeben, die auf vollen vierundzwanzig Seiten mit Fotos, Bildern, Beispielen und Tabellen über meine Versuche berichten sollte. Die Beilage wurde in der Januar-Ausgabe 1966 veröffentlicht. Der kurze Artikel wirkte als Sensation und rief Unruhe unter den Lesern hervor; aus allen Teilen des Staates begannen Briefe einzutreffen. Bis Ende 1966 hatte ich mehr als zehntausend Briefe erhalten, die alle den Wunsch nach aktiver experimenteller Mitarbeit an der Verwirklichung der verschiedenen Teile des Projekts ausdrückten, das ich in der Beilage beschrieben hatte. Diese erregende neue Situation wurde für mich zur Grundlage weiterer Arbeit.

Teil II: Die Herausbildung des Netzwerkes

Man kann sich die Aufregung vorstellen, in der ich mich zu der Zeit befunden haben muß, als ich einen solch gewaltigen Widerhall fand. Es war eine völlig neue Situation, mit der ich erst fertigwerden mußte. Ich kann heute sehr gut die Gründe angeben, warum dieser kurze Artikel über meine Projekte zur Steigerung der landwirtschaftlichen Produktivität diesen Widerhall gefunden hat, aber damals fiel es mir nicht leicht, weiterzuarbeiten. Ich hatte keine Lust, irgendeinen Schriftwechsel oder Fernlehrgänge zu beginnen, da mir die Nichtigkeit solcher Methoden völlig klar war. Die Kosten und die organisatorische Superstruktur für diesen Prozeß hätten außerhalb der Möglichkeiten der potentiellen Teilnehmer gelegen. Ich konnte die Situation auch nicht lange in der Schwebe halten, da ich alle Anfragen hilfreich beantworten mußte. Hätte ich ihnen nicht geantwortet, würden sie sich durch trügerische Reklame getäuscht gefühlt haben. Ich hätte mich gern mit ihnen zusammengeschlossen und zusammen gearbeitet, aber ich sah die Gefahr, zuerst zum Helden und später zum Sündenbock für irgendwelche unerwarteten Mißerfolge gemacht zu werden. Diese Falle wollte ich umgehen. Zu jener Zeit schrieben mir die Treuhänder einer Forschungsgesellschaft von sich aus, sie würden mich gern finanziell, und zwar in jeder gewünschten Höhe, unterstützen, so daß ich meine Offensive an der Nahrungsmittelfront fortsetzen und den Leuten helfen könnte, sich anzuschließen. Dies war die zweite Falle, der ich auszuweichen hatte. Ich wußte, daß eine solche finanzielle Hilfe von außen für mich und die Teilnehmer Kontrolle und Konflikte schaffen und unsere Tätigkeit dadurch blockieren würde. Von Beginn an wurde Geld, obwohl es reichlich hereinkam und immer noch hereinkommt, nie als Geschenk oder als Hilfe angenommen, sondern als spontaner individueller Beitrag zum Netzwerk, in dem man mitarbeitete.

Ich erinnere mich noch an jene hektischen Tage überquellender Postsäcke, als ich Tag und Nacht mit meinem älteren Bruder und mit einigen meiner engen Freunde das Wesen des Netzwerkes diskutierte, das ich entwickeln und erproben wollte. Inzwischen hatte ich verschiedene meiner in *Kirloskar* veröffentlichten Tätigkeiten analysiert und das angemessene Wort «Projekt» geprägt, um jede von ihnen damit zu bezeichnen. (Alle neuen Ausdrücke, die in diesem Teil vorkommen, werden in Teil III dieses Aufsatzes ausführlich erläutert werden.) Aus den Briefen ging deutlich hervor, daß die Leute sich von den Projekten angezogen fühlten, weil sie merkten, daß alle Neuerungen innerhalb der Grenzen und Mittel des «kleinen Mannes» durchgesetzt worden waren. Die Projekte paßten genau zur realen Lebenssituation, in der sie arbeiteten, und sie fühlten sich daher durchaus in der Lage, in diesen Projekten Erfolg zu haben, nachdem sie das dazu Notwendige von mir gelernt hätten.

Ich hatte allen Interessenten geantwortet, daß ich sie bald mit dem Wesen des neuen Informationsnetzwerkes bekannt machen wollte. Ich würde gern zu ihrem Nutzen tätig sein. So verfaßte ich im November 1966 für die Divali-Fest-Ausgabe derselben Zeitschrift einen Aufsatz, in dem ich den Entwurf zur Organisation dieses Informationsnetzwerkes kurz erläuterte. Ich nannte dieses Netzwerk damals «Swashraya Vikas Mandal», das heißt: Selbsthilfe und Selbstverantwortung für den Aufbau neuer schöpferischer und konstruktiver Möglichkeiten durch die Arbeit an der eigenen realen Lebenssituation. Ich vertrat damals die These, daß Leute mit ähnlichen realen Lebenssituationen wie jemand, der ein Projekt erfolgreich durchgeführt hat, das Bedürfnis verspüren werden, sich ihm anzuschließen, um von ihm die notwendigen Erfahrungen und Kenntnisse zu bekommen. Aber das Wesen dieses Netzwerkes zur Wissensvermittlung wurde erst nach der tatsächlichen Erprobung im Feld deutlich. Die festgelegten Regeln für den Beitritt zu diesen Gruppenprojekten waren sehr einfach. Kosten entstanden nur durch die Errichtung und Aufrechterhaltung gegenseitiger Kommunikation. Wenigstens zweimal im Monat sollte man sich miteinander in Verbindung setzen. Wurde die Kommunikation auf einer der beiden Seiten für länger als einen Monat unterbrochen, galt die alte Mitarbeit als automatisch beendet.

Nach der Verbreitung dieses Gruppenprojekts im November 1966 meldeten sich über fünfhundert Teilnehmer, um sich diesem Netzwerk gegenseitigen Lernens anzuschließen. Sie kamen aus entlegenen Gegenden unseres Staates und unterschieden sich hinsichtlich ihres Alters und Geschlechts wie ihres beruflichen und sozialen Status (Professoren, Anwälte, Ärzte, Ingenieure, pensionierte Beamte, Studenten, Lehrer, Parlamentarier, Bauern, Frauen der Mittelschicht usw.). Ich genoß die Erfahrungen, die ich bei der Arbeit mit diesem Netzwerk machte. Es gab keinen Lehrplan, keine regelmäßig zu verschickenden Drucksachen. Auch wenn die Teilnehmer in einer der Projektgruppen wie Weinbau, Geflügelzucht, Gemüsebau, Urbarmachung von Ödland usw. arbeiteten, waren doch die individuellen Interessen und Ansätze ganz auf ihre eigene reale Lebenssituation bezogen und in mancher Hinsicht von denen der anderen Gruppenmitglieder unterschieden. So wollten zum Beispiel einige Weinstöcke in Töpfen züchten, während andere ihn in Gebieten mit Monsun anbauen wollten, und manche wollten ihn im vierten Stockwerk ihres Hauses ziehen, nachdem sie ihn im Erdgeschoß gesetzt hatten.

Keinen dieser Wünsche hielt ich für verrückt oder absurd. Ich versuchte den Teilnehmern dadurch zu helfen, daß ich sie auf die Fallen aufmerksam machte, die sie mit Hilfe einiger wissenschaftlicher Kenntnisse zu umgehen lernen mußten, wenn sie das erstrebte Ziel erreichen wollten.

Als die Kommunikation in Gang kam, wurde sehr bald deutlich, daß es zwei sehr unterschiedliche Kategorien von Teilnehmern gab. Die Leute der ersten Gruppe leisteten kein Feedback. Sie versuchten sich zum Verständnis und bei der Lösung ihrer Probleme eher auf mich zu verlassen. Sie waren nicht imstande, das einkalkulierte Risiko zu tragen, das den Versuchen innewohnte. Diese Gruppe verlor bald automatisch ihr Interesse und stellte ihre Mitarbeit ein, und die Kommunikation hörte so von selbst auf.

Diese Erfahrung führte mich jedoch zur Untersuchung und zum Verständnis der unterschiedlichen Ursachen ihrer geäußerten Bedürfnisse und Mißerfolge. Ich stellte fest, daß viele meiner Projekte der realen Lebenssituation dieser Teilnehmer nicht sehr nahekamen. Deshalb schlossen sie sich zwar anfangs fasziniert an, um mit mir zu arbeiten, fanden es später aber schwierig, mit ihren eigenen Ressourcen weiterzumachen. Eine andere Art von Projekt hätte sie zu nützlicher Arbeit veranlaßt, und ich modifizierte dementsprechend einige Projekte und fand meine Annahme bestätigt: Die Teilnehmer setzten ihre Arbeit an dem Projekt wieder fort.

Ein anderer Grund war der, daß das Karteikartensystem (ähnlich dem in meinem System offener Kurse), das ich im Laufe der Arbeit mit dem neuen Netzwerk zu entwickeln gedachte, nicht von Anfang an zur Verfügung stand. Da ich gegen die Erstellung eines Karteikartensatzes ohne Querverweise und ohne Interaktionen zwischen den Teilnehmern eines Projekts eingestellt bin, war ich nicht bereit, ihn als Nachschlagewerk herzustellen. Mit Grundprinzip und Bedingung für den Aufbau einer neuen Soziologie des Wissens war nicht vereinbar, die Teilnehmer mit irgendwelchen meiner eigenen Aktionsprogramme oder Konzepte in Form eines Buches oder eines Pakets von Erfahrungen zu versorgen, das sie heranziehen und die sie imitieren konnten.

Die Briefe der anderen Teilnehmerkategorie hingegen stellten eine echte Überraschung für mich dar. Ich sah zum erstenmal deutlich, daß Wissensvermittlung immer ein gegenseitiger Prozeß ist. Oft lernte ich aus den Erfahrungen und Versuchen dieser Teilnehmer mehr, als daß ich sie etwas lehrte. Ich möchte gern einige Zeilen aus wahllos herausgegriffenen Briefen zitieren, um meinen Standpunkt zu erläutern. In dem Brief eines Bauern aus einem weit entfernten Dorf heißt es: «Ich kann die Richtigkeit ihrer Mitteilung nur bestätigen. Ich arbeite selbst seit ungefähr drei Jahren auf die gleiche Weise, wie sie sie mir jetzt mitgeteilt haben. Die Weinstöcke, die auf diese Art behandelt werden, tragen herrliche Früchte.» Ein zweiter Brief, von einem Arzt, lautet: «Ich versuche Hühnerfutter herzustellen, indem ich menschliche Exkremente bei einer bestimmten Temperatur trockne, und es funktioniert gut.» In einem dritten Brief steht: «Ihr Plan, Kraftfutter für Küken aus Hühnermist herzustellen, klappt ausgezeichnet. Ich habe dem Hühnermist etwas Fischmehl beigesetzt, bevor ich die Larven darin züchte. Die Larven sind jetzt fett und im Überfluß vorhanden.» Der Brief eines aktiven Bundespolitikers liest sich so: «Ich habe Ihre Mitteilungen befolgt. Mittlerweile haben meine Weinstöcke das vierte Stockwerk meines Hauses erreicht. Falls sie irgendwelche weiteren Vorschläge haben, senden Sie mir diese bitte zu.» Ein weiterer Brief enthielt neue Beobachtungen zu Versuchen im eigenen Weingarten; beigefügt waren Tabellen und Fotos der Ergebnisse. Manche versuchten, an Hand der eigenen Versuche zu zeigen, daß die Aufzucht von einheimischem Geflügel in Indiens landwirtschaftlicher Situation einträglicher ist als die sehr gut legenden Geflügels fremder Herkunft, für das damals so viel Reklame gemacht wurde. Jemand sandte mir in einem Paket den Plan und ein kleines Modell eines Käfigs, den er entworfen hatte, um Geflügel in der Diele oder in der Küche halten zu können, falls man, wie er selbst, in einer dichtbesiedelten Stadt wie Bombay lebte. Allein diese Käfige hatten es ihm gestattet, zu Hause Geflügel zu halten. Einige schlugen neue Düngungsmethoden vor, einige neue Methoden des Weinbaus, und einige stellten Listen neuer sehr wirksamer Medikamente zusammen, mit denen man den üblichen Geflügelkrankheiten vorbeugen konnte. Ich könnte diese Aufzählung beliebig erweitern. Diese neue Einsicht in aktive Gruppenteilnahme veranlaßte mich, das ursprüngliche Netzwerk gegenseitigen Lernens der Wirklichkeit angemessener und damit wirkungsvoller zu gestalten.

Zu diesem Zweck machte ich Teilnehmer mit gemeinsamen Interessen miteinander bekannt, indem ich ihnen alle Mitteilungspapiere schickte, die ich von ihnen erhalten hatte. Diese Quervermittlung erzeugte ein verstärktes Gefühl der Zugehörigkeit und der Gemeinsamkeit in der ganzen Gruppe. Die Gruppe reifte sehr schnell und standardisierte verschiedene eigene Karteikartensätze (siehe Teil I), von denen sie annahm, sie würden sich für Leute in einer ähnlichen Situation als nützlich erweisen. Das Netzwerk begann also mit gegenseitigem Schriftwechsel und Feedback zu arbeiten und sich als Einheit zu zeigen, indem man an den gemeinsamen Experimenten der Gruppe teilnahm und sich darum sorgte. Ich nannte diese gesamte Tätigkeit «Zelltätigkeit» und das gesamte System des Netzwerkes «Prayoga-Parivar». Der alte Name – «Swashray Vikas» – wurde zwar nicht aufgegeben, aber der neue Name wurde langsam, aber sicher der geläufigere.

Der Prozeß der Entwicklung des Netzwerkes blieb nicht auf dieser Stufe stehen, sondern ging weiter voran. Ich überlegte mir, daß statt meiner Adresse und meinem Namen eine Postfachnummer dem Ziel dienlicher wäre. Dies würde mich als Superstruktur der Zelle völlig in den Hintergrund treten lassen, und die gesamte Tätigkeit der Zelle wäre personenungebunden und gänzlich nichtinstitutionalisiert. Auf diese Weise war die äußere Gefahr der Beeinflussung der Tätigkeiten des Netzwerkes durch alteingesessene Gruppen automatisch gebannt. Darüber hinaus war auch die Gefahr eines Initiationsritus innerhalb des Netzwerkes vollständig ausgeschaltet. Die Methode der Postfachnummer machte einen jeden gleichzeitig zum Lehrer und zum Schüler.

Um das System noch wirksamer zu machen, wurde eine kombinierte Telefonbuch- und Fernsprechamtmethode geprüft und eingeführt. Sie arbeitete auf die gleiche Art und Weise wie das System des öffentlichen Fernsprechamtes. Wenn man im Telefonbuch nachgeschlagen hat, steht es jedem frei, mit jedem vermittelt zu werden, mit dem man es wünscht. Genauso, indem man die betreffende chiffrierte Zahl der Netzwerktätigkeit nachschlägt, kann jeder die gewünschten Adressen erhalten, unter denen ihm Partner für gegenseitiges Lernen vermittelt werden. (Die ausführliche Erläuterung folgt in Teil III.)

In diesem Stadium wurde eine Hauptfehlerquelle des Netzwerkes entdeckt und sofort ausgeschaltet. Einige Leute konnten aus meinen Briefen finanziellen Nutzen ziehen, indem sie sich als Altruisten oder Agenten meiner Organisation ausgaben. Um diese Schwierigkeiten zu überwinden, wurde die Methode der Aktivitätenbank eingeführt. Immer wenn jemand den Namen eines anderen aus irgendeinem Grund benutzte, mußte er darlegen, in welchem Ausmaß dieser die Verläßlichkeit der eigenen Arbeit in dem Projekt anerkannte. So begann jeder, den anderen in bezug auf die experimentelle Mitarbeit oder das gegenseitige Lernen und anderer Arten der Unterstützungs- und Wohlwollenseingaben, die man vom anderen erhielt, anzuerkennen. Diese Anerkennung wurde zum Kriterium für jemandes echte Leistung für das Projekt.

Die Fortentwicklung des Netzwerkes von Swashray Vikas zu Prayoga-Parivar dauerte insgesamt kaum ein Jahr. Ende 1967 gab ich eine kritische Darstellung des Netzwerkes vor zahlreichen Führern der GANDHI-Bewegung, die sich in Sevagram Wardha versammelt hatten. Sie waren der Meinung, daß das ganze System große Ähnlichkeit mit der Methode habe, deren sich GANDHI bediente, wenn er mit dem Volk arbeitete. Hier erhielt ich den neuen Spitznamen «Venturananda», der jemanden bezeichnet, der Freude daran hat, Projekte zu entwerfen und mit anderen zusammen in ihnen zu arbeiten. Einen zweiten Vortrag hielt ich vor einer Versammlung von eintausend Jugendlichen in Somnath. Sie alle begrüßten mein Konzept (ebenso wie in Wardha) als ein notwendiges Werkzeug für die so sehr herbeigewünschte gründliche sozio-ökonomische Umgestaltung des menschlichen Lebens.

In einer Serie von zehn Artikeln in der monatlich erscheinenden

Zeitschrift *Vaibhav* der Mahavashtra Chambers of Commerce erschien eine vollständige Darstellung des Netzwerkkonzepts von Zellen mit experimenteller Mitarbeit. In ihr teilte ich die ganze Geschichte und die Analyse dieser neuen Art von Versuchen mit. Mittlerweile war ich eine im ganzen Staat bekannte Persönlichkeit geworden. Rotary Clubs, Lions Clubs, Jugendorganisationen und das Frauenzentrum begannen, sich mit mir in Verbindung zu setzen, um mein Konzept und meine Arbeitsweise kennenzulernen. Ich wurde Sachverständiger und eingetragenes Mitglied verschiedener Erziehungs-, Reform- und Informationskomitees auf Landes- und Bundesebene. Um die Möglichkeiten des Netzwerkes gegenseitigen Lernens – in verschiedenen Lebensbereichen wie Gesundheit, Bildung, Alter, Ehe, Kindererziehung, sozialer Wandel, Jugendarbeit, Berufsprobleme in Landwirtschaft, Industrie und Verwaltung – abzuschätzen, müssen durch den Prozeß einer Kettenreaktion weitere Erfahrungen in diesen Gebieten gesammelt werden. Auf diese Weise gewinnt man eine tiefere Einsicht in die Möglichkeiten und Fehlerquellen des Netzwerkes gegenseitigen Lernens.

1972, als Ivan ILLICH Indien besuchte, stieß er auf diesen neuen Ansatz zu gegenseitigem Lernen, als ich ihm meine Arbeit in einem seiner Seminare über Entschulung kurz darstellte. Ich war zur Teilnahme an diesem Seminar eingeladen worden. ILLICH meinte, das, wozu er sich bekenne, ähnele sehr dem, was ich durch unsere eigenen Netzwerkversuche veranschauliche. Dies war der Anstoß zu meiner Teilnahme an einer im CIDOC in Cuernavaca, Mexiko, im Juli und August 1974 stattfindenden internationalen Arbeitstagung über die Fallen einer permanenten Ausbildung. Vor der dort anwesenden Arbeitsgruppe gab ich zwei kritische Darstellungen unserer Arbeit mit genügend beweiskräftigen Daten. Die meisten Teilnehmer waren von diesem neuen Netzwerk begeistert und drängten mich, mein Konzept ausführlich niederzuschreiben, um es allen zugänglich zu machen. Dies hat mich dann zu diesem Aufsatz veranlaßt.

Auf diesem Hintergrund können wir nun in den beiden noch ausstehenden Teilen dieses Aufsatzes mit der genaueren Analyse des Netzwerkes fortfahren. Sie kann jedoch, glaube ich, nicht als vollständig gelten, bevor man nicht die unsere Arbeit deutlich veranschaulichende faszinierende Geschichte einer Gruppe kleiner Amateurbauern aus Tasgaan (Distrikt Sangli im Staat Maharashtra), kennt, die sich zu einer mächtigen Zelle von Weingärtnern entwickelte. Die Gruppe nennt sich «Vidnyanic Drakshkula», das heißt: Weinbau-Versuchszelle mit experimenteller Mitarbeit. Diese Zelle hat heute eine Teilnehmerzahl von über hundert kleinen Bauern aus verschiedenen Orten ihres Bezirks und von etwa noch einmal soviel, die über den ganzen Staat verstreut sind. Vor acht Jahren noch bestand der Kern der Zelle aus ungefähr zwanzig Teilnehmern unterschiedlicher Ausbildung und aus unterschiedlichen

Landesteilen, aber verbunden durch das neue Netzwerk gegenseitigen Lernens. Mittlerweile hat die Gruppe es sich zu eigen gemacht, selbst zu experimentieren, zu analysieren und Resultate zu standardisieren. Auf diesem Wege haben sie die gesamte Technik des Weinbaus in unserem Staat revolutioniert (räumliche Verteilung, Ausschneiden, Ringeln, Auxinbehandlung, Konservierungstechniken usw.).

Auf vielen dieser Gebiete zeigen sich ihre Erfahrungen, ihre Resultate und ihre Forschungen häufig denen unserer landwirtschaftlichen Universitäten und sogar den Resultaten des nationalen Forschungsinstituts für Gartenbau in Pusa, Neu-Dehli, überlegen. Die alten Techniken des Weinbaus haben den neuen dieser Zelle Platz gemacht. Die Zelle ist heute zu einer Art selbsternannter Alma mater für jeden Interessenten auf dem Gebiet des Weinbaus geworden. Sie ist der führende Weinproduzent Indiens und erzielt die höchsten Preise auf den Märkten in Bombay. Ihre Weinernten brechen alle früheren Rekorde. Zur Zeit führen einige Studenten der landwirtschaftlichen Universität ihre Forschungsprojekte im Weinbau in Zusammenarbeit mit dieser Zelle durch. Dieser kurze Bericht über die Weinbau-Versuchszelle mit experimenteller Mitarbeit ist ein klarer Beweis der Effektivität des bisher diskutierten Ansatzes.

Teil III: Die Analyse des Netzwerkes

Lassen Sie uns mit der genauen Prüfung und Analyse des Webprozesses dieses «Netzwerkes experimenteller Mitarbeit» beginnen (wir werden es als «E-Netzwerk» oder «E-Zelle» bezeichnen). Bei der Erklärung dieses ganzen Prozesses werden verschiedene neue Begriffe und Schlagwörter verwendet. Mittlerweile haben die Begriffe «Projekt», «Verbreitung», «Kennenlernen», «Feedback», «experimentelle Mitarbeit», «Zellenkonzept» usw. spezifische Bedeutungen und Inhalte angenommen und bedürfen daher der Klarstellung.

Ebenso werden nach und nach die Methoden, wie Zusammenarbeit, gegenseitige Nutzung von Fähigkeiten, Karteikarten, Postfachnummer, Telefonbuch, Fernsprechamt, Aktivitätenbank usw., entwickelt und dargelegt.

Um uns einen Einblick in diese Faktoren zu verschaffen, lassen Sie uns diese einen nach dem anderen aufnehmen, erklären und zur zusätzlichen Überprüfung und für kritische Anmerkungen veranschaulichen.

Projekt

Jede Erfahrung, jede Information oder jedes Experiment, das dazu taugt, mit beliebigen, ungewöhnlichen, realen Lebenssituationen erfolgreich fertigzuwerden, kann kurz als «Projekt» bezeichnet werden. Jedes Projekt benötigt also

1. irgendeine reale Lebenssituation, die in Angriff zu nehmen ist, und
2. irgend jemandes eigene Erfahrung oder Information auf Grund von Experimenten, um mit dem Problem erfolgreich fertigzuwerden.

Solche Projekte tragen ferner die folgenden Merkmale:

1. Jedes Projekt beinhaltet ein Element einkalkulierten Risikos, das nur zu bestimmten realen Lebenssituationen paßt.

Veranschaulichung: Bei dem Projekt, in Wohnhäusern Geflügel aufzuziehen, ist die reale Lebenssituation im Hause eines Armen auf dem Lande völlig verschieden von der eines gutverdienenden Mannes, der sein Haus in der Stadt besitzt. Der Grad des einkalkulierten Risikos wird für den Geschäftsmann nicht der gleiche wie für den Bauern sein. Der Geschäftsmann würde die Tiere ungern frei im Haus halten, sondern wird zu ihrer Haltung Käfige verlangen, der arme Mann aber wird die Tiere gern frei auf dem vorhandenen freien Stück Land sehen, das sein Haus umgibt. Der Geschäftsmann wird geneigt sein, fertiges Geflügel-Mischfutter zu kaufen, der Bauer aber wird nur dazu bereit sein, sich bei der Herstellung eines guten Mischfutters auf die verfügbaren Haushaltsabfälle zu verlassen. Auf diese Weise wird die Idee, als Produzent von Geflügel-Mischfutter auf den vorhandenen tierischen Abfällen und Blättern Larven zu züchten, ein Element einkalkulierten Risikos, das zu seiner eigenen realen Lebenssituation paßt.

Gleichermaßen stellt man fest, daß viele Gruppen von Personen der Mittelklasse und der Intelligenz bei der Bekämpfung chronischer Erkältungen und Halsentzündungen sehr froh sind, das Risiko, sich mit Hausmitteln zu kurieren, eingehen, wenn sie zufällig jemandem begegnen, dem es selbst gelungen ist, diese Beschwerden bei sich oder bei engen Familienangehörigen erfolgreich zu bekämpfen.

2. Jedes Projekt trägt dazu bei, verschiedene im Individuum liegende Ressourcen anzuregen. Das veranlaßt jeden, ausfindig zu machen, wer einem beim gegenseitigen Lernen helfen wird, auf das man zur Erreichung seiner Ziele angewiesen ist.

Folglich gibt es keine durch die Struktur des Projekts bedingte und ihm eigene vorgegebene Lernbarriere, kein geographisches Hindernis, keine Schranken des Alters oder des Geschlechts oder des ökonomischen und sozialen Status. Es ist ein unbegrenztes Vertrauen auf die natürlichen Ressourcen des Menschen.

3. Jedes Projekt beinhaltet irgendeine wissenschaftliche Information. Sie wird jedoch niemandem je gebrauchsfertig überlassen, sondern muß jedesmal durch denjenigen, der etwas unternimmt, in seiner eigenen Situation entdeckt werden; er muß sie erfassen und in seine eigene Sprache oder Redensarten übertragen. Jedes Projekt bewahrt auf diese

Weise stets die Bewegungsfreiheit für die Initiative, Findigkeit, Vorstellungskraft, schöpferischen Hobbies und konstruktiven Einstellungen aller Teilnehmer auf ihrer Ebene der Teilnahme. Es besteht in ihm keinerlei Gefahr eines Initiationsritus, von Routineuntersuchungen oder Systemreproduktion.

Veranschaulichung: In den Weinbau-Zellen wurden aus Fachausdrükken wie «primäre», «sekundäre Rebe» usw. die üblichen Ausdrücke Mutter- und Tochterrebe. Und diese Entdeckung einer Beziehung – durch die Teilnehmer, indem sie die Wachstumsstruktur von Weinstökken begriffen – machte später die Vermittlung des gegenseitig Gelernten für alle Teilnehmer klarer, lebendiger und direkter.

4. Jedes Projekt befähigt, sobald es verwirklicht wird, den, der es unternimmt, dazu, die bestehende reale Lebenssituation neu zu bestimmen. Diese qualitative Veränderung der eigenen alten Lebenssituation fördert den Aufbau neuen Zutrauens und neuer Hoffnung in ihm, während er seine eigenen Bedürfnisse befriedigt. Er fährt so von allein fort, verstärkt Ressourcen in sich zu speichern. Dies bedeutet mit anderen Worten, die Beschäftigung mit eigenen Interessengebieten zu erzeugen.

5. Unter den Teilnehmern wird, da die gesamte Tätigkeit eines Projekts sich immer im Netzwerk gegenseitigen Lernens abspielt, neues Vertrauen auf den Gebrauch von Wissen und Versuchsmethoden aufgebaut. Es erzeugt weiterhin den Wunsch, die Erfahrungen, Bestrebungen und Grenzen anderer zu teilen und ernst zu nehmen.

6. Jedes Projekt besitzt ein ihm eigenes Potential, sich durch Kettenreaktion zu entwickeln. Das ist so, weil bei der Verwirklichung eines Projekts jeder zum Erforscher und Entdecker seiner realen Lebenssituation wird. (So führten in unserer Weinbau-Versuchszelle verschiedene Projekte zum Wachstum von Rebstöcken zu neuen Projekten ihrer räumlichen Verteilung, diese wiederum zur Untersuchung der Wurzeln und diese wiederum zu Projekten der Entwicklung neuer Bodenstrukturen.)

Kritische Anmerkung: Häufig entstehen die Projekte von selbst. Aber durch die Untersuchung der obigen Merkmale wird einsichtig, daß es möglich ist, auf Grund unserer eigenen Erfahrung in verschiedenen realen Lebenssituationen, die neu bestimmt werden, um jene fehlenden Merkmale einzubeziehen, verschiedene Projekte auf die Beine zu stellen. Veranschaulichung: Ich habe kürzlich einige wenige Projekte der Überlebenslandwirtschaft entdeckt, und viele, die zufällig auf diese Projekte stoßen, vereinigen sich mit mir, um sich weiter damit zu befassen. Sie kommen zum Teil von weit entfernten Orten und Staaten.

Verbreitung

Verbreitung ist einfach der Prozeß, das Projekt bekannt zu machen. Das kann auf einer Vielzahl von Wegen und durch die Benutzung aller Kommunikationsmittel, außer dem der Werbung, geschehen. Bei meinem ersten Versuch unternahm die Zeitschrift *Kirloskar* die Aufgabe sehr weiter Verbreitung.

Ebenso wie beim System der Rundfunkübertragung Programme auf verschiedenen Bandbreiten ausgestrahlt und nur auf diesen Bandbreiten empfangen werden, so besitzt auch jedes Projekt eine bestimmte Bandbreite, genannt «die reale Lebenssituation», in der es erfolgreich gewesen ist. Daher reagieren jene, die etwas unternehmen, nur in entsprechend ähnlichen Lebenssituationen, wohingegen das Projekt für Personen in anderen Lebenssituationen ohne Wirkung bleibt.

Man stellt allgemein fest, daß jemand, der von irgendeiner Leistung erfüllt ist, selbst der beste Verbreiter seines Werks ist, entweder durch Gespräche oder indirekte Hinweise, die er gibt. Oft fahren Personen, die von seinem Erfolg wissen, mit der Verbreitung des Projekts fort. Nun wird allerdings eine besondere Methode in das Netzwerk eingeführt (siehe Telefonbuchmethode). Diese Methode ermöglicht es, die Verbreitung auf völlig personenunabhängige Weise zu einem echten Erfolg zu machen.

Der Verbreitungsprozeß schaltet die Notwendigkeit irgendeines Initiationsritus für den Teilnehmer aus. Er ist nichts weiter als eine offene Einladung, sich am eigenen Projekt zu beteiligen. Er ist eine offene Einladung, ergangen insbesondere im Bereich ungerichteter Aufmerksamkeit, an Personen in ähnlichen Situationen, ihre Ressourcen für dieses Projekt aufzuspüren und sich ihm mit jedem Umfang an freier Beteiligung anzuschließen.

Veranschaulichung: Zur Zeit werden mehr als zwanzig Projekte über das Netzwerk Weinbau verbreitet, aber jeder, der sich diesem anschließt, zieht dasjenige, das seiner Situation am besten entspricht, dem Rest vor.

Kennenlernen

Das Kennenlernen schließt sich an den Prozeß der Verbreitung an. Mit dem Kennenlernen wird man sich der Ressourcen, die man besitzt, um mit seiner realen Lebenssituation fertigzuwerden, intensiv bewußt. Man beginnt seine Wahl des bevorzugten Projektes zu treffen. Das schafft in einem die Ruhelosigkeit, die einen dazu treibt, mit jenen gemeinsam zu lernen, die sich an der Befriedigung der eigenen Bedürfnisse beteiligen können.

Kritische Anmerkung: Kennenlernen bedeutet nicht, einem Projekt als Mitglied beizutreten. Es ist nur ein erstes Anzeichen des Wunsches, sich anzuschließen und zusammenzuarbeiten. Dieses Kennenlernen versorgt einen so mit einer weiter zu erforschenden Situation, um herauszufinden, ob das Projekt einen bloß fasziniert oder von wirklichem Interesse für einen ist. Es ist etwas, das wir «erste Begegnung mit dem Projekt» nennen können.

Feedback

Der Ausdruck Feedback bedeutet nicht einfach, nach empfangener Hilfeleistung darüber zu berichten. Seinen Ursprung hat dieser Ausdruck in modernen technischen Mitteln, die geschaffen wurden, damit ein System sich selbst kontrolliert. Wenn zum Beispiel der Durchfluß oder das Rauschen in einer Maschine einen bestimmten Wert überschreitet, bewirkt diese Situation in der Maschine Feedback, und dieser Zuwachs wird automatisch unter Kontrolle gebracht und normalisiert. Selbst im biologischen Prozeß des Pflanzenwachstums können wir dasselbe Phänomen beobachten. Obwohl die Spitze eines Zweiges weiterwächst, ruhen alle Knospen am unteren Teil auf Grund eines durch Hormone erzeugten hemmenden Einflusses. Bricht die Spitze aus irgendeinem Grund ab, so fällt diese Hemmung weg, und die ruhenden Knospen beginnen zu wachsen. Auf diese Weise kann die Pflanze ihre eigene Struktur bewahren, ohne ungehindertes Wachstum in alle Richtungen.

Diese Veranschaulichung verdeutlicht das Feedback-Konzept im Projekt-Netzwerk gegenseitigen Lernens in hohem Grade. In einem Projekt reagieren sowohl die Teilnehmer als auch die «Leiter» allein durch Feedback. Daher kann weder ein «Leiter» die Teilnehmer unaufhörlich mit unangemessenen Informationen vollstopfen, noch kann ein Teilnehmer im Projekt passiv bleiben und sich nur auf die «Leiter» verlassen. Wenn das eintritt, bricht der Prozeß ab, und die Gefahr, eine unechte Lebenssituation aufrechtzuerhalten, wird automatisch ausgeschaltet.

Dieses Phänomen des Abbrechens ist schnell erklärt. In den meisten Fällen beginnt das gegenseitige Lernen auf beiden Seiten damit, ein paar Informationen auszutauschen. Dabei kommt dem Teilnehmer unter Umständen zu Bewußtsein, daß das Projekt, von dem er glaubte, es passe zu seiner realen Lebenssituation, dieser nicht wirklich entspricht. Ebenso kann dem «Leiter» bewußt werden, daß seine Informationen über und seine Erfahrungen mit jenem Projekt für die Teilnehmer sehr unzureichend sind, und die Beteiligung hat automatisch ein Ende. Wenn jedoch Feed-back auch nach diesem Informationsstadium geleistet wird, dann kommt in und unter den Teilnehmern eine neue experimentelle Mitarbeit zum Vorschein; eine neue Beziehung, genannt «E-Zelle», beginnt aufzublühen.

Veranschaulichung: Während meiner ersten Tätigkeit in Weinbau-Projekten stellte ich fest, daß einige Teilnehmer Setzlinge wollten, während es in meinem Projekt nur auf die Versorgung mit einfachen Trieben ankam. Viele zogen sich daher zurück. Aber dies brachte mich später dazu, den Postversand von Setzlingen über weite Entfernungen zu verbessern. Der Feedback-Prozeß ist also in beiden Fällen hilfreich. Wenn jemand sich vom Projekt zurückzieht, stimuliert das die Arbeit an neuen, realen Lebenssituationen, um das Projekt zu einem Erfolg zu machen. Wenn ständig Feedback geleistet wird, führt das zur Entwicklung einer Zelle experimenteller Mitarbeit und zu weiterem gegenseitigem Lernen.

E-Zelle oder Prayoga-Parivar

Ständiges Feedback im Netzwerk gegenseitigen Lernens bewirkt allmählich eine neue Zellaktivität. Wenn die Teilnehmer zu interagieren beginnen und mitarbeiten, so stellen sie eine Beziehung zwischen neuen Tatsachen her oder modifizieren irgendwelche alten Beobachtungen, steuern einen neuen Ansatz bei usw. Eine neue Art experimenteller Mitarbeit wird daher wirksam. Viele neue Ebenen des Selbstvertrauens (Bildungseingaben), der Absicherung (Risikoschutzeingaben) und der Anerkennung entwickeln sich von innen heraus. So wird die gegenseitige Mitteilung von Erfahrungen und Informationen immer stärker betont. Dies entwickelt ein Gefühl der Zugehörigkeit und der Gemeinsamkeit. Dieses Netzwerk wirkt genauso wie Millionen komplexer Moleküle, wie etwa Enzyme, Proteine, Hexosen und Spurenelemente in irgendeiner lebenden Zelle. Wenn dieses Stadium erreicht ist, können wir sagen, daß das Netzwerk gegenseitigen Lernens zu einer Zellaktivität herangereift ist.

Veranschaulichung: In einem früheren Stadium, als die Weinbau-Zelle nur gerade ein Netzwerk gegenseitigen Lernens war, hatte es selbst nur ein sehr geringes Projektpotential, aber allmählich entwickelten sich verschiedene neue Projekte, denen sich viele neue Teilnehmer anschlossen, durch den Prozeß einer Kettenreaktion. Und später erzeugte ihr Erfolg in diesem Projekt eine dauerhafte Beteiligung und Zellbindung unter den Teilnehmern, da alle Wissens-, Absicherungs- und Anerkennungseingaben jedem, ob groß, ob klein, Experte oder Laie, Neuling oder alter Hase, frei zugänglich waren. Die Weinbau-Zelle verfügte über Wissens-, Erfahrungs- und Anerkennungseingaben, die selbst große agrarwissenschaftliche Universitäten oder Gartenbauforschungsanstalten vielleicht nicht zu beschaffen in der Lage sind. Auf diese Weise wurde die Weinbau-Zelle zum Alpha und Omega des Weinbaus.

Neben den oben erklärten Ausdrücken im Netzwerk gibt es viele andere Beziehungen und Arbeitsformen wie die Methoden der Zusammenarbeit, gegenseitige Nutzung von Fähigkeiten, Postfachnummer, Telefonaustausch, Aktivitätenbank usw. Weiterhin gibt es einige besondere Systeme wie das Telefon- und das Karteikartensystem in der Zelle. Lassen Sie uns diese kurz untersuchen.

Zusammenarbeit

Das Wort «Zusammenarbeit» schließt auch ein, daß sie eine vorübergehende Verbindung zu aktueller Hilfeleistung ist, um irgendeine unvorhergesehene Schwierigkeit zu bewältigen. Sie ist keine Verbindung mit ständiger Verpflichtung oder gewöhnlicher Mitgliedschaft, wie man es unter den Mitgliedern von Genossenschaften (Kooperativen) findet. Zusammenarbeit ist gewissermaßen die Hilfe bei der Überquerung eines Stromes, der unseren Weg sperrt. In solchen Situationen steht der eine am Flußufer; an seiner Hand hält sich der andere fest, während er sich in die Strömung des Flusses wagt. Dank dieser Hilfe kommt er zu einem festen Stand, er hilft nun dem ersten Mann einen Schritt vorwärts und hält ihn, bis er fest verwurzelt in der Strömung steht. Dieser ständige Wechsel der Beziehung und Verantwortlichkeit hilft ihnen beiden, die hemmende Schwierigkeit zu überwinden. Sie waren frei, unabhängig voneinander zu reisen, bevor sie auf das Hindernis stießen, und sind es wieder, nachdem sie darüber hinweggekommen sind. Das Wechseln an der Spitze beim Bergsteigen ist ein weiteres Beispiel dieser Zusammenarbeit.

Diese Methode der Zusammenarbeit erzeugt so zeitweilige, wechselseitige Beziehungen unter den Zellgliedern, indem sie verstärkte Mitarbeit im Projekt erfordert und nicht eine ständige Verpflichtung auf den Erfolg des Experiments hin. Das verhindert es, daß die Zellaktivität überorganisiert wird, und erhält die gesamte individuelle Freiheit, seine Interessen mitzuteilen und die anderer ernst zu nehmen. Keine althergebrachten Interessen können so die Zelltätigkeit beeinträchtigen.

Gegenseitige Nutzung von Fähigkeiten

Diese Beziehung bedeutet die Schaffung der notwendigen Ebenen des Selbstvertrauens (Bildungseingaben), der Absicherungen (Risikoschutzeingaben) und der Anerkennung (Unterstützungs- und Wohlwollenseingaben) von innen heraus. Diese werden einander gewissermaßen frei zugänglich gemacht, indem alle Möglichkeiten in diesen Bereichen gegenseitig genutzt werden. Es gibt daher keine beständige Lehrer–Schüler-Beziehung in der Zelle. Jemand, der auf der einen Stufe Empfänger ist, kann auf der nächsten Stufe selbst etwas beitragen. Auf diese Weise wird jede vorhandene minimale Information, gleich welcher Art und gleich an welchem Ort im Netzwerk experimenteller Mitarbeit, spontan von selbst verfügbar. Dieser Prozeß trägt weiterhin dazu bei, die Vorbilder im gegenseitigen Lernprozeß herauszufinden und ihnen dabei zu helfen, sich miteinander zu verbinden, indem man jede Art von Lücke, die bei ihrer Zusammenarbeit auftauchen kann, ausfüllt.

Veranschaulichung: Einer aus unserer Weinbau-Zelle beschaffte Schilfrohr als Pflanzmaterial, wohingegen ein anderer eine Methode zu entwickeln versuchte, Setzlinge per Post zu verschicken, ohne ihnen seine persönliche besondere Obhut angedeihen zu lassen. Einer stellte seine Beobachtungen bildlich dar, während ein anderer dies graphisch tat. Einer erarbeitete die Beziehung zwischen Blattfläche und Ertrag, wohingegen ein anderer die Wurzeln untersuchte. Auf diese Weise wurden sehr viele Arten von Selbstvertrauens-, Absicherungs- und Anerkennungsmitarbeit in der Gruppe selbst gegenseitig genutzt. Diese ersparten finanzielle Ausgaben bei der Verwirklichung des Projekts und bauten Vertrauen auf, selbst als man bei der ersten Überprüfung dieses Weinbau-Projekts ein Scheitern riskierte.

Das Karteikartensystem

Alle Wissens-, Risikoschutz- und Anerkennungseingaben, die durch die Zelle in ihren realen Lebenssituationen gebraucht werden, um ihr Projekt zu einem Erfolg zu machen, treten im Karteikartensystem als neue Informations- und Handlungseinheiten hervor. Verschiedene Sätze von Karteikarten wie

1. Einführungskarten,
2. Informationskarten,
3. Wissenskarten,
4. Querverweiskarten,
5. Erklärungskarten,
6. Kontrollstudienkarten,
7. Risikostudienkarten,
8. Diskussionskarten,
9. Fortsetzungskarten,
10. Anerkennungskarten,
11. Leistungsstudienkarten,
12. Adressenkarten,
13. Protokollkarten,
14. Originalbeobachtungskarten usw.

beginnen zu entstehen und werden standardisiert.

Es sollte beachtet werden, daß die Karteikartensätze für jede Projektgruppe das Erzeugnis der Gruppe während ihrer Arbeit an ihrer eigenen realen Lebenssituation ist. Daher mischen sich die Karten aller Sätze von Arten fortwährend, aufeinander einwirkend und sich auf mancherlei Weise selbst umgestaltend. Kein gebundenes Fachbuch oder Leitfaden für gegenseitiges Lernen geht aus diesem System hervor. In einem frühen Stadium der Verbreitung sehen die meisten dieser Karten genauso aus wie kleine handgeschriebene Mitteilungen. Jeder, der die Kopie einer Karte benötigt, kopiert sie und gibt die Originalkarte zu weiterem Austausch zurück. Jeder Austausch dieser Art fährt damit fort, die im System vorhandene Originalkarte durch geometrische Progression zu verdoppeln. Überdies wird, da dies eine aktive Teilnahme ist, der unnötige Teil der Karte automatisch herausgesiebt und diese neu zusammengestellt.

Nach einer bestimmten Ebene der Mitarbeit werden einige der Karteikarten für die Zellaktivität standardisiert. Wenn den Teilnehmern danach ist, können sie den Karteikartensatz zur weiteren Verbreitung an andere Gruppen fotokopieren oder drucken. Da in jedem solchen Satz sich die Rückseite auf irgendwelche neuen Projekte bezieht, die man selbst entdeckt hat, ergibt sich eine freie publizistische Aktivität, um das, was man weiß, nicht als gebundenes Buch zu verbreiten, sondern als Mittel, Stellungnahmen zu den eigenen Projekten zu bekommen.

Veranschaulichung: Angenommen, ein Kartensatz über geeignete Techniken für Veranda-Weingärtner besteht aus zehn Karten. Auf der Rückseite dieser Karten werden nun andere Projekte dargestellt, die viele anregen könnten, die sich vielleicht nicht für Weinbautechniken interessieren, sondern zum Beispiel für Rosenzucht, dafür, Radieschen für den täglichen Gebrauch in kleinen Töpfen zu ziehen, für neue Aggregiertechniken, um den Boden durch örtlich verfügbare Mittel fruchtbar zu machen usw., oder für Projekte, das Altern durch den Genuß von Quecken aufzuhalten, für Projekte, um den normalen Bedarf an Enzymen und Vitaminen durch den Genuß zerkleinerter roher keimender Samen zu decken usw. Die Publikationskosten teilen die Teilnehmer unter sich auf, da es ein Zeichen ihrer eigenen Fähigkeit, sich auszudrücken, ist, daß ihre Ergebnisse nicht durch irgendeinen Zeitungs- oder Zeitschriftenredakteur gesiebt und neu zusammengestellt werden, um sie in die Spalten und Zeilen von Publikationsorganen einzupassen. Auf diese Weise trägt diese Methode dazu bei, in der Zelle eine wirklich freie Presse aufzubauen.

Die Postfachnummer

Dies ist ein einfaches Mittel, die Tätigkeit der Zelle personenunabhängig zu machen und jede Gefahr eines Initiationsritus auszuschalten. Der gesamte Schriftverkehr läuft unter Decknamen und unter der Adresse benachbarter Freunde statt der eigenen. Man kann auch so viele Decknamen und Adressen, wie man will, verwenden. Das ganze System schwächt sich so schnell zu einer personenungebundenen Form ab. Auf diese Weise nimmt der Schriftwechsel freiere Formen an, weil sich Amateure in der Kommunikation gegenüber Begabungen oder irgendeiner Person von bedeutendem sozialem Status usw. niemals gehemmt fühlen oder allzu sehr beeindruckt sind. Es gibt noch einen weiteren wichtigen Vorteil dieses Systems. Die eigene spontane und selbständige Arbeit wird häufig der Gefahr ausgesetzt, von den alteingesessenen Gruppen angegriffen zu werden. Oft reagieren auch die Experten im betreffenden Bereich auf die überlegenen eigenen Resultate mit Verlegenheit oder fühlen sich bloßgestellt.

Veranschaulichung: Unsere Weinbau-Zelle entwickelte neue Methoden der räumlichen Verteilung der Weinstöcke, was auch dazu beitrug, ihren Ertrag zu erhöhen. Alteingesessene Gruppen hätten nun in einigen Artikeln als neue Beobachtungen veröffentlichen können, daß sich diese Methode engerer Bepflanzung in naher Zukunft als schädlich erweisen werde. Selbst die traditionellen Experten würden durch weitere kritische Anmerkungen dieser Behauptung Glauben geschenkt haben, aber da die gesamte Tätigkeit nicht personengebunden war und auf völlig zufällige Weise verbreitet wurde, konnten sie das System nicht angreifen, ohne eine kritische Analyse aller Meinungen zu leisten. Und diese Analyse würde die Überlegenheit unseres Weges ergeben haben, weil dieser auf die reale Lebenssituation eines jeden gegründet war und sich nicht als kommerzielles Unternehmen der alteingesessenen Gruppen darstellen ließ.

Kritische Anmerkung: Es ist uns immer noch unklar, in welchem Ausmaß im Netzwerk gegenseitigen Lernens die Identität des Teilnehmers erhalten werden muß. In einem bestimmten Stadium der Mitarbeit wird der dringende Wunsch laut, mit der Begabung oder dem Genie oder dem Vorbild oder mit seinesgleichen bekannt gemacht zu werden.

Zweitens liegt nichts Schlechtes darin, für die eigenen Projekte in jedem Stadium ihrer Entwicklung die volle Verantwortung zu übernehmen. Es muß so eine Methode eingeführt werden, um die Identität, obwohl man sich unter falschem Namen ausgibt, kenntlich zu machen. Man darf keinen Anlaß zu der Meinung geben, da der gesamte Schriftwechsel nicht unter eigenem Namen laufe, befasse man sich nicht mit seinen nachteiligen Wirkungen.

Das Telefonbuchsystem

Das Telefonbuchsystem fördert den Prozeß der Verbreitung und Querverbindungen. Wir arbeiten noch immer mit zusätzlichen Modifikationen an diesem System. So mancher kann zu diesem Vorhaben noch auf vielerlei Weise beitragen. Um diesen Prozeß aufzuhellen, lassen Sie uns ihn ausführlich beschreiben.

Wir haben festgestellt, daß eine chiffrierte Zahl aus sieben oder acht Stellen ausreicht, eine freie sofortige Beziehung unter allen über jede Art gewünschten gegenseitigen Lernens aufrechtzuerhalten. Es gibt so in der Tätigkeit der Weinbau-Zelle verschiedene Ebenen von realen Lebenssituationen, die in zehn Gruppen klassifiziert werden können:

1. jemand mit Veranda, auf der Wein angebaut werden kann,
2. mit Gemüsegarten und mit kärglichen Mitteln,
3. mit kleinem Bauernhof, aber keinen Mitteln,
4. mit großem Bauernhof, aber nachteiligem Klima usw.

Alle diese Zahlen können weiter ergänzt werden, um sie stärker zu systematisieren. Die einstellige Zahl an der Einerstelle bezieht sich dabei auf irgendeine reale Lebenssituation. Bei der Zahl 2_4 bedeutet also 2

«Gemüsegarten» und der Index 4 «weniger als zwei Monate Wasser im Sommer»; der Index 4 bezeichnet folglich die nähere Qualifizierung der Gruppe 2. Die Bedeutung aller dieser einstelligen Zahlen wird auf einem besonderen Blatt im Telefonbuch mitgeteilt. Die benachbarten Zahlen an der Zehnerstelle bezeichnen Situationen der Anerkennungseingaben. Angenommen, die Zahl 6 an der Zehnerstelle bedeutet das örtliche Fehlen von Düngemitteln, dann wird es anerkannt, wenn jemand in der Zelle es unternimmt, diese Schwierigkeit zu überwinden. Die Zahl 62_4 kann nun leicht gelesen werden als das Projekt, durch das die Versorgung mit Düngemitteln für jene Teilnehmer sichergestellt wird, die Gemüsegärten besitzen und in ihrem Ort im Sommer vor Wasserproblemen stehen.

Wenn wir dieser Technik einmal folgen, erscheint uns die Arbeitsweise des folgenden Schemas als ganz einfach:

1. reale Lebenssituation – Zahl an der Einerstelle;
2. Anerkennungseingaben – Zahl an der Zehnerstelle;
3. Absicherungseingaben – Zahl an der Hunderterstelle;
4. Karteikartensätze – Zahl an der Tausenderstelle;
5. Liste von Interessenten – Zahl an der Zehntausenderstelle;
6. Liste von Vorbildern – Zahl an der Hunderttausenderstelle;
7. Liste der Begabungen und Genies – Zahl an der Millionenstelle;
8. Folgeprojekte – Zahl an der Zehnmillionenstelle.

Die Zahl 58_2 321083 kann also folgendermaßen gelesen werden: Die Zahl 1 an der Tausenderstelle bezeichnet das Vorhandensein irgendeines Kartensatzes. An der Hunderterstelle steht die Zahl 0, also steht keine Absicherungseingabe zur Verfügung, aber die Zahl 8 an der Zehnerstelle bedeutet, daß verschiedene Anerkennungseinheiten nahezu allen Arten von Teilnehmern zugänglich sind. Die Zahl 8 an der Millionenstelle bedeutet das Vorhandensein von Genies für die gegenseitige Nutzung von Fähigkeiten, und daß dies eine Gruppe pensionierter Personen ist, die bereit sind, ihre Fähigkeiten mit anderen zu teilen, da die Ergänzung 2 zur Gruppe 8 die Kategorie pensionierter Personen bezeichnet.

Auf diese Weise funktioniert die Postfachnummer kombiniert mit dem Telefonbuch wie das System eines Fernsprechamtes, sie hilft dabei, in der Zelle direkte Kommunikation und nicht irgendeine institutionalisierte Form aufzubauen. Da dies darüber hinaus auf freiwilliger Zusammenarbeit beruht, entsteht nicht das Problem, Gebühren zu berechnen und zu zahlen.

Die Aktivitätenbank

Durch diesen Prozeß fährt jeder einzelne durch seine Teilnahme am Netzwerk darin fort, Anerkennung einzusammeln, die er sich durch seine Mitarbeit in der Zelle verdient. Das Netzwerk gegenseitigen Lernens findet weiterhin in der Zelle die Genies und Vorbilder heraus, und indem es dies tut, wird der Wunsch, sein Wohlwollen auf andere Personen auszudehnen, um ihnen bei irgendeiner Schwierigkeit entscheidend zu helfen, von demjenigen anerkannt, der diesen Austausch in Anspruch nimmt. Die Rechenschaft über die Arbeit von A in der Aktivitätenbank bleibt bei den Teilnehmern B, C, D usw., und indem man durch die Fernsprechamtmethode aufs Geratewohl mit diesen Teilnehmern Verbindung aufnimmt, kann jedermann nachprüfen, ob das, was er von A hält, mit den Rechnungsbüchern der anderen übereinstimmt oder nicht.

Veranschaulichung: Eine der Begabungen in der Weinbau-Zelle wurde durch die gemeinsame Hochschätzung von Teilnehmern aus verschiedenen Orten entdeckt. In Wirklichkeit hatte diese Begabung an nicht mehr als fünf oder sechs Weinstöcken in ihrem Garten gearbeitet. Aber ihre Beobachtungen und deren Analyse zeugten von einer derartigen Kompetenz, daß ihre Experimente den anderen Gliedern der Weinbau-Zelle beim so notwendigen gegenseitigen Lernen halfen. Das Lustige daran war, daß die betreffende Person selbst anfangs nicht wußte, welche Tiefe und Bedeutung ihre Hobby-Untersuchungen bei der Verwirklichung von Weinbau-Projekten hatten.

Andererseits stellten sich die Kenntnisse des sogenannten erfolgreichen großen Weingärtners im wirklichen Wettbewerb als für niemanden in der Zelle besonders nützlich heraus. Er wurde so bloßgestellt, und die Zelle ersparte sich dadurch viel, daß sie sich nicht von seiner sogenannten Wettbewerbserfahrung und -information irreführen ließ. Das nötigte ihn auch einzusehen, daß er als kommerzieller Weingärtner nur auf Grund seines Kapitals erfolgreich war und nicht wegen seines Expertenwissens im Weinbau.

Der gesamte Prozeß der Aktivitätenbank ist immer noch in der Entwicklung begriffen, trägt aber nichtsdestoweniger dazu bei, die Fallstrikke einer dynamischen Zelltätigkeit abzuschätzen. Sie hilft dabei, die wahren Genies und Vorbilder im Netzwerk herauszufinden. Sie trägt weiterhin dazu bei, die sogenannten unechten, ehrgeizigen Personen zurückzuweisen, indem sie bloßgestellt werden. Die übrigen Funktionen können wie folgt zusammengefaßt werden:

Die Aktivitätenbank versucht, die Verteilung von Dingen und Diensten statt von Bargeld aufrechtzuerhalten.

Sie trägt dazu bei, jede trügerische Reklame zu enthüllen.

Sie dient als Bindeglied zwischen den die Entwicklung vorantreibenden Personen.

Sie erzeugt Anerkennung in der Zelle, sammelt sie an und breitet sie aus.

Sie verschafft denen, die sie brauchen, Absicherungsmöglichkeiten.

Sie versucht die Notwendigkeit, den Rang und den Wert jeder Tätigkeit in der Projekt-Zelle einzuschätzen.

Sie versucht das Netzwerk gegenseitigen Lernens praktischer, ansprechender, interessanter, menschlicher und damit geselliger zu gestalten.

Sie fördert die erneute Überprüfung von realen Lebenssituationen, um die neuesten Möglichkeiten auszunutzen, die zu Beginn der Zellbeteiligung noch nicht so klar waren.

Sie macht das gesamte Netzwerk gegenseitigen Lernens zu einem gemeinsamen Unternehmen, das alle angeht.

Lassen Sie uns nun diese Analyse kurz zusammenfassen.

Wir haben gesehen, daß man selbst entscheiden kann, was man lernen will; wie, wann und wo Lernen für einen eine Funktion des Lebens ist. Wir beginnen zu lernen, wenn wir spüren, daß wir mit unseren eigenen Ressourcen jedes Problem unserer realen Lebenssituation meistern können. Die Menschen sind in der Lage, immer und während ihres ganzen Lebens zu lernen, indem sie Erfahrungen, Informationen und Projekte mit anderen teilen. Im Netzwerk gegenseitigen Lernens ist nicht das Wissen des einen dem anderer überlegen. Der Name eines solchen Netzwerkes ist Prayoga-Parivar oder «E-Zelle». Verschiedene Projektarten bringen diese E-Zelle hervor. Üblicherweise entstehen diese technisch-wissenschaftlichen Projekte von selbst, oder sie werden speziell geplant, um einer Herausforderung in verschiedenen realen Lebenssituationen zu begegnen (Gesundheit, Bildung, Alter, Eheleben, sozialer Wandel, jugendliches Verhalten, Kindererziehung, Berufsprobleme in der Landwirtschaft, der Industrie oder der Verwaltung usw.). Es gibt einige sehr deutliche Kriterien, jedes Projekt einzuschätzen. Diese Projekte wecken die ungerichtete Aufmerksamkeit und Vorstellungskraft in einem bestimmten Bereich. Dies läßt einen der eigenen Ressourcen, Kräfte und Möglichkeiten bewußt werden, um das eigene, real bestehende ungünstige und feindliche Milieu zu verbessern.

Der Prozeß der Verbreitung oder freien Beeinflussung erzeugt später neue Mitarbeit seitens der Genies und Vorbilder eines Bereichs. Er wird auf diese Weise nicht nur der Prozeß der Arbeit für das Volk, sondern in gänzlich unverfälschtem Sinn der Arbeit mit dem Volk, wobei jederzeit das beste Fachwissen zur Verfügung steht. Die Lösung für ein solches Konzept der Mitarbeit in der Zelle lautet: «Amateure müssen geschützt werden.» Alle diese E-Zellen fahren so fort, sich zu entwickeln, zu wachsen, sich zu differenzieren, zu reifen und sich selbst fortzupflanzen durch einen neuen Prozeß von Verbreitung, Kennenlernen, Feedback, gegenseitiger Nutzung von Fähigkeiten und Kettenreaktionen. Daher erhalten sich alle diese Zellen von selbst und entfalten sich von selbst.

Jedes Projekt trägt einige Elemente einkalkulierten Risikos in sich. Diese Risikoeinheiten fördern später die Bildung des Karteikartensystems zum Gebrauch unter den Zellgliedern. Die notwendigen besonderen Ebenen des Selbstvertrauens (Bildungseingaben), der Absicherung (Risikoschutzeingaben) und der Anerkennung (Unterstützungseingaben) werden im Innern aufgebaut und bereitgestellt. Der Schwerpunkt liegt nicht nur auf gleichen Interessen, sondern auch auf echter natürlicher Mitarbeit, sehr ähnlich der in Familie und Gemeinde. Folglich sorgt die Rückkoppelung zwischen den Genies und Vorbildern eines Bereichs für die nötige freie experimentelle Zusammenarbeit. Dies regt den Aufbau der Leistungsmotivation im gesamten experimentellen Netzwerk an.

Solche gemeinsame Beteiligung am und Sorge um das Projekt baut später eine neue lebensfähige E-Zelle auf. Es gibt daher keine Superstruktur oder unechte Hierarchie. Die gesamte Wirksamkeit des Netzes liegt in der Methode der Aktivitätenbank und des kombinierten Postfachnummer- und Telefonbuchsystems. Sie sorgen für die zur gegenseitigen Nutzung von Fähigkeiten notwendige Zusammenarbeit und Rückkoppelung in jedem Stadium der Entwicklung, und zwar auf vollständig dezentralisierte Weise. Es gibt keinen heimlichen Lehrplan. Dieses echte Verständnis zwischen den inspirierten Genies und den aufgeklärten Begabungen eines Bereichs bewirkt neues Wohlwollen und Bestätigung, um genügend innere Anerkennung für den Prozeß des Aufbaus von unten zu schaffen.

Die Zelle entdeckt ihre eigenen Experten und Begabungen, sie schafft ihre eigenen Fakultäten, Studien, Kommunikationswege und Nachschlagewerke und setzt ihre eigenen Maßstäbe und weiteren Orientierungen fest. Sie entwickelt ihre eigene Bibliothek und eigene Labore und entdeckt ihre eigene Sprache zur technisch-wissenschaftlichen Kommunikation, passend zu ihren Redewendungen und Ausdrucksformen, ihren Verständnismöglichkeiten und Bedürfnissen. Einerseits strebt sie danach, in einem Bereich neue Untersuchungen und neue Techniken zu entwickeln, andererseits gelingt es ihr, neue Wege zur Schaffung wirklichen Wohlstandes und Wohlseins zu standardisieren. Sie versucht wirkliche Aufklärung, Hoffnung und Vertrauen in der Umgebung zu verbreiten, um weitere Projekte zu erzeugen. Sie nimmt nicht nur jedermann auf, der sich in die bereits bestehende Zelltätigkeit eingliedern will, sondern sie begünstigt auch symbiotische Zelltätigkeiten.

Jede Zelle bildet sich so allmählich als ein Mittelpunkt schöpferischer Existenz heraus. Innerhalb der Zeitspanne von zwei oder drei Jahren wird sie durch den Prozeß selbständigen Experimentierens, Forschens und gegenseitigen Lernens eine Art eigener Alma mater. Auf diese Weise beginnen Lernen, Leben und Arbeiten ständig miteinander verbunden zu werden, da diese Zellen wesentlich gegründet sind auf die schöpferische Fähigkeit, sich selbst ausdrücken zu können, selbständig zu lernen und sich selbst zu beschäftigen.

Teil IV: Die Strategie des Netzwerkes und Schlußfolgerungen

An Hand der vorangegangenen Analyse des Projektentwurfs werden wir nun zeigen, wie es möglich ist, eine neue Bildungsstrategie aufzubauen, die den Bedürfnissen der heutigen Zeit angemessen ist. Unsere Analyse hat uns deutlich gemacht, daß wir mit dem Handlungs-Netzwerk auf die umfangreichen, ungenützten Ideen und Anstrengungen von Menschen wie auch auf viele neue informelle Systeme gegenseitiger Wissensvermittlung zurückgreifen können, um dieses neue Bildungssystem zu errichten.

Gegenwärtig haben die Besonderheiten unserer formellen Erziehung unglücklicherweise eine Situation geschaffen, in welcher unser ganzer enormer Vorrat an Wissen und Gedanken nur wenigen Professionellen und Experten zugänglich ist. Für sie bleibt er immer ein monopolisierter Wert, der ihr eigenes individuelles Wohlergehen begünstigt. Verschiedene Eigenheiten des gegenwärtigen formellen Bildungssystems, wie fehlende Durchlässigkeit, Betonung von Lehr- und Studienplänen, Schüler–Lehrer-Verhältnis, Prüfungen, Noten und Zeugnisse haben viel dazu beigetragen, dieses Übel zu nähren. Diese Übel haben unser Wissen isoliert, zerstreut, spezialisiert, abgeschnürt und für immer unzugänglich für die Öffentlichkeit gehalten.

Trotz dieser unglücklichen Beschaffenheit unseres formellen Bildungssystems geschieht ein großer Teil der Aneignung, Vertiefung und Weitergabe echten Wissens durch informelle Interaktionen unter den verschulten und auf ähnliche Weise in ihrer Entfaltungsfreiheit eingeengten Gruppen, obwohl dies nicht öffentlich eingestanden wird. Nun können wir hoffen, diesen Prozeß informellen Lernens in allen Bereichen des Lebens und sogar außerhalb des Schulsystems zu verstärken. Wir haben erkannt, daß es immer und überall möglich ist, verschiedene Arten von Projekten zu initiieren, hervorzubringen, zu erforschen, zu entdekken, darzustellen, aufzubauen, zu speichern, zu propagieren und freizugeben, um der Bevölkerung die Schleusen des Wissens zu öffnen. Das meint weiterhin, daß das verfügbare Wissenspotential in unserer heutigen Gesellschaft so umfangreich ist, daß es sogar unter Einsatz eines Bruchteils dieses Gedankenvorrats möglich ist, nicht nur das Schicksal der ganzen Welt umzugestalten, sondern auch die latenten kreativen Kräfte der unterentwickelten, sich entwickelnden und überentwickelten Länder in eine bestimmte Richtung zu lenken. Es liegt nicht an den fehlenden Mitteln, sondern an der mißlungenen Entwicklung eines neuen Lernsystems für freien und gleichen Zugang zu allen Arten des Wissens für jedermann, der es wirklich braucht, die das Wissen für die Gesellschaft weniger nützlich macht.

Die Bevölkerung braucht heute das neue Werkzeug einer technischen Bildung, um sich selbst erfolgreich dabei zu helfen, mit ihrer eigenen Umgebung und ihren Problemen fertigzuwerden. Ihr Drang, diese technische Bildung zu erlangen, wird immer in dem Ausmaß vorhanden sein, wie Lernen für sie eine Funktion des Lebens wird. Die wechselnden Bedürfnisse und Ziele des gegenwärtigen wissenschaftlichen Zeitalters veranlassen sie, selbst nach dieser technischen Bildung zu suchen. Unsere Projektarten können diese neue Wissenssoziologie sehr gut auch auf sie ausdehnen, mit dem Recht, selbst zu entscheiden, was sie lernen wollen, zu welcher Zeit in ihrem Leben, mit wem, wie, wieviel und wo.

Wenn das Volk diesen neuen Einblick in informelle Projektbildung besitzt und zu erfahren beginnt, wie das Wissen zu ihnen kommt in Gestalt von Projekten, welche Funktionen ihrer realen Lebenssituation sind, wird seine latente ungerichtete Aufmerksamkeit in Selbstbewußtsein umschlagen. Diese Art menschlicher Umwandlung wird in den gesamten Unternehmungsgeist der Gesellschaft eingehen und ihn wirksamer, eindrücklicher und funktionaler machen. Dann wird kein Wissen oder Lernen den anderen überlegen sein, sondern einfach als verschieden behandelt werden. In solchen informellen Zellen ist jeder, der etwas unternimmt, bestrebt, sein allgemeines Wissen, seine Einsicht, sein Fachwissen, seine Neuerungen und seine Schwierigkeiten mit jedermann zu teilen, der gerne bereit ist, das notwendige Feedback zu leisten und weiter mitzuarbeiten. Dies regt eine Art Gleichheit und Brüderlichkeit des Wissens an, und wir können darauf hoffen, ein neues, gemeinsames Vertrauen in unsere Wissensreserven aufzubauen. Dieses Vertrauen wird in angemessener Zeit als wirkliche «Universität ohne Mauern» zu wirken beginnen. In dieser Universität wird die ganze Gesellschaft die Freiheit haben, jede Art des Wissens jederzeit und für jeden Zweck abzurufen. Man wird sich dann fühlen, als lebte man in einer «Communitas», in der man experimentell mitarbeitet.

Bevor wir zu endgültigen Schlußfolgerungen kommen, lassen Sie uns hier unterbrechen, um einige zusätzliche kurze Erklärungen zu unserer vorliegenden «Arbeit im Entwicklungsstadium» zu geben. Bei unseren Bemühungen, die neue Infrastruktur unserer «E-Communitas» oder «Universität ohne Mauern» durch eine neue Bildungsführerschaft, die als Genies im Projektnetzwerk mitarbeitet, zu vervollkommnen, haben wir herausgefunden, daß verschiedene Projekte im biogenen Bereich menschlicher Existenz zwangsläufig eine unmittelbare Anziehungskraft auf das Selbstbewußtsein der Bevölkerung ausüben. Bei einem bestimmten Grad der Verbreitung werden diese Projekte sie darauf vorbereiten, mit ihren eigenen Ressourcen zu arbeiten, um die ihnen wichtigen Ziele der Selbstversorgung, der Selbsterziehung und des Selbstverständnisses zu erreichen. Dieser biogene Bereich umfaßt Nahrungsmittelproduktion, Diätetik, Probleme des Ehelebens, Einsichten in gesundes Sexualleben und in die Erziehung der eigenen Kinder.

Um damit zu beginnen: Wir haben nun verschiedene funktionierende Projekte erfolgreich analysiert und ins Leben gerufen, mit denen das vorhandene Wissen im agrarischen, medizinischen und biochemischen Bereich der Bevölkerung vermittelt werden kann, die unterhalb des Existenzminimums lebt.

Der Großteil der Bevölkerung in der Dritten Welt kann kein Geld anlegen und lebt in dauernden Schulden. Deshalb klassifizieren wir diese Projekte als «Überlebenslandwirtschaft» oder «Beende-die-Armut»-Projekte. Sie werden die menschliche Entwicklungstätigkeit anregen und organisieren. Mit ihnen hoffen wir, eine neue Art Boden-Gemeinschaft aufzubauen, indem wir die bestehende Plackerei in der Landwirtschaft ausschalten und auch die Allerärmsten dafür gewinnen, ihr feindliches Milieu neu zu definieren. Dies kann ohne irgendwelche Investitionen oder Kapitalhilfe von außen geschehen. Notwendig ist nur einiges neue Wissen. Die «E-Communitas» ist seit fünf Jahren laufend damit beschäftigt, diese Probleme genau zu prüfen und zu lösen. Die bisher abgedeckten Gebiete und die erforderliche Eingabe von Kenntnissen lassen sich folgendermaßen kategorisieren:

1. Die Grundquelle aller wirtschaftlichen Entwicklung ist die Sonne. Es wird allgemein angenommen, daß Land oder Boden die grundlegende Quelle aller Arten landwirtschaftlicher Produktion sei. Eine auch nur oberflächliche Prüfung und Untersuchung zeigt jedoch, daß nicht die Parzellierung des Landes dem landwirtschaftlichen Produktionsvolumen Grenzen setzt, sondern der Einstrahlungswinkel der Sonne. Diese Wissensanalyse hat uns dabei geholfen, Projekte der «Überlebenslandwirtschaft» aufzubauen. Diese Projekte versuchen nachzuweisen, daß ein Minimum von 2000 Quadratfuß sonnenbeschienenen Ödlandes ausreicht, jede fünfköpfige Familie ausreichend zu ernähren, darüber hinaus, daß ein 5000 Quadratfuß großes Stück solchen Ödlandes jeder dieser Familien einen gewissen Wohlstand verschafft.

2. Es ist möglich, alle vorhandenen symbiotischen Möglichkeiten zu nutzen, um ein fruchtbares Bodenprofil auf Ödland und an jedem beliebigen Ort aufzubauen. Diese neue Bodenstruktur lohnt eine Kapitalförderung, die den Preis eines jeden Stückes fruchtbaren Landes wert ist. (In Indien betragen die Kosten für 1000 Quadratfuß heute 500 Rupien.)

3. Die beste Düngung kann am Ort nicht nur durch die üblichen Kompostierungsmethoden und ähnliches erreicht werden, sondern auch durch andere modifizierte Verfahren.

4. Das Verfahren des mobilen Gartenbaus mit einem offenen Kisten-

system wird diese Kettenreaktion des Aufbaus von unten her auslösen und innerhalb von drei Jahren seine größte Wirksamkeit erreichen. Diese Projekte umfassen Verfahren, tragende Pflanzen zu versetzen, die an jedem Ort und zu jeder Zeit vollen Ertrag liefern.

In Verbindung damit kann man Gartenprodukte und Abfälle zur Erzeugung von gutem tierischen Eiweiß, Milch, Eiern, Hammel-, Geflügel- und Kaninchenfleisch, Fisch usw. verwerten.

5. Es ist möglich, das nur in minimalen Mengen vorhandene Regenwasser so zu nutzen, daß es ausreicht, den normalen Wasserbedarf der Familie und des Gartens zu decken. Einige neue Verfahren können hilfreich dabei sein, der Bevölkerung diese Sicherung zu geben, die wir bis jetzt nicht bieten konnten.

Die meisten dieser Projekte und Wisseneingaben können von der «Befreiung-vom-Hunger-Bewegung», von nationalen Hilfsdiensten oder anderen organisierten Jugendbewegungen sehr gut aufgenommen werden. Aber in keinem Fall können sie als Unternehmen wie Armee-Einsatz auf dem Land, Regierungs- oder UNESCO-Informationsprogramme initiiert und geplant werden. Diese Programme werden als Communitas-Tätigkeiten selbständig verbreitet oder als Projekte durch die «Universität ohne Mauern» bekanntgemacht.

Unser zweites augenblickliches Arbeitsfeld steht in Verbindung mit Projekten im Hinblick auf das neue Konzept von «ökologischer Ökonomie». Meine Reisen im Ausland und besonders meine Gespräche mit vielen rastlosen innovativen Denkern ließen mich mit ihnen erkennen, daß der Drang zu häuslicher Landwirtschaft, städtischem Gartenbau usw. jetzt weltweit geworden ist. Die energiebewußte Wirtschaft in Amerika hat viel deutlicher erkennen lassen, daß das heutige Wirtschaftssystem so gesteuert wird, daß der Verbraucher das letzte Opfer aller wirtschaftlichen Produktionsziele ist. Durch die Entfremdung des Wissens von den realen Lebenssituationen der Individuen in unseren Schulsystemen hat das Wirtschaftssystem monopolisierte Werte auf Kosten des Verbrauchers geschaffen.

Unser ganzes Bildungssystem schafft durch seinen geheimen Lehrplan Verkaufsorganisationen für Güter, die zur Verteilung auf den Markt kommen (wie neue Arzneimittel, neue Baustoffe, neue Energieversorgungssysteme, neue Gesetze als Güter der komplexen politischen Ordnung, neue Geräte für einfache Verrichtungen wie Waschen etc.) oder vage Statistiken. Im gegenwärtigen System können wir Experten wie Ärzte, Ingenieure, Anwälte, Wissenschaftler, Architekten usw. nicht dazu verpflichten, ihre Fähigkeiten, Erfahrungen, ihr Fachwissen und ihre Kenntnisse mit jedem zu teilen, der dies wünscht, und so das Entscheidungs- und Anordnungsmonopol aufzugeben. Die bittere Ironie dieses Systems ist jedoch, daß die Experten selbst zu den Konsumenten gehören und dem trügerischen Preisniveau der gegenwärtigen ökonomischen Gesellschaft ausgeliefert sind.

Um von dieser Situation loszukommen, entwickelt sich ein neuer Trend, dem Individuum in der unmittelbaren Nachbarschaft zur Befriedigung primärer Bedürfnisse (Nahrung, Energieversorgung, Unterkunft, Arbeit, Medizin und Bildung) zu verhelfen. So hat die gegenwärtige reale Lebenssituation der städtischen Gemeinde viele dazu veranlaßt, ein neues ökologisches Wirtschaftskonzept zu entwickeln, welches man durch viele miteinander verwandte Projekte zu verwirklichen sucht. In diesem System werden die Preise nicht durch den Mechanismus von Angebot und Nachfrage der organisierten Wirtschaftsverfassung dieses Zeitalters bestimmt, sondern durch ein inneres natürliches Gleichgewicht des optimalen Kalorienverbrauchs und -gewinns im Prozeß der Produktion und Verteilung. Dieses neue Konzept betont, daß jedem Individuum zwar nicht die gleiche Bezahlung in Geldeinheiten zusteht, dafür aber das Recht, gleiche Kalorieneinheiten in der einen oder anderen Form zu beanspruchen und zu verdienen. Die meisten dieser Projekte nennen wir beispielsweise «Nachbarschafts-, Ernährungs- oder Energieprojekte». In unserem wachsenden internationalen Netzwerk der Wissensvermittlung in diesen Bereichen entwickelt sich sehr schnell eine Menge vielversprechender Projekte, in denen das Beste der modernen Wissenschaft und Technologie in jedem Haus der Gemeinde verwurzelt und verwirklicht werden wird.

Drittens geht es uns jetzt um den Aufbau neuer Projekte im Netzwerksystem von freiem Verlags- und Pressewesen, offener Kommunikation und Partizipation usw. Das allgemeine Bedürfnis, mit anderen spontanen Kontakt aufzunehmen, wird irgendwie durch das gegenwärtige System der Zeitungen, Zeitschriften, Radio- oder Fernsehsendungen usw. vereitelt. Da wir kein Lernen und Wissen als einem anderen überlegen behandeln, sondern einfach als verschieden, empfinden wir natürlicherweise nichts als des Druckens zur weiteren Verbreitung in den Projektzellen unwürdig.

Die heutige Wissensexplosion hat weiterhin verdeutlicht, daß keine Büchereien, keine Lehrpläne, kein Team von Lehrern und Professoren je in der Lage sein werden, das Wissen als Ganzes zu erfassen und zu verstehen, sondern man kann nur soviel nutzen, wie man zur eigenen Entwicklung und zum eigenen Wohlergehen benötigt. Was wir nun zu bewahren und zur Reife zu bringen hoffen können, ist die spontane Haltung des Lernenden, sich mitzuteilen und weiteres Wissen für seinen eigenen Lebens-, Arbeits- und Lernbereich zu erwerben. Dafür brauchen wir jetzt Projekte in den Verlags-, Bücherei- und Laborsystemen.

Diese Systeme müssen jetzt freien Zugang zu allen Bereichen 1. der Wissensvermittlung, 2. des Wissenserwerbs und seiner Erhaltung und 3. der Wissensüberprüfung aufbauen. Die Ziele, die durch diese entstehenden Projekte erreicht werden sollen, sind: Das Recht, von anderen zu lernen und ihnen dabei zu helfen, das zu verstehen, was man selbst weiß, und zwar durch das Zusammenspiel verschiedener Interaktionen und die Mitwirkung der Bestrebungen, Gefühle, Erfahrungen, Ideen und des Fachwissens eines jeden.

Auf Grund dieser und vieler anderer ähnlicher Projekte sind wir jetzt zuversichtlicher geworden, daß aus der Bevölkerung in jedem Lebensbereich eine neue Gruppe aufgeklärter Führer (von der Art freier sozialer und politischer Arbeiter) für internationale Bildungsprojekte hervorgeht. Wir bekommen mehr und mehr Zugang zur bestehenden Wissensreserve, die ungenutzt in praktisch tätigen Ärzten, Agrarwissenschaftlern, Gartenbauexperten, Ingenieuren, kreativen Denkern und Sozialarbeitern und anderen Arbeitern vorliegt. Wir stoßen auch auf Spannkraft, Eifer, Initiative und Einfallsreichtum der jüngeren Generation, die dabei ist, gegen das Establishment zu rebellieren, indem sie nach besserem Zugang zu allen ihnen vorenthaltenen gesellschaftlichen Möglichkeiten strebt, um ihr Schicksal umzugestalten. Verschiedene Projekte im Bereich von Gesundheit, Medizin, Eheproblemen, echter Einsicht in das Sexualleben und Erhaltung der Leistungsfähigkeit im Alter werden nach und nach spontan gegründet und gewinnen an Wirksamkeit.

All dies hat einen solchen Optimismus und ein solches Vertrauen in die «Gemeinden» bewirkt, daß wir uns eine stille, totale Revolution der Bildung vorstellen können, die auf die religiöse, politische, ökonomische Revolution usw. in der Geschichte der Menschheit folgt. Diese Revolution wird, wenn sie verwirklicht ist, jedem Individuum freien und gerechten Zugang zu allen Formen des in der menschlichen Gesellschaft verfügbaren Wissens sichern, um das Schicksal der Menschheit umzugestalten.

Bevor wir zu Schlußfolgerungen übergehen, lassen Sie uns hier kurz darüber nachdenken und uns daran erinnern, daß Gandhi in unserem nationalen Freiheitskampf die Massenbildung in allen Ständen unserer komplexen Gesellschaft erfolgreich verbreitet und die Nation als Ganzes dazu geführt hat, mit ihm aktiv zu werden. Sein konstruktiver und ausgereifter sozial-politischer Geist regte eine Vielzahl lebensfähiger Projekte in jedem Lebensbereich an (soziale, moralische, ethische, politische, kulturelle, ökonomische etc.). Diese Projekte entsprachen der damaligen realen Lebenssituation in unserem Land, die die Kommunisten aus dem Volk dafür begeisterte, sich mit ihm zusammenzuschließen. Was wir mit unserem neuen System der «Universität ohne Mauern» oder «E-Gemeinden» versuchen, ist, uns die verlorene Identität von «Gandhis Methoden» geistig zurückzurufen, da die Wiedergeburt seiner Seele in Fleisch und Blut unmöglich ist. Wir sind sicher, daß wir ihn geistig unter uns zurückrufen können, wenn auch nicht persönlich, indem wir ein gesundes, lebensfähiges Netzwerk verschiedener Projektentwürfe aufbauen.

Die vorangegangene Darstellung unserer «Arbeit im Fortschritt» wird uns, wenn sie kritisch verfolgt und eingeschätzt wird, zu der Schlußfolgerung führen, daß unser neues Muster der «E-Gemeinden» (Gemeinden mit experimenteller Mitarbeit) uns eine alternative Strategie für die Gründung der «Universität ohne Mauern» liefern kann, um ein echtes System der Wissensvermittlung und wirkliche, ursprüngliche, universelle Forschung in jedem Bereich menschlicher Tätigkeiten voranzutreiben. Durch eine solche Universität hoffen wir, die vorhandenen, im Individuum verborgenen Ressourcen zu aktivieren und die Menschen dazu zu bringen, selbständig zu leben und sich an jene zu halten, die es unternommen haben, ihre hohen Ziele zu verwirklichen. So wird diese Universität der Bevölkerung nicht irgendwelche veralteten Programme abgepackter Verfahren über die rohen Methoden der heutigen Informationsagenturen liefern, sondern wird unter den Projektteilnehmern erfolgreich spontane Handlungsmotivation hervorrufen und aufbauen, indem sie sie miteinander verbindet und sie erkennen läßt, wie das Lernen für jeden einzelnen von uns eine lebendige Funktion für unser ganzes Leben ist. In der Struktur dieses neuen Systems wird es keine vorgegebenen Grenzen der Bildung, des Alters und Geschlechts, des Heimatortes und des ökonomischen oder sozialen Status geben. Es gibt keine rituelle Initiation in das Netzwerk. Es ist der Prozeß ständiger Selbsterfahrung, der Erforschung und des gegenseitigen Lernens, der darauf abzielt, in der Bevölkerung über die kommende «Universität ohne Mauern» verschiedenartiges echtes Wissen aufzubauen. Dieser Prozeß der Wissensvermittlung ist völlig immanent. Es ist eine «Gemeinschaft», in der das Gefühl gemeinsamer Anteilnahme und Sorge stets funktional ist.

Dieser analytische Beitrag hat uns nun zu dem folgenden Manifest der Bildung unserer angehenden «Universität ohne Mauern» geführt. In dem Manifest heißt es:

Wir brauchen Bildung, um folgendes zu erreichen:

Feststellungen	*Kritische Prüfung der Feststellungen*
1. *Autonomes* Leben und Lernen	1. Dies beinhaltet, daß das Individuum die Freiheit besitzen muß, seine Lebensweise selbst zu wählen und zu ändern, dadurch, daß es sein eigener Herr ist,
2. für eine bessere Teilnahme an der Gemeinschaft,	2. indem vollständige kulturelle und Bildungsfreiheit besteht, mit jedermann auf jedem Gebiet für jedes gewünschte Quantum zu vermittelnden Wissens zusammenzuarbeiten,
3. um *Solidarität* aufzubauen	3. um ein neues menschliches Staatswesen dadurch aufzubauen (wenigstens auf

	nationaler Ebene), daß man beim Erwerb von Wissen den universellen Pulsschlag menschlicher Identität und Brüderlichkeit fühlt,
4. durch gleichen Zugang zu allen vorhandenen Mitteln (Ressourcen, Information, Kenntnisse und das notwendige echte – nicht akademische – Fachwissen in jedem Wachstumsstadium) in der Gesellschaft	4. durch eine komplexe Form sozialer Mobilität,
5. innerhalb des ökonomischen Rahmens,	5. indem man von unten her eine neue Art ökologisch-ökonomischen Selbstvertrauens schafft, dadurch, daß wir uns auf unsere eigenen verfügbaren Produktionsmittel und den inneren Wachstumsprozeß verlassen und nicht auf Hilfe von außen,
6. damit wir menschenwürdiger leben können	6. für die Erzeugung wirklichen Reichtums, Wohlergehens und Glücks,
7. und jeder dazu befähigt wird, die Gesellschaft umzugestalten und nicht vom System umgestaltet zu werden.	7. indem die Gefahr der Systemreproduktion ausgeschaltet wird und man sich voll und ganz für Gesellschaftlichkeit (conviviality) einsetzt.

Eine genaue Betrachtung dieser Feststellungen zeigt, wie diese Kriterien die vordringlichsten Probleme unserer heutigen Bildungssoziologie erfassen, welche sich aus dem Bestreben ergeben, die Ziele der gegenwärtigen industriellen und technisch-gewerblichen Produktion zu erfüllen. Das Manifest betont die Notwendigkeit, die Probleme, wer entscheidet, was zu lernen ist, mit wem, wann, wo und wieviel, neu zu formulieren. Es fordert vollkommene Freiheit, die Wahl der eigenen Bildung zu treffen, welche frei, universal und unabhängig ist von jedem Schulsystem oder Zwang. Es beansprucht das Recht für jeden einzelnen, das zu wissen und zu lernen, was immer ihm für sein Leben wichtig erscheint, und zwar von jedermann in der Gesellschaft, der dies weiß und dieses Wissen mit ihm teilen kann, gleichgültig, ob er eine Lehrbefugnis besitzt oder nicht. Es strebt nach der Abschaffung jeder Benotung, da diese nur einigen wenigen auf Kosten der anderen das Privileg verschafft, Wissen zu erwerben und zu nutzen. Es stellt sich weiterhin das verfügbare Wissenspotential in der gegenwärtigen menschlichen Gesellschaft so groß vor, daß selbst der Einsatz eines Bruchteils dieses Wissens, indem man es der Bevölkerung zugänglich macht, es möglich macht, die latenten schöpferischen Fähigkeiten nutzbar zu machen, um das Schicksal der Menschheit durch verschiedene echte Entwicklungsprogramme zu verändern.

Unsere Vorfahren haben vor langer Zeit wirkliches Wissen als «das

Wissen, das echte Emanzipation bringt», verherrlicht, aber die Ironie der heutigen Zeit ist es, daß das Wissen sich emanzipieren muß, um im eigentlichen Sinn wirklich zu werden. Wir können hoffen, dies durch die Demokratisierung der Bildung in den Projektgemeinschaften der Wissensvermittlung zu erreichen. Das Gebot der Stunde ist eine wirkliche «Universität ohne Mauern».

(Aus dem Englischen übersetzt von Gerd Urban)